돌베개인문사회과학신서 62

실록 친일파

임종국 지음 / 반민족문제연구소 엮음

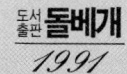
1991

실록 친일파

1991년 2월 27일 초판 1쇄 발행
2006년 2월 20일 초판 중쇄 발행

지은이 / 임종국
엮은이 / 민족문제연구소
펴낸이 / 한철희

도서출판 돌베개
등록 1979년 8월 25일 제406-2003-018호
주소 413-832 경기도 파주시 교하읍 문발리 파주출판도시 532-4
전화 (031) 955-5020
팩스 (031) 955-5050
홈페이지 www.dolbegae.com
전자우편 book@dolbegae.co.kr

엮은이와의 협의에 따라 검인은 생략합니다.
잘못된 책은 바꾸어 드립니다.

ⓒ 민족문제연구소, 1991

KDC 911
ISBN 89-7199-036-8 03910

값 7,000원

역사를 바로잡아야 민족혼이 바로 선다
── 서문에 대신하여

해방된 지 겨우 4년 만에 우리는 또 한번 매국을 했다. 민족의 혼과 정기를 송두리째 팔아버린 반민족행위처벌법(이하 반민법)의 사실상의 폐기가 바로 그것이다. 정신이 굳건하면 잃은 땅도 되찾을 수 있지만 정신이 나가면 지닌 땅도 잃어버리기 십상이다. 민족혼을 팔아넘긴 반민법 폐기 즉 제2의 매국은, 땅덩어리를 팔아넘긴 제1의 매국보다 더하면 더했지 못하지 않은, 반민족의 엄청난 죄악이었다.

당시 20세였던 나는 만들어지는 역사가 그런 엄청난 것이라는 사실을 깨닫지 못한 채 시며 소설을 배우다 6·25를 만났다. 피난 행렬 아닌 패주(敗走) 행렬 속에 섞여서 나는 보았다. 10~15보 간격으로 죽어 자빠진 시체가 모두 20대의 꽃다운 나이들이었다. 도대체 나라를 어떻게들 주물렀기에 한 달 미만에 낙동강까지 밀리면서 저런 죽음들을 낳게 했는가? 분단됐으면 안보가 필수이거늘, 어느 놈이 무얼 잘못했기에 저 아까운 청춘들만 저토록 비참하게 희생되는가? 그 잘못한 놈을 찾아내서 간이라도 씹기 전에는 죽어도 죽을 수 없다는 울분이 치솟는 것을 느꼈다.

한많은 피난살이 속에서 그런 울분과 충격도 낡은 앨범처럼 퇴색해 가고, '땃벌떼'다, 정치파동이다, 휴전회담이다로 어수선한 세월이 흘렀다. 폐허에서 하루의 삶에 쫓기던 나는 판사·검사가 돼서 떵떵거리고 살아야겠다는 엉뚱한 꿈에 사로잡혔다. 하지만 내 판·검사의 꿈은 민·형법 총론·각론 8권을 송두리째 암기하자마자 파김치가 되고 말았다. 지칠 대로 지쳐서 나는 시집과 소설책을 들었고, 세기말적 절망감 속에서 이상(李箱)의 작품과 친해졌다. 중학 시절의 꿈이 하기야 문학자였으니까, 오랜 방황 끝에 '탕자 돌아오다'가 된 셈이었다.

시 몇 줄과 『이상 전집』을 꿰차고 문단에 얼굴을 내민 후 몇 해 동안 나는 술도 약간은 마셨다. 하지만 묵은 신문·잡지에서 이상의 작품을 뒤져내면서 알게 된 1930년대의 사회는 내게 새로운 문제를 제공해 주었다. 작품 인식의 한계성 문제라 할까, 한 시대 이전의 작품은 그 시대의 사람이 되지 않는 한 절대로 완벽하게 인식할 수 없다는 이론이다. 상투의 시대와 사회를 모르면서 상투꾼들의 생활감정을 말하는 한 필경은 장님 코끼리 만지기밖에 될 수 없다는 이론인 것이다.

문학과 사회의 관련성, 또 그것이 문학사회사의 문제로 발전하면서 나는 그것을 평생의 연구 테마로 결정하였다. 이리하여 1960년대 초엽에 나는 향토지 『경남문학』에 「물레방아론」을 발표했다. 문학사회학적 방법으로 나도향의 「물레방아」를 분석한 평론이다. 나는 이런 방법을 신문학 전체에 적용하여 문학사회사를 쓸 작정으로 거창한(?) 준비작업을 시작하였다. 1910~45년의 『매일신보』를 뒤져서 정치·문화·사회면의 기사색인을 완결한 후, 그 작업을 다른 신문·잡지로 확산시켜 갔던 것이다.

2~3년 걸려서 이런 일을 하는 중인데 1965년에 한일회담이 열렸다. 그때 내 나이 37세. 20년 전 17세 홍안 미(?)소년의 뇌리에 찍힌 한 기억 때문에 내 인생이 근본적으로 바뀌게 되었다.

1945년 8월 말에 나는 17세 중학생이었다. 미군 진주 전이라, 무장해제가 안된 일본군 부대가 교정·강당 등에 며칠간 쫓겨와 있었다. 총질로 연못의 고기를 잡는 광경이 신기해서 구경하고 있는데, 병사 한 놈이 내게 물었다.

"우리는 전쟁에 졌다. 너는 어떻게 생각하나?"

"예! 조선이 독립하게 돼서 기쁩니다."

순간 병사는 죽일 듯이 나를 노려보았다. 그 눈초리가 어찌나 무서웠던지, 나는 얼른 변명을 했다.

"그렇지만 당신네 일본이 전쟁에 진 것은 정말 안됐다고 생각합니다!"

병사는 한참 심각한 표정을 짓더니 씹어뱉듯이 내게 말했다.

"20년 후에 다시 만나자!"

그로부터 꼭 20년 후인 1965년 여름, 한일회담 반대 데모로 그 여름은 뜨거운 여름이었다. '20년 후에 다시 만나자'더니, 정말 20년 만에 쪽발이 놈들이 다시 몰려오게 되는구나! 그놈들은 일개 병사조차도 "20년 후에 다시 만나자"는 신념을 갖고 있었는데, 우리는 장관이란 사람이 "제2의 이완용이가 되더라도" 타령을 하는 판이었다. 이완용이가 될지언정 한일회담을 타결하겠다면, 그건 대체 어느 나라를 위한 한일회담이란 말인가?

회담이 타결도 되기 전에 그런 타령부터 나온다면, 그것이 타결된 후의 광경은 뻔한 것이라고 생각되었다. 물밀듯이 일세(日勢)는 침투해 올 것이요, 거기에 영합하는 제2의 이완용이, 제2의 송병준(宋秉畯)이, 제2의 박춘금(朴春琴)이가 얼마든지 또 생겨날 것이다. 묵은 친일파들이 비판받는 꼴을 본다면 제2의 이완용·박춘금이 그래도 조금은 주춤하겠지? 이런 생각에서 나는 『친일문학론』을 쓰기로 작정했다. 유진오(兪鎭午) 박사는 은사요, 백철(白鐵)·조용만(趙容萬)·조연현(趙演鉉)은 내 선친과도 알음이 닿는 분이지만, 나는 그런저런 사정은 일체 눈을 감기로 작정하였다.

작업은 비교적 순조롭게, 단기간에 끝낼 수 있었다. 2~3년 걸려서 만들어 둔 신문·잡지의 게재작품 기타 문화·사회면의 기사색인이 있었기 때문에, 개인별 카드로 옮겨서 찾아 읽고 비평만 하면 됐던 것이다. 그 기사색인은 문학사회사를 쓰기 위한 기초작업이었는데, 생각지도 않았던 책 『친일문학론』의 기초자료로 요긴하게 전용(轉用)된 셈이었다. 그 기사색인 덕분에 『친일문학론』은, 복사기가 없던 시대라 자료의 상당 부분을 필사(筆寫)로 옮겨 베끼면서도 원고 2천 매, 탈고까지 8개월밖에 걸리지 않았다.

이 일이 끝나면 다른 문화 분야 및 사회·경제 부분을 원고지 각 2천 매씩 2권 정도로 계속할 예정이었다. 하지만 집필이 순조로왔던 반면에 결과는 너무나 참혹했다. 문단의 반응은 냉담했고 책이 우선 팔리지 않았다. 대학생들이 질문을 하되, '친일문학론이라니, 문학으로 한일친선을 하자는 책이냐?' 하는 판이었다. 그럴밖에. 당시의 대학생들은 해방 후 출생이라, 친일파라는 단어조차도 못 듣고 살았다. 초판 3천 부를 파는 데 10년이 걸리더니, 1975년부터 수요가 늘어서 지금 7판째가 찍혀 나갔다.

1970년대로 들면서 나는 『친일문학론』의 계속작업을 조금씩 진행시켜 왔다. 그런데 파고들수록 엄청난 사실들이 드러나면서 전 2권 4천 매의 계획이 전 8권 2만 매로 늘어나 버렸다. 1년에 2천5백 매씩 써도 8년이니 여생을, 아니 그간의 자료조사기를 15년으로 쳐도 평생을 그 일에 매달린 꼴이 되고 말았다.

이 일을 하면서 나는 민족사를 가장 크게 그르친 자가 친일파라는 것을 알고 말았다. 패주 행렬 속에서 본 젊은 죽음들, 그들을 그 꼴로 만든 장본인이 친일 파였다. 제2의 매국 반민법을 폐기한 것도 친일파였다. 한말 가렴주구로 번 재산을 지키기 위해서 그들은 제1의 매국을 했고, 총독부에 영합하면서 친일을 했다. 해방 후에도 개과천선은커녕 반민법을 폐기하면서, 독재와 부패 끝에 5·16과 유신을 불러들였다. 송병준의 외손자가 자유당 때 장관을 했으니 더 무슨 말을 하란 말인가? 그 장관의 모친이 송병준의 딸이요, 부친은 민비(閔妃)의 시체에 석유를 부어 태울 때 한몫 낀 구연수(具然壽)이며, 장관 자신은 일제하 국책기관의 고급직원이었다.

이런 무리들이 지금도 거짓된 역사 속에서 민족의 존경을 받고 있다. 문단 역시 마찬가지라, 이광수(李光洙)·김동인(金東仁)·오상순(吳相淳)이 모두 신문학사에서 찬란한 거성들이다. 하지만 이 땅의 민족문학을 오도한 3대 거성 역시도 이광수·김동인·오상순이다. 안(安)의사의 의거 23일 만에 일어로, 일본인 소년을 연모하는 소설을 탈고한 이광수에게도 '민족'이 있었단 말인가? "나라를 팔고…… 도 바꿀 값이 있는 것은 냉수 한 모금"(「笞刑」)뿐이라고 한 김동인에게도 '국가'가 있었단 말인가? 동지사(同志社)대학 종교철학과를 마치고 와서 반민족 일본조합기독교회의 전도사가 된 오상순에게도 '민족의 철학'이 있었단 말인가? 이 일본조합기독교회는 만세 때 배미(背迷) 유세단을 만들어 13도로 만세를 못 부르게 막고 다닌 반민족 침략교단이다.

'민족'과 '국가'와 '철학'을 몽땅 거세할 때 문학에서 무엇이 남는가? 아닌 게 아니라 일제하의 신문학은 일부 민족파 저항작가를 제외한 상당수의 것이 총독부의 문화정략대로 '한담·풍월'로만 그치고 말았다. 껍데기뿐인 문학사, 멋도 모르고 지껄인 거짓말 문학사에 중독된 우리들이기 때문에, 침략교단의 전도사를 한 오상순에게 시비(詩碑)를 세워 바치는 한심한 작태까지 연출했다. 시 아닌 돌 '석비'로 평가를 한다는 자체가 시의 타락이요, 시인의 타락인 것이다.

유치환의 「수」(首) 역시도 거짓말 평가를 받고 있다. '작은 가성(街城) 네거리에' 목이 효수(梟首)된 그 시의 '비적'(匪賊)은 대륙침략에 항거하던 항일세력의 총칭이었다. 일제는 조선독립군을 선비(鮮匪), 공산게릴라를 공비(共匪), 토착 항일민중을 토비(土匪), 항일 만주군벌을 병비(兵匪), 대도회(大刀會) 같은 항일교단(敎團)을 교비(敎匪), 홍창회(紅槍會) 같은 항일 결사원을 회비(會匪)라 하면서, 그 전체를 '비적'이라 총칭했다. 침략적 잔인행위의 고발이 아니라,

항일하다 죽어 효수당한 '머리 두 개'를 꾸짖은 친일시가 「수」(首)이다. 이 시가 극히 최근에도 한 중견 평론가에게서 남성적이요, 시의 소재를 확대한 혁명적 업적으로 극찬을 받았다.

이런 거짓말들이 고쳐져야만 민족의 혼이 바로 선다. 혼이 없는 사람이 시체이듯이, 혼이 없는 민족도 죽은 민족이다. 역사는 꾸며서도 과장해서도 안 되며 진실만을 밝혀서 혼의 양식으로 삼아야 한다. 15년 걸려서 모은 내 침략·배족사의 자료들이 그런 일에 작은 보탬을 해줄 것이다. 그것들은 59세인 나로서 두 번 모을 수 없기 때문에, 벼락이 떨어져도 나는 내 서재를 뜰 수가 없다. 자료와, 그것을 정리한 카드 속에 묻혀서 생사를 함께 할 뿐인 것이다.

나는 지금 1965년에 시작한 『주한일본군침략사』 1천8백 매를 반쯤 탈고했다. 일본의 군국주의 부활 경향에 신경이 쓰여서 예정에 없던 일을 시작한 것이다. 이것이 끝나면 1876~1945년의 모든 사회분야에 걸친 침략·배족사 전 8권을 8년 작정으로 완결할 생각이다. 그러고서도 천수(天壽)가 남으면 마음 가볍게 고향(문학)으로 돌아가서, 잃어버린 문학사회사의 꿈이나 쫓고 싶다. 친일배족사 8권을 끝내기 전에는 고향(문학)이 그리워도 갈 수가 없고, 죽을래야 죽을 수도 없는 것이다.*

---

* 이 글은 원래 『문예중앙』 1987년 봄호에 「제2의 매국, 반민법의 폐기」라는 제목으로 발표되었다. 임종국 선생께서 친일파 연구에 일생을 바치게 된 계기와 과정, 침략·배족사 연구의 현재적 의미 등이 개인사적 체험과 함께 소상히 밝혀져 있기에 이 책의 서문에 대신하여 이 글을 싣는다.

실록 친일파

3 ················· 역사를 바로잡아야 민족혼이 바로 선다.
 － 서문에 대신하여

11 ················· 서/친일의 민족사적 문제

1부 ················· **강화도 조약에서 해방까지의 친일파**

23 ················· 초기 종교침략과 친일파

33 ················· 날강도를 안방에 끌어들인 '사냥개'들
 － 초기 경제침략과 친일파

44 ················· 욕된 영달의 길을 간 군권탈취 방조자들
 － 일본 군사침략의 앞잡이

53 ················· 「혈의 누」 이인직은 한일합방의 주역
 － 문화침략과 친일파

62 ················· 친일 거두로 변신한 갑신정변의 주역들
 － 일제 초기 정치침략과 그 앞잡이

71 ················· 매국에 앞장 선 보수는 쌀 몇 되값
 －「일한 병합청원서」낸 이용구

80 ················· 이또 죽음에 '사죄단' 꾸미며 법석 떨어
 － 종속의 증상과 춘원의 처녀작

89 ················· 고아 배정자를 이또가 밀정으로 양성
 － 3·1운동 저지에 나선 후작·백작

98·················· 일제 문화운동에 동원된 거물급 민족주의자
　　　　　　　　　 － 반독립 정치모략과 친일파

107················· 만주의 친일단체와 인맥

116················· 내선일체의 기수들
　　　　　　　　　 － '일본인 이상의 일본인'을 꿈꾼 극렬 친일파들

125················· 민족대표 33인 중의 훼절

142················· 일제의 '여우' 밀정들의 죄상

167················· 일제말 친일군상의 실태

2부·················· 해방 이후의 친일파

259················· 제2의 매국, 반민법 폐기
　　　　　　　　　 － 해방 직후의 친일파 처단공방

272················· 제1공화국과 친일세력

335················· 애국자로 둔갑한 친일파 군상들

350················· 친일파와 그 자손들의 현주소

363················· 책을 엮고 나서

서・친일의 민족사적 문제

아시아 연대론의 허구

1854년, 미국 페리 함대의 위협으로 불평등 타의의 개항을 한 근대 일본은 식민지화의 위기를 초극하기 위해서 두 가지를 생각하였다. 하나는 문명의 논리인 부국강병론인데, 이것은 메이지유신(明治維新)의 원동력으로, 또 천황제 파시즘과 군(軍) 파시즘의 결탁인 일세 파시즘의 생성 발선 원리로 삭용한다. 노 하나는 역학(力學)의 논리인데, 약소 일본은 혼자서는 서구를 막을 수 없다, 아시아 각국과의 힘의 연대가 필요하다고 하는 아시아 연대론(連帶論)이다. 이것은 백인(白人) 제국주의 앞에서 동양의 평화가 지켜져야 한다는 동양평화론을 낳으면서, 그 인접 또는 변형 논리인 대(大)아시아주의, 동아연맹론, 대동아공영권론 등으로 발전해 갔다.

이리하여 아시아 연대사상 및 그 연장인 동양평화론이야말로 근대 일본에서 국시의 기본이 되었다. 동시에 그것은 침략과 예속화의 근원적인 출발점이 됐던 것이니, 조선의 자주 의지의 상당한 부분이 이로 인하여 친일・예속의 노선으로 굴절되는 것이다. 즉 일제의 동양평화론 및 아시아 연대사상은 침략론으로 전락할 필연과 숙명을 떨쳐낼 수 없었던 것이며, 그 까닭은 힘과 문명의 상충(相衝)의 관계에서 더듬어질 수 있는 것이었다.

우선 문명의 차원인데, 근대 일본이 부국강병에 성공했을 때 아시아의 다른 나라는 아직도 봉건의 늪에서 헤어나지 못하고 있었다. 여기서 일본은 그들이 동양에서 문명의 제1인자라는 자부심을 갖게 되었다. 이것은 아시아 연대론과 결합하면서 일본이 아시아 연대에서 맹주(盟主)가 되어야 한다는, 즉 지배적 위치의 요구로 발전하게 된다. 또한 그 자부심은 일본의 전통적 신도(神道)사상과 결합함으로써, 일본정신이야말로 동양정신의 정수(精髓)라는 관념을 낳게 하였다. 이리하여 아시아 연대란 것이 일본에 있어서는 일본을 맹주로 하여 동양정신의 정수인 일본정신, 즉 천황주의를 동양에 고루 펴게 한다는 것과 동일한 개념으로 되고 말았다.

다음은 역학의 차원인데, 동양에서 문명의 제1인자라는 자부심은 아시아의 고루하고 뒤떨어진 다른 나라, 즉 아시아 멸시(蔑視)의 사상을 낳게 하였다. 이것은 문명과 역학의 관계를 모순의 관계로 몰아넣었다. 아시아 연대는 서구와의 힘의 균형 때문에 필요한 것인데, 문명한 선진국이 고루한 후진국과 무슨 근거로 연대를 하며, 연대를 한들 무슨 이익이 있는가? 이러한 모순과 회의는 일본의 입장에서 볼 때 크게 세 가지로써 해결될 수 있는 것이었다.

첫째는 연대를 포기하는 방식인데, 후꾸자와(福澤諭吉)의 「탈아론(脫亞論)」이 이러한 입장을 대표한다. 그는 말하되, "서력동점(西力東漸)을 막을 수 없는 현시점에서 일본은 이웃 나라의 개명(開明)을 기다려 아시아를 일으킬 여유는 없다", 차라리 "아시아 동방의 악우(惡友)"인 조선과 청국을 "사절(謝絶)하는 바"이라고 하였다. 그럼 사절, 즉 연대를 포기한 연후에는 어떻게 하는가? "서양인이 이를 대하는 방식으로 처분", 즉 제국주의적으로 처리하자고 주장하였다.

둘째는 연대를 끝까지 유지하려는 길인데, 그러자면 연대를 가능하게 할 공통성의 발견이 필요해진다. 이것을 찾아서 노력한 사람이 오까꾸라(岡倉天心)이다. 그는 말하되 "아시아는 하나이다"라고 하였다. 그럼 어째서 하나인가? 아시아에 있는 유교·불교 기타 각종의 문명은 "궁극과 보편에 대한 사랑"이란 점에서 일치하기 때문이라는 것이다. "이 사랑이야말로 그네들 공통의 사상상의 계승물"이며 "아시아의 혼"인 것인데, 이러한 아시아적 양식을 발견하여 아시아의 혼으로 회복시키는 것이 아시아의 각성이요 과제라고 하였다.

그렇다면 아시아는 오까꾸라가 발견한 문명의 궁극적 동질성, 즉 "아시아의 혼"에 의해서, 선진·후진의 문명적 현실 격차에도 불구하고 하나로 연대할 수 있는 것이었다. 하지만 오까꾸라도 필경은 아시아인이 아니라 일본인이었고 따라서 일본적 자부심을 초극하지 못했다. 그는 말하되 "일본은 아시아의 사상과 문화의 신탁(信託)의 창고"이며, 일본민족은 "아시아 의식의 전체를 반영할 능력을 부여"받은 민족이라 하였다. 이리하여 오까꾸라에게서도 아시아의 부흥은 일본정신의 선양(宣揚)과 동일한 개념이 되어 버렸다.

이리하여 문명과 역학의 단층(斷層)은 마침내 제3의 방법에 의해서 메워질 수밖에 없게 되었다. 즉, 문명이 고루를 지배해야 한다는 침략론으로 무라다(村田懋麿)란 자는 "조선민족은 그 지질(地質)이 오래된 것처럼 노쇠했다. 노쇠한 민족은 그 사명을 젊은 민족에게 물려주고 물러가는 것이 당연한 순서"라고 말했다. 우찌무라(內村鑑三)는 일본의 진보주의가 청조(淸朝)의 퇴보와 고루를 격파하려는 전쟁이기 때문에 청일전쟁은 의전(義戰)이라고 주장하였다.

이리하여 일제의 아시아 연대와 동양평화는 필경에 침략론으로 타락하였다. 일본인들에게 있어서 그것은 일본을 맹주로 하는 일본적 아시아 지도체제의 완성, 즉 백인 제국주의를 내몰고 아시아에 '천황의 성덕(聖德)'이란 것을 고루 미치게 하는 것과 동일한 내용이 되어 버렸다. 그럼 조선인의 입장에서의 아시아 연대와 동양평화는 어떻게 되는가? 맹주 일본의 지도 밑에서 이른바 '천황의 성덕'을 우러러 받들면서 백인 제국주의 타도에 협력하는 일이다. 연대와 제휴와 평화라는 아름다운 말은 이렇게 해서 친일·예속과 굴종을 의미하는 추악한 언어로 굴절하고 말았던 것이다.

동양평화와 정한(征韓)의 두 얼굴

일본은 일찍부터 조선을 넘보았다. 사이고(西鄕隆盛)의 정한론——1873년——보다 반세기 전인 19세기 초두에, 사또(佐藤信淵)는 「혼동비책(混同祕策)」이란 저술로써 정한론을 역설했다. 하기(萩)와 마쓰에(松江)의 병선(兵船)으로 경상·강원·함경도를 치고, 하까다(博多)의 군사를 남해안과 충청도로 진격시켜서, 조선에 "황국(皇國)의 군현(郡縣)"을 설치한 후, 이것을 근거로 해서 대륙을 침공하자는 것이었다. 이 같은 사또의 정한론은 1854년의 페리 함대의 내침 이전이라 왜구식 해적사상의 표현이지만, 그 발상만큼은 후일의 대륙병참기지 사상과 퍽 유사하다는 점을 주목해야 하는 것이다.

이러한 정한사상은 페리 함대가 내침한 후 그 자들의 국방사상과 결합하였다. 1863년에 해군 영소(營所)를 설치한 가쓰(勝安芳)는 쓰시마(對馬島) 방위의 수단으로 정한을 말하면서 군함을 몰고 조선 근해를 탐사하였다. 일본은 1873

년 1월에 징병제를 실시하면서 근대 육군의 기틀을 만들었는데, 이 1873년에 사이고(西鄕隆盛)의 정한론이 나왔다.

이 무렵의 일본의 조선에 대한 개국(開國) 교섭은 아시아 연대사상의 토대 위에서 출발한 것이었다. 즉 그것은 아시아 연대사상 자체가 침략적 필연성으로 내포된 것이기 때문에, 침략적 내면의 의지를 초탈할 수 없는 것이었다. 이러한 개국교섭이 여의치 않자 교섭사절이던 사다(佐田素一郞)는 전후 3차나 정한론을 건의하였다. 사다의 정한론은 주공(主攻)인 10개 대대가 강화로부터 서울을 치고, 조공(助攻)인 20개 대대가 경상·강원·함경·평안도에서 서울로 진격한다는 식으로, 용병책(用兵策)까지 거론하고 있는 것이 특색이다.

이후 1878년 12월에 일본은 총무·관동(管東)·관서(管西) 3국(三局)으로 된 참모본부를 독립시켰다.「참모본부 조례」제9조는 그 중 관서국의 기능을 서부 일본의 "지리·정지(政誌)를 밝히되 또한 겸하여 조선에서 청국 연해에 미침으로써 유사(有事)의 날의 참획(參劃)의 도략(圖略)을 준비"하는 곳이라고 규정하였다. 이것은 한반도를 그들의 작권권 안에 예속시킨다는 것을 예정하고 있는 조문인데, 이것이 곧 참모본부 창설 당시부터의 방침이었던 것이다.

이것은 그네들의 근대 육군이 북을 향한 군대인 이상 본질적 필연의 욕망이었다. 러시아를 가상적국으로 하면서 시작된 일본의 근대 육군 군비에서, 한반도는 본토 방위의 전초선이요 대륙 루트에의 관문이며, 또한 대륙병참기지이다. 어느 강대한 힘이 한반도를 제압할 때 동해·서해·남해의 제해권(制海權)이 넘어가면서 한반도는 이른바 '일본 복상(腹上)의 단도(短刀)'가 되어 버린다. 때문에 그들은 한반도의 군사적 예속화를 노렸다. 이 목적을 위한 최초의 실력행사가 1875년의 운양호(雲揚號)의 내습사건인 것이다.

이리하여 일본의 조선책략은 두 측면에서 침략적 필연성을 극복할 수 없는 것이 되었다. 즉 하나는 그 자들의 동양평화·아시아 연대론의 모순에서 오는 침략적 필연성이다. 또 하나는 지정학적 조건에서 오는 침략적 필연성, 즉 한반도를 그들의 국방권에 예속시킨다는 욕망, 즉 정한이다. 결국 동양평화와 정한은 야누스의 두 얼굴이었다. 동양평화와 일한연대가 명분인 활자(活字)였다면 정한은 본심인 행간(行間)이었다. 운양호사건 이후 70년의 일제의 조선책략은 그 전부가 이 같은 활자와 행간에 의해서 엮어져 나가곤 했던 것이다.

개화운동의 친일화

일제의 일한연대·동양평화가 침략적 필연에서 벗어날 수 없다면, 그와 정반대인 조선인의 일한연대·동양평화는 예속적 필연을 극복하기 힘들게 된다. 일본의 원조에 의한 내정개혁운동, 대일의존의 사회개혁운동, 혹은 기회주의적 일한친선·제휴운동 등은 이러한 이유로 해서 일체가 종속적인 것으로 타락했으며, 송병준(宋秉畯)의 아래의 글 따위도 그 한 예이다.

    조선국에 대한 일본의 최대 권역(權域)을 용인할 뿐 아니라, 자진하여 예성윤무(叡聖允武)하옵신 일본 황제폐하의 어성덕(御聖德)에 욕(浴)하여 이로써 동양평화의 보장이 되고, 만약 장래에 동양평화를 파괴하려 하거나 장해(障害)하려는 자가 있을 때에는 나아가 폐하의 어마(御馬) 앞에 쓰러져 죽을 결심을 하고 있는 바입니다(일본군 참모에게 보낸 1909년 12월 2일자 서신).

이리하여 일한합병을 달성, 즉 일한 양국이 하나로 연대한다는 것은, 매국은 고사하고 '국가 중흥(中興)의 위업(偉業)'이라고 주장되었다. 이용구(李容九)의 병합 청원서의 다음과 같은 귀절이 곧 그 예이다.

    일한합방을 창설하시고, 우리 군신(君臣)을 만세에 어여뻐 여기시와, 황실과 신민이······길이 신성 무궁한 은혜를 입도록 하여 주심을 황송히 머리 숙여 감히 소원하나이다. 이리하여 우리 2천만 민중으로 하여금······하늘이 주시는 경사(慶事)를 누리게 하여 국방의 군건함을 세계만방에 빛나도록 함은, 이른바 단군·기자 4천 년의 불멸의 대전(大典)을 일으키고 신라·고구려 3천리의 강토를 불변(不變)의 토대 위에 세움이 아니고 무엇이겠습니까(이용구 : 통감에게 올리는 합방 청원서).

갑신정변도 조선인의 개화·개혁의 의지가 친일로 왜곡 변질되고 만 경우였다. 김옥균(金玉均) 등은 일본의 원조에 의한 내정개혁과 부국강병을 꿈꾸었으나, 그렇게 해서 갑신정변이 성공했다고 할 때, 일본이 원조한 신세는 무엇으로 갚아야 하는 것인가? 당시 서울에는 오장경(吳長慶)의 청국군 3천 명과 일본군 공사관 경비병 1백50명이 주둔하고 있었다. 일본군은 청국군 3천 명의 격퇴를

식은 죽 먹기로 장담했으나, 거사는 3일천하로 끝나 버리고 말았다.

1백50명으로 3천 명을 제압할 수 있다고 믿은 갑신정변이 얼마나 무모한 거사였는가는 그 후의 경과가 증명해 준다. 거사는 실패하고 도일 망명한 8명 중 암살된 김옥균과 병사한 서광범(徐光範)·임은명(林殷明) 이외의 5명 전원이 친일파가 되었다. 목숨을 걸고 개화·부국강병의 노선에 섰던 사람들이 자주·독립과는 거리가 먼 친일·예속의 길에서 평생을 시종(始終)하고 말았던 것이다.

갑신정변 망명자로 친일파가 된 5명은 우선 유혁로(柳赫魯)이다. 통감부 개설 후에 귀국하여 평북 관찰사를 했고, 병합과 함께 경기도 참여관, 다시 충북 지사로 승진하였다. 중추원 참의를 수차 중임(重任)하다 종 4위 훈 4등으로 1940년에 사망하였다.

다음은 박영효(朴泳孝)인데, 병합과 함께 후작(候爵)이 되었다. 중추원 고문·부의장을 수차 중임하면서 식산은행 이사, 조선농회 부회장, 조선임산(林產)공업 감사·대표 등 일세에 비중이 높았다. 정 2위 훈 1등으로 1939년에 사망하였다.

다음은 신응희(申應熙)이다. 육군참위로 갑신정변에 가담·망명했으며 통감부 시절에 귀국해서 전남 관찰사를 하였다. 병합과 함께 함남지사, 다시 황해지사와 중추원 참의를 한 후 정 4위 훈 3등으로 1928년에 사망하였다.

다음은 이규완(李圭完)이다. 관비유학생으로 일본 육군 도야마(戶山)학교를 마친 후 시종무관 대위로 갑신정변에 참가 망명하였다. 1893년에 귀국, 경무관(警務官)을 했으나 을미사변으로 다시 도일 망명했다. 통감부 시절에 귀국해서 강원도 관찰사 등을 하였다. 총독부 개설과 함께 강원도 지사, 다시 황해지사를 거쳐서 1924년에 동양척식회사 고문이 되었다.

다음은 정란교(鄭蘭敎)이다. 일본 육군 도야마 학교 출신이며 사관생도로 갑신정변에 가담·망명하였다. 1894년경에 귀국해서 동학 진압군으로 출동했으며 군무아문(軍務衙門) 참의 등을 하였다. 병합과 함께 충남 참여관이 되고 1927년부터 중추원 참의를 중임하다 종 4위 훈 6등으로 1943년에 사망하였다.

3·1운동을 반대한 친일파와 민족부르주아지의 예속화

친일파들은 3·1의 거족적 항쟁에도 등을 돌렸다.

이완용을 비롯한 매국계층이 그 제1이니,『매일신보』1919년 3월 8일자 대민

(對民)경고에서 이완용은 다음과 같이 만세를 반대했다.

> 이번에 조선독립운동이라 칭하여 경성(京城) 기타에서 행한 운동이라는 것은 사리(事理)를 불변(不變)하고 국정(國情)을 알지 못하는 자의 경거망동으로 내선동화의 실(實)을 상해(傷害)하는 것이라 말하지 아니치 못할지라 ……내선동화의 실을 상해코자 하는 자는 하등(何等) 자기를 위하려는 도배로 실로 가증(可憎) 또 가민(可憫)할 일이라, 여(余)는 차제에 이와 같은 허설(虛說)에 선동되어 몸을 그르치고 세상을 버리는 일이 없도록 특히 우리 조선인 제군을 위하여 기(祈)하노라.

제2는 일제의 관료계층이나, 고급관리일수록 만세를 열렬히 반대하였다. 앞에 말한 신응희(申應熙)가 황해지사 자격으로 관내의 만세를 경고했으니, 그 1절이 다음과 같다.

> 근래 각지에 군중이 집합하여 독립만세를 호창(呼唱)하며 폭행을 감행하……는 자가 있음은 실로 유감을 불감(不堪)하는 바라, 대체로 소요의 동기는……미국에 있는 불령선인이 민족지결의 표어를 빙자하여……소선 각지에 불온의 사상을 선포함에 있는지라, 생각컨대……독립은 망설이니 경거(輕擧)하여 촌효(寸效)가 없음은 실로 명약관화라……양민된 자는 일의전심으로 그 업을 면려(勉勵)하여 신속히 치안의 회복을 원치 아니치 못할지니라.

이리하여 이 같은 배역(背逆)의 무리들은 무력을 동원해서 만세를 무찔러야 한다고 총독에게 건의까지 하였다. 이는 남작에 중추원 고문 등을 하다 종 4위 훈 4등으로 사망한 장석주(張錫周)이니, 그의 건의서의 일부를 보기로 하자.

> ……단지 구설로만 할 뿐 힘으로 복종시키지 않는다면, 독립소요가 미치는 바 기세는 반드시 관리를 장살(狀殺)하고 관청을 분략(焚掠)하면서 일본인 농상공업자를 습격 살해할 것입니다.……이러한지라, 총독은 그것을 구설로써 타이름이 옳겠습니까, 병력으로 무찌름이 옳겠습니까? 구설로써 이를 타이른다면 헛되이 모멸만을 더할 뿐 소요의 진정에는 만에 하나를 보태는 바 없을 것입니다. 반드시 힘으로 이를 복종시킨 연후에라야 일시적 효과라

도 볼 것입니다(장석주 : 「조선 독립소요의 사정과 원인」).

만세를 반대한 계층에는 민원식(閔元植) 같은 직업적 친일분자, 예종석(芮宗錫)같은 매판자본가, 현기봉(玄其奉) 같은 예속지주, 선우순(鮮于㴾) 같은 친일어용 종교인들이 있다. 대체로 유산계층들이 만세에 등을 돌렸다는 계산인데, 일제하의 유산계층은 크게 매판적인 부분과 민족적인 부분으로 갈리고 있었다.

3·1운동 이후의 지방제도 개정과 참정권(參政權) 운동 등은 이네들 유산계층의 어용화를 획책한 것이었다. 일본의 중의원 의원 선거법을 조선에 시행하면 조선은 약 100명의 민선의원을 일본 국회에 보낼 수 있게 된다. 민원식이 당국의 사주 밑에서 참정권 운동을 전개하자 유산계층 중 매판적인 부분이 그것을 지지하고 나섰다. 왜냐하면 이 계층은 일본 국회의원에 출마할 만한 자력과 기반을 가졌으니까. 이들은 지방제도 개정으로 크게 확대된 도평의원·부(付)협의원·참의 등속을 얻어 하면서, 또 일본국 국회의원으로 거들먹거릴 날을 꿈꾸면서, 날이 갈수록 예속의 정도를 더해갔다.

일제하의 유산계층 중 민족적인 부분은 차마 일본의 국회의원을 하겠소 소리는 할 수 없었다. 이들은 총독부의 술수에 말려들어서, 독립의 전단계로서의 자치운동을 몽상하였다. 이 입장은 이광수의 자치를 주장한 논설「민족적 경륜」이 말했듯이 "조선내에서 허(許)하는 범위내에서(의) 일대 정치적 결사"운동인 것이었다.

이 "조선내에서 허하는 범위내"는 요컨대 '일본 국법이 허락하는 범위내'와 동의어이다. 따라서 그 안에서 자치를 하겠다는 것은 일본통치를 긍정하고 또한 받아들이겠다는 입장이 된다. 뿐만 아니라 독립운동이 "조선내에서 허하는 범위내"에 들지는 않을 것이니, 그는 곧 독립부정의 논리가 되는 것이다. 일제하의 자치운동은 이러하기 때문에 독립의 준비운동이 아니라, 독립부정의 예속논리가 되는 것이다.

민족적 부르주아지들이 이렇게 예속노선으로 떨어지자 좌·우 대동단합인 신간회(新幹會) 안에서는 계급적인 대립상이 첨예화하기 시작했다. 그 결과 민족단일당인 신간회로 통합하면서 독립전선에서 통일역량을 크게 과시했던 좌·우는 그 후로 한번도 대동단합을 하지 못했고 신간회는 마침내 해소되었다. 일제는 이러한 통일역량의 거세를 노려서, 즉 민족총력의 반침략 투쟁을 계급적인 동족상쟁으로 전환시키기 위해서 자치론을 선동했던 것이다. 이로부터 조선에서는 계급적인 증오와 갈등이 날로 심화되면서 분단의 원인(遠因)을 만들어가기 시작했던 것이다.

일제 잔재의 청산이 민족 생존의 전제

친일은 극소수 사상전력자 이외의 거의 절대 다수가 피동이 아니라 능동이었다. 만주사변과 특히 중일전쟁 이후로 접어들면서 친일자들의 절대 다수는 진심으로 동아공영권을 신봉하면서, '일본의 국민'으로서의 영광된(?) 내일을 몽상하였다.

황국신민의 서사가, '가미다나'(神棚)가, 모두 조선인이 창안(創案)했던 것으로 전해지고 있다. 앞의 것은 학무국 사회교육과장이던 김대우(金大羽)의 제작으로, 뒤의 것은 비행기 1군 1대 헌납을 떠들고 다닌 황도선양회장 문명기(文明琦)의 발상으로 전해지고 있는 것이다. 이리하여 이런 부류들 중에서는 심지어 조선어 전폐(全廢)를 역설하는 반역자까지 생겨났다. 경성제대 출신으로 녹기연맹(綠旗聯盟) 이사와 정학회(正學會) 간부 등을 한 철저한 일본주의자 현영섭(玄永燮)이 그 자이니, 이 자의 조선어 전폐론을 들어 보기로 하자.

> 조선인이 진정 일본인이 되고자 생각한다면 우선 조선어를 망각해 버리는 일이 필요하다. 이 필요를 국민 지도의 당사자들조차도 철저하게 인식하고 있지 않은 것은 안타까운 일이다. 학교에서 조선어를 가르칠 필요는 조금도 없다. 조선인을 불행하게 하려거든 조선어를 오래도록 존재케 해서 조선적인 저급한 문화를 주고, 그 이상의 발달을 저지하는 것이다(현영섭 : 「신생(新生) 조선의 출발」).

이 자의 이러한 조선어 전폐론에 대해서는 총독인 미나미(南次郎)가 오히려 다음과 같이 반대하는 발언을 하였다.

> 조선어를 폐지함은 불가한 일이다. 가급적으로 고꾸고(國語 : 일어)를 보급하자는 것은 가한 일이며, 이 고꾸고 보급운동도 조선어 폐지운동으로 오해를 받은 일이 종종 있은 즉, 그것은 불가한 말이다(1938. 7, 8일의 담화).

이리하여 이런 부류들은 '조선인의 일본인화에의 열정을 위해서' 모든 "민족주의적 사상객과의 사투(死鬪)조차도 사양하지 않았던" 것이니, 대일본연합청년단 촉탁을 한 이영근(李泳根)의 다음과 같은 발언이 바로 그것이다.

> 순수한 일본주의 청년진영도 궐기하였다. 그들의 행동은 청렴결백 그 자체이며, 모든 민족주의적 사상객과의 사투(死鬪)조차도 사양하지 않았다. 우리로 하여금 일본인의 길에 서지 못하게 할진대 차라리 우리에게 죽음을 달라고 절규하는 것이다. 조선인의 민족단위를 부정하고, 조선인의 일본인화에의 열정을 위해서, 개인생활을 전혀 돌아보지 않았다(이영근 :「황도조선」).

병합 35년에 조선인이 어찌 이 지경에까지 타락했던 것일까? 아일랜드는 300년 만에 압박을 벗었고, 유대민족은 2천 년을 나라 없이 떠돌아다니면서도 민족의 전통을 상실하지 않았다. 우리가 불과 35년으로 그 지경에까지 타락을 했었다는 것은 단순히 친일자들의 수치로만 끝날 일이 아니다. 민족 전체의 수치로서 맹성(猛省)은 물론, 환골탈태(換骨奪胎)의 결사적 고행(苦行)이 수반되어야만 하는 것이다.

그런데 이러한 작업은 해방 후 오히려 등한시되어 온 입장이었다. 자유당 12년의 각료는 국무총리 이하 115명, 그 중 2부 이상을 중임한 16명을 빼면, 실질 연인원이 96명이다. 이 중 해외 망명객 출신은 단 4명이요, 친일의 전력자는 31.3%인 무려 30명이나 된다. 청산이 아니라 오히려 온존된 일제의 잔재는 이 땅의 구석구석에서 민족의 정기를 좀먹었고, 민족의 가치관을 학살하였다. 이러한 혼탁 위에 1965년 한일회담 이후의 새로운 혼탁이 중첩됨으로써, 지금은 전후좌우가 몽땅 일제의 흙탕물이라 해도 지나친 말이 아닐 정도이다.

이 흙탕물을 걷어내지 못하는 한 민족의 자주는 공염불이요, 따라서 민족의 통일도 백일몽이다. 그리고 우리가 통일 없이 살 수 없다 한다면, 그 전제인 일제 잔재의 청산과 정기(正氣)의 회복이야말로 우리 민족의 생존의 전제가 되는 것이다. 친일은 어제의 문제였고, 또한 한 시대의 민족의 비극이었다. 하지만 민족의 정기는 오늘의 또한 내일의 문제이며, 이 민족의 생존의 전제가 되는 것이다. 친일의 민족사적 문제점이 바로 여기에 있는 것이며, 또한 그것이 왜색(倭色)의 청산과 정기의 확립을 높이 부르짖는 이유의 전부일 뿐인 것이다.

강화도 조약에서 해방까지의 친일파

- 초기 종교침략과 친일파
- 날강도를 안방에 끌어들인 '사냥개'들
- 욕된 영달의 길을 간 군권탈취 방조자들
- 「혈의 누」이인직은 한일합방의 주역
- 친일 거두로 변신한 갑신정변의 주역들
- 매국에 앞장 선 보수는 쌀 몇 되값
- 이또 죽음에 '시죄단' 꾸미며 법석 떨어
- 고아 배정자를 이또가 밀정으로 양성
- 일제 문화운동에 동원된 거물급 민족주의자
- 만주의 친일단체와 인맥
- 내선일체의 기수들
- 민족대표 33인 중의 훼절
- 일제의 '여우' 밀정들의 죄상
- 일제말 친일군상의 실태

초기 종교침략과 친일파

친일승려 제1호 김철주

친일파 제1호는 강화도조약(1876. 2. 27.)보다 앞서는 시점에서 생겨났다. 이 조약 체결을 위해서 변리공사 구로다(黑田淸隆)의 일행이 강화섬에 도착한 것이 1876년 1월 30일이다. 이때 그 수행원 8백40명 중에 김인승과 성명불상 2명의 조선인 통역이 섞여 있었다. 이 3명이 언제 어떤 경로로 도일해서 어떻게 일어를 배웠는가는 전혀 알 수 없다. 일제의 통역으로 운양호 포격의 이유를 따지고, 개항과 수교를 강제했다는, 부일의 행위를 알 뿐이다.

　이로부터 일제의 조선정략은 친일파의 양성·부식이 1차적인 수단이다. 이것은 반일세력의 결집을 촉발함으로써 민족분열의 원초적 요인으로 작용하게 된다. 그리하여 민족 총력의 반침략 투쟁은 친일 대 반일의 동족상쟁으로 전환된다. 침략자들은 주구인 친일파를 교두보 겸 방탄막으로 이용하면서, 황새와 조개를 다 차지하는 어부지리를 취하고 마는 것이다.

　이러한 정략을 위해서 투입된 공작부대 중 1번주자가 세계 식민전선의 항례 그대로 종교였다. 상인보다, 군인보다, 관리보다 먼저 침입을 시작한 일본종교는 신도(神道)·불교·기독교 계열을 합쳐서 전체 50여 개 종파를 헤아리게 된다.

　이 중 제일 먼저 침입한 것이 일본불교인데, 진종 대곡파(眞宗大谷派)가 그 중 1번주자였다. 외무대신 데라지마(寺島宗則)의 권유에 의해서 1877년 10월, 진종 대곡파 승려 오꾸무라(奧村圓心)와 히라노(平野惠粹) 2명이 부산으로 상류해 왔던 것이다.

 이들은 부산별원(別院)의 땅 8백 평과 건물 25간(間)을 빌어서 1878년 2월부터 포교를 시작했다. 이때 그 포교소를 드나든 조선인 승속 중에 경주사람 김철주가 있었다. 진종의 교리를 깊이 믿게 된 김철주는 일본의 본산에 가서 불법을 배우고, 승적을 얻기를 간청했다. 하지만 이 시점에서의 일본행은 조일 양국이 법으로 엄금하는 상황이었다.

 오꾸무라는 관리청에 청탁을 넣어 김철주를 일본인으로 위조하였다. 본산이 있는 교토(京都)에서도 조선인을 입경시키는 규칙이 없었으나, 본산의 특별운동으로 체류허가가 나게 되었다. 이리하여 김철주는 일본인 행색을 하고 1878년 11월에 교토로 건너갔다. 본산에서 입도식을 하고 일본 승적을 얻음으로써 친일승려 제1호가 된 것이다. 이 곳에서 수행하던 그는 1879년에 병사함으로써 구체적인 친일활동은 남기지 못하고 말았다.

창씨 제1호 이동인

김철주에 이어서, 1879년 3월부터는 이동인이 오꾸무라의 포교소를 드나들기 시작했다. 그는 양산 통도사의 승려인데, 김옥균과의 접촉으로 개화사상을 품고 있던 사람이다. 그는 메이지유신 이후의 일본 국정과 불교 정세 등을 질문하면서, 조선불교 중흥의 뜻을 말하기도 하였다.

 8월에 다시 찾아온 이동인은 김옥균이 여비로 주었다는 금덩이 네 개를 내보이면서 일본 도항을 부탁하였다. 이리하여 그는 오꾸무라와 마에다(前田獻吉) 영사의 주선으로 교토에 가서, 그 곳 본원사(본산)에 머물면서, 일본어를 배웠다. 1880년 봄에 거처를 도쿄 아사꾸사별원(淺草別院)으로 옮긴 이동인은 주지 스즈끼(鑄木惠順)의 각별한 보살핌을 받으면서 일본의 명사들과 접촉한다. 그는 수신사로 도일한 김홍집을 만나서 또한 친교를 맺게 되었다.

 1880년 9월에 귀국할 때 본원사는 이동인에게 쌀 2백 가마 값 1천 엔을 주었다. 이 돈으로 이동인은 램프·석유·잡화 등을 구입해 들여와서 왕실·세도가와 친지들에게 선물했는데, 일제 상품이 서울로 들어온 최초이다. 10월에 재차 도일한 이동인은 아사노 도진(淺野東仁)으로 창씨개명을 하고 일본 외무성에 복무하였다. 오래지 않아 그는 본원사가 제공한 1만 엔으로 면포·도자기 등 잡화를 구입해 들임으로써 일제 상품 침입의 단서를 개척했다.

서울에서 이동인은 개화당 요인들과 접촉하는 한편 일본 공사관에 출입하면서 정보를 교환했다. 1881년에 신사유람단을 보낼 때 막후 참모 역할을 했고, 군함을 구입하기 위해서 일본과 비밀 교섭도 벌였다. 이원회와 함께 그 일을 추진한 이동인은 군함 도입에 실패한 후 행방을 감추었다. 1881년 5월 서울에서 누군가에게 암살된 것으로 전해지고 있다.

정토종 1호 임도준

이동인에 이어서, 1880년 6월에 무불(無不)이란 조선 승려가 오꾸무라의 부산별원을 찾아왔다. 이동인이 도쿄에 있음을 알고 도일해서 연락을 취하려 했던 것이다. 무불은 오꾸무라의 주선으로 도일해서 이동인에게 김옥균의 뜻을 전달한다. 1883년 6월에 무불은 울릉도의 재목을 싣고 고베(神戶)로 팔러 갔으나 병을 얻어 객사한다. 그 유해는 오꾸무라 등의 주선으로 도쿄 아사꾸사별원(淺草別院)에서 장사 지내졌다.

1880년 8월에는 인전(仁典)이란 조선 승려가 오꾸무라의 주신으로 도일, 교토의 본원사에 귀의함으로써 일본 승적을 갖는 제2호가 되었다. 1881년 1월에는 금강산 유점사 승려 묵암(默庵)이 오꾸무라의 진종 대곡파에 귀의했다. 제자까지 수명을 거느리고 도일한 묵암은 교토의 본원사에서 5등 포교사 자격을 얻고 매월 식비까지 받았다. 이 사람은 1883년 여름 일본에서 56세로 병사했는데, 비교적 박식했다고 전해지고 있다.

한편, 일본불교 일련종(日蓮宗)은 1881년에 와다나베(渡邊日運)가 부산에 묘각사(妙覺寺)의 전신인 일종회당(日宗會堂)을 차림으로써 조선포교가 시작되었다. 이듬해 1882년에는 원산에 정묘사, 인천에 묘각사가 들어선다. 1886년에는 가또(加藤文敎)가 서울에 호국사를 세웠고, 이후 청일전쟁(1894년) 때까지 진남포·군산·함흥 등지에 일련종 사찰이 개설된다. 이 무렵에 일련종은 조선인 생도 1백50명을 확보함으로써 신도(神道) 계열인 천리교(天理敎)와 함께 왕성한 교세를 보였다.

일본불교 정토종(淨土宗)은 노가미(野上運海)가 1893년에 부개교사(副開敎使) 2명을 데리고 조선에 들어와, 서울 명동에 종무소를 차림으로써 조선포교가 시작되었다. 이 교단은 개교감독의 자리가 시라이시(白石堯海), 호리오(掘尾貫務), 히로야스(廣安眞隨)에게로 승계되면서 착실하게 교세를 키워 나갔다. 하지만 초기에는 그 성적이 비교적 부진하여 1909년까지 황주에서 임도준 1명을 특급 열성신도로 포섭했을 뿐이었다.

1916년 8월 추석날 정토종 황주교회 주임 후꾸도미(福富達善)가 임도준의 집을 방문했다. 그 집 조상을 위해 경을 읽은 후 정토종의 교리를 설법하자 1909년 이래의 신자인 임도준은 새로운 결의로 포교에 임할 것을 다짐했다. 이후 침식을 잊다시피 한 맹활약으로 임도준은 그 해 10월까지 48명, 이듬해 9월까지 1천3백 호 이상을 신도로 확보한다. 이들은 일본인을 고문으로 앉힌 광명교회를 세우고 여래(如來)의 은혜와 황상(皇上:천황)의 은혜, 부모은과 중생은을 예찬하였다.

황주 광명교회의 교세는 임도준이 폭설을 무릅쓰고 포교활동을 하다 사망한 1918년 이후 쇠퇴 일로를 밟아 갔다. 정토종의 교세는 1920년 말 현재 조선인 신도 5천9백1명으로 일본불교 중 1위였으며, 관수동의 조선인 교회와 한용원 같은 조선인 교역자까지 만들어 놓고 있었다.

왜승 사노의 종교침략

이렇게 침입해 들어온 일본종교의 사명은 일본적 신앙심에 기초를 두는 사회교화와, 종교 활동을 통한 조일 양민족의 친선 제휴였다. 즉, 정치지배를 측면 지원하는 선무부대로서, 조선민족의 정신적 일본화 및 침략→통치전략인 일선융화(日鮮融化)를 광범위하게 실현시키자는 것이었다.

이러한 종교책략에는 조선내 각종 교파의 일본적 체질 변화와 내부 분열의 조장에 의한 세력약화가 중요한 비중으로 포괄되었다. 이리하여 일본종교 각 종파의 지도자들은 조선사찰 기타 종교기관의 어용화, 겸병 또는 개종 등을 수단으로 해서 그 예속화를 끊임없이 획책하곤 했던 것이다.

이러한 책략을 위해서 초기에 획기적 단서로 이용된 것이 조선 승려의 도성 출입 문제였다. 연산군은 1503년에 승려의 서울 4대문 안 출입을 금지하면서, 1504년에는 성내의 원각사 등을 폐해 버렸다. 이후 조선조의 배불정책은 날로 극심해져서 숙종 때(1709년), 영조 때(1749년), 정조 때(1783년)에도 승니(僧

尼)의 4대문 안 출입은 나라가 금하는 바 됐던 것이다. 승려의 지위가 종교적 천민으로 격하되면서 4대문 안에서 목탁소리가 끊어지고 만 것이다. 한말까지 3백 년 이상 계속된 승려의 4대문 안 출입 금지령은 순조 때(1815년)에도 정부가 재확인하는 바 됐던 것이다.

일본불교 일련종 본불사(本佛寺) 주지 사노(佐野前勵)는 1895년 3월 3일 부산에 상륙한 후, 인천을 거쳐서 서울로 들어왔다. 법화경과 향로 등을 왕실에 선물한 사노는 일본 공사관의 후원을 업고 포교활동을 시작했다. 그는 조선불교의 혼미한 현실을 보면서, 이것을 일련종의 교지(敎旨)로 개종 통일함이 어렵지는 않겠다고 생각했다. 이를 위해서는 조선 불교계에 은공을 입힘으로써 단서로 삼아야 하는데, 그 자료로 이용된 것이 승려의 서울 출입 금지령의 철폐였던 것이다.

공사관의 후원으로 활동을 시작한 사노는 대원군과 김홍집·김윤식 기타 요인을 사전 접촉하면서, 1895년 4월 22일로 내각에 건의서를 제출했다. 이것을 받아들여서, 김홍집 내각은 그 해 3월 29일(양력 4월 23일)자 관보로 승려의 도성 출입 금지령을 철폐했던 것이다. 이렇게 되자 사노는 조선 불교계에서 일약 성자가 되어 버렸다. 이 무렵의 그의 영향력에 관해서 일인 학자 다까하시(高橋亨)는 "관우(關羽)가 천리를 독행(獨行)하듯, 만월이 중천을 비치듯, 홀로 거침없이 그 재략을 발휘했다"고 하였다.

수원 용주사의 승려 상순(尙順)이 사노에게 감사장을 증정했다. 북한산 중흥사 주지 이세익에게 일련종을 전한 사노는 출입 금지령 철폐 6일 만에 중흥사에 '일련종 교회본부' 간판을 걸었다. 이러한 바탕에서 사노는 5월 5일 조선불교 중흥을 경축하는 대법회를 주최했다. 남·북한산과 금강산 및 화계사·백련사·용주사에서 온 승려 3백 명, 외부·학부·농상공부대신 이하 고관 20명, 일본인 명사 50명 등 1만 5천 명의 참가로 미증유의 성황을 이룬 친일법회였다.

사노의 이러한 종교침략에서 우리는 비단 종교에만 국한될 수 없는 커다란 문제점을 발견한다. 그것은 제 나라 승려의 도성 출입은 금지하면서 왜승의 도성 출입은 용인했다는 당시 정부의 사대적 친일성이다. 왜승의 건의가 있은 이튿날로 3백 년 이상의 도성 출입 금지령을 철폐했다는 것도, 그 당위야 옳았든 글렀든간에, 졸렬한 사대적 시책이었다. 1960년대던가, 러일전쟁 해전의 승전비 복원을 허가하려다 반론에 부딪혀 중지한 한국의 도지사가 있었다. 이런 사례를 한말 망국 풍조의 계승인 것으로 지적한다면 필자의 억측일까?

사노는 그 후 주자동(鑄字洞)에 7백여 평의 땅을 입수한 후, 일한학교 설립 계획을 추진했다. 또한 그는 상류층 자제를 뽑아서 일본의 일련종 학교에 유학시킬 것을 협의한 후, 외부대신 김윤식에게 그 선발을 의뢰했다. 이런 활동 끝에 사노는 1895년 5월 11일 인천 경유로 일시 귀국한다. 본국 종단과의 의견 불일치로 이후의 활동은 흐지부지 되고 말았다.

의병항전과 사찰 친일화

왜승들의 조선사찰 겸병의 책략을 위해 단서로 이용된 또 하나가 의병항전이다. 이때 산골의 조선사찰은 의병과 토벌대 틈에서 진퇴양난이 되어버렸다. 의병을 원조하면 토벌대가 불을 질렀고, 거절하면 의병이 분략(焚掠)을 하려 했던 것이다. 여순사건 무렵의 지리산처럼 낮이면 대한민국 밤이면 인민공화국식이던 당시의 경황은 "임진란 때의 일본군의 황략(荒掠)과 맞먹을 조선사찰의 2대 재액"으로 일컬어지기도 한다.

한 예로 1907년 9월 3일, 영주의 각화사는 영천경비대에 의해서 동암(東庵) 등 세 암자가 불살려 졌다. 9월 12일에는 수원 용주사가 의병에게 점심을 토색 당한 후 토벌대에게 소각되었다. 10월 17일, 구례군 연곡사는 고광순 부대를 토벌하기 위해 불살려 졌고, 10월 23일에는 횡성의 봉복사가 일본군 제47연대 제11중대에게 불살려 졌다.

이러한 소동 속에서, 점심이나 바치면 되는 의병보다는 절을 홀랑 불태우곤 하는 토벌대 쪽이 더 무서운 것은 사실이다. 따라서 조선사찰측에서 볼 때 이런 더 큰 피해를 막는 길은 일본인에게 사찰 관리권을 맡김으로써 토벌대의 배려와 보호를 받는 수밖에 없다고 생각했던 것이다. 이리하여 1906년 11월 통감부령 제45호「포교규칙」으로 조선사찰의 관리위탁 제도가 실시되자, 통명의 용화사 기타 1백여 개의 사찰이 일본인의 관리하에 들기를 청원하였다. 김천 직지사·과천 연주암 기타가 허가가 났고, 하동 쌍계사·구례 화엄사 등 허가 단계에 이르지 못한 절도 다수였다.

이들은 일본불교 '본원사 별원 말사 ××사' 또는 '정토종 개교원(開敎院) 말사 ○○사' 같은 간판을 붙임으로써, 즉 일본절 행세를 함으로써 토벌대나 헌병대의 배려를 입고 소각을 모면하려 하였다. 이렇게 되자 각 종파의 왜승들은 앞을 다투어 조선사찰의 횡령 점탈을 획책했다. 통감부에 관리권 운동을 하고, 혹은 조선 승려를 기만 유혹해서 관리권 위탁의 사약(私約)을 체결하곤 했던 것이다. 이런 풍조의 연장선에서 조선불교 전체를 말아먹으려는 책동이 진행되었다. 왜승 다께다(武田範之)와, 불교계의 이완용인 이회광의 책동이 그것이었다.

불교를 팔아먹은 이회광

이회광은 양주 출신이다. 19세에 출가하여 설악산 신흥사에서 정함스님에게 득도한 후 건봉사에서 보운스님의 법통을 이었다. 각처 선원과 건봉사에서 교학을 연구·전수하던 그는 통감부 시절에 해인사 주지를 하고 있었다.

이완용 내각이 성립되고(1907. 7), 일진회를 대표해서 송병준이 입각했을 때, 이용구가 왜승 다께다를 이회광에게 소개했다. 일본불교 조동종(曹洞宗) 승려로 현성사 주지를 한 다께다는 민비 시해사건에 가담했으며, 이용구를 통해서 동학의 분열과 일진회의 어용화를 획책하고 있던 사람이다.

1908년 봄에 일본시찰을 간 이회광은 다께다를 통해서 일본 소동종 경복사도부터 비구계를 받았다. 귀국한 그는 다께다의 조종으로 불교대회의 개최 등을 건의하면서, 교단 통합기관으로 원종(圓宗) 종무원을 설립했던 것이다.

이것은 1908년 3월 동대문 밖 원흥사에서 각도 사찰대표 52명의 참가로 창설되었다. 이것은 '원종'이란 특정한 종지(宗旨)가 있는 것은 아니요, 불교의 원만한 발전을 도모한다는 취지로서, 선(禪)·교(敎) 양종의 겸수종문(兼修宗門)임을 표방했다고 한다. 여기에 대종정으로 취임한 이회광은 1908년 7월에 다께다를 '조선 13도 불교각사 총고문'에 추대했다. 보현사에서 승회(僧會)를 연 이회광은 다께다와 협의해서 1908년 7월 27일 교단 개혁의 청원서를 내각에 제출하곤 하였다.

다께다는 조선불교와 일본 조동종의 연합을 획책했고, 이회광도 같은 생각을 품고 있었다. 1910년의 병합을 계기로 해서 양자간의 불교연합의 협의는 급속도로 진행되었다. 이리하여 1910년 9월, 이회광은 72개 사찰의 위임장을 얻어서 도일했다. 조동종이 연합에 응하지 않으면 임제종과 협의해서 연합문제를 실현시킬 복안이었다.

조동종 책임자 이시까와(石川素童)는 후원은 가하나 연합은 어렵다고 하였다. 이에 대해서 이회광은 신빙성의 박약을 이유로 연합을 고집했다고 전해진다. 이에 대해서 이시까와는 조선불교를 일본 조동종에 부속시킨다는 대안을 제시했다. 이러한 협의는 주무관청의 조정에 의해서, 1910년 10월 6일의 연합조약 7개조 조인으로 구체화되었다.

그 조약은 제1조에서 원종(圓宗) 사찰과 조동종의 '완전 영구한 연합동맹'을 규정한다. 조동종은 원종 종무원의 설립인가를 담당하고(제2조), 고문을 파견한다(제4조). 원종 종무원은 조동종의 포교에 편의를 제공하며(제3조), 조동종의 포교사 약간을 초빙하여 조선내 각 수사(首寺)에 배치하고 청년승려의 교육을 촉탁한다(제5조). 조동종의 필요로 포교사가 파견될 때도 원종 종무원은 지정받은 수사·사찰로서 숙사를 제공하며, 일반 포교 및 청년승려의 교육에 종사시킨다(제5조)는 것이었다.

이러한 연합조약에서 얻어지는 것은 조선사찰이 일본 조동종의 포교소로 제공되는 것뿐이었다. 조선불교가 송두리째 일본에 팔아넘겨진 셈인데, 이회광은 반발을 우려했던지 내용 전체를 공개하지 않았다. 연합의 성립만을 말함으로써, 대등한 입장에서의 제휴가 이루어진 양 위장했던 것이다.

이렇게 체결된 연합조약은 원종 종무원 서기의 손으로 그 전문이 통도사에 누설됨으로써 일대 회오리바람을 몰고 왔다. 박한영·오성월·진진응·한용운을 비롯한 민족파 승려들은 조선불교를 일본 조동종으로 개종시키는 짓이라 비난하면서 이회광 반대의 맹렬한 운동을 일으켰던 것이다. 영·호남의 사찰을 결속한 민족파들은 선암사 주지 김경운을 임제종 종정으로 선출하면서 송광사 등에 사무소를 두고 이회광을 성토했다. 조선 불교계가 친일계와 민족계로 두 쪼가리가 나면서, 1980년대까지 계속되는 종단 내분의 원천적인 씨가 뿌려지고 말았던 것이다.

절에서 쫓겨난 강대련

1911년 6월 3일로 제령 제7호「사찰령」이 공포되었다. 이것은 동년 9월 1일부터 시행되었는데, 일본 사찰의 주직(住職) 제도를 응용해서 주지의 권한을 크게 강화한 내용이었다.

이렇게 되기 전까지, 조선 사찰은 산중공사(山中公事)라 해서 일종의 공의제(公議制)로 절의 범백사가 의결되곤 하였다. 선승(禪僧)·염불승·교승(敎僧)으로 갈리는 승려들은 절에서 숙식을 제공받으며 수행했기 때문에, 이들 각자는 의복과 신을 자판할 뿐이었다. 학승(學僧)들은 식기와 의복을 넣은 바랑만을 짊어진 채 원하는 절에 가서 필요한 기간만큼 수행했고, 절에서는 이들을 따뜻이 대접했다. 사찰의 재산은 일종의 공유재산이었기 때문에, 주지 전횡의 여지는 거의 없었던 것이다.

반면에 사찰령은 불교 예속화라는 견지에서 주지의 신분·권한을 크게 확대시켰다. 전선(全鮮)의 사찰을 30개 본산과 그 말사로 구분하면서 주지의 취임을 인가제로 묶었던 것이다. 주임관(奏任官 : 대신·총독의 주청으로 총리대신이 임명하는 관직) 대우에 준하는 신분이 된 주지들은 정월 초에 총독관저에 초청을 받았고, 공식 연회에 종교계 요인으로 열석하였다. 절의 사무처리가 주지에게 위임되었기 때문에, 일반 승려들은 간섭의 여지가 없어지게 되고 말았다.

임기 3년제인 주지들은 재선을 위해 극력 운동을 전개하면서 취임의 조건인 총독의 인가를 얻기 위해서 온갖 친일성을 발휘했다. 민족주의 학승들은 그러한 풍조에 반발했고, 사찰의 실권을 장악한 주지들이 그들을 푸대접하면서, 학승들은 공부방조차 얻기 어려운 처지로 되어가기 시작했던 것이다. 이들은 불교유신회며 불교청년회 등을 조직하고 사찰령의 철폐 등을 주장했다. 주지들이 방어수단을 강구함으로써 종단분열 → 이이제이(以夷制夷) 정략의 부산물인 사찰의 내분은 전선적인 현상이 되어가기 시작했던 것이다.

이러한 풍토에서 일어난 것이 친일주지 강대련의 명고축출(鳴鼓逐出) 사건이다. 수원 용주사 주지를 수차 중임한 강대련은 1915년 3월에 30본산 연합사무소가 설치되자 초대 위원장을 맡았고, 이후 동 위원장과 상치원(常置員 : 상무위원) 등을 수차 중임했다. 그는 만세열풍이 채 가시지 않은 1919년 11월에 아래와 같은 요지의 망언을 발설하였다.

"일본 본원사의 법주(法主)는 작위를 받고 황실과 통혼도 한다. 이런 예에 의해서 조선왕실·귀족의 여자를 일본 승려나 조선 승려와 결혼하게 한다면, 조선 동화(同化) 및 불교 감화에 크게 도움이 될 것이다."

교화의 미명 아래 대처(帶妻)를 권장하면서, 친일·아부의 발언으로써 자신의 비중을 높이려는 것이었다. 이러한 의견서가 총독부에 제출되자 민족파 학승들에게서 큰 반발이 일어났다.

불교유신회의 강신창 스님은 강대련을 "조선 불교계의 큰 악마"라고 규탄하였다. "관청과 도제(徒弟)를 속이고 사익(私益)만을 도모하는 악마"라는 것이었다. 이리하여 김상호·양재홍·기상섭·김영유·박종진 기타를 중심한 불교유신회의 청년 승려들은 강대련의 망발과 비행을 비난하면서 실력행사를 벌였다. 북을 지워 두들기면서 절에서 내쫓아 버리고 말았던 것이다.
　일제의 신임을 받던 주지 강대련이 이런 화를 당하자 경찰은 즉각 사건 주모자들을 체포했다. 김상호 스님을 비롯한 16명은 불교유신회가 일제의 타도를 음모하는 단체가 아니냐는 추궁을 받으면서 모진 고초를 겪었다. 이렇게 되자 불교유신회는 불똥이 튀는 것을 막기 위해서 자구행위를 취하지 않을 수 없었다. 일부 과격한 학승의 행위로 불교유신회와는 절대 관련이 없는 사건이라고 사실과 다른 발뺌 성명을 냈던 것이다.

날강도를 안방에 끌어들인 '사냥개'들
―― 초기 경제침략과 친일파

침략종교에 이어 상륙한 침략상품

왜색 침략종교에 이어서, 2번주자로 상륙해 온 것이 일제의 침략상품이다. 1880년 9월 중순에 이동인(李東仁)이 갖고 들어온 석유·램프·성냥·잡화 등이 그것인데, 일본 동파(東派) 본원사의 자금원조로 된 것이었다. 이때까지 개항 이전의 조일간 무역은 부산 왜관(倭館)을 통해서 대마노주(對馬島主)와 제한된 거래가 있었으나, 이것은 조선측의 주도하에서 된 시혜적(施惠的)인 것이었다. 침략적인 차원에서 일제 물품이 서울에 들어온 것은 이동인의 램프 등이 처음이며, 이러한 말하자면 '맛보기'에 의해서 경제침략의 단서가 개척되는 것이었다.

이로부터 석유·램프·성냥·잡화는 조선에서 가장 많이 팔리는 일제상품이 되어 버렸다. 1877년 7월부터 1882년 6월까지의 만 5년간에 조선에 수입된 일상품은 53만 7천8백46엔이다(『한국지』, 러시아 대장성 펴냄). 그 내역은 1등이 구리(銅)로서 19만 7천9백9엔인데, 구리의 이러한 대량 침입은 아래에서 말하겠지만 특별한 원인이 있다. 2등은 잡화로서 10만 9천4백5엔이며, 4등인 술 2만 2천7백55엔에 이어 성냥이 6위로 2만 2천2백62엔이다. 이것을 싣고 온 일본 상인들은 약 10배인 5백10만 4천8백59엔어치를 가져 갔는데 쌀, 금, 피혁, 콩류, 김, 미역의 순위였다.

이 조일간 10배의 무역역조를 해결하는 중요한 수단이 일본 상인들의 간교한 상술과 약탈적 사기수법이었다. 개항장 주변에 수도 없이 생겨난 조선인 앞잡이들을 구문 몇 푼으로 유혹하면서, 일상(日商)들은 공짜나 다름없는 헐값에 조선상품을 약탈하였다. 쌀은 춘궁기의 농촌에 영농비 몇 푼을 대여해 주고 수확을 나눠갔기 때문에, "풍년에는 막대한 이익을 보고 흉년에도 손해는 없었다"고 『한국지』는 전하고 있다.

금은 차관 담보인 채광권 탈취, 또는 조선업자에 대한 고리대적 착취에 의해서 실려 나갔는데, 1868~93년의 26년간에 일제가 수입한 외국산 금은 총액 1천2백30만 엔이며, 그 중 68%인 8백35만 엔어치가 조선에서 건너간 금이었다.

그리고 이들은 밤중에 작당해서 개성의 인삼밭을 습격하였다. 구문 몇 푼으로 조선인 앞잡이와 가짜 매매계약서를 작성한 후, 백주 대낮에 남의 인삼밭을 파 뒤집었다. 남비는 얇아서 금방 밑창이 나갔고, 물건이 좀 팔린다 싶으면 날로 품질이 고약해갔다. 부산에서 발행된 1882년 3월 25일자 『조선일보』는 일본인 장삿배가 갯벌에 주저앉은 조선 쌀배를 끌어낸 후, 은공을 미끼로 쌀 2백60섬을 거의 공짜값에 강매해 간 사실을 보도하고 있다.

조선경제 멍들게 한 가짜돈

이런 부류의 날강도들이 눈독을 들인 장사가 가짜돈의 제조·판매였다. '가짜돈'이라 하지만, 국립은행이 없이 호조(戶曹) 기타 관청과 세도가·개인이 마음대로 돈을 찍어내던 시대의 '가짜돈'은 요즘의 위폐와는 개념이 다르다.

당시는 발행기관이 아니라 구리(銅)의 함량으로써 돈의 진짜·가짜를 구별했으니, 구리 5전어치가 모자라는 5전 엽전이 즉 '가짜돈'이요 악화(惡貨)인 것이다. 사람들은 구리 함량이 높은 양화(良貨)를 녹여서 싸구려 금속을 섞은 후 액면가 몇 곱의 악화이자 가짜돈을 제조했는데, 이러한 일을 하는 사람을 '묵주(默鑄)장이'라고 불렀다.

왜놈 장사꾼들의 상당수가 묵주장이로 나서는 바람에 개항 후의 구리 침입량이 수입액 제1위 19만 7천9백9엔으로 팽창했던 것이다. 왜놈 장사꾼 우라오(浦尾文藏)도 묵주장이 노릇을 했는데, 그의 수기 『조선식민자』에서 사정을 요약하기로 하겠다.

1893년에 조선에 건너온 우라오는 인삼장사―――말이 장사일 뿐 사실은 인삼강도나 다름이 없다―――등을 하다가 1899년에 묵주장이를 시작했다. 개항 후의 일인들의 침략적 상행위에는 으레 조선인 앞잡이들이 끼어 들곤 했는데, 우라오의 묵주장이 영업에 끼어든 것은 "조선인 장(張)아무개라는 47~8세의 평소 친근히 지내던 사람"이었다.

이 '장아무개'와 일인 3명이 5천 엔 합자로 묵주장이를 계획했다. 오사카(大阪)에만 가면 그 돈으로 2만 엔의 '가짜돈'을 구입할 수 있는 것이었다. 1899년 2월 5일경 우라오와 장아무개는 일본으로 출발, 오구시(小串)에서 배를 예약한 후, 오사카에서 먼저 간 2명과 합류한다. 가짜돈 2만 엔어치를 술통·된장통처럼 위장해 싣고 일행은 14일 만에 조선으로 돌아왔던 것이다.

이런 식으로 들여온 가짜돈이 조선의 경제를 얼마만큼 병들게 했는가는 두말하면 잔소리다. 일인들은 5천 엔으로 2만 엔어치의 물자를 사(?)가면서 이 땅에 인플레의 홍수를 일으켰던 것이다. 우라오는 악화를 수입해 들인 경우지만, 좋은 돈을 녹여서 몇 곱의 악화로 만들어 내는 정통적(?) 묵주장이 일인도 적지 않았다. 조선인 앞잡이를 이용하는 경우도 적지 않았는데, 진고개(지금의 충무로)의 일인 부락에는 그런 식으로 위조된 악화를 파는 전문적인 일인 상점까지 있었다고 한다.

'기간'이란 이름의 친일 앞잡이

개항장 주변에 수도 없이 생겨난 '거간(居間)'이란 이름의 친일 역도들은 거의 성명을 전하지 않는다. 1882년 현재 부산에서 이들이 받는 구문은 2백80문(文) 안팎인 목면(木棉) 1필의 중개에 10문이었다. 이 돈에 팔려서 거간들은 왜놈들의 침략적 상행위를 방조했고, 동족의 재물을 구전(口錢) 몇 푼에 후려냈으며, 더러는 일인들의 강도적 상행위를 교사·선동하고, 심지어는 그들과 공모해서 개성의 인삼밭을 습격하였다.

이런 속에서, 매판·합작업자 제1호로 등장한 인물이 송병준(宋秉畯)이다. 1858년 함남 장진(長津) 출생, 송우암(宋尤庵)의 9세손이라 하지만, 신분이 낮은 속리(屬吏)와 기생 사이에서 났다는 일설이 있다. 8세 때 상경했고 수표교(水標橋)의 기생집에서 조방군이(助幇軍 : 펌프) 노릇을 했다는 설도 있다. 이 무렵에 그는 민충정공(閔忠正公 : 泳煥)의 은고를 입어 그 댁의 식객이 되고, 충정공의 천거로 출세길이 열리기 시작한다. 강화도조약 때 그는 접견사(接見使) 수행원으로 구로다(墨田淸陸) 일행을 접대함으로써 친일의 단서가 풀리기 시작했다.

 이 무렵의 조선국 국법은 서울 4대문 안에서의 외국인의 거주를 허락하지 않았다. 서울 성벽 안에 외국인이 거주한 시초는 1882년 8월 16일 지금의 충무로 2가 소재 금위대장 이종승(李鍾承)의 집에 개설된 일본국 가공사관이다. 일반 상인의 성내 거주는 아직 없었고, 어용상인 대창조(大倉組)와 협동조(協同組)의 약 10명을 합친 관민 40여 명이 부근 민가에, 일본군(공사관 경비대) 1백50명이 저동(苧洞)과 명동(옛 치안국 자리?)에 거주 혹은 주둔했을 뿐이었다.

 대창조의 수령 오오꾸라(大倉喜八郞)는 '죽음의 상인'으로 알려진 군납업자이다. 이 자 산하의 스즈끼(鈴木音次郞)라는 십장이 1922년 신월(信越)전력 댐공사장에서 조선인 노무자 추산 1백 명을 학대·학살·수장(水葬)해 버렸다. 메이지 유신 무렵에 총을 팔아서 떼돈을 번 오오꾸라는 1873년에 무역회사 대창조(大倉組)상회를 차렸다. 20년 전통인 어용 군납업을 하면서 강화도조약과 거의 동시에 조일간 무역을 책동하기 시작했던 것이다.

합작업자 제1호 송병준

 송병준은 이 자와 작당해서 부산에 상관(商館)을 차렸다. 하지만 그때는 소위 왜양일체론(倭洋一體論)이라 해서 일본을 서양 오랑캐와 동류로 보면서, 그들의 물화(物貨)를 막아야 한다는 이른바 양물금단론(羊物禁斷論)이 13도를 석권하던 무렵이다. 부산 시민들은 격분했고, 이들은 송병준과 오오꾸라가 차린 합작회사(상관)를 습격해서 박살을 내고 말았다. 친일을 안 했으면 이런 화를 당할 턱이 없는 것인데, 이 사건은 송병준의 대일경사를 오히려 가속화시키는 계기가 되고 말았던 것이다.

 임오군란(1882년) 때 송병준은 청파(靑坡)의 집을 폭민에게 소각당하고 자신은 남대문 밖 농가의 쌀뒤주 속에서 한여름 10여 일을 숨어 살았다. 갑신정변(1884년) 때도 곡동(麯洞)의 집과 세간을 불살린 채 담을 넘어 달아나서 목숨을 부지했다. 샤꾸오(釋尾東邦)는 『조선병합사』에서 송병준의 친일 동기가 김옥균의 비호로 고종의 미움을 샀고, 그 결과 "일본의 감독이 없는 고종 치하와 조선인 내각 밑에서는……생명이 위태롭다"고 생각했기 때문이라고 했으나, 이것은 잘못된 판단이다. 김옥균과의 통모 혐의로 옥살이를 한 것은 1887년이며, 이후에도 송병준은 민비의 총애를 입어 1890년에 양지현감(陽地縣監), 1891년에 장위영(壯衛營) 영관, 기타 온갖 요직을 섭렵했기 때문이다.

송병준의 친일은 부산상관 이래의 10여 차례의 죽을 고비가 동기이다. 이런 위급을 당하자, 그는 일본의 감독이 없는 조선과 조선의 백성들 틈에서는 돈도 생명도 지탱하기 어렵다고 생각한 것이다. 그런데다 그는 돈을 밝혔고 의리와 은혜를 몰랐다. 충정공의 후원과 천거로 출세길이 열렸던 송병준인데, 충정공이 순절하자 그 댁 재산 7백 섬지기를 뺏기 위해 일경과 함께 협박을 자행하다 물의를 일으켰다. 더욱이 송병준은 이 일을 낭설이라 보도하면 사례하겠다고 『국민신보』에 제의했다가, 이마저 배신하는 바람에 『국민신보』의 이강호(李康鎬)에 의해 진상이 폭로되었다고 한다.

한말의 대실업가요 친구인 김시현(金時鉉)이 죽어 재산관리를 맡게 되자, 송병준은 김의 아내까지 '관리'한 끝에, 재산 횡령 혐의로 사후(死後) 소송을 당하는 어처구니 없는 일을 연출했다. 일본 여자 오까스(お勝)를 첩으로 얻어 들여 저동(苧洞)에서 술장사를 시켰는데, 일진회의 소굴이자 한말 3대 요정의 하나로 유명했던 청화정(淸華亭)이 그것이다. 양반신분쯤 되면 장사를 천시한 것이 당시의 풍습인데, 러일전쟁 때 병참감 오오다니(大谷喜久藏) 소장의 통역으로 따라 들어왔을 때도 송병준은 용산의 일본군 사령부에서 주보(酒保 : PX)를 경영했다.

일본 수상 가쓰라(桂太郞)를 만나 1억 엔에 조선을 팔겠다고 홍정한 송병준은 병합 후 자작을 거쳐서 1920년에 백작이 되었다. 중추원 고문, 경성상업회의소 특별 평의원, 경기도 참사, 산업조사위원 등이 병합 후에 섭렵한 주요 공직이다. 1925년 2월 1일 뇌일혈로 사망했는데 친일 실업거두 한상룡(韓相龍)이 주최한 연회에서 누군가에게 독살된 것이라는 일설도 있다.

수출입업도 일본 상인의 손으로

1877년 1월 30일자로 「부산구(口) 조계조약」을 체결한 일본은 현 용두산공원 일대 11만 평을 조계지(租界地)로 한 후 부민동·부평동·대신동 방면으로 점차 그 영역을 넓혀 나갔다. 이 안에서의 일본인들의 행동은 치외법권이 적용됨으로써, 조선정부의 통제권이 전혀 미치지 않는, 말하자면 조선반도 안의 일본국으로 변해 가고 있었던 것이다.
 이러한 '천국'을 찾아서 무수한 일본인들이 앞을 다투어 몰려들어 왔다. 개항 당시(1876년)에 52명이던 일본인 남자 인구가 1885년에는 3천7백10명을 기록한다. 이들은 대부분 홀아비로 건너온 상인들이라, 그들의 성(性)의 수요를 노리는 여성들의 침입도 활발했다. 1876년의 2명에서 1885년의 8백11명으로 불어난 조선 안의 일본 여성 인구는 밀선으로 1~2개월씩 풍랑에 시달리면서 밤중에 몰래 밀입국한 요시와라(吉原)의 창녀와, 아마꾸사섬(天草島)의 빈민의 딸들이었다.
 부산에는 1899년 1월 1일 현재 9백49명의 일본 상인이 살고 있었다. 이들의 업종은 잡화상이 4백91명으로 가장 많고, 다음은 중개업 2백10명, 금속품 소매상 1백21명, 수출입상 84명, 도매상 18명, 약종상 15명, 직물 소매상 10명의 순위이다. 러시아 대장성 발행 『한국지』가 "부산에서의 수출입업은 완전히 일본 상인의 손에 장악되어 조선인 경쟁자는 없었다"고 말한 것으로 보아 상권은 이미 완전히 넘어갔던 것으로 짐작된다. 1882년 3월 15일자 『조선신보』는 부산의 일본 술집 '동경루'(東京樓)와 '이즈미야루'(泉屋樓)가 문맹인 창녀들에게 '가나'(일본글) 강습을 시작했다고 보도하였다.
 이들은 조계 안에서 밖으로 상권을 넓혀 가다가, 마침내는 바닷가와 포구·항구 등 뱃길이 닿는 해안과 섬 전체를 잠식하기 시작했다. 내륙지방 하천의 항행권을 입수한 후로는 여주·이천의 쌀과 강원도 산골짝의 산채(山菜)까지가 쪽발이 등쌀에 몸살을 앓기 시작한다. 도로 사정이 좋지 않던 시절의 내륙 하천은 상품 수송의 대동맥으로, 13도 경제의 사활을 좌우할 만한 비중을 갖는 것이었다. 외부대신 이하영(李夏榮)이 그 대동맥을 일인에게 허락했는데, 그런 지 얼마 후에 한 장년이 이하영을 찾아갔다.

화롯불을 뒤집어 쓴 외부대신

"대감께서 하도 잘 팔아 자신다는 소문을 듣고 벼슬이나 한자리 팔아줍시사고 왔습니다."
 수인사를 마치자 한 말인데, 아무래도 가시가 있는 말이었다. 어안이 벙벙해 있자니까, 장년은 허리춤을 부스럭대더니, 백통화(白銅貨) 한 닢을 꺼내 놓으면서 말했다.

"과거공부로 가산을 탕진한 끝이라, 가진 재물이라곤 이것뿐입니다. 하오니 더도 말고 덜도 말고 백통 한 푼짜리 벼슬이 있거든 팔아 주십시오"

요새로 치면 50원짜리 동전인 셈인데, '닭의 벼슬'도 아마 50원으로는 못 살 것이다. 이하영이 기가 막혀서 "허허어, 고얀 손이로군!" 한마디 하자, 장년은 벌떡 일어났다.

"뭣이? 고얀 손? 내 돈 내고 벼슬을 사겠다는데 뭐가 고약하냐!"

뺨을 올려붙이자마자 화로를 들어 머리꼭지에 덮씌우면서 장년은 호통을 쳤다.

"동래(東萊) 천무(賤巫)로 대신이 되어 하천까지 팔아먹은 ×이……. 안 팔겠다면 못 사는거지만, 부자놈 천 냥 만 냥만 돈이고 내 돈 백통 한 푼은 돈이 아니냐?"

이글이글 불덩어리를 털기 바쁜데 하인들을 부를 경황이 있겠는가? 말을 마친 장년 우용택(禹龍澤)이 대문을 나설 때, 벼슬 흥정이 끝난 걸로 안 하인들은 아마 "안녕히 가십쇼" 했을 것이다(송상도, 「기로수필」 참조. 화로를 덮어쓴 사람을 박제순으로 말하는 일설이 있다).

이하영은 부산 출신으로 일어를 잘했다. 1886년에 외무아문(外務衙門) 주사로 출발, 사헌부 감찰(司憲府 監察) 등을 역임했다. 1887년에 주미 공사관이 개설되자 상투를 튼 채 공사관 서기관으로 부임하고, 다시 전권공사로 승진한다. 멋을 잘 냈던 그는 공사관 생활을 할 동안 미국인에게서 '상투 댄디'(상투 튼 멋쟁이)라는 별명으로 이름이 높았다.

귀국해서 웅천현감(熊川縣監), 궁내부 회계원장, 주일공사, 의정부 찬정 등을 역임한 이하영은 1904년에 외부대신이 되었다. 매국 박제순 내각의 법부대신으로 을사5조약에 관여했으며, 병합 후에는 자작과 중추원 고문을 하면서 대륙고무공업회사(사장)를 경영했다. 종 3위 훈 1등으로 1929년 3월 1일 사망했다.

월미도를 팔아먹은 송정섭

갑신정변(1884년) 당시에 서울에는 어용상인 협동조·경전조(慶田朝)에 속한 상인과 사진사 혼다(本多收之輔), 구리무역 업자 기노시다(木下淸兵衛) 기타 10

여 명의 일본인 장사꾼이 살고 있었다. 이 중 오꾸가와(奧川嘉太郞)란 자는 정병하(鄭秉夏)와 협동해서 저동에 도기공장을 차리려 하였다. 유대치(劉大致)의 문하생으로 개화파의 1인이었던 정병하는 훗날 김홍집 내각의 농상공부대신을 하다 아관파천 때 난민에게 타살된다. 정병하와 오꾸가와의 합작회사인 도기공장은 갑신정변으로 오꾸가와가 피살됨으로써 흐지부지 되어 버렸다.

일인들의 서울 진출은 천진조약(1885년)으로 청국군이 서울에서 철수하면서 활발해지기 시작했다. 1886년부터 이들은 조선인 앞잡이를 내세워 성내의 토지·가옥을 구입하기 시작한다. 이렇게 시작된 일인들의 토지 점탈은 1900년 무렵부터 본격적인 단계에 돌입한다. 개항장 10리 이내는 자유였지만, 그 바깥일 때는 대개 조선인 앞잡이가 끼어 들었다.

인천 월미도를 팔아먹은 송정섭(宋廷燮)도 그런 부류 중의 하나였다. 조선정부에서 월미도 개발권을 따낸 후 일본인 요시까와(吉川佐太郞)에게 그 권리를 전매했던 것이다. 러일전쟁을 앞둔 시점에서의 일인들의 토지 매수대금은 참모본부에서 지출되는 예가 많았는데, 월미도의 경우도 예외는 아니었다. 요시까와는 월미도의 주민을 강제로 축출하기 시작했고, 그러자 진정이 들어가면서 조선정부가 진상을 파악하게 됐던 것이다.

정부는 송정섭에게서 매각대금 1만 6천 원을 회수, 일본 공사관에 전달하면서 권리의 반환을 청구했다. 하지만 일본 공사관은 요시까와가 불응한다고 구실을 붙여 조선 정부의 요구를 거부하였다. 민가를 모조리 헐어 주민을 내쫓은 일본은 포대(砲台)를 건설하면서 1904년에 일대를 요새화하고 말았다. 수도 서울의 목을 지키는 조선정부의 포대까지가 강제철거되고 만 것이었다.

토지점탈에 앞장 선 친일파

이렇게 점탈된 토지가 1904년 현재 전북 임피·만경·부안 등 10여 군에서만 7백 90섬지기에 달했다(『매천야록』). 1903년에는 그 일대에 미야자끼(宮崎) 농장이라는 소작료 수납소가 생기고, 1904년에는 일본인 지주들의 군산농업조합이 생겨난다. 1915년 당시 일인 지주들의 토지소유 상황은 동산(東山) 농사·조선흥업·무라이(村井吉兵衛) 농장 등 5백만 평 이상인 특급지주 13명의 소유농지만 3만 7천4백58정보에 달했다. 이것은 전년도 말의 조선농가 호수 2백58만 1천1

백34호에 대해서 호당 43.5평꼴로 나눠지는 면적이다.

1907년 3월에 들어선 강화섬의 한우목장도 비슷한 경로를 밟았다. 모피가 크고 육질이 좋은 한우는 한말 이래 대일 수출품으로 각광을 받던 품목이다. 1903년 3월 조선에 들어온 일인 모로(毛呂德衛)는 그러한 수요를 위해 한우목장을 계획했다. 서대문 밖에 살던 전홍규(全洪奎)를 앞잡이로 해서, 전선(全鮮) 각처에 걸친 후보지 탐사를 시작했던 것이다.

성환과 완도·고금도에도 좋은 후보지가 있었으나, 모로는 강화섬의 옛 연병장 유적 2백50만 평을 점찍었다. 전홍규를 내세워 그의 명의로 대부허가를 낸 것이 1905년 5월이다. 이 대부허가서에는 3년 내에 착수하지 않을 땐 취소된다는 외에 두 가지 조건이 붙어 있었다. 첫째, 외국인에 절대로 양도하지 않으며 둘째, 외국인에 양도했을 때는 목을 친다는 조건이었다.

즉, 친일 앞잡이 전홍규는 그의 목을 걸고 강화섬 2백50만 평의 권리를 얻어 일인 모로에게 넘겨준 것이다. 이 곳에 목장을 차린 모로는 전선(全鮮)적 한우 개량·증식사업을 위해 김종한(金宗漢)을 회장으로 하는 조선축산장려회를 설립했다. 노론파의 명문 출생인 김종한은 1876년에 홍문관 부교리가 된 후 승지·대사성·함남 관찰사와 규장각 지후관(祗候官) 등을 역임한다. 1910년 3월에는 고희준(高羲駿)·민원식(閔元植)·징응실(鄭應卨)이 일으킨 친일난제 성우회 총재가 되어 병합을 이면에서 방조했다. 이러한 공로(?)로 남작을 얻었는데, 그 작위는 1932년에 상속인 김세현(金世顯)이 습작하였다.

일제의 토지 점탈에 의한 1915년의 동척 소유지 7만 3천3백64정보는 조선농가 호당 85평 꼴로 나눠지는 면적이다. 1918년 10월에 완료된 총독부 토지조사에서 일제는 역둔토 9만 4백9정보를 합친 8백8십만 정보를 점탈하였다. 이것은 1918년 말의 조선농가 2백65만 1천7백52호에 대해서 호당 9천9백56평꼴로 나눠지는 면적이다. 이러한 토지조사 과정에서도 수천 명의 조선인이 서기·측량원과 임시 토지조사위원 등으로 관여했다.

조선 어민들을 울린 이주회

바다는 숫제 일인들이 독차지하다시피 하였다. 1913년 현재 어로 생산액은 일인이 7백88만 원, 조선인이 9백7만 원이다. 업자 수효는 일인 1만 2천2백32명,

조선인 28만 8천7백97명이라, 업자 1인당 생산액은 일인 6백44원에 조선인 31원이 된다. 인삼밭에서의 횡포가 하도 심해서 그대신 어로권을 허락한 것이 1900년이며, 고래잡이의 권리는 그 전해에 일인의 소유가 되었다. 이로부터 동해·남해 일대는 일본 배가 저자를 이루다시피 하면서, 조선 어민들의 생업이 침탈되어 갔던 것이다.

이러한 황금어장으로 일본인을 끌어들인 선구자(?)가 이주회(李周會)이다. 1843년 광주(廣州) 출생, 병법을 배워 오위장(五衛將)이 된 이주회는 병인양요 때 결사대를 조직하여 프랑스 함대를 쫓음으로써 대원군의 신임을 얻었다. 연일(延日)현감·외무위원을 역임한 그는 김옥균·우범선(禹範善)과 교유하면서 개국론을 주장한다. 임오군란 후 그는 대원군 일파로 지목되어 전라도 금오도(金鰲島)로 유배되었다.

갑신정변으로 도일 망명한 이주회는 3년을 일본에서 살면서 간다(神田)에서 와다나베(渡邊)의 딸과 동거하였다. 서화를 만들어 일본인 동거여자에게 팔아 오게 하는 가난한 생활 속에서, 다께다(武田範之)를 비롯한 낭인패들과의 폭넓은 교분도 시작되었다. 죄를 용서받아 귀국한 이주회는 자원해서 금오도도사(都事)로 부임했다. 유배생활을 할 때 개발의 가능성을 점쳐 둔 곳인데, 그의 노력에 의해 섬은 4개 부락 6백여 호의 볼 만한 마을로 발전했다.

다께다가 이 섬으로 이주회를 찾아온 것이 1892년이다. 일대의 황금어장을 개발하기로 협의한 다께다는 친구 낭인 유우끼(結城虎五郞)와 함께 어선 8척에 일본 어부 30명을 이끌고 다시 금오도로 왔다. 1893년 3월이었는데, 이것이 전라도 앞바다에 일본 어선이 침입한 첫번째이다. 금오도 동쪽 안도(雁島)를 근거지로 한 8척 어선단은 우수한 장비로써 부근 어장을 닥치는 대로 훑기 시작했다.

고기는 엄청나게 잡혔으나 냉동·저장시설이 없는 일본 배라 그 처리가 곤란했다. 현지에서 싸구려로 팔아 치우는 수밖에 없었는데, 덕분에 고기값이 폭락해서 조선 어민은 굶어죽을 지경이 되어 버렸다. 먹을 사람이 없어진 생선은 논밭에 비료로 나갔고, 개·돼지·닭이 배를 불렸다. 황금어장 하나만 망쳐 놓은 채 빈털터리가 된 8척의 일본 배는 부근 어촌과 장삿배를 털어 쌀과 찬거리를 마련해 가면서 일본으로 돌아가고 말았다.

동학군이 일어나자 이주회는 민병을 모집, 총대장이 되어 동학군을 토벌했다. 이때의 용병술을 보고 감탄한 해군함장 구로오까(黑岡帶刀)가 이노우에(井

上馨) 공사에게 천거해서, 그 입김으로 이주회는 군부협판(차관)이 되었다. 친일훈련대 창설에 주요 역할을 한 이주회는 민비 시해사건에 가담하여 대원군을 영입해 들였다. 하지만 윤석우(尹錫禹)·박선(朴銑)과 함께 민비시해의 조선측 범인으로 체포되어 1895년에 사형을 당하게 되었다. 이들이 가담한 정도와 흉행의 진상에 대해서는 일본인들이 주동한 사건인 만큼, 의문점들이 남겨져 있다.

욕된 영달의 길을 간 군권탈취 방조자들
—— 일본 군사침략의 앞잡이

침략상품과 상인이 침입하고 나면, 그들의 상권을 보호하고 넓히기 위해서 군대의 뒷받침이 필요해진다. 상품에 이어서 군대가 침략전선에서의 3번주자인데, 일본군의 조선 주둔은 1880년 12월 서대문 밖 청수관(淸水館 : 옛 독립문 자리)에 차려진 일본 공사관의 군인 6명으로부터 시작되었다.

왜식 별기군과 윤웅렬

이듬해(1881년) 4월, 일제는 신식 소총 약간의 헌납으로 조선정부의 구미를 돋구면서, 왜식 별기군을 창설하게 하였다. 별군관 윤웅렬(尹雄烈)이 그 주역을 담당했는데 윤웅렬은 왜승 오꾸무라(奧村圓心)와의 접촉과 수신사 김홍집의 수행원으로 도일한 경력 등에 의해서 친일 개화파의 1인이 되어 있던 사람이다.

이렇게 창출된 친일세력은 반일진영의 결집을 촉발시킴으로써 민족분열의 원천적인 요인으로 작용한다. 민족 총력의 반침략 투쟁은 친일과 반일의 동족상쟁으로 바뀌고, 그 틈에서 황새와 조개를 다 갖는 어부가 되는 것이 그 자들의 침략전술인 것이다.

별기군이 일제의 후광 속에서 우쭐대자 낮은 대우인 구식 군졸들의 반일감정이 쌓여 갔다. 그 끝에 임오군란이 났는데, 별기군을 습격한 구식 군졸들은 교관 호리모도(掘本禮造)를 살해한 후 서대문 밖 일본 공사관을 습격했다.

그 습격으로 공사관원 13명이 피살되었고 나머지 공사관원들은 일본으로 달아났다. 그러자 이것을 따지기 위해서 일본군 1천2백 명이 출동했다. 결국 제물포조약(1882. 8. 30)이 체결되면서 종래의 일본군 6명은 공사관 경비대 1백50명으로 증강되고 말았다.

별기군 영관(領官) 윤웅렬은 이때 군중들의 습격 계획을 일본 공사관에 통보한 후 원산으로 달아났다. 일본 절 마루 밑에 숨어 있는데, 원산 주민들이 몰려왔다.

"역적이 여기 숨었다는데 내놓으시오!"

"그런 사람 안 왔어요! 뒤지려거든 나부터 죽인 후에 뒤져 보시오!"

폭민들이 물러가자, 주지 이시까와(石川子因)는 마루 밑의 윤웅렬을 끌어냈다. 그리고는 가마니로 둘둘 말아서 화물처럼 포장한 후 일본 배에 실어서 망명을 시켰던 것이다.

나가사키(長崎)에 머물던 윤웅렬은 귀국해서 개화당 내각의 형조판서가 됐으나, 갑신정변의 실패로 귀양살이를 하게 되었다. 그러다 청일전쟁으로 친일 김홍집 내각이 들어서자 풀려 나서 경무사·군부대신을 하였다. 민비가 피살된 후 윤웅렬은 시신(侍臣) 일부와 구미파 요인들이 주동한 정부 개조의 쿠데타 계획에 가담했으나, 내응하기로 되었던 안경수(安駉壽)·이진호(李軫鎬) 등의 밀고로 계획이 드러나서 실패하고 상해로 망명했다. 이것이 바로 춘생문사건이다.

정치적으로 이용익(李容翊)과 대립했던 윤웅렬은 러일전쟁 무렵에 정계를 은퇴한 후 기독교를 믿었다. 병합 때 받은 남작은 장남 윤치호(尹致昊)가 습작했으나, 윤치호가 105인사건의 주모자로 몰림으로써 1913년 10월에 박탈을 당하고 말았다.

민비시해에 가담한 우범선

왜식 별기군에서는 또 하나의 친일 거물이 배출되었다. 참령관(參領官)으로 참가했던 우범선(禹範善)이 그 사람이다.

1857년 5월 출생, 7세 때부터 한학을 배운 우범선은 20세인 1876년에 무과에 급제한 후 황해도 청단찰방(青丹察訪)에 배치되었다. 이 해에 운양호사건이 나고, 뒤이어 맺어진 강화도조약으로 한일간에 새로운 시대가 열리자, 우범선은 동양의 대세와 조선의 앞날을 생각하였다. 별기군 참령으로 참가했던 그는 새로운 문물을 시찰하기 위해서 일본으로 밀항했고, 돌아와서 1882년에는 인천에 머물러 있었다.

임오군란이 난 것이 이 무렵이다. 별기군 참령에 일본 밀항의 경력이 있는 우범선은 일본의 밀정 혐의로 대원군 계열에 체포되었다.

"일본에는 뭣하러 갔어? 앞잡이가 되어서 염탐을 하러 들어온거지?"

곤장으로 내리 족치고 주리를 트는 데 견뎌 낼 장사가 없었다. 뼈가 부러지는지 퉁겨지는지 전신이 콩알만큼 오그라드는 것 같았다. 이때 다친 다리로 평생을 불편하게 살았는데도 그는 입을 열지 않았다.

"이런 놈의 독종은 머리털 나고서 처음 보겠다! 어서 바른 말 못 할까?"

"대원이 대감께 말씀하겠소. 나를 그리로 데려다 주시오."

대원군 앞에 끌려 나간 우범선은 동양의 대세와 조선의 앞날을 들어 말하며 소신을 피력했다.

"난국을 헤치자면 일본과 동맹이 필요하다고 생각했습니다. 그래서 그 나라 사정을 알려고 간 것입니다."

"국법을 어기는 것인 줄 몰랐느냐?"

"어차피 한 번은 죽는 목숨, 다른 생각은 안 했습니다."

풀려 난 우범선은 민비의 천하가 되자 평북 순천에서 귀양살이를 하다가, 평안 감사 민병석(閔丙奭)의 진력으로 장위영(莊衛營) 정령(政領)이 되었다. 이듬해(1895년) 4월에 훈련대가 창설되자 그 제2대대장으로 발탁되었다.

이 훈련대는 일본군 경비대—후비보병 제18대대—의 간부들이 양성한 친일의 교두보로서, 친일 김홍집 내각의 힘의 뒷받침이었다. 민비가 이를 해산시키려 하자, 일세의 위축을 우려한 미우라(三浦梧樓) 공사 일파가 민비의 제거를 획책했다. 대궐 담을 넘어 들어간 일본군과 낭인패는 건청궁(乾淸宮)에서 민비를 참살한 후, 석유를 뿌려 시체를 불살라 버렸다. 우범선은 이때 훈련대 제2대대를 이끌고 일본군의 대궐 공격을 방군하였다.

고영근이 내리친 단죄의 쇠망치

아관파천으로 친일 김홍집 내각이 무너지자, 우범선은 이두황(李斗璜)·황철(黃鐵)과 함께 일본으로 달아났다. 도쿄 홍교(本鄕)에서 망명생활을 하다 사까이

나까(坂井)라는 일본 여자를 알게 되어 그녀에게 결혼을 신청하자 여자가 정색을 하면서 말했다.
 "결혼은 인류대사거든요, 중매를 세워서 신청하세요. 저도 중매를 세울께요."
 우범선은 황철을, 여자는 희운사(喜運寺) 주지 아라이(新井慈剛)를 중매인으로 세웠다. 아라이가 미우라(三浦梧樓)를 찾아가서 우범선의 신원과 인품을 묻자 미우라가 대답했다.
 "사람은 좋은데, 언제 피살당할지 모르는 녀석이야, 그래도 좋다면 중매해 주게."
 싫다고 할 줄 알았는데, 그 말을 전하자 여자는 뜻밖의 말을 했다.
 "인명은 재천이에요. 그런 사정이 있대도 할 수 없죠"
 "그럼 결혼을 하겠단 말입니까? 정 그렇다면······."
 한참을 생각하다 아라이가 말을 이었다.
 "정 그렇다면 결혼 후 만약의 일이 생길 때, 낳은 아이가 아들이라면 내가 대신 키워 드리리다."
 그리하여 두 사람은 결혼을 하고, 1904년에 구례(吳)로 보금자리를 옮겼다.
 그 집들이를 하던 날이었다. 느닷없이 나타난 자객 고영근(高永根)이 망치로 머리를 후려치면서 호통을 쳤다.
 "황후 폐하를 죽인 이놈! 불측한 이놈!"
 48세로 우범선이 이역의 고혼이 되었을 때, 그에게는 일본 여자 사까이에게서 난 두 아들이 남겨져 있었다.
 그 중 장남을 희운사 주지 아라이는 중매를 설 때의 약속대로 맡아서 길렀다. 구례(吳)중학을 마친 장남은 아버지와 뜻이 통했던 스나가(須永元)와 사정을 안 총독 사이또(齋藤實) 등의 도움으로 동경제대를 졸업하고 농학박사가 된다. 1950년에 아버지의 나라로 돌아온 그는 원예시험장장 등을 역임하면서 한국농업 발전에 커다란 공적을 남겼다. 육종학의 권위로 씨 없는 수박을 만들어 낸 우장춘(禹長春) 박사가 그 사람이다.

병합 전의 일본육사 졸업생

군 계통의 유학생은 1883년에 정란교(鄭蘭敎) 등이 일본 육군 도야마(戶山)학교에 입학한 데서 시작되었다. 1884년에 이 학교를 마친 정란교는 갑신정변에 가담했으며, 동학군을 토벌한 후 육군부령으로 군부대신 관방장을 하였다. 총독부 개설과 함께 충남 참여관을 한 정란교는 1927년에 중추원 참의가 된 후, 사망시까지 17년간 그 직을 중임했다. 그는 종 4위 훈 6등으로 1943년 12월에 사망했다.

이후의 일본 육사 졸업생은 1896년의 이병무(李秉武), 1897년의 이희두(李熙斗)·조성근(趙性根), 1899년의 김관현(金寬鉉)·김형섭(金亨燮)·노백린(盧百麟)·어담(魚潭)·윤치성(尹致晟), 1900년의 권승록(權乘祿), 1903년의 김기원(金基元)·김응선(金應善)·남기창(南基昌)·류동열(柳東悅)·박두영(朴斗榮)·박영철(朴榮喆)·이갑(李甲)·전영헌(全永憲) 기타로 이어진다. 병합 당년인 1910년에는 제23기생이 졸업했는데, 조선인 졸업생은 한 명으로 항일전선에서 용맹을 떨쳤던 김광서(金光瑞) 장군이다.

국군 창설의 원로 이응준(李應俊) 장군과 전범으로 처형된 홍사익(洪思翊) 중장이 제26기생으로 1914년 졸업, 김석원(金錫源) 장군이 제27기로 1915년 졸업이라 하면, 병합 전의 일본육사 졸업생들의 계보상 위치가 대략 짐작될 것이다. 이들 병합 전의 일본육사 출신 중에서 배운 군사기술을 민족노선에 바친 사람은 김광서·노백린·류동열·이갑 등 극소수였다. 압도적 다수가 일제의 계급장으로 욕된 영달의 길을 걸어갔던 것이다.

그 중 어담·이병무는 항을 바꿔서 다시 말하겠다.

총독부 고관으로 둔갑한 사람에 김관현이 있는데, 구한국 보병정위로 러일전쟁에 종군해서 일제의 공로포상금 1천5백 엔—쌀 3백 가마값—을 수령했다. 전쟁 후 내부 광제원장·회계국장 등을 거쳐서 총독부가 개설되자 수원군수로 나갔으며, 1917~21년에 함북·전남 참여관을 했다. 이후 1926년까지 충남·함남 지사를 했으며, 퇴관 후 중추원 칙임참의로 8·15까지 15년을 있었다.

박영철·배정자의 러브스토리

박영철도 총독부 고관으로 예속의 길을 걸었다. 전주 출생인데, 구한국 학부유학생으로 도쿄 성성(成城)학교를 마친 후 일본 근위기병연대에 있다 1903년에 일본육사 기병과를 졸업했다. 일본 근위기병연대 견습사관을 거쳐서 동 연대

제1중대 통역으로 러일전쟁에 종군했으며, 1904년 3월에 구한국 기병참위에 임명된 후 육군 무관학교와 유년학교 교관 등을 하였다. 1906년에 구한국 기병참령이 된 후, 시위혼성여단 참모와 군부대신 부관, 시종무관 등을 지냈다.

배정자(裵貞子)와의 일로 물의의 대상이 된 것이 이 무렵, 시종무관을 하던 1907년 12월이다. 기병참위 시절인 1904년에 박영철은 육군참장 현영운(玄暎運)의 총애를 입었고, 그 집을 드나들면서 현영운의 아내인 배정자와도 얼굴을 알게 된 사이였다. 현영운이 군직을 물러난 후 한동안 내왕이 끊겼다가, 그 내외의 이혼기사를 읽고 위로 겸 찾아간 것이 배정자와의 새로운 인연의 시작이었다.

이때 박영철은 조혼한 아내와 별거중이었다. 그 아내를 그대로 둔 채 박영철은 옛 상관과 이혼한 지 얼마 안 되는 배정자와 결혼을 했고, 4~5년간 동거하였다. 이렇게 되자 신문의 가십란이 들먹거렸고, 장안에 화재가 만발하였다. 두 사람은 결국 소송사태까지 일으킨 끝에 갈라서고 말았다.

배정자와 동거를 할 때 박영철은 구한국 군부 소속으로 복직이 되어 일본군 헌병대에서 복무하였다. 병합 후에는 일본군 기병소좌로 편입된 후, 1912년에 예편하였다. 익산군수, 함북·전북 참여관, 강원·함북 지사를 거쳐서 1927년에 퇴관한 후, 동척 감사와 삼남(三南)은행 은행장이 된다. 삼남은행이 상업은행으로 흡수된 후에는 상업은행에서 부은행장을 하였다.

1927년에 친일 동민회(同民會) 부회장이 된 박영철은 실업·금융계 거물로 상업회의소 특별위원 등을 하다가 1939년에 사망했다. 조선미곡창고·조선철도·조선신탁·조선맥주회사 취체역 등을 섭렵했으며, 미곡조사위원 등으로 총독부 정책 결정에도 참가했다. 1933년에 중추원 칙임참의가 된 후 사망시까지 만 6년간 그 직을 지켰다.

군권탈취를 방조한 어담

일제는 조선을 그들의 국방권에 완전 예속시키는 것으로 군사전략을 삼았다. 그 실행방책의 첫째가 조선군대 안에 친일파를 부식하는 것인데, 별기군과 훈련대의 창설 등이 그것이다. 병합 전의 일본육사 졸업생들도 물론 그러한 지배정략에서 취학이 허락되었을 것으로 짐작된다.

조선군대를 예속화하는 실행방책의 둘째는 군사고문에 의한 실권의 탈취이다. 조선국 군부고문 노즈(歸津鎭武) 중좌의 취임은 1904년 8월인데, 이후 조선에서는 두 차례의 군제개혁이 있었다. 첫번째는 1904년 9월의 개혁인데 원수부가 폐지되면서 시종무관부·동궁무관부·참모부 등이 신설되었다. 두번째는 1905년 2월인데, 군부의 권한이 크게 확대되면서 군무국·참모국·교육국·경리국을 두게 되었다. 이때까지 군부는 작전과 용병의 제반 권한을 원수부에 맡긴 채, 유학생 관계와 병기·탄약 관리 및 군 경리만을 관장하는 미약한 존재였다.

이 두 차례의 군제개혁은 군부고문 노즈가 군권을 탈취하기 위한 수단이었다. 그러자면 군권의 일체를 장악한 원수부를 폐지해야 하는데, 맹렬한 반대가 있을 것으로 예상하고 군제개혁을 제안한 후 먼저 군제의정소(議定所)를 구성했던 것이다. 12명의 군제의정관과 8명의 군제의정소 위원이 심의해서 된 1904년 9월의 제1차 개혁은 군무·검사·기록·회계의 4국을 둔 원수부를 폐지하면서, 참모본부·교육총감부·시종무관부 등을 분립시킨 것이었다. 그 후 5개월 만에 단행된 제2차 개혁에 대해서 『어담 소장 회고록』을 보면 다음과 같은 기록이 수록되어 있다.

> 이(제2차 개혁안)에 의하면, 빈약한 군대에 대해서 각종 기관만 너무 방대하니 축소하자는 것이었다. 즉, 참모본부와 교육총감부를 폐지하고 군부 안에 참모국과 교육국을 두기로 하였다. 이리하여 군대에 관한 전권은 노즈 씨가 예정한 대로 군부가 완전히 장악해 버렸다. 제1차의 대개혁이란 것이 원수부의 권한을 군부가 탈취하려는 수단에 불과했던 사실은 그 누구도 알지 못했던 것이다.

이때 노즈의 충실한 조력자로 그 음모를 도운 사람이 어담이다. 1881년 서울 냉동(冷洞) 출생, 사범학교 부속 소학교를 마친 어담은 1894년에 학부 유학생으로 도일하여 경응의숙(慶應義塾) 보통과에 입학했으며, 이 곳을 마친 후 성성(成城)학교를 거쳐서 1899년에 일본육사를 졸업하였다. 이 해에 일본 야전포병 제1연대 견습사관, 1900년에 구한국 포병참위, 이어서 포병정령으로 승진했으며, 한말에 시종무관을 하였다.

1904~5년의 군제개혁 때 군제의정소 위원으로 노즈를 도운 어담은 병합 후 일제 주차군 사령부에 복무하다 육군소장으로 예편하였다. 1934년에 중추원 칙

임참의가 된 후 8·15까지 그 직을 4차 12년간 중임했다.

구한국군을 해산시킨 이병무

조선예속화를 위한 군사전략 중 최종적 실행방책은 구한국군의 해산이었다. 이것은 러일전쟁으로 일제 주차군이 탄생되면서부터 생긴 음모였는데, 일제 주차군 참모장이던 사이또(齋藤力三郞) 중좌가 1904년 6월 본국 정부에 제출한「조선에서의 군사적 경영요령」이라는 건의서를 보면 보다 확실해진다.

다음은 그 내용 중 일부이다.

> 병제 개혁의 명의로 현재의 군대를 대부분 해산하여 겨우 궁중을 호위하고 황제를 안도시키기에 족한 근소한 병력을 비치토록 함으로써 조선이 전적으로 우리 무력에 신뢰하도록 노력해야 하며…….

이러한 방침에 의해서 1907년 8월 1일로 구한국군이 해산되는데, 군부대신으로 그 일을 수행한 우리측 인물이 이병무였다.

1864년생인 이병무는 21세에 무과급제한 후, 통위영 대관(隊官)과 장위영 부령관 등을 거쳐서 1894년에 일본 육군교도단(敎導團)에 들어갔고, 1896년에 일본육사를 8기생으로 졸업했다. 귀국 후 보병소위로 육군무관을 겸했으며, 보병참령으로 육군 무관학교장과 북청(北靑) 진위대 대대장 등을 하다 한때 고군산열도로 유배되었다. 러일전쟁 때 귀양에서 풀린 이병무는 참령으로 복직되어 군제의정관·무관학교장·유년학교장을 하다 군부 교육국장을 하고, 육군참장으로 진급했다.

1906년에 대사 완순군(完順君)의 수행원으로 도일한 이병무는 귀국 후 육군부장으로 이완용 내각의 군부대신 겸 시종무관장이 되었다. 헤이그 밀사사건이 나자 그는 고영희·송병준·이완용·이재곤·임선준·조준응과 함께 고종의 퇴위를 강요함으로써 '칠적(七賊)'의 하나가 되었다.

그는 군부대신으로 군대해산을 수행했는데, 이때 구한국군은 군부·시종무관부·동궁무관부·친왕부(親王附)무관·육군무관학교·근위보병대 1개──총인원 7백45명──를 남기고 전체 기관 8천4백26명이 해산되었다.

1909년 7월에 군부와 무관학교가 폐지되고 친위부(親衛附)가 신설되면서 이병무는 친위부 장관이 되었다. 이 기관은 조선 궁중소속으로, 일본군 장교인 친위부 고문과 일제 주차군 사령관의 승인하에서 껍데기만 남은 군행정을 통할한 기관이다. 병합에 동조함으로써 일제의 자작을 받은 이병무는 이왕직 무관으로 있다가 1926년에 사망하였다.

 해산에서 제외된 일부 구한국군은 병합과 함께 친위부·시종무관부·동궁무관부마저 폐지되고, 근위보병대와 1907년 12월 창설된 근위기병대만 남겨지고 말았다. 하지만 이것은 이미 조선국의 군대는 아니었다. '조선보병대'와 '조선기병대'로 개칭된 후, 일제 주차군 사령관 예하의 일본 군대로서 왕실의 수위와 의장 역할을 담당하였다. 조선인으로만 편성된 이 2대는 1913년에 조선기병대가 해산되고, 조선보병대는 4개 중대에서 2개 중대편제로 반감됐다. 주한국 근위보병대의 후신인 조선보병대는 1930년에 완전 폐지됨으로써, 군대해산 후 실낱같이 남았던 구한국군의 명맥마저도 끊어져 버리고 만 것이었다.

「혈의 누」의 이인직은 한일합방의 주역
—— 문화침략과 친일파

일본 창녀 군사간첩

'거국일치'라는 말이 있다. 일제 침략사의 근본적 특징을 한마디로 요약하라면 '거국일치'라는 말을 쓰면 된다. 위로는 고관대작에서 아래로는 부랑자·천업부에 이르기까지 침략전선에서는 귀천의 신분도 남녀의 차별도 없었다. 천의 직종, 만의 신분의 전체가 몽땅 특공대요, 간첩이요, 결사대였던 것이다. 개인적 이득이야 있건 없건 명색이 일본인이면 천 명 만 명이 일본의 이익, 즉 침략적 권익을 위해서 한사람과 다름없는 행동을 했던 것이다.

시베리아에서 도형수와 광산 노무자 상대로 몸을 팔던 야마모도 기꾸꼬(山本葡子)는 고산 마적단의 부두목이 되어 러일전쟁을 도왔다. 러·청 국경의 한촌에서 창녀를 하던 한 여자는 단골인 러시아 전신대 간부에게서 훔쳐 낸 암호난수표를 우찌다(內田良平)에게 주어 참모본부로 보내게 하였다. 일본인 창녀들까지 이렇게 군사간첩을 하는 판이니 신분이 의사 선생님쯤 되면 말해 뭘하랴. 조선에 일본의 의학문화가 들어오기 시작한 것은 1880년부터인데, 일본인 의사의 전체가 침략전선에서 사실은 간첩이자 공작부대였다.

조선에 온 최초의 일본 의사는 1880년 서대문 밖 청수관의 공사관 소속으로 들어왔던 해군 군의 사가와(佐川晃)이다. 임오군란 때 이 자는 부상을 입어 귀국하고, 1883년 6월부터 1등군의 우나세(海瀨敏行)가 지금의 경운동 천도교회 자리에서 병원을 개설했다. 그 후 1895년, 조선정부 위생고문이던 세노와끼(瀨脇壽雄)가 명동에 병원을 차리고 조일 양국민을 치료했는데, 일본 해군 군령부가 겉으로 드러나지 않게 그것을 매입해서 해군 소관으로 만들었다. 이것이 한성(漢城)병원인데, 러일전쟁을 예상하는 시점에서 일본이 해군병원 하나를 차린 셈이었다.

이 병원의 원장은 해군 군의로서, 초대가 스즈끼(鈴木裕三), 2대가 이끼(隱岐敬次郎), 3대가 와다(和田八千穗)이다. 와다의 부임은 1901년 12월인데, 당시 서울에는 찬화(贊化)병원의 일본인 후루시로(古城梅溪)와, 세브란스병원의 에비슨 박사, 러시아 공사관의 중령급 군의 1명이 의사의 전부였던 시절이다. 조선인 대감 1명만 치료해 주었다 하면 친일화, 그리고 이권 확대에 막대한 영향이 있는 판이라 이들 일본인 군의는 눈에 불을 켜고서 대감급 환자의 쟁탈전을 벌이곤 했던 것이다.

의사들은 바빴다. 어느 겨를에 가마를 타겠는가? 쌀 15가마 값으로 모우터 달린 자전거를 사서 동분서주를 하는데, 하루는 하야시(林禮助) 공사에게서 급한 전갈이 왔다. 내장원경 이용익(李容翊)이 아프니 러시아 군의보다 먼저 선수를 치라는 것이었다.

가서 보니 중이염이라, 곪아서 우거지상을 하면서도 친러파의 거물인지라 일본인 의사의 왕진을 별반 달가워하지 않았다.

"기왕에 왔으니 한번 구경이나 합시다."

환부를 살피면서 와다가 손끝으로 두어번 누르자 곪을 대로 곪아서 만삭(?)이 다 된 환부가 터지면서 고름이 한꺼번에 쏟아져 나오는 바람에 1주일이나 욱신거리던 아픔이 순식간에 가셔지고 말았다.

그러자 이용익이 깜짝 놀랐다.

"선생은 정말 명의, 아니 신의(神醫)이외다. 손가락을 갖다 대기만 했는데도 어쩜 그렇게 아픔이 거짓말처럼 가셔지지요?"

이용익은 침이 마르도록 감사한 끝에 고종에게 칭찬을 늘어 놓았다. 조선의 고관을 치료해서(?) 낫게 해주었다는 공로로, 와다는 곪아서 저절로 터진 이용익의 중이염 덕분에 3등 팔괘질인가의 훈장을 탔던 것이다.

와다가 탄 훈장은 한성병원의 일본인 의사들의 구미를 잔뜩 동하게 하였다. 이런 판에 하루는 박제순(朴齊純) 총리대신이 한성병원으로 떠메어져(?) 들어왔다.

이근택의 권위와 복록

덕수궁 앞을 지나다 저격을 받고 일본공사관으로 줄행랑을 쳤는데, 탄환이 빗나가서 긁힌 자국 하나 없었다. 이런 환자(?)를 공사는 한성병원으로 보내서, 치료 아닌 은닉을 부탁했던 것이다.

하지만 병원은 멀쩡한 사람은 입원이 안 되는 곳이다. 혈액검사·소변검사를 해도 아무런 이상이 없는데, 천우신조로 대변에서 회충알 서너 개가 발견되자 의사들은 환성을 질렀다.

"됐습니다! 병명은 에에또, 회충병이라 하면 되겠군요?"

의사들은 박제순을 특등 입원실로 엄중하게 격리시켰다. 콜레라가 아니라 회충알 서너 개를 퇴치한 일본인 의사는 고관을 치료했다고 훈장을 청해서 자랑스럽게 차고 다녔다.

이에 비해서, 군부대신 이근택(李根澤)의 경우는 하기야 훈장쯤 탈만도 했다. 통감부 개설 보름 만인 1906년 2월 16일 밤에 자객 몇 명이 이근택의 잠자리를 습격했는데, 전신에 13군데의 중상으로 숫제 난도질을 쳐놓다시피 하였다. 목숨이 끊어지다시피 한 깃을 한 달 이상의 치료로 되살려 놓자 칙사가 병원으로 왕림했다. 중신을 살려 낸 공로가 가상하다고 와다 의사에게 2등 태극훈상이 내려졌던 것이다.

이때 저승 문턱까지 갔다 돌아온 이근택은 박제순·이지용·이완용·권중현(權重顯)과 함께 을사5적 중의 한 사람이다. 충주 출생인 이근택은 임오군란 때 장호원으로 피해 온 민비에게 물고기를 잡아 바침으로써 그 총애를 입게 되었다. 왕비가 환궁한 후 부름을 받아 상경한 이근택은 무과에 급제한 후 선전관과 단천부사, 길주목사 등으로 출세길을 달린다. 한성판윤·경무사·헌병사령관 기타를 두루 섭렵한 이근택은 시종무관장을 거쳐서 군부·농상공부·법부의 대신 직을 역임하였다.

이 사람은 처음부터 친일파는 아니었다. 러일전쟁 때 일제는 조선정부를 협박해서 1904년 2월 23일자로 「한일의정서」, 즉 조일 공수동맹을 체결한다. 이에 의해서 조선은 일본의 군사기지로 제공되는데, 이근택은 애초에 이것을 반대하는 입장에 섰다.

일본 본국에 보고된 1월 16일자 제46호 외교문서에는 이근택 일파의 반대와 이용익의 주저 때문에 조약 체결에 애로가 많다고 적혀 있다. 조선측 요인들의 이런 반대에 대해서, 일제는 매수·협박·추방 등의 수단을 동원했다. 이용익은 여행 핑계로 일본에 납치했고, 이지용은 1만 엔을 주어 매수했으며, 이근택은 공사가 협박을 가해서 크게 태도를 바꾸도록 하였다(제55호 문서). 이리하여 "이지용·민영철·이근택 3인은······어젯밤 고종에게 밀약(공수동맹)을 속히 성립시킬 필요가 있다고 강력히 주상(奏上)"을 하게 됐던 것이다(제83호 문서).

일본의 앞잡이가 된 이근택은 군부대신으로 을사5조약에 찬동을 했다. '보호조약'이란 이름 아래 조선국의 외교권이 팔아넘겨진 것인데, 대궐에서 돌아온 이근택이 아내에게 자랑스럽게 말했다.

"오늘 내가 보호조약에 찬성을 했으니 앞으로는 종신토록 권위와 복록이 혁혁할거요"

순간 부엌에서 도마를 칼로 후려치는 소리가 나더니 한 계집종이 마당으로 내달으면서 고함을 질렀다.

"이 집 주인놈이 저렇게 흉악한 역적인 줄을 모르고 내가 이 집에 살았으니 억울하고 원통하구나!"

이 계집종과 또 한 침모도 그 집에서 안 살겠다고 뛰쳐나가고 말았다.

병합과 함께 자작과 중추원 고문으로 '권위와 복록'을 누린 이근택은 1919년 12월에 사망했다. 종 4위 훈 1등이었는데, 상속인 이창훈(李昌薰)이 작위를 물려받아서 자작으로 '권위와 복록'을 이어 나갔다.

붓을 통한 조선국 침략

조선국 안에서 발행된 최초의 신문은 1881년 12월 10일 창간된 부산의 『조선신보』이다. 일본인 상업단체인 '부산항 상법회의소'가 달에 세 번 10일 간격으로 발행했으며, 국판 18면 체제였다.

이후 1883년 10월 1일, 조선국 박문국(博文局)의 사업으로 『한성순보』가 창간되었다. 외무아문 고문 이노우에(井上角五郎)가 편집주간으로 일했는데, 게이오(慶應)대학 학장이던 후꾸자와(福澤諭吉)가 이 인물을 추천했다. 이 때문에 일본인들은 후꾸자와를 조선 개화에 크게 공헌한 공로자인 양 추켜 세우지만 사실은 침략주의자이다. 1885년 8월 13일자 『시사신보』에 쓴 이 자의 논설제목이란 것이 '조선인민을 위해서 그 나라의 멸망을 축하한다'는 것이었다.

이런 자가 참견하는 개화정책이 조선의 부국강병을 제대로 보장할 턱이 없었다. 일본인 고문정치는 청일전쟁 당시인 1894년부터 궤도에 올랐고, 이들 고문의 권고에 의해서 각종의 내정개혁이 수행되는데, 그러한 내정개혁의 의미를 외무대신이던 무쓰(陸奧宗光)는 다음과 같이 말하고 있다.

나는 애당초 조선의 내정개혁이라는 것을 정치적 필요 이외에 하등의 의미가 없는 것이라고 간주했으며, 따라서 추호라도 의협의 정신으로 십자군을 일으킬 필요는 인정하지 않았다. 그러므로 조선내정의 개혁이라는 것은 무엇보다도 우리나라(일본)의 이익을 주안으로 삼는 정도에 그치고, 감히 우리의 이익을 희생시킬 필요는 없다(陸奧宗光,『건건록』).

『한성순보』 경영골격도 그러한 범주에서 크게 벗어나는 것이 아니었다. 문화를 도구로 한 침략의 실행인데 그 공작원으로 이노우에를 투입할 때 후꾸자와가 다음과 같이 말했다.

좌우간에 일본 이외의 국가가 조선에 손을 대게 할 수는 없다. ……그러자면 무력이 제일로 필요한데, 이것은 당국에 일임할 수밖에 없고, 문력(文力) 또한 크게 필요한 것이니까……조선에 가면 우선 그 곳의 풍토·인정·경제·정치 기타 이거든 저거든 조사·연구해서, 후일에 쓸모 있는 일꾼이 되어 주기 바라네.

이렇게 시작된 『한성순보』는 제10호에서 청병의 횡포를 비난하는 기사를 게재해 크게 물의를 일으켰다. 이것은 친일배청의 노선인 것이며, 일본 이외의 국가가 조선에 손을 대는 것을 막으려는 공작인 것이다.
이러한 연장에서 그 신문의 문체는 발행체제가 주보로 바뀌면서 한문·한글 혼용체로 옮겨 갔다. 조선에서 한언(漢諺) 혼합의 새 문체가 중국 숭배의 사상을 어떻게 변화시켰고, 일선융화의 매개로서 어떤 역할을 했는가는 주지하는 바라고 이노우에는 말하였다.
박문국을 통해서 배출된 친일파로서는 장석주(張錫周)가 대표적이다. 1849년 함북 경성(鏡城) 출생이며, 어려서 이름을 장박(張博)이라 했다. 신동으로 이름이 높았으며, 1882년에 상경해서 이듬해 35세의 나이로 『한성순보』의 주필이 되었다. 박문국의 업무를 전관하다시피 한 장석주는 친일 김홍집 내각의 법부대신 등을 거쳐서 을미사변 때 도일 망명한다. 1907년에 귀국한 그는 궁내부 특진관 등을 거쳐서 병합으로 남작이 되고, 총독부 중추원 고문이 되었다.

3·1운동 때 장석주는 배역노선에서 총독에게 무력소탕론을 건의했는데, 그 중요한 대목은 아래와 같다.

> 힘으로써 굴복시키지 않으면 독립소요가 일어날 경우 그 기세는 반드시 관리를 살해하고 관청을 분략하면서 일본인 농상공인을 습격·살해할 것입니다. ……이러한즉 총독은 입으로 타이름이 옳겠습니까, 병력으로 무찌름이 옳겠습니까. ……반드시 힘으로 굴복시킨 연후라야 일시적 효과를 볼 것입니다.

장석주는 종 4위 훈 4등으로 1921년에 사망했으며, 그의 남작은 장인원(張寅源)이 물려받았다. 총독부 관리로 청양·창성·보성 군수를 했고, 중추원 주임참의 3년을 하였다.

침략전선에서는 교육문화가 또한 근원적이라 할 정도의 힘을 발휘했다. 1879년 1월에 설립된 부산의 한어학사(韓語學舍)가 조선에 설립된 최초의 일본계 교육기관인데 본국 유학생에게 조선어를 가르치는 한편, 조선인에게는 일어를 가르쳤다. 이것은 일본불교 진종 대곡파 부산별원의 경영인데 1889년 무렵까지 계속되었다.

뒤를 이은 것이 부산 초량의 개성학교인데, 설립연도는 확실치 않다. 박기경(朴箕京)과 일인 아라나미(荒浪平治郞)가 공동경영하면서 조선인에게 일어를 가르쳤다. 1890년 무렵에는 서울에 일계 공립학사가 생기고, 청일전쟁 직후에는 부산에 일어학교 초량학원이 생긴다. 그리고 1899년에는 일본해외교육회가 일어교육을 목적으로 전주에 삼남학당을 개설하였다.

한말의 유학생 계약서

이러한 기관을 통해서 많은 친일인구가 배출되었다. 그들은 바로 일본 유학생들인데, 조선에서의 첫번째 일본 유학생은 부산별원 왜승 오꾸무라(奧對圓心)

의 주선으로 도일한 개화승 이동인이다. 1879년에 도일한 그는 쿄토(東都)의 본산에 머물면서 일어를 배우고, 1880년에는 정식으로 일본 승려의 자격을 얻는다. 이 해 9월에 잠시 귀국한 이동인은 10월에 재차 도일해서 아사노도진(淺野東仁)으로 창씨개명하고 일본 외무성에 잠시 복무하였다.

이러한 예에서 보듯이, 한말의 유학생 제도는 일제가 친일파를 양성하는 근원적인 창구였다. 이것은 1883년의 정란교(鄭蘭校) 등 20명의 일본 육군 도야마(戸山)학교 유학으로 이어지면서 갑신정변의 토대가 준비된다. 이때 유학한 총인원은 61명이고 김옥균이 그것을 주관했는데, 경비는 일본 정금(正金)은행의 차관으로 지불되었다. 임오군란의 사과사절로 도일한 김옥균·박영효에게 일제는 차관 17만 엔을 주선했던바, 그 중 1만 2천 엔이 유학생 경비로 돌려졌던 것이다.

이후 일본유학의 창구는 1895년 7월에 「유학생 파견에 관한 계약서」가 교환되면서 본격적 개방이 이루어졌다. 이 계약서는 학부대신 이완용과, 일본 게이오의숙장(慶應義塾長) 후꾸자와(福澤諭吉)를 대리한 가마다(鎌田樂吉)의 협의로 된 것인데 전문이 15개조이다. 이에 의하면, ① 조선국 학부는 매년 게이오의숙에 일정한 유학생을 유학시키되, ② 초년도 유학생 수는 300명이요 이후는 서로 협의 결정하며, ③ 유학생 경비는 1인당 매월 20엔을 게이오의숙에 미리 예치하고 이 돈의 사용 및 유학생의 지도 감독 등 일체의 권한은 후꾸자와에게 일임을 한다고 되어 있다.

즉, 그것은 조선국 관비유학생의 전원을 일본인 유학생 감독의 손 아래 완전 종속시키는 계약이었다. 이에 의해서 '조선인민을 위해서 그 나라의 멸망을 축하한다'는 사설을 썼던 후꾸자와가 유학생에 대한 전권을 행사하게 된 것이다. 이런 사람의 지도 감독 밑에서 학문을 배운 한말 유학생들이 조국의 운명을 바르게 짊어지고 나설 턱이 없었다. 사대와 친일의 기수로, 식민지 관료의 중핵이 되고 말았던 것이다.

친일파가 된 관비유학생

친일관료의 길을 간 구체적인 인물은 누구인가? 1902년의 관비유학생은 33명이다. 이 중 15명이 친일계인데, 그 중 4명이 일제의 도지사이다. 일제하의 조선인

도지사는 총 42명. 그 10%가 1902년의 관비유학생 중에서 배출된 셈이 된다.

그들 중 한 사람인 석진형(石鎭衡)은 일본 화불(和佛)법률학교를 거쳐서 동경제대 법과를 졸업했다. 귀국 후 경성전수학교 교수를 하다 전남 참여관을 거쳐서 1924년에 충남지사, 1926년에 전남지사를 하고 1929년에 지사를 물러난 후 동척 감사와 북선주조 사장을 한다. 그는 경성동구 방호단에서 제1분단장을 맡아 보았다.

박영철은 1900년에 전주진위대 중위 전영헌(全永憲)과 함께 일본으로 달아났는데 전주 삼남학당에서 일어를 배우다가 고지마(小鳥)학당장의 권유로 일본유학을 결심했던 것이다. 그 후 1902년에는 관비유학생으로 일본육사에 입교했으며, 강원·함북 지사를 거쳐서 동척 감사·삼남은행·상업은행 은행장과 중추원 칙임참의, 경성주재 만주국 명예총영사, 친일 동민회(同民會) 부회장 등 친일 거물로의 노선이 화려하였다.

장헌식(張憲植)은 동경제대 법과대학 선과를 졸업했다. 구한국 학부 참여관 등을 하다 병합 후 평남참여관을 거쳐서 충북지사와 전남지사를, 1926년에 전남지사를 물러난 후 중추원 칙임참의가 되어 8·15까지 20년간 그 직을 중임하였다. 그는 만주사변 이래의 일본군에 대한 군사대신의 표창을 받기도 했다.

한규복(韓圭復)은 동경전문학교를 거쳐서 와세다대학 정치경제과를 졸업했다. 귀국해서 탁지부 서기관 등을 하다 병합 후 토지조사국 감사관이 된다. 진주·동래 군수를 거쳐서 1921년에 황해지사를 하고 퇴관 후 1933~45년까지 중추원 칙임참의를 하였다.

1902년의 관비유학생 중에는 위의 4명의 도지사 외에 참여관까지 올라간 상호(尙灝)가 있다. 이 사람은 일본 제1고등학교를 거쳐서 동경제대 공과를 나왔다. 병합 후 온성·성진 군수를 거쳐서 1920년에 충북참여관, 다시 경남·함남 참여관, 1927년에 함남참여관을 물러난 후 중추원 칙임참의가 되었다.

이 밖에 또 한 사람, 이인직(李人稙)이야말로 1902년의 관비유학생 중에서 특기할 만한 존재이다. 동경정치학교를 졸업한 그는 일본 육군성 통역으로 러일전쟁에 종군했으며 을사5조약이 체결된 후 1906년에는 『국민신보』와 『만세보』 주필을 거쳐서 『대한신문』 사장이 되었다. 이 해에 「혈(血)의 누(淚)」를 발표한 그는 신소설 작가로 「귀(鬼)의 성(聲)」「치악산」「은세계」 등을 잇달아 발표한다.

다음은 항일의병의 활동을 유해 무익한 강도행위로 묘사한 이인직의 「은세계」 중의 한 구절이다.

여러분 동포가 의리를 잘못 잡고 생각이 그릇 들어서 요순 같은 황제폐하 칙령을 거스르고 흉기를 가지고 산야로 출몰하며 인민의 재산을 강탈하다가 수비대 일병 사오 명만 만나면 수명 의병이 더 당치 못하고 패하여 달아나거나, 그렇지 않으면 사망무수하니, 동포의 하는 일은 국민의 생명만 없애고 국가행정상에 해만 끼치는 일이라.

1910년 8월 4일, 당시 이완용의 비서였던 이인직은 동경정치학교 시절의 은사였던 통감부 외사국장 고마쓰(小松絹)를 관사로 찾아갔다. 이로부터 그는 이완용과 고마쓰 사이를 왕래하면서 병합의 막후 공작을 벌인다. 이인직이 다리를 놓아서 이완용·조중응(趙重應)이 8월 16일 통감 관저를 방문하고, 8월 22일로 병합의 조약이 조인되었던 것이다.

병합 후 경학원(經學院) 사성(司成)이 된 이인직은 일왕 대정(大正)의 즉위식에 친일적인 헌송문(獻頌文)을 지어 바쳤다. 이듬해 1926년 11월, 55세로 그가 세상을 뜨자 병합 당시의 공로(?)에 대한 상여금의 명목으로 총독부가 4백 50원의 장례비를 교부하였다.

친일거두로 변신한 갑신정변의 주역들
―― 일제의 초기 정치침략과 그 앞잡이

침략적 권익의 보호를 위해 투입된 일본 군대는 새로운 정치침략을 위한 전위부대로 활동하였다. 반일감정의 자극→반일소요의 유도·조작→군대투입이라는 침략공식이 새로운 침략으로 확대되는 성장의 과정이며, 군사침략이 정치침략으로 연결되는 필연의 순서인 것이다.

김옥균의 비참한 최후

별기군 창설로 인한 반일감정을 임오군란으로 발전시킨 후, 일공사관 습격을 구실로 해서 6명이었던 일본군을 증강시킨 것이 1백50명으로 된 일제 공사관 경비대였다. 하지만, 주외 공관의 경비책임은 국제법상 주재국의 주권사항이다. 따라서 1백50명의 일본군 공사관 경비대는 국민총력으로 축출해야 할 주권침해의 침략군인 것이다. 당시 서울에는 청국군 3천 명이 주둔하고 있었는데, 1884년 11월 4일자 박영효 집에서의 회합에서, 시마무라(島村久) 서기관이 김옥균·서광범에게 이렇게 말했다.

"서울에 주둔하는 청병을 구축하는 일은 우리의 1개 중대 1백50명으로도 그다지 어려운 일은 아닐 것이다."

다께조에(竹添進一郎) 공사 역시 11월 16일자 보고문서에서 다음과 같이 장담했다.

"정변이 나면 그(김옥균)를 보호할 방침이며, 정변이 나더라도 우리의 1개중대로써 청국의 현재의 병력(단지 5~6백 명으로 추산됨)을 격퇴함은 지극히 용이한 일입니다."

이런 호언장담에 고무(?)되어서 갑신정변이 일어났다. 하지만, 1백50명으로 3천 명을 격퇴한다는 호언장담은 조·청 연합군 8백 명의 반격으로 어이없는 물거품이 되고 말았다.

갑신정변은 일본군 공사관 경비대 1백50명의 패전과 함께 3일천하의 물거품으로 되고, 그 주역들은 공사관원, 일본군, 일 거류민 등 3백 명과 함께 인천으로 달아났다. 일본배 천세환(千歲丸)의 마루창 밑에 숨어 있을 때 체포대가 들이닥치자 다께조에 공사는 김옥균 등에게 하선을 요구했던 것이다.

이런 경우의 하선은 곧 죽음을 의미하는 것이었다. 공사는 청병 3천의 격퇴를 식은 죽 먹기로 장담하면서 정변을 선동해 놓고, 형세가 불리해지자 김옥균 등에게 죽음을 요구했던 것이다. 이런 자를 믿었던 정권탈취의 엉성한 꿈이 만의 하나로 성공했을 때, 김옥균은 그 신세를 무엇으로 갚으려 했던 것일까? 일제의 꼭두각시인 친일정권의 수령으로 고혈을 빨리는 외에 돌아올 무엇이 있었겠는가?

공주 출신으로 부사(府使) 김병기의 양아들이었던 김옥균은 갑신정변이 실패한 후 일본으로 망명했다. 하지만, 망명객 김옥균은 일본에서 '눈치꾸러기' 이상이 될 수 없었다. 일본이 그를 후대했던 것은 친일 개화당의 수령으로 이용가치가 있을 동안뿐이며, 본국 정부의 자객을 피해 일본 천지를 방랑하는 신세인 김옥균을 거추장스럽게만 대했던 것이다.

밀려나다시피 해서 상해로 건너간 김옥균은 자객 홍종우(洪鍾宇)의 칼을 맞고 시체는 본국으로 송환되었다. 양화진에서 능지처참을 당한 후 '대역부도 김옥균'의 팻말과 함께 시체가 참혹하게 효수되었다.

정변을 선동한 일본은 이듬해(1885년) 4월의 천진조약으로 청·일 양군의 공동철병을 의정했다. 공사관 경비대 1백50명의 철수로 청병 3천 명을 몰아 냈으니 일본으로서는 밑지는 장사가 아니었으며, 청일 양군이 철수한 이듬해인 1886년부터 서울 일대는 일본 장사꾼들이 독판치는 무대로 됐던 것이다.

갑신정변의 주역들

갑신정변으로 일본에 망명한 사람은 8명이다. 그 중 김옥균은 암살당했고, 서광범과 임은명(林殷明)은 병사하였다. 살아남은 사람은 류혁로·박영효·신응희·이규완·정란교 등 5명인데, 몽땅 친일 거두가 되고 말았다. 갑신정변이 정치침략의 결과인 친일정변이었음은 그 주역들의 그러한 변신을 통해서도 증명되는 바이다.

그 중 류혁로(柳赫魯)는 1851년 충남 아산 출생이다. 1882년에 수신사 박영효의 수행원으로 도일했으며, 갑신정변에서는 개화당의 행동대원으로 정찰·통신 업무를 담당했다. 통감부가 개설된 후 귀국한 류혁로는 이또의 추천으로 구한국 서북영창(西北營廠) 사무관과 평북 관찰사를 하다가, 병합과 함께 총독부 경기도 참여관이 된다. 이 직위는 말하자면 '부도지사'라, 각 도 1명의 정원이 조선인으로 임명되었으며, 도지사를 자문·보좌하는 한편 도의 부장(현재의 국장)을 겸임하기도 하였다.

1916년에 충북 지사로 승진한 류혁로는 이듬해에 그 직을 면한 후 중추원 찬의(후일의 칙임참의)가 되고, 1940년까지 23년간 중추원 칙임참의를 7회나 중임했다. 1940년 5월에 류혁로는 종 4위 훈 3등으로 사망하였다.

박영효는 1861년 수원 출생이다. 영의정 박원양(朴元陽)의 아들인 그는 13세에 철종의 딸 영혜 옹주와 결혼하여 국왕의 사위가 되었다. 1882년에 수신사로 도일했으며, 갑신정변 실패로 도일 망명한 후 청일전쟁 때 일본의 비호에 힘입어 귀국했다.

친일 김홍집 내각의 내부대신을 한 박영효는 1895년에 실각, 재차 도일 망명한다. 1907년에 귀국한 그는 이완용 내각의 궁내부대신 등을 하다 한때 제주도에 유배되었다.

병합과 함께 후작이 된 박영효는 식산은행 이사, 조선사편찬위원회 고문, 선전 심사위원, 조선농회 부회장 및 조선농회장 등 혁혁한(?) 친일의 길을 줄달음쳤다.

그는 1921년에 중추원 고문이 되고, 1926년에 동 부의장으로 승진해서 1939년까지 14년간 그 직을 5회 중임했다. 일본국 귀족원 의원까지 한 박영효는 정2위 훈 1등으로 1939년에 사망하였다.

3·1만세를 반대한 신응희·이규완

신응희(申應熙)는 1858년생이며, 박영효의 심복인 육군 참위로 갑신정변에 가담했다. 정미7조약 후 통감부의 비호에 힘입어 귀국한 신응희는 구한국 중추원 부찬의와 전남 관찰사를 한 후, 병합과 함께 함남지사로 임명되었다. 1918년에 황해지사가 된 신응희는 3·1만세 때 만세를 반대하는 경고문을 발표했다.

"독립은 망설이니 경거하여 촌효가 없음은 실로 명약관화"라, "불온한 행동을 강요하는 자가 있을지라도 인보상조(隣保相助)하여 이를 제지"하라는 것이 그 요지이다.

1921년에 황해지사를 물러난 신응희는 1928년까지 중추원 칙임참의를 하다, 정 4위 훈 3등으로 동년 2월에 사망하였다.

이규완(李圭完)은 1862년 서울 출생이다. 박영효의 집에서 한문을 수학하다 1883년에 관비 사관후보생으로 도일, 1884년에 일본 육군 도야마(戶山)학교를 졸업했다. 대위로 갑신정변에 가담했으며, 도일 망명중에는 정부측 자객인 이일직(李逸稙)을 잡아서 일본 경찰에 인도하였다. 1893년에 귀국, 이듬해에 친일 김홍집 내각의 경무관(현 치안본부장)이 되었으나, 민비사건으로 재차 도일망명하였다.

1907년에 귀국, 구한국 중추원 부찬의와 강원도 관찰사를 한 이규완은 병합과 함께 강원도 지사로 변신하였다. 1918년에 함남 지사로 전근하면서, 이듬해에 3·1운동이 나자 "일부 불령한 도배의 선동으로……군중이 망동을 감행하는 일"(만세)을 반대하는 경고문을 발표했다. 1924년에 도지사를 사임, 동양척식 고문이 된 이규완은 1930년에 청량리 전농(典農)농장과 1936년에 춘천농장을 개간·자영했다.

정란교(鄭蘭敎)는 1864년 충남 목천 출생이다. 한학을 수학했으며, 김옥균·박영효가 얻은 일본 차관으로 1884년에 이규완 등과 함께 일본 육군 도야마학교를 졸업했다. 사관생도로 갑신정변에 가담했으며, 도일 망명중에는 박영효 등의 신변보호 역할을 맡았다.

청일전쟁 때 귀국한 정란교는 동학군을 충청·전라도에서 격파했으며, 이듬해 1895년에는 군무아문 참의를 거쳐서 육군 부령(副領)으로 군부대신 관방장이 되었다. 구한국 중추원 부찬의를 거쳐서 병합과 함께 충남 참여관으로 변신한 후 1921년까지 그 자리를 지켰다. 1927년에 중추원 주임(奏任)참의, 1941년에 동 칙임참의로 승급한 정란교는 종 4위 훈 6등으로 사망하던 1943년까지 17년간 중추원 참의를 하였다.

친일파 애국자 김홍집

갑오개혁은 청일전쟁을 위해 출동한 일본군의 총칼의 위광(威光) 속에서 행해졌다. 1894년 7월 23일 새벽, 경복궁을 포위 공격한 오오지마(大島義昌) 혼성여단 제21연대의 병력은 수비병 56명을 사살하면서 무기고를 점령한 후, 대포 30문과 신식총 2천 정, 기타 무기 다수를 탈취했다. 이로부터 약 1개월간 일본군은 대궐을 저들의 병력으로 제압하면서, 친일정권을 세워 갑오개혁을 수행하게 했던 것이다.

여기에 주역으로 등장한 김홍집(金弘集)은 1868년에 정시문과(庭試文科)에 합격한 후 광양현감(光陽縣監)을 거쳐서 예조참의(禮曹參議)로 1880년에 대일수신사를 다녀왔다. 이로부터 친일 개화노선에 선 김홍집은 임오군란의 뒷처리며, 한미·한독·한영 수호조약 체결 기타에서 탁월한 외교수완을 발휘한다. 국가에 위급이 있을 때마다 유효적절하게 수완을 발휘하곤 했던 김홍집을 세상 사람들은 '비오는 날의 나막신' 같은 사람으로 논하곤 했다.

이리하여 정계 거물이 된 김홍집은 일관된 친일노선으로 총리대신에 세번씩이나 피명됐다. 그 첫번째는 1894년 8월의 제1차 김홍집 내각인데, 일본의 힘을 이용해서 갑오개혁을 수행한다. 두번째는 1894년 11월의 제2차 김홍집 내각인데, '홍범(洪範) 14조' 등의 개화정책을 수행한다. 세번째는 1895년 10월의 제3차 김홍집 내각인데, 친일 개화노선에서 단발령(斷髮令)을 추진한다. 이러한 정책 끝에 아관파천으로 친러내각이 수립되자, 그는 총리대신의 자리를 잃으면서 역괴로 체포령이 내려지게 되었다.

"그 자가 상감과 태자의 상투까지 잘랐대!"

"유길준(兪吉濬)이도 끼었다더군, 그런 역적놈들은 쳐죽여도 시원치 않아!"

단발령을 강행하는 바람에 원성깨나 사고 있던 제3차 김홍집 내각이다. 하루 아침에 세상이 친러파의 소굴로 변하자, 군중들은 살기가 가득한 눈으로 어서 김홍집이 나타나기만 고대하고 있었다.

이런 속에서, 김홍집은 4인교를 타고 정동(貞洞) 러시아 공사관으로 고종을 배알하러 가고 있었다.
"대감! 어디로 가십니까?"
한 떼의 일본군이 그의 4인교를 가로막으면서 소리를 질렀다.
"러시아 공사관으로……. 상감을 배알해야지!"
"안됩니다! 지금 군중이 대감을 죽이려 하고 있습니다. 우리하고 함께 얼른 이 곳을 피하셔야 합니다!"

"일국의 총리로 동족 손에 죽는 것은 천명"

순간, 김홍집은 비통한 표정을 짓더니, 단호한 음성으로 일본군을 꾸짖어 물리치면서 말했다.
"시끄럽소! 일국의 총리로서 동족의 손에 죽는 것은 천명이야! 남의 나라 군인의 도움으로 살아남고 싶은 생각은 없소!"
4인교는 군중들의 몽둥이가 기다리는 광화문 쪽으로 갔고, 시체는 개 끌리듯 새끼줄로 묶여 끌려서 종로로 옮겨진 후, 팔매질·발길질로 온갖 참혹을 당하고 말았던 것이다.
김홍집의 최후가 이토록 숙연하거늘, 어느 누가 그를 '친일파'라고 욕하겠는가? "일국의 총리로 동족에게 죽는 것이 천명"이라고 갈파한 살신성인의 투철한 정치책임으로 '일본의 앞잡이'가 될 수 있는 것인가? 1880년 이래 15년을 일관한 그의 친일 개화정책은 이 나라의 부국강병을 위해 일세(日勢)를 이용하려 한 그 나름의 정치철학이었다. 이런 주체적 정치철학까지를 정치침략의 도구로 이용하려 한 일제의 간교함에 우리는 오직 분노를 느낄 뿐인 것이다.
일본군의 구원의 손길을 뿌리친 채 동족의 몽둥이 밑으로 찾아간 김홍집의 숙연한 최후야말로 그의 친일 개화정책이 누구를 위한 것이었는가를 웅변으로 설명해 준다.
그럼, 5·16 당시 한 총리의 미 수녀원의 은신은 누구를 위한 것이었는가? 사찰이건 수녀원이건 간에 종교가 실정한 정객의 은신처로나 이용된다면 종교 그 자체에 대한 모독일 것이다. 위정자라면 자신의 정책에 대해서 책임을 질 줄 알아야 할 것이며, 이런 점에서 김홍집은 한말의 '위대한 정치가'였다고 할 수 있을 것도 같다.

'1만 원' 뇌물에 나라를 판 이지용

러일전쟁 때 일본군 선발대인 기고시(木越安剛)여단이 서울에 진입한 것은 1904년 2월 9~18일이다. 이들은 대궐 주변과 각 성문, 서울의 요소 등을 점령한 상태에서 2월 23일자로 전문 6조인「한·일 의정서」, 즉 일종의 조·일 공수동맹을 덮어씌웠다. 외부대신 서리 이지용(李址鎔)과 하야시(林權助) 공사에 의해 조인된 동 의정서는 1903년 10월경부터 예비된 것인데, 그 체결된 내막 일부를 일본 외교문서가 다음과 같이 본국에 보고하고 있었다.

 전일에 송금을 청한 1만 엔을 그(이지용)에게 교부하고, 수시 그로 하여금 본 공사와 협의하도록 할 예정이었으나, 그 자신의 입장으로서 자칫하면 주저하는 바 많기 때문에, 오늘 시오까와(塩川一太郎)를 시켜 전액을 그에게 수교(手交)한 후, 그가 자유 사용토록 일임하였습니다.

쌀 한 가마가 4~5엔일 때의 '1만 엔'은 쌀로 2천여 가마 값이라, 요즘의 2억 원 이상인 큰 돈이다. 이러한 뇌물의 제공과 재일 망명자 처벌, 차관제공 등을 반대급부로 해서 체결된 동 의정서에 의해서 일제는 2개사단 규모의 조선점령군을 주둔시키는 조약상의 근거를 만들었다. 그리고 동 의정서 제4조에 의해서 용산의 땅 1백15만 평(현재의 미군부대 용지)이 평당 신문 한 장 값 7전폭으로 일제에게 수용되고 말았던 것이다.

이와 함께 점탈된 일제 조선점령군의 군용지는 평양 1백96만 평, 의주 86만 평을 합쳐서 제1차 수용면적만도 3백97만 평이었다. 이 대금으로 교부된 것이 21만 5천 엔이라, 신문 한 장 값이 못되는 평당 5전꼴이다. 1907년부터 1913년까지에 걸쳤던 제2차 군용지 수용에서는 전국에서 평당 40전 내지 2원꼴이던 땅 약 2천54만 평이 평당 1전7리꼴인 34만 8천8백41엔에 수용되었다. 공짜 값으로 점탈된 이들 토지 위에다 일제는 조선 영구점령을 위한 병사·헌병대 영사 등 군사시설을 축조해 갔던 것이다.

백작 이지용 일대기

1904년 2월 23일의 공수동맹은 조선을 일제의 군사기지로 제공하는 조약이었다. 이 조약을 체결한 외부대신 서리(당시) 이지용은 홍인군 이최응(李最應)의 손자이며, 고종에게는 종질이 된다. 그는 희하(熙夏)의 아들인데, 완영군 재긍(載兢)에게로 입양되었다.

1870년생인 이지용은 18세에 문과에 장원급제하였다. 1895년에 칙명으로 일본을 유람하고 돌아왔으며, 황해도·경상도 관찰사와 궁내부 협판 등을 거쳐서 1901년에 주일 전권공사를 지냈다.

러일전쟁 때 그는 앞에서 말했듯이 '한일의정서' 즉 조·일 공수동맹을 체결함으로써 3천리를 일제의 군사기지로 묶어 버리고 말았다. 이 해에 그는 법무대신이 되고, 일본에 보빙대사로 가서 일제의 훈장인 훈 1등 욱일대수장(旭日大授章)을 받는다. 귀국하여 농상공부대신과 내부대신 등을 역임하던 이지용은 1905년 11월에 특명대사로 다시 일본에 가서 일제의 훈장인 욱일동화(桐花)대수장을 받는다. 한말 대일 굴욕외교의 총본산 격이었던 이지용은 내부대신으로 을사5조약에 서명함으로써 5적으로 규탄받으면서 집에 방화를 당하는 봉욕을 겪었다.

이지용의 아내는 이름을 이옥경(李鈺卿)이라 하였다. 이 여자는 1906년 초에 한일부인회를 조직했는데, 일본 공사 관원 하기하라(萩原守一)며 구니와께(國分象太郎)의 처와 침략주의자 오까베(岡部抵子) 등이 사주한 친일 부인단체이다. 회장은 이정숙(李貞淑)이요, 부회장이 이지용의 처 이옥경이며, 일본여자 후찌자와(淵澤能惠)가 총무를 맡아보았다. 이 단체에는 궁내대신 민영철(閔泳喆), 외부대신 이하영(李夏榮), 학부대신 이재극(李載克)과 한성판윤 박의병(朴義秉) 등의 아내들, 즉 상류층 고관의 부인 다수가 참가하였다.

이 한일부인회의 한 광경을 『매천야록』은 다음과 같이 전하고 있다.

> 이지용·이재극·민영환·민영철·민상호(閔商鎬)·이하영 등 수십 명은 그들의 아내가 부인회를 조직함을 허락한바, 일본여자 하기하라·구니와께의 아내들도 관계하는 단체였다. 이지용의 처 홍씨(원성이며, 이옥경을 말함)와 민영철의 처 류씨(柳氏)는 그 중에서도 특히 예쁘고 영리해서, 하세가와(長谷川好

道 : 조선점령군 사령관)와 더불어 악수하고 입 맞추면서 무시로 출입하매 추한 소리가 나라 안에 가득하였다.

또한 『매천야록』 광무10년조(條)는 하기하라와 통하고 구니와께와 통한 이옥경이 다시 군사령관 하세가와 통(通)하는 바람에, 질투를 느낀 하기하라가 키스할 때 이옥경의 혀를 '교파'(咬破)하여서, 장안사람들이 '작설가'(嚼舌歌)를 지어 조롱했다고 전하고 있다.

병합과 함께 일제의 백작이 된 이지용은 중추원 고문으로 연수당 3천 원을 받다가 정 3위 훈 1등으로 1928년에 사망했다. 사자(嗣子)는 이해충(李海忠)인데, 이지용보다 먼저 1923년에 사망했다. 이런 관계로 이지용의 백작은 이영주(李永柱 : 이해충의 아들?)가 1928년에 습작하였다.

매국에 앞장 선 보수는 쌀 몇 되값
──「일한 병합청원서」 낸 이용구

한말의 유일한 민족자주사상인 동학

종교·문화 등 각 분야에 걸쳐서 침입한 침략의 세균은 피침략국 안에서 각종의 병리 현상을 발생시킨다. 자주·독립의 건강한 세포는 반독립·종속의 세균감염 세포로 변질되고, 이들 암세포가 내뿜는 독소에 새로운 건강한 세포가 감염되면서, 피침략국 전체가 마침내는 손을 쓸 수 없는 말기적 환자로 변하고 마는 것이다.

이러한 원리에 의해서 동학이 천도교와 시천교로 분열하면서 반신불수가 되고 말았다. 조선민족의 독립노선은 흔히 위정척사파와 개화파로, 또 동학사상으로 분류되는데, 그 중 위정척사파는 주자학적인 것이며 개화파는 서구적인 노선이었다. 조선민족의 내부에서, 조선민족의 전통과 역사를 토대로 하면서 움튼 민족적·민중적 반외세·자주적 독립사상이라곤 한말에 동학사상밖에 없었다.

경주사람 최제우(崔濟愚)에 의해서 창시된 동학사상은 그 성전(聖典)의 하나인 '안심가'에서 다음과 같이 말했다. "개 같은 왜적놈을 하날님께 조화받아 일야간(一夜間)에 멸하겠다고……." 또한 그는 "유도(儒道)·불도(佛道) 누천년에 운이 또한 쇄잔했다"는 말로써 주자학적 사대사상 등에 불신을 표명했다. 그는 서학(西學)에 대적된 개념으로서 '동학'을 말했고, 이러한 반외세·자주원리에서 창조된 것이 '인내천'(人乃天) 즉 만민평등의 민족·민주·민중원리이다. 그는 선천(先天)개벽에 대한 후천(後天)개벽을 말함으로써 그의 민족적 민주주의 사상을 교정일치(敎政一致)의 혁명원리로까지 발전시켰다.

즉, 동학은 친일적 또는 종속적이 될래야 될 수 없는 순수한 민족적 자주사상이었다. 이러한 건강한 세포의 일부를 암세포로 변질시킨 당사자가 이용구(李容九)인데, 우찌다(內田良平)와 다께다(武田範之)라는 침략세균에 감염된 결과였다. 이리하여 동학은 파벌투쟁이라는 심각한 열병을 앓게 되면서 천도교와 시천교로 분립한다. 이용구 일파에 의해서 원래의 자주사상과는 정반대인 반독립·예속노선이 개척되면서, 이 일파는 매국 원흉의 하나로까지 타락하고 마는 것이다.

이러한 경로를 말하기 전에 먼저 동학의 교조 최제우를 간략히 소개하겠다. 순조(純祖) 24년(1824년)에 경주군 가정리(柯亭里)에서 출생한 최제우는 신라 최치원(崔致遠)의 혈통을 잇는 가문이지만 오래도록 벼슬길과는 인연이 멀었다. 몰락한 양반이자 시쳇말로 소시민계층의 하나였다고 할까? 그는 안동 김씨며 풍양 조씨, 여흥 민씨 등으로 대표된 한말 지배계층의 세도사회를 "군불군(君不君) 신(臣)불신 부(父)불부 자(子)불자"의 정치적·도덕적 말기 사회로 비판하면서, 19세에 홀연히 도를 찾아 집을 나서고 말았다.

37세 때(1860) 하날님으로부터 도를 얻은 최제우는 인내천(人乃天)과 사인여천(事人如天), 즉 만민평등의 민주·민중원리를 말하면서 후천개벽의 혁명원리를 제창하였다. 그의 이러한 개혁사상은 한말의 세도정치 사회에서 혹세무민(惑世誣民)으로 몰린 끝에 대구 형장에서 41세로 참형을 당한다. 그가 순교한 후 교통은 제2세 교조 최해월(崔海月)과 제3세 교조 손병희(孫秉熙)에게로 물려지면서 한말~병합 전후의 민족사회에서 찬연한 광채를 뿌렸던 것이다.

동학사상과 대륙낭인

최제우의 동학사상이 민족사에서 거대한 에너지로 용솟음친 획기적 최초는 1894년 2월 15일의 고부(古阜) 봉기였다. 군수 조병갑(趙秉甲)의 탐학에 대항한 농민과 교도들이 전봉준의 영도 아래 제폭구민(除暴救民)을 외치면서 고부군청을 습격했던 것이다. 거사는 뒤미처 4월 26일의 백산기포(白山起泡)로 이어지면서, 영·호남 일대에 걸친 동학남접군(南接軍)의 총궐기로 발전한다. 황토현에서 관군을 크게 무찌른 동학군은 전주성을 점령하고 탐관오리를 징벌하면서, 국정개혁의 포고문과 실행조목 등을 발표하였다.

이럴 때, 즉 침략대상국의 사회불안에 편승해서 침략의 단서를 심어나가던 수법은, 구린 곳에 쇠파리가 꼬이는 식과 마찬가지로 침략주의자들의 상투수단이었다. 영·호남 일대에서 동학군이 크게 기세를 떨치자 편승 → 원조 → 친일화로 침략적 권익의 확대를 획책한 일파가 그 당장에서 생겨났으니, 우찌다(內田良平)를 중심한 천우협(千佑俠)의 일당들이다.

이들은 1894년 6월 27일 요도가와마루(淀川丸)편으로 부산에 상륙했다. 총원 15명 중 11명으로 된 이들 일당은 마끼(馬木健三)가 경영하는 창원금광에서 다이너마이트를 약탈한 후 동학군을 찾아 나섰다. 이들은 7월 6일 아침 운봉(雲峰)에서 남원으로 떠나 일박한 후 순창(淳昌)으로 가서 전봉준의 본영군과 합류·회맹한다. 이러한 날짜 기술로 보아서 전봉준을 만나 회맹했다는 날은 7월 9일인 것으로 추산된다. 이후 이들 총원 15명은 전봉준의 본영군에 군사(軍師)·유격대장 등으로 참가한 후, 담양(潭陽)에서 관군을 크게 격파했다고, 세이또(淸藤寺七郞)의 '천우협'이란 책이 기술하였다.

이러한 기술은 절대적인 부분에서 거짓말인 것이 폭로된다. 첫째로, 전봉준은 6월 10일 전주화약을 한 후, 이튿날 전주성에서 해산·금구 → 김제 → 태인 → 순창 → 남원 기타 여러 고을을 거쳐서, 양력 8월 말일경 산외면(山外面)의 집에 도착했다. 전봉준이 순창을 통과한 것은 사실이나, 그 날짜는 「전봉준공초」에서 대답한 전주화약 이후의 노순(路順)으로 볼 때 6월 하순 무렵인 것이며, 따라서 천우협이 전봉준을 만났다는 7월 9일에는 동학군이 순창에 있지 않았다.

둘째로, 천우협이 7월 9일에 순창에서 전봉준 군을 만났더라도 그 군세는 20여 명이어야 하며, 천우협이 주장했듯이 550명이나 될 턱이 없었다. 6월 10일에 전주성을 떠날 때 따라나선 군사는 20여 명이며, 이들이 산외면의 집에 도착할 때까지 행동을 같이 했다고 전봉준이 심문에서 답했기 때문이다.

셋째로, 담양에서 관군을 크게 무찔렀다는 기술도 거짓말이다. 전주화약으로 군사를 해산한 동학군은 각처에서 고을수령을 감독하여 집강소(執綱所-민선의 회격이다)를 운영하면서, 가을의 제2차 기병 때까지 관군과 전투를 벌인 바 없었기 때문이다.

하지만 천우협은 100%가 몽땅 거짓말인 것은 아니다. 이들 일당은 창원금광에서 다이너마이트를 약탈했는데, 이 부분만은 신문에도 보도된 사실이다. 즉 천우협의 기술은 전봉준 군과의 합류·회맹에는 실패했으나, 그것을 노린 침략파 낭인들의 책동은 실재했다는 것을 말해 준다. 동학군과의 합류로 그 친일적

변질을 획책하려던 일제는 동학군의 조기 해산으로 그 책동이 좌절되자, 불과 반년 미만에 압살로 방침을 일변해 버리고 말았던 것이다.

이러한 책동의 주역으로 등장했던 우찌다(內田良平)는 침략파 낭인단체 현양사(玄洋社) 사장을 한 히라오까(平岡浩太郞)의 생질이다. 15세 무렵부터 히라오까의 집에 기숙하면서 침략사상을 몸에 붙인 우찌다는 동방어학교에서 러시아어를 배우면서 침략적 경륜을 펼 기회를 노리고 있었다. 이러한 야심은 1901년 2월 3일 창립한 흑룡회(黑龍會)로써 본격화되는데, 동아에서 러시아의 세력을 물리친 후 황도아시아 체제를 달성하자는 단체이다. 그 창설의 주역이자 주간이었던 우찌다는 1906년의 통감부 개설과 함께 통감 이또(伊藤博文)의 수행원으로 조선에 와서, 일한합병의 이면에서 일진회를 조종하는 등 종횡무진의 대활약을 한 자이다.

항일동학군 장수였던 이용구

동학군을 핑계로 해서 출동한 일본군은 7월 23일 밤에 대궐을 쳐서 점령하였다. 친일 김홍집 내각을 세워 갑오개혁을 하게 하는 한편 청국군을 격파하면서, 일제는 3천리를 저들의 독무대로 만들어가기 시작하였다.

6월 11일에 전주성에서 해산한 동학군은 9월의 제2차 기병으로써 새로운 침략현실에 대항하였다. 외세의 개입을 우려하면서 봄의 제1차 기병을 외면한 동학교조 최해월도 새로운 침략현실, 즉 이미 개입해 버린 일세를 외면할 이유는 없었다. 10월 17일에 최해월은 총궐기령을 내렸고, 이리하여 영·호남과 황해·강원 일대에서 전봉준의 남접군(南接軍)과 최해월의 북접군(北接軍)이 침략 일본군을 상대로 항일 혈전을 벌이게 된다. 동학군 친일화로 침략적 권익의 확산을 획책했던 일제는 불과 반년 후의 새로운 사태를 당하자 무자비한 압살로 방침을 일변해 버리고 말았다.

1868년 상주군 진두리(津頭里)에서 출생해서 19세에 청주로, 20세에 충주군 황산리(黃山里)로 이사해 살던 이용구는 동학군 2차 기병 당시까지도 인내천과 보국안민사상을 믿는 충실한 동학교도였다. 최해월이 동원령을 내리자 이용구는 충주군 서촌(西村)에서 경기·강원·충청도의 교도 수천 명을 거느리고 항일동학군을 일으켰다. 친일 매국노로 알려진 이용구지만 한때는 이렇게 동학군

항일의병장으로 청주의 손천민(孫天民)과 맞먹을 정도의 혁혁한 명망을 입고 있었던 것이다.

음성·음죽·괴산을 쳐서 무기를 입수한 이용구의 동학군은 괴산과 청주에서 이두황(李斗璜)의 관군과 일본군을 격파하면서 논산(論山)으로 이동하였다. 손병희 휘하의 우익장으로 동학군 5만 명을 지휘하던 이용구는 논산싸움에서 패전하면서 왼쪽 허벅다리에 총상을 입었다. 충주로 후퇴한 이용구는 관군과 일본군이 포위망을 압축해 오자 버텨 낼 재간이 없었다. 남은 군사 1천여 명을 해산한 채 자신은 거주지인 황산리로 도피하고 말았던 것이다.

이로부터 1898년까지 만 4년, 노모와 처자를 동반한 이용구의 피신행각은 그야말로 가시밭길의 연속이었다. 권종학(權鍾學)의 딸인 그의 첫번째 아내는 1894년에 체포·투옥되었고 이때 얻은 병으로 1896년 8월에 사망한다. 이용구도 1898년 1월에 체포되어 이천·원주·서울의 감옥을 전전하면서, 교조 최해월의 행방을 대라는 모진 고문으로 왼발에 골절상까지 입고 말았다.

이 무렵 동학교도는 전국에서 혹독한 탄압을 받고 있었다. 동학 교도라고, 혹은 동학교도와 내통이 있다고 의심받는 일은 곧 죽음을 의미하는 것과 다름이 없었다. 이러한 상황은 러일전쟁(1904) 무렵까지 계속되면서, 전국에서 수많은 교도들이 불법체포·감금·살해되고, 가산을 몰수당했다. '원(元)한국 일진회 역사' 광무 8년(1904) 12월 8일조는 그러한 실례의 하나로서 안주지방대가 태천(泰川)회원을 포살(砲殺)한 일을 기록하고 있다.

친일파로 변모한 이용구

이러한 환난을 피해서 손병희는 1901년에 일본으로 망명하였다. 이용구는 이때 손병희를 도일망명시키기 위해서 그와 행동을 같이 한다. 원산에서 배로 부산을 거쳐서 나가사끼(長崎)로 간 이용구는 손병희의 거처를 오사까(大阪)에 정하게 한 후 홀로 귀국한다. 10월에 재차 도일한 이용구는 망명객 조희연(趙羲淵)과 손병희 등을 만나 금후의 진로를 협의하면서, 교토와 나라(奈良) 등의 고도(古都)를 찾아 일본의 개화된 문물을 견학하였다.

러일 풍운이 각박해지면서 이용구와 손병희 앞에는 하나의 진로(?)가 떠오르기 시작하였다. 전쟁에 이길 나라를 원조해서 그 후광으로 조선정부의 탄압을 완화시킨다는 기회주의적인 발상이었다.

반외세·자주의 동학정신이 조선정부의 압정 10년을 겪는 동안에 기회주의적 의타심리로 변질되고 만 것이다. 여기서 우리는 정부의 학정이 그 나라 국민사상의 건전한 발전을 어느 정도로 방해하는가를 발견하면서 모골이 송연해지는 것이다. 이 문제에 관해서 이용구는 일본의 필승을 믿으면서, 러시아의 승리를 점치는 손병희와 은근히 대립했다. 이리하여 손병희가 지령한 대동회(大同會)의 개화운동은 조직 실무자인 이용구에 의해서 진보회(進步會)의 친일운동으로 변질된다. 하지만 이러한 노선차이는 단지 이와 손, 양인 사이에서의 것만은 아니었다. 당시의 조선은 관변과 재야 할 것 없이 러일양국 중 승리할 나라를 원조함으로써 조선이 사는 길로 삼으려는 기회주의적 타력본원의 생각이 극히 일반적인 경향이었다.

이용구에게 최초로 마수를 뻗쳐온 것이 작전군 참모부장인 마쓰이시(松石安治) 대좌와, 일제 주차군 참모장인 사이또(齋藤力三郞) 중좌였다. 러일전쟁 작전군의 배후 평온을 유지하고, 경의선 군용철도 건설 등 병참설비의 효율화를 위해서 일본군 참모진들은 일진회·진보회를 크게 이용할 생각을 했던 것이다. 이리하여 이용구의 진보회는 송병준 계열인 일진회와 합동해서 '(합동)일진회'로 재출발한다. '(합동)일진회' 13도 총지부장이 된 이용구는 황해·평안도 일대의 회원 연인원 26만 명을 동원함으로써 일본군의 철도건설과 군수품 운반을 원조하였다.

전쟁이 끝난 후 일진회는 일본군에게서 헌신짝 대우밖에 받지 못했다. 하지만 이들이 파고들 품이라야 일본밖에 없었다. 러일전쟁 중의 친일행위 때문에 증오의 대상이 된 일진회는 을사5조약을 분개하는 조선민족 1천3백만과는 물에 기름 같은 존재로 되고 말았기 때문이다. 손병희는 이들 일당 62명을 교단에서 내쫓으면서 일진회에 맞선 민족파 천도교를 창설했다. 일당 62명은 얻어맞으면서도 주인의 품으로만 기어드는 개처럼 일본의 품으로밖에 파고들 곳이 없게 됐던 것이다.

이러한 이용구에게 구원(?)의 손길을 뻗쳐온 것이 일한합병과 황도아시아 건설을 꿈꾸는 침략파 낭인들이었다. 1906년 2월 통감부가 개설되면서 흑룡회 주간 우찌다(內田長平)가 통감 이또(伊藤博文)의 정치참모로서 조선에 오자, 이러한 연줄로 해서 침략파 낭인들의 책동이 활발해진다. 다께다(武田範之)라 하면 해인사 주지 이회광(李晦光)을 주구로 해서 조선불교 예속화의 토대를 닦은 장본인인데, 이 자가 끈 떨어진 뒤웅박 신세 같았던 이용구에게 손을 뻗쳤다. 일진회는 사빈(師賓) 자격으로 다께다를 맞아들였고, 그의 지도와 협조로 시천교를 분립시키면서, 다께다를 시천교 고문으로 추대했던 것이다.

 1894년의 동학 기병 때 항일의병장이었던 이용구가, 13년 후인 1907년에는 일진회장과 친일 시천교주를 겸하면서 통감부의 비호 아래 손병희를 능가하는 세력이 된 것이다. "개 같은 왜적놈을 일야간에 멸하겠다"던 동학의 항일 민족정신은 일제의 교활한 분할지배의 책략에 걸려서 반일 천도교와 친일 시천교로 양분되고 만 것이다. 손병희의 정통적 민족파 세력은 견제세력으로 분립 육성된 일진회와 시천교에 눌려서 현저하게 위축세를 보였다. 이러한 토대에서 진행된 것이 이용구·송병준 일파의 일한합병운동인데, 침략파 낭인들이 일진회를 조종해서 된 것이었다.

병합청원이라는 정치책략

병합의 방침은 1909년 7월 6일의 내각회의에서 확정되었다. 이것을 비밀로 한 채, 외무대신 고무라(小村壽太郎)는 병합문제를 다그치는 일진회 고문 스기야스(杉山茂丸)에게 시치미를 떼면서 말했다.

 "국제적인 눈이 있거든. 자칫하면 일본이 비난을 받아. 여자가 살러오겠다고 결혼신청을 한다면 모를까, 안 그러면 병합은 안 되는걸세!"

 "그럼 조선이 결혼신청을 하면 응락을 하시겠소?"

 "물론! 응락하다마다요!"

 하지만 수상 가쓰라(桂太郎)는 더욱 구렁이 같았다. 그는 일체의 책임을 스기야마에게 떠넘겨 버릴 속셈으로, 병합실행을 다그치는 스기야마에게 말했다.

 "얼빠진 소리 말라구! 대만의 생번(生蕃)들도 제 번사(蕃社)를 지키려고 목숨을 걸고 저항한다네. 그들보다 지식이 발달된 조선인이 내 나라를 먹어 주시오 신청해 올 턱이 없어! 당신이 말하는 결혼신청서란 것은 불가능이야!"

 "그 불가능이 가능해지면 병합하겠소?"

 "그렇게만 된다면 상책인데······. 하지만 그건 불가능이야! 황당무계한 얘기지!"

 이리하여 스기야마의 암약으로 '병합청원'이라는 정치연극이 구상되었다. 일한합병에서 국제적 명분을 확보하려는 술책인데, 스기야마의 발의로 이용구·송병준·우찌다가 협의해서 진행방침이 구상되었다. 우찌다와 송병준이 '합방건의서'를 썼고, 우찌다·가와자끼(川崎三郞)·구즈후(葛生修亮)가 3종의 '병합청원서' 초안을 만들었다. 일진회 고문으로 한문에 박식했던 다께다(茂田範之)가 그것을 넘겨 받아서 완전 한문체로 개작 수정을 했던 것이다.

이 문서는 1909년 12월 1일 서울 청화정(淸華亭)에서 이용구에게 교부되었다. 일진회 총무 최영년(崔永年) 등이 검토한 끝에 '황제에게 올리는 합방 상주문'만 약간의 자구 수정을 한 채, 최영년의 아들로 달필이었던 최정식(崔珽植)의 정서(淨書)로써 3통의 병합청원서가 완성되는 것이다. 외무대신 고무라가 말한바 소위 '결혼신청서'란 것인데, '조선을 먹어 주시오' 신청한 1절이 아래와 같다.

"우리 대일본 천황폐하께옵서 지극하신 인덕(仁德)과 하늘 같은 넓으심으로 ⋯⋯ 일한합방을 창설하시고, 우리 군신(君臣)을 만세에 어여삐 여기시와, 황실과 신민이 길이 신성 무궁한 은혜를 입도록 하여 주심을 황송히 머리 숙여 감히 소원하나이다."

이용구는 이것을 1909년 12월 4일에 통감·왕실·내각에 제출했다. 이제 그에게는 병합이 되면 일진회원을 이끌고 만주로 이주한다는 원대한(?) 야망이 남아 있을 뿐이었다.

매국노의 처량한 임종

이용구의 일진회가 친일 매국활동을 할 때 13도에서는 회원들의 피습사례가 꼬리를 물었다. 집과 세간을 파괴당한 채 서울로 쫓겨온 회원들을 이용구는 간도(間島) 영농이주의 원대한 야망(?)으로 무마하곤 하였다.

그 소요자금 3백만 엔을 이용구는 수상 가쓰라에게 상의했고, 가쓰라는 이것을 쾌락하면서 말했다. "3백만 엔이 아니라 3천만 엔이라도 책임을 지겠다." 이 든든한(?) 한마디에 고무되어서 이용구 일파의 매국활동에 박차가 가해진 것도 사실이다.

하지만 병합을 완성한 가쓰라가 일진회에게 지불한 돈은 해산비 15만 엔밖에 없었다. 이것은 일진회원을 실수 25만 명으로 추산할 때 1인당 쌀 몇 되값, 수십 전밖에 돌아가지 않는 돈이다. 10년 가까이 집과 세간을 불살리면서 일선일가(日鮮一家)를 위해 싸워 온 보상이 고작 이것인가? 13도에서 회원들의 불평과 원성은 폭발했고 이것을 감당할 수 없어서 이용구는 일본으로 달아났다. 스마(須磨)에 은거하면서 그는 울화병에 걸리고 말았던 것이다.

그는 조선정부의 압정을 면하기 위해서 일한합병을 추진하였다. 하지만 합병에 의해서 얻어진 것은 일진회를 1주일 시한부로 강제해산시키는 식민지적 새로운 압정밖에 없었다. 병합을 이룩한 후면 25만 일진회원을 이끌고 간도로 가서 대아시아주의의 새로운 낙원을 건설하려 했으나, 3천만 엔도 좋다던 가쓰라의 든든한 한마디마저도 휴지가 되고 말았다. 남은 것은 회원들의 불평·원성과, 돌아갈 수 없게 된 조선의 강산뿐……. 1912년 5월 22일 스마에서 눈을 감기 얼마 전에, 이용구는 문병차 들른 우찌다에게 눈물을 흘리면서 말했다고 한다.

"우리는 참 바보짓을 했어요, 혹시 처음부터 속았던 것은 아닐까요?"

이 말은 정통을 찌른 말이다. 행복이든 불행이든 제 운명은 제 스스로에 의해서 개척되는 길밖에 없다. 압정을 면하되 스스로의 역량으로 하는 수밖에 없다는 천리를 망각한 이용구는 처음부터 속을 수밖에 없는 존재였다. 갑오년의 항일의병장과 친일·매국노를 바꿔 버린 이용구는 바보도 이만저만한 바보가 아니었다. 그는 일선일가·대동아주의라는 침략세균에 감염됨으로써 동학의 항일 자주정신을 망각했고 그럼으로써 역사에 손꼽히는 거대한 바보가 되고 말았던 것이다.

이또 죽음에 '사죄단' 꾸미며 법석 떨어
—— 종속의 증상과 춘원의 처녀작

조문사절로 민병석 특파

이용구 일파의 병합청원서는 1909년 12월 4일에 제출되었다. 그 40일 전인 10월 26일, 만주 하얼빈 역에서 몇 발의 총성이 진동하였다. 안중근 의사가 을사5조약의 원흉 이또(伊藤博文)를 저격 살해하던 총성이었다.

이또의 장례식은 11월 4일로 정해지고, 정부는 조문사절로 궁내대신 민병석(閔丙奭)을 특파했다. 이 사람은 좌찬성 민영위(閔永緯)의 손자이며 대법원장을 한 민복기(閔復基)의 부친이다. 충남 회덕군(懷德郡)에서 1858년에 출생한 민병석은 1879년에 과거에 급제하고 이듬해에 예문관 검열(藝文館 檢閱)이 되면서 벼슬길을 달리기 시작했다.

민씨 척족세력의 중견이었던 그는 규장각 직제학 등을 거쳐서 평안감사를 할 때 우범선(禹範善)을 추천해서 장위영(壯衛營) 영관이 되게 하였다. 그 우범선이 친일 훈련대 대대장으로 민비시해에 가담했으니 역사란 아이러니한 것이 아닌가? 을미사변 익년에 궁내부 특진관이 된 민병석은 1898년에 농상공부대신이 되면서, 이래 정부요직을 두루 섭렵한다. 병합으로 그는 자작이 되었고 이듬해 1911년에는 이왕직 장관이 임명되었다.

이또의 국상에 특사로 참가했던 민병석은 1912년에 이강공의 수행원으로 일왕 메이지(明治)의 장례식에도 참석하였다. 1925년에는 중추원 고문이 되고 이후 1939년까지 15년간 그 직을 5회 중임한다. 그는 친일 애국금채회 발기인이요, 아내 심경섭(沈卿燮)은 그 간사였다. 1939년에 중추원 부의장이 된 민병석은 정 2위 훈 1등으로 이듬해 8월에 사망했다. 상속인은 민홍기(閔弘基)인데, 습작 여부는 확실치 않으나 아마 했으리라고 짐작한다.

이또의 장례식에는 조중응(趙重應)이 또한 내각 대표로 참석하였다. 1880년에 전강유생(殿講儒生)으로 상감께 경서를 진강한 그는 청일전쟁 때 보빙사(報聘使) 이강공을 수행·도일했다. 이후 외부 교섭국장 등을 하다 김홍집 내각의 와해로 도일 망명, 조선어 교사 등을 하면서 살았다.

1906년 7월에 귀국한 조중응은 통감부 촉탁 농사조사원이 되고, 이완용 내각의 법무대신으로 고종의 강제퇴위에 관여함으로써 칠적(七賊)의 하나가 된다. 병합으로 자작이 된 조중응은 중추원 고문을 하다 종3위 훈 1등으로 1919년 8월에 사망했으며, 작위는 상속인 조대호(趙大鎬)가 물려받았다.

민병석과 박제빈(朴齊斌) 등 조문사절 일행이 11월 1일에 도쿄에 도착했을 때 일본인들은 살기를 띤 험악한 분위기로 대했다. 한 일본인은 경찰의 엄중한 경호망을 뚫고 일행에게 협박장을 보내되, 이또가 이미 암살되었는데 무슨 놈의 조문사절이냐고 으르대었다. 이리하여 명색이 조문사절인 민병석 일행은 일왕은 숫제 면회도 못하고 말았다. 상감의 국서는 일본 궁내대신에게 맡긴 채, 장례식이 끝나자마자 11월 9일에 쫓겨오듯이 조선으로 돌아오고 말았다.

이러한 냉대를 받아가면서 상낭수의 소선인들이 각종의 내표명목으로 이또의 장례식에 얼굴을 내밀었다. 칙사 자격으로 참석한 의친왕(義親王)과, 그 수행원인 김택기(金宅基)·이인용(李仁用) 및 궁내부 예식관 박서양(朴敍陽) 등이 그 하나이다. 김윤식(金允植)은 정계 원로 대표로, 정병조(鄭丙朝)는 공자교 대표로, 유길준(兪吉濬)은 한성부민회 대표로 도일해서 이또의 영정 앞에 머리를 숙였다. 신문사를 대표한 정운복(鄭雲復)과, 서북학회 대표 김환(金丸), 상업회의소 대표 조진태(趙鎭泰), 후일의 국민협회장 고희준(高戱駿)하며 일진회를 대표한 홍긍섭(洪肯燮)·장동환(張東煥)도 이또의 장례식에 얼굴을 내민 사람들이다.

사과대죄단의 도일

체포된 안의사는 여순(旅順) 지방법원에서 살해당해 마땅한 이또의 죄목 15개를 열거하였다. 1은 민비를 살해한 일이요, 2는 을사5조약을 덮어씌운 일이며,

3은 정미(丁未) 7조약을 체결한 일이다. 1909년 11월 21일자『대한매일신보』에 소개된 이또의 죄목 15개는 제4가 고종의 폐위, 제5가 구한국군 해산, 제6이 양민학살, 제7이 이권 약탈로 계속된다. 이러한 죄목을 열거하면서 안의사는 국적(國賊)을 죽인 자신을 장관급 신분으로, 국가적 지사로 대우하라고 호령하였다.

이러한 옥중 소식들이 보도되고 있는 한쪽에서, 이 땅의 뼈 빠진 족속 친일파란 이름의 망종들은 또 한심하고 낯 뜨거운 짓거리들을 연출해 가고 있었다. 이또를 살해한 조선민족의 죄과(?)를 사죄하기 위해서, 13도 대표로 된 사과대죄단(待罪團)을 일본으로 파견하자는 발의가 그것이었다.

이런 한심한 발의는 경북 신령군(神靈郡)의 황응두(黃應斗)와, 같은 군 농회장 박상기(朴祥琦)의 발기로 행해졌다. 이들은 1909년 11월 23일 서대문 밖 독립관(옛 모화관)에서 발기회를 개최하기로 취지서를 돌린 후, 동년 11월 26일 사동(寺洞)에 사무실 간판을 내걸면서 임원진을 구성했다. 사무실 간판은 이름하여 '도일사죄 13도 인민대표 임시회의소'요, 임원진은 회장에 윤대섭(尹大燮), 총무에 황응두, 회계에 김태환(金台煥), 서기에 양정환(梁貞煥)이다.

이들은 13도 대표의 파견 비용 3천 원을 천일은행에서 기채하려다 뜻대로 되지 않자 일반 모금을 계획했다. 하지만 일반의 냉담한 반응으로 모금계획마저 여의치 않자 재력 있는 10여 명을 선발해서 '국민대표'라는 감투를 멋대로 씌워 버렸다. 이들 중 전직 군수 계응규(桂膺奎) 등 몇 사람은 탈퇴하고, 황응두·송학승(宋學昇) 등 7명의 자칭 '죄인'이 12월 19일에 서울을 출발했다. 이들은 부산에서 여비가 떨어져서 방황하다가 5명은 낙오해서 돌아오고, 송학승과 경주 사람 정인창(鄭寅昌)의 2명만이 일본으로 건너가고 말았다.

1월 6일에 도쿄에 도착한 사죄단 2명은 이튿날 이또의 산소에 참배하여 사죄문을 낭독하면서 한바탕 통곡으로 애도의 뜻을 표했다. 그런 연후에 은사관(恩賜館)에서 이또의 유족으로부터 음식 대접을 받았는데, 그 정황을『대한매일신보』는 "절 한번 꿉벅하고 음식 한상 빌어먹기가 그렇게 어려워서 일본까지 건너간" '거지'에 비유해서 보도하였다.

이들 사과대죄단과 관련해서 특기할 것이 신령군수 이종국(李鍾國)의 언동이다. 이또의 장례식 날에 이 자는 농회 회원 등 군민을 모아 이또의 추도회를 개최하면서 다음과 같이 말했다.

"전날에 민영환(閔泳煥)·최익현(崔益鉉) 같은 더러운 것들이 죽었을 때는 국민 모두가 부모를 잃은 듯이 애통해 하더니, 이제 세계의 영웅이자 조선국의 은인인 이또께서 조난을 당하자 한명도 슬퍼하는 사람이 없으니, 조선국의 멸망은 내일 아침도 아니요 바로 오늘 저녁이다."

황응두에게 사과대죄단을 발기하게 하고 군민 각호에 여비 4전씩을 걷게 한 신령군수 이종국은 경북 대구 출신이다. 구한말 선산(善山)군수에서 총독부 선산군수로 전신한 후 청도·영일군수를 거쳐서 1918년에 달성군수가 되었다. 이 듬해에 3·1운동이 나자 이병학(李柄學)·정재학(鄭在學) 같은 군내의 매판자본가와 이영면(李英勉)·이장우(李章雨) 같은 예속지주, 박중양(朴重陽)·신석린(申錫麟) 같은 관료 계층을 규합해서 대구자제단을 발기하고 만세 반대운동을 벌였다.

1875년생인 이종국은 1921년에 달성군수에서 식산국 근무 사무관으로 승진하고, 한때 총독관방 서무부 사무관을 겸직했다. 1924년에 함남참여관, 1926년에 평남참여관이 된다.

보인상업 교장을 지낸 이종국(창씨명 木川有邦) 및 조선상업은행 감사였던 이종국(창씨명 月域鍾一)과는 동명이인이다.

이또의 동상 건립운동

이또의 장례식날 서울 장충단에서는 총리 이완용, 시종원경 윤덕영(尹德榮), 한성부민회를 대표한 윤효정(尹孝定) 등 관민 1만여 명의 참가로 이또에 대한 추도회가 베풀어졌다. 일진회는 서대문 밖 독립관에서 따로 추도회를 열었는데, 이용구 주제로 한석진(韓錫振)이 조문을 낭독했다. 전 독립협회원이던 한석진은 일진회 총무요 동회 기관지 국민신문사 사장이었는데, 이용구의 병합청원을 계기로 일진회를 탈퇴한다. 아래는 그가 낭독한 이또에의 조문 중 1절이다.

……일진회장 이용구는 회원일동과 함께……이또 공작(公爵) 전하에게 곡하며 고하나니, 오호애재(嗚呼哀哉)며 오호통재라……(공은) 일본의 대원훈(大元勳)이요 조선의 대활불이요 동양의 대정치요 세계의 대위인이요 우리 동궁의 대현사(大賢師)이시라……공의 국정 혁신의 계책이 없었던들 우리 조선의 과거 결과가 어느 지경에 이르렀을지를 알 수 없나니……오호통재로다……천추에 유감인 한장 조사(弔辭)로 공을 위하여 곡하며 일본을 위

하여 곡하며 우리 조선을 위하여 곡하며 동양을 위하여 곡하며 세계를 위하여 곡하오니, 엎드려 빌건대 높으신 혼령께서는 굽어살펴 감응하옵소서, 오호 통재라.

이러한 한편에서 민영우(閔永雨)·이민영(李敏英) 등의 발기로 동아찬영회(東亞讚英會)가 결성되었다. 그럼 이것은 국권을 강탈한 원수 이또를 살해한 만고 영웅 안중근을 찬양하자는 모임인가? 천만의 말씀이다. 안중근에게 총 맞아 죽은 '동양의 영웅' 이또의 동상을 세워 바치자는 단체이니, 이렇게 되면 가치관이 어떻게 되는 것인지, 망국 전야라지만 이럴 수가 있는가 하는 생각이다.

이 해괴한 단체의 총재는 장석주(張錫周)가 맡았다. 이 사람은 1883년의 박문국(博文局) 이래의 친일파로『한성순보』의 주필을 했으며, 병합으로 자작이 된 후 3·1운동 때 무력소탕론을 총독에게 건의했던 사람이다. 이들 일파는 부총재로 민경호(閔京鎬)와 회장에 민영우(閔永雨)를 앉히면서, 13도에서 매호당 10전씩을 동상 건립비로 모금할 계획을 했다. 1월 들어 회장이 윤진학(尹進學)으로 바뀌자 이또를 위해서 관우묘(關羽廟)처럼 사당을 지어 바친 후, 봄 가을 2차로 제사까지 지낼 것을 계획했던 것이다.

이런 알량한 사업을 하면서도 이들 뺄 빠진 무리들은 무슨 놈의 근성들인지, 패가 갈려 세력다툼을 벌이고 있었다. 동아찬영회의 발기와 거의 같을 무렵 10월 30일에 이학재(李學宰)·윤진학이 송덕비 건의소(頌德碑建議所)를 발기함으로써 이또의 추모사업 자체가 두 쪼가리가 나고 말았던 것이다.

이것을 발기한 이학재는 보부상(褓負商) 단체 대한상무(商務)조합의 장이었다. 이용구가 병합청원서를 냈을 때 이학재는 '일진회 정합방(政合邦)성명서 찬성동지회'란 단체를 만들고 회장이 되어 이용구의 병합청원을 지지했다. 이 바람에 이학재는 이씨 종친회로부터 이름을 족보에서 삭제당하고, 대한상무조합장에서도 쫓겨난다. 이 자는 보민회(保民會) 회장으로 재만 독립군과 양민을 학살하고 다닌 최정규(崔晶圭)와 함께 합방찬성건의소를 주동하면서 매국활동에 동조하였다.

송덕비건의소는 이또의 송덕비를 세워 바치자는 단체인데, 동상건립을 추진하던 동아찬영회의 총재 장석주가 양손에 떡으로 찬성원의 직위를 맡고 있었다. 이 단체는 발기인 이학재가 3만 원 예산으로 동상 건립을 주장하자, 같은 발기인 윤진학은 송덕비건의소 감독의 직위를 내팽개친 채 동아찬영회 회장이 되면서 동상 건립파가 된다. 이학재는 동상 건립론을 송덕비 건립론으로 슬그머니 수정 변절시키면서 송덕비건의소를 주도하였다. 이들 두 파 동아찬영회와 송덕비건의소는 한때 합병을 논의했으나 흐지부지 되고 말았다.

성황을 이룬 이또 추도회

이또를 위한 추도회는 1909년 11월 26일자 한성부민회 주최, 11월 27일자 대한상무조합 주최, 12월 12일 영도사(永導寺)에서의 총리(이완용) 이하 각 대신의 추도회로 계속된다. 반면에 여순감옥의 안중근은 거의 거들떠보는 사람이 없었다. 법관양성소 출신이며, 통남부 개설후 변호사를 전직했던 안병찬(安秉瓚) 한 사람이 무료 변론을 맡고 나섰을 정도였다.

단발령 당시에 김한복(金漢福)과 함께 의병을 일으킨 안병찬은 을사5조약 이후 민종식(閔宗植)의 의병 부대에 가담하였다. 구한국 330명의 군수는 1910년 10월 1일로 총독부가 개설되자 사표를 낸 단 한 명이 없이 몽땅 총독부 군수로 둔갑했는데, 안병찬은 사법권이 통감부로 넘어가자 법관의 자리를 내던진 기개 있는 극소수 중의 하나였다. 그는 3·1운동 이후 만주로 망명했으며 대한청년단 총재와 임시정부 법무차장 등으로 독립운동을 하다 공산당에 의해 암살되었다.

그럼, 이또의 추도회를 주도한 밸 빠진 족속들은 누구인가? 한성부민회 일왕 다이쇼(大正)가 왕자자격으로 조선을 방문했던 1907년 10월에, 그 영송행사를 위해 조직되었다. 발기인은 장헌식(張憲植)·예종석(芮宗錫)·유길준(兪吉濬)·조진태(趙鎭泰) 등이며, 초대 장헌식에 이어서 유길준이 회장을 맡았다. 이들은 한성부민에게서 기부금을 거둔 후, 부민회의 이름으로 남대문역에 환영아치를 설치하였다.

이또를 위한 추도회는 한성부윤이던 장헌식이 주도하였는데, 용인(龍仁) 출신으로 동경제대 법과를 졸업했다. 귀국 후 구한국 학부참여관과 편집국장을 거쳐서 한성부윤을 했으며, 병합 후 평남참여관을 하다 1917년에 충북지사로 승진했다. 1921년에는 총독관방 근무 사무관, 1924년에 전남지사가 되고, 전남지사를 물러난 1926년부터 1945년까지 중추원 칙임참의를 20년간 7회나 중임했다. 만주사변이 나면서부터의 열성적인 일본군 후원 활동으로 1937년에 일본 육군대신의 표창을 받았으며, 국민총력 조선연맹평의원 등으로 황민화 전시정책 수행에 크게 협력했던 친일거두이다.

12월 12일 영도사에서의 총리 이하 각 대신의 추도회에서는 이재곤(李載崑)이 개회사를 했고, 지석영(池錫永)이 추도문을 낭독했으며, 이완용이 위문의 말을 했다. 1907년부터 1909년까지 이완용 내각의 학부대신을 한 이재곤은 병합 후 자작과 중추원 고문을 하다 1943년(?)에 사망했으며, 작위는 이해국(李海菊)이 물려받았다. 지석영은 조선에 종두를 수입 실행하여 천연두의 유행을 예방한 의학상의 공로자로서, 1899년에 경성의학교를 창설하고 교장에 취임한 사람이다. 그는 구한국 학부 국문연구소 연구위원으로 한글 발전에도 많은 공적을 남겼다.

『사랑인가』라는 일본어 소설

이광수(李光洙)의 친일은 1909년으로 소급한다. 이 해 11월 18일 밤에 이광수는 일어로 쓰여진 『사랑인가』라는 단편을 탈고했다. 이광수가 완결할 수 있었던 첫 번째 작품으로서, 이것은 1909년 12월 15일 발행인 메이지학원 동창회지 『백금학보』(白金學報)에 발표된다. 이 작품을 탈고한 1909년 11월 18일은 안중근 의사의 의거일로부터 따져서 꼭 23일 만이다.

이러한 시점에서 탈고된 일어 단편 『사랑인가』는 주인공 문길(文吉)의 일본인 소년 미사오(操)에 대한 동성애가 내용이다. '동성애'라 하지만 요새 흔해빠진 이른바 호모와는 내용이 다르다. 맹목적·사대적인 자기몰각의 대일경사가 내용인데, 그 미사오가 작품 안에서 다음과 같이 신격화된 존재로 묘사되고 있었다.

> 그는 미사오를 만나면 제왕(帝王)의 앞에라도 선 것처럼 얼굴을 들 수가 없고, 말도 나오지 않았다. 극히 냉담한 태도를 꾸미는 것이 보통이었다. 그는 또한 그 이유도 몰랐다. 그저 본능적인 것이었다. 그래서 그는 붓으로 입을 대신했다. 3일 전에 그는 손가락을 잘라서 혈서를 보냈다.

이 작품에서 '문길'은 이광수의 분신이요, '미사오'는 메이지학원의 클라스 메이트로 이광수에게 문학적 영향을 준 야마자끼 도시오(山崎俊夫)가 모델이다. 이에 대한 사모의 감정을 이광수는 작품 안에서 다음과 같이 말했다.

금년 1월 그는 어느 운동회에서 한 소년을 만났다. 그때 그 소년의 얼굴에는 사랑의 빛이 넘쳤고, 눈에는 천사의 미소가 담겨 있었다. 그는 황홀해서 잠시 저를 잊은 채, 그의 가슴에서 타는 불에 기름을 퍼부었던 것이다. ……그는 이 사람이야말로 하고 생각하였다.

단편소설 한 편의 완결에 20일 정도가 걸린다면, 이광수는 안중근이 이또를 사살한 그 직후부터 일어로 된 단편 『사랑인가』를 쓰기 시작했다는 계산이 된다. 목숨을 던져 나라의 원수를 도륙하는 한쪽 옆에서, 일어로 일본인 소년을 연모하는 소설을 어떻게 쓸 수가 있었을까? 하지만 엄연한 사실이 이광수는 그것을 쓰기 시작했거나 쓰는 중이었고, 몰염치하게도 그것을 발표까지 했던 것이다.

즉, 『사랑인가』를 통해서 발견되는 민족사적 문제점은 이광수의 ① 일본에 대한 사대적 동화(同化)의 자기몰각적 원망(願望)과 ② 몰염치에 가까운 민족적 양심의 부재였다. 이러한 정신적 종속 증후가 있었기 때문에 이광수는 일본인 소년 미사오를 신격화된 존재로 연모할 수 있었고, 안의사의 살신성인에서조차 아무런 감동을 받지 못한 채 일어로 된 단편 『사랑인가』를 쓸 수 있었던 것이다.

이러한 정신적 종속 증후는 그 시대에 있어서 이광수 한 사람의 것은 아니었다. 미국 페리함대의 위협 아래 불평등·타의의 개항을 한 일본은 서력동점(西力東漸)에 대해 동양평화를 말하면서, 아시아의 연대(連帶)와 조일 양민족의 공존공영을 조장하였다. 구미 제국주의를 막기 위해서 제창된 그러한 논리는 일본의 군사적 역량이 축적되면서 일본에 의한 동아 제패의 제국주의 논리도 변질된다. 하지만 압도적 다수의 조선인은 일본의 동양평화·공존공영론이 갖는 야누스의 두 개의 얼굴을 간파하지 못했다. 일본이 말하는 공존공영은 일본의 일부로서의 공존공영인데, 이것을 대등한 입장에서의 공존공영으로 착각하면서, 그들의 식민논리에 거의 무저항적으로 말려들어가곤 했던 것이다.

그 결과 이또는 "조선의 대활불(大活佛)"이자 은인으로 추모의 대상이 되었고, 안의사는 여순감옥에서 '살인의 죄목'을 추궁당했다. 안의사의 장거를 외면하면서 이또의 영전에 조사를 읊는 망종들은 그 후 매국세력과 친일세력으로 대를 물리면서, 제1공화국 연인원 96명의 각료 중 30자리 이상을 독점해 버렸다. 그 전형적인 한 예가 송병준의 외손자인 상공부장관 아무개인데, 이 사람의 부친은 을미사변 때 민비의 시체 소각에 관여했으며, 총독부 치하에서 경찰 최고 직급 경무관을 맡았던 구연수(具然壽)이다.

이네들 해방된 조국의 '유지·귀빈'이 안중근 의사의 동상 앞에서 어떤 기념사를 외웠을까를 상상하면 쓴웃음이 나온다. 그보다도 이또를 '조선의 대활불'로 찬양한 몰자각의 잔재는 오늘날 완전히 청산 극복된 것일까? 어딘가에 그것이 도착된 대일 인식으로 잔재하면서 오늘날의 한일관계에 영향을 미치고 있을지도 모른다는 생각을 하면 모골이 송연해지는 것이다.

고아 배정자를 이또가 밀정으로 양성
―― 3·1운동 저지에 나선 후작·백작

친일파에게 귀족 신분 배급

1910년 6월부터 나남·청진·함흥·대구의 일본군들이 한밤중 남의 눈에 뜨이지 않는 길을 통해서 서울로 진입해 왔다. 이들 응원병력과 용산 주둔 일본군 제2사단의 철통 같은 경비망 속에서 8월 22일, 나라와 백성을 팔아넘기는 병합조약이 조인되었다.

이 일을 주동적으로 수행한 이완용·박제순·송병준 이하 76명에게 논공행상으로, 혹은 회유를 위해서 일제는 귀족의 신분을 배급했다. 후작 6명, 백작 3명, 자작 22명, 남작 45명인데 김석진(金奭鎭) 등 8명이 남작의 수령을 거절했다. 이후 1920년대로 들면서는 이완용이 백작에서 후작으로, 고희경(高羲敬)과 송병준이 자작에서 백작으로 승급하고, 이완용의 차남인 이항구(李恒九)에게 추가로 남작이 수여된다. 이리하여 작위를 받은 최종 숫자는 후작 7명, 백작 4명, 자작 20명, 남작 38명으로 총원 69명이 됐던 것이다.

이 69명 중 김가진(金嘉鎭 : 남작)·김사준(金思濬 : 남작)·김윤식(金允植 : 자작)·이용직(李容稙 : 자작)·이용태(李容泰 : 남작)가 독립운동을 하다 작위를 잃었다. 남은 64명 중 민영린(閔泳璘 : 백작)·윤택영(尹澤榮 : 후작)·조민희(趙民熙 : 자작)가 파산 또는 품위 실추로 작위를 잃는다. 조희연(趙羲淵)은 사후에 남작을 반납했다. 윤웅렬(尹雄烈)의 남작은 장남 윤치호(尹致昊)가 상속했으나, 총독 암살 음모라는 날조된 죄――105인 사건――를 덮어씀으로써, 1913년 10월에 박탈을 당한다. 남은 59석이 대체로 무사하게 일제 말엽까지 물려졌는데, 내역은 후작 6명, 백작 3명, 자작 17명, 남작 33명이다.

이 부류 일제의 귀족 계층은 3·1운동에까지 등을 돌렸다. 만세봉기가 나자 이완용은 『매일신보』·『경성일보』에 전후 3차의 배역 담화를 발표했다. 가라사대 3·1운동은 "사리를 분별치 못하고 나라의 정세를 알지 못하는 자의 경거망동"이다. "그들의 망동은 스스로 죽음의 길을 택하는 것일 뿐"이며, 조선인의 행복은 대일투쟁이 아니라 실력의 양성에서만 찾아질 수 있다는 타령이었다.

송병준은 임오군란 때 남대문 밖 농가의 쌀뒤주 속에서 숨어 사는 등 기타 10여 차의 피습사건으로 혼쭐깨나 났던 사람이다. 그 때문인지 이 자는 3·1운동이 터지자마자 재빨리 도쿄(東京)로 달아나 버렸다. "소요가 발발하여……수습이 어려워지려하(자)……이를 좌시하며 경성에 태연히 있을 수 없어 분연히 폐하의 발 아래로 와 버렸던 것이다"(송병준 : '소감'). 그는 일본에서 정계 요인들과 접촉하면서 만세의 진압과 민심수습책을 의논하였다.

이지용(李址鎔 : 백작)은 고종의 종질(從姪)이다. 이 자 또한 이완용의 생질인 거물급 매판자본가 한상룡(韓相龍)과 함께 도쿄로 가서 만세수습을 의논했다. 남작 박제빈(朴齊斌)은 총독에게 민심수습의 건의서를 내었고, 장석주(張錫周 : 남작)는 무력으로 만세를 소탕하라고 핏대를 올렸다. 김종한(金宗漢 : 남작)은 원래가 조선인은 "청국의 속국으로 독립 혹은 공화"라는 말조차도 몰랐는데, 청일전쟁 때 일본이 "독립국으로 이왕(李王)에게 황제를 호칭하도록 해줬기 때문에 '독립' 두 자를 알고 이번의 소요사건"을 일으켰다고 투덜댔다.

민원식의 친일 정치모략

1920년대 최대의 친일파인 민원식(閔元植)도 물론 만세를 반대했다. 4월 15~21일이 『매일신보』·『경성일보』에 실린 '소요의 원인과 광구예안(匡救例案)'에서 민원식은 3·1운동을 "민족운동이라 부를 것이 못 된다"고 헐뜯었다. 소요 그 자체가 "그들이 정확하게 의식한 망동의 목적"인 것이다. 그러니까 "조선민족은 바로 충량한 일본민족의 일부로써 국헌을 존중하고……개인독립의 실력을 양성"해야 할 뿐이라는 것이었다.

이 사람은 민비의 가까운 문중으로 1887년에 경기도 양평군에서 출생했다. 8세 때 동학난리가 나자 양친은 민씨벌족 타도의 여파로 살해되고――행방불명이 되었다고도 한다——그는 하루아침에 고아가 되고 말았다.

이때부터 그는 13도가 아니라 동양 3국이 좁다고 떠돌아다녔다. 청국 상인에게 이끌려서 중국 보정(保定)으로 간 민원식은 11세에 귀국했으나 몸 붙일 데가 없었다. 전남북을 제외한 11도를 떠돌아다니던 끝에 일본으로 간 것이 12세 때이다. 백작 소에지마(副島種臣) 등의 신세를 진 민원식은 후꾸오까(補岡)에서 현지사(縣知事) 가와지마(河島醇)의 비호와 보살핌으로 마침내 동아어학교 교사까지 되었다.

러일전쟁이 나면서 그는 이또(伊藤博文)에게 소개되었다. 1905년 여름에 귀국한 민원식은 이또·하세가와(長谷川好道) 등의 후원으로 구한국 내부참서관이 되고, 20세에 내부위생국장이 된다. 광제원장(廣濟院長)과 궁내부 제실(帝室)회계 심사위원, 내부서기관 등을 역임하면서 그는 사무시찰관으로 일본 궁내성(宮內省)을 견학했다. 그는 미인으로 소문이 높았던 엄채덕(嚴彩德)에게 장가를 들었는데, 육군참장 엄준원(嚴俊源)의 딸이며, 엄비(嚴妃)의 질녀가 되는 여자였다.

혈혈단신으로 한·중·일 3국을 떠돌아다니던 소년이 일본인 유력자들을 만나서 고관이 되고, 임금——고종——의 처조카사위가 된 것이다. 때문에 민원식은 항상 입버릇처럼 "나의 오늘이 있음은 전적으로 일본과 일본인의 덕택"이라고 말하곤 했다. 한말에 친일 정우회(政友會)를 이끌면서 시사신문을 발행한 민원식은 병합 후 양지·이천·고양군수를 하다 3·1운동 후 민심수습의 제1선으로 뛰어들었다. 군수를 사직한 그는 중추원 부참의로 친일단체 국민협회를 이끌면서 신(新)일본주의 참정권운동의 기수로 등장했던 것이다.

"일본은 이미 옛날의 일본이 아니다. 조선의 토지와 인민을 포유(包有)하는 새 일본"이라는 것이 그의 신일본주의의 출발점이다. 여기에서 출발한 참정권운동은 일본 국회에 조선인 지역대표를 보내자는 것으로서 취지가 다음과 같은 것이었다.

"참정권은 제국(帝國) 헌법이 인정하는 국민의 당연한 권리로서, 조선이 일본의 영토가 되고 조선인이 일본의 신민이 된 이상 그 향유를 요구함은 필연의 결과(이다)……조선의 현상은 혹은 독립을 외치고 혹은 자치를 주장(하나)……오직 참정권의 요구가 가장 진실한 전체 조선인의 열망하는 소리로서……2천만 중 1명도 반대할 이유를 갖지 않는 것이다."

즉, 그것은 조선이 일본의 영토가 되었다는 전제 밑에서 독립운동을 부정하고, 일본의 일부분으로서 참정권을 누리게 해달라는 것이었다.

이것은 조선인에게 참정권이라는 환상을 줌으로써, 3·1운동으로 크게 촉발된 조선인의 정치의식, 즉 독립의 의지를 거세하자는 당국의 정치모략이었다. 민원식은 당국의 후원과 자금원조를 받아가면서 1920년 1월의 제42의회, 동 7월의 제43의회, 1921년 2월의 제44의회에서 연례행사처럼 참정권 청원서를 제출했다. 이를 위해서 뻔질나게 도쿄로 드나들던 민원식은 제3차 청원서를 내기 위해서 도일했다가, 1921년 2월 16일, 숙소인 도쿄 스테이션 호텔에서 민족청년 양근환(梁槿煥) 의사의 칼에 암살당했다.

선우순·선우갑의 형제 밀정

선우순(鮮于筍)은 상해 임시정부의 암살목표 제1위였다. 민원식과 막상막하였던 1920년대 최대의 친일파인데 평양 육로리(陸路里)에서 살았다. 1919년 8월부터 1926년 12월까지 이 자는 총독 사이또를 119회나 면회했다. 22일마다 1회 꼴인데, 2위는 친일관료 이진호(李軫鎬)의 86회이다. 귀족 중 제일 면회가 잦았던 송병준이 제5위 58회로 선우순의 반밖에 안 되었다면, 선우순이란 자의 친일 비중쯤 충분히 짐작이 갈 것이다.

이 자는 1915년 12월에 일본조합(組合)기독교회의 전도사가 될 때까지 출생·학력·경력 등이 불명이다. 이 일본조합기독교회는 청교도계열의 한 교파인 미국 회중파(會衆派)가 1869년에 선교사 크린 부부를 파견함으로써 일본 포교가 시작된다. 이 계열의 훈육을 받은 구마모또(熊本) 양학교 출신 소년 신자들이, 동지사(同志社)대학 창설자인 신자 니이지마(新島襄)의 애국사상에 공명함으로써, 일본에서 동 교파 창설의 본격적 기원이 개척되는 것이다. 이리하여 1886년에는 20여개 교회의 참가로, 미국 전도회사의 재정적 후원에서 독립된, 황도주의 실행을 신도생활 3대강령의 하나로 하는 일본조합기독교회가 창설되었던 것이다.

이 교파는 1899년부터 조선에 진출하기 시작했다. 후일의 조선전도부장인 와다세(渡瀨常吉)가 대일본 해외교육회의 창설인 경성학당에 당장(堂長)으로 취임해 왔던 것이다. 1903년에는 조선내 포교가 결의되고, 이듬해에 경성교회가 창립되면서, 초대 책임자 겐모찌(劍持省吾)가 조선에 온다. 총독부가 개설

(1910. 10)되자 이 교파는 조선인에 대한 포교사업을 결정한 후, 이듬해인 1911년에 조선전도부장 와다세를 파견하면서, 조선인 상대인 한양교회 등을 창설한다. 이리하여 1918년말 현재 이 교파는 총독부의 강력한 후원에 의해서, 조선에서 149개 교회와 연간 경비 2만 5천 원──쌀 1천6백 가마──을 소비하는 굴지의 어용교회로 성장하였다.

3·1운동이 나자 이 교파는 함남북을 제외한 전국에서 일제히 배역운동을 전개했다. 유일선(柳一宣)·선우순·신명균(申明均)·차학연(車學淵)과 다까하시·촌마 등의 간부들이 축음기·영사기 등을 휴대하고 전국을 순회하면서 설교·강연·호별방문 등으로 만세를 부르지 말도록 종용했던 것이다. 이 일을 주동적으로 수행한 선우순은 평남지사 시노다(條田治策)의 사주·후원으로 1920년 10월에 친일 대동(大東)동지회를 창설하고 회장이 되었다. 이것은 평남북 일대의 독립사상을 파괴하려는 단체로써, 평양에 본부를 두고 기관지『공영』(共榮)을 발간하면서, 일선융화·공존공영 운동을 벌였다. 이러한 공로로 선우순은 1921년에 중추원참의가 되었다. 이러한 세도를 이용해서 선우순은 독립단 안주(安州)지단장 홍이도(洪彛度) 등 몇 명의 가출옥을 미끼로 금품을 사취하고 피소된다. 이때 총독부는 담당검사를 일본인으로 교체까지 시켜가면서 선우순을 불기소 처분했다. 일본수상 하라(原敬)를 만나서 독립반대·일선동화를 역설한 선우순은 중추원참의 13년을 하다 1933년에 사망하였다.

이 자 선우순의 동생이 밀정으로 유명했던 선우갑(鮮于甲)이다. 3·1운동 후 상해에서 임정에 붙잡혔을 때의 일을 김구 선생이 다음과 같이 말했다.

"고등정탐 선우갑을 잡았을 때에 그는 죽을 죄를 깨닫고 사형을 자원하기로 장공속죄(將功贖罪)할 서약을 받고 살려 주었더니 나흘 만에 도망하여 본국으로 돌아갔다"(『백범일지』).

2·8선언 때 주동자를 밀고해서 체포하게 한 선우갑은 3·1운동 이후 미국에 파견되어 독립운동을 정탐하면서 반독립 정치선전에 한몫을 하였다.

배정자와 보민회

배정자(裵貞子)도 물론 만세를 배역했다. 1919년 4월에 이 여자는 하얼빈 일본총영사관의 밀정을 하면서, 만세 열풍이 만주로 옮겨붙는 것을 예방하고 다녔다. 이러한 결과로 해서 조직된 것이 재만 친일단체 보민회(保民會)인데, 그 초대 회장이 최정규(崔晶奎)이다. 구한국 참위(參尉) 출신인 이 자는 한말에 복덕방 단체 한성보신사(普信社)의 장을 하고 있었다. 이용구가 병합청원서를 제출하자 최정규는 그에 맞장구를 치고 싶었는데, 간부들이 도장을 찍을 것 같지 않았다. 최정규는 공금 기채를 핑계로 간부들의 백지날인을 얻은 후, 그것을 병합청원 찬성서로 도용해 버렸다.

그는 한성보신사에서 쫓겨났고, 그 끝에 만주로 가서 배정자와 당국의 사주로 보민회를 조직한 것이다. 이 단체는 산하에 무장 자위단을 두고 독립군 토벌은 물론 무고한 양민까지 학살하고 다녔는데, 그 죄상의 일부가 다음과 같다.

······그 단체는 기미운동이 일어나던 이듬해 홍경현(興京縣)에서 친일파 최○규가 선두로 하여 소위 보민단이라는 단체를 조직하여 수백 자루의 권총을 얻어 무장하고, 소위 재만 조선인 토벌대란 이름으로 홍경(興京)·통화(通化) 일대에 거주하는 양민 동포 다수를 무수히 총살한 보민단과 같은데 ······(『동아일보』, 1927. 5. 20).

1920년 5월 22일자 경찰 보고문서에 의하면 최정규는 5월 19일 홍경현 신빈보(新賓堡)에서 한족회 총무 함덕호(咸德浩)와 헌병 신하영(申夏永), 통신원 김옥진(金玉辰)을 체포한다. 20일에는 영릉가(永陵街) 부근에서 독립단 총무 강찬주(姜贊周)와 검찰 강천(姜川), 구장 김덕영(金德永)을 체포한다. 22일에는 최정규의 토벌대가 동창구(東昌溝)에서 집금원(集金員) 함중현(咸重鉉)과 통신원 김상정(金相正)을 체포하였다.

이런 종류의 반역행위 때문에 보민회는 독립군의 증오의 대상이 되었다. 이들은 보민회의 격파를 결의한 후, 1921~25년에 걸쳐서 간부 9명과 지부 회원 341명을 암살한다. 최정규도 1924년 3월과 6월에 독립군의 습격을 받았다. 첫번째 유석정(柳錫貞)은 실패 끝에 체포되어 자결했고, 두번째 김광추(金光秋) 등은 최정규의 암살에는 실패한 채, 최의 장모와 처 및 밀정 박원식(朴元植)을 사살하였다.

이렇게 해서 죽어간 보민회 회원을 위해서, 그 단체의 창설을 주동한 배정자는 총독부 경부 일외무성 경시로 보민회를 감독했던 아이바(相場淸)에게 다음과 같은 건의서를 내었다.

"불령선인과 싸우다 숨진 이들 황국용사들의……유족들이 살아갈 수 있도록 간도(間島)에다 농토를 마련해 주어야 한다."

배정자는 김해(金海) 고을 아전 배지홍(裵祉洪)의 딸로 1870년에 태어났다. 부친 배지홍은 대원군이 실각한 후 그 졸당으로 몰려 대구 감영에서 죽고, 이 바람에 집은 일조에 폐가가 되어 버렸다. 눈까지 멀어 버린 편모와 함께 유랑의 신세가 된 배정자는 밀양에서 기생으로 팔렸으나 그것이 싫어서 양산 통도사로 달아났다. 우담(藕潭)이란 승명으로 여승이 된 배정자는 목탁을 두들긴 지 2년 만인 14세 때 속세로 도망질을 치고 말았다.

그녀는 부친과 알음이 있던 동래부사 정병화(鄭秉和)의 보호를 받다가 일본인 무역상 마쓰오(松尾)에게 넘겨졌다. 일본으로 간 배정자는 망명객 안경수 등의 도움으로 상강(尙綱) 여학교를 다니다 김옥균을 통해서 이또(伊藤博文)의 알음을 얻게 되었다. 18세로 자색이 출중했던 배정자는 이또에게서 요샛말로 밀봉교육을 받은 후, 병합전선에 첩자로 투입된다. 경운궁(慶運宮)에 출입하면서 고종의 신임을 얻은 배정자는 고종의 블라디보스톡 외행계획을 일본에 알림으로써 러일 각축에서의 결정적 이점을 장악하게 하였다.

이또의 양딸로 병합진선의 이면을 주름 잡았던 배정자는 1차대전이 나고 시베리아 출병이 시작되면서 두번째 봄을 맞았다. 대륙전선에 첩자로 투입된 그녀는 중국인 마적 두목과 동거까지 해가면서 그들을 조종한다. 3·1운동 이후에는 앞에서 말했듯이 보민회 창설을 주동하고 독립전선을 교란했다. 1924년에 일선에서 물러난 배정자는 연금 삼아 내려지는 총독부의 촉탁 월급으로 넉넉한 생활을 하면서, 일제 말엽에는 남방으로 황군위문을 다니곤 했다.

18세에 일본유학생 전재식(田在植)과 결혼했던 배정자는 전재식이 죽은 후 35세에 현영운(玄暎運)과 재혼했다. 일공사관의 조선어 교사에 불과했던 현영운은 이로부터 육군참령→육군참장→육군총장→3남순무사→궁내부대신 서리로 파격적인 승진가도를 달린다. 현영운과 이혼한 배정자는 옛 남편의 부하였던 참령 박영철(朴榮喆)과 재혼했으나, 4~5년 뒤 다시 헤어진다. 일본인 오오바시(大橋), 은행원 최아무개 기타 여러 남성과 염문을 뿌린 그녀는 57세 때 25세인 일본인 순사와 동거한 것으로 전해진다. 그녀는 반민특위에서 풀려난 후 노령에 돌보는 사람 없이 고생을 하다 동란중 서울에서 81세로 사망했다.

예속지주·매판자본가의 배역

예속지주·매판자본가들도 3·1운동에 등을 돌렸다. 이 계층은 관료·관료 출신과 함께 자제단의 중심세력이 됨으로써 철저하게 만세를 배역했다. 만세 폭발 직후인 4월 6일 대구를 시발로 해서 주로 남선 일대에 조직된 자제단은 단원에게 첩보·밀고의 의무까지 부과했다. 대구자제단의 규약 제3조가 규정하는바 "본단원은 부민 집집마다에 대해 경거망동에 뇌동치 말도록 굳게 타이르고, 만약 불온한 행위를 감히 하는 자를 발견했을 때는 당장 경무관헌에 보고해야 한다"와 같은 식이다.

이 계층의 대표자인 한상룡(韓相龍)은 1880년에 서울 재동에서 출생했다. 규장각 제학을 한 한관수(韓觀洙)의 아들이며, 이완용에게는 생질이 되는 사이이다. 구한국 관립영어학교를 졸업한 그는 군인이 될 작정으로 일본 성성(成城)학교에 유학했으나, 건강 관계로 은행가를 지망하게 된다. 구한국 외부 참서관과 궁내부 비서감승(祕書監丞) 등을 한 한상룡은 1905년에 한성은행 총무가 됨으로써 은행가로서의 첫발을 내어디뎠다.

이 한성은행은 경의선 부설에 관한 러시아와의 밀약설을 얻어들은 노즈(野津鎭武) 중좌가 그 밀약을 취소시키는 대가로 내부대신 이재완(李載完)에게 경영권을 인가한 것이었다. 5만 엔의 뇌물과 경영권으로 경의선 군용철도 부설권을 팔아먹은 이재완은 부행장에 김종한(金宗漢)과 총무에 한상룡을 임명했다. 이렇게 해서 은행가가 된 한상룡은 한호(韓湖) 농공은행 및 조선은행 전신인 한국은행의 설립위원이 되고, 동양척식주식회사(이하 동척) 설립위원을 거쳐서, 동척 창립이사 겸 조사부장을 했다. 실업계의 거물이 된 그는 나이 30에 어느새 경성상업회의소 회두까지 올라갔다.

병합 후에 그는 동척 이사와 한성은행 취체역으로, 물산공진회 사무위원으로 일제의 경제정책에 착실히 협력하면서, 1917년에는 금배(金杯) 1개로써 포상까지 받았다. 경기도 평의회원과 산업조사위원, 조선농회 특별위원 기타를 역임한 한상룡은 1927년에 중추원 칙임참의가 되고, 1941년까지 15년간 그 직을 중임한다. 그 해에 중추원 고문이 된 그는 8·15까지 5년간 그 직을 중임했으니, 참의와 고문을 통산하면 만 18년 4개월을 중추원에 있은 셈이다.

이 계층의 또 하나의 대표자 현기봉(玄基奉)은 호남에서 '구민제세(救民濟世)의 대덕성자(大德聖者)'로 일세의 숭앙을 받던 사람이다. 호남은행장을 한 현준호(玄俊鎬)의 부친인데, 수천 석의 대지주로서 해마다 1백 석 이상으로 궁민을 구제하는 것이 거의 연례행사처럼 되었다고 한다. 1888~89년에 무안(務安) 일대에 흉년이 들자 현기봉은 수백 석을 풀어 궁민을 구제했다. 비금도(飛禽島)에 내리 2년 흉년이 들었을 때는 나락 1천 섬으로 도민(島民)을 구제했을 뿐더러, 도민의 간청으로 관유·민유의 계쟁(係爭)토지 수천두락을 샀다가, 민유지로 확정판결이 나자 원가로 도민들에게 돌려 주었다.

이러한 덕행 때문에 1854년생인 그가 사망하자 10만 명의 인파가 장례식에 참석함으로써, 사실상의 도민장이나 다름없는 것이 되었다고 한다. 이런 식의 명망가일수록 일제는 집요한 공작 끝에 친일권으로 끌어들였는데, 현기봉의 경우도 예외는 아니었다. 만세가 나자 현기봉은 당국의 위촉을 받아 나주·무안·제주 외 6개 군을 유세하면서 만세를 부르지 말도록 종용했다. 흉년에 그의 도움을 받은 궁민들이 현기봉의 유세를 어떻게 받아들였을까를 생각하면 모골이 송연해질 일인 것이다.

이리하여 3·1운동은 우리 민족사에서 친일과 반일을 가르는 하나의 분수령이 되고 말았다. 만세를 배역한 친일귀족·매판자본가·예속지주·친일관료·어용종교인·직업적 친일분자·지식계층 일부는 이후 두번 다시 저항의 노선으로 돌아오지 않았다. 날로 예속을 더함으로써 민중적 저항노선에 배역하는 길을 걸었던 것이다.

일제 문화운동에 동원된 거물급 민족주의자
—— 반독립 정치모략과 친일파

　민원식(閔元植)의 참정론은 선거법을 조선에 시행하여 일본의 국회에 조선의 지역대표를 선출해 보내자는 것이었다. 이것은 조선인에게 정치적 환상을 줌으로써, 그들의 독립의지를 통치노선으로 유도·순응시키려는 반독립 정치모략이었다. 여기에는 유산계층 중 매판적인 부분들이 흡수되었다. 이들은 도회의원·부회의원 등으로 어느 정도의 선거기반을 구축하고 있던 계층들이라, 일본 국회의원으로서의 화려한 내일을 몽상하면서, 손쉽게 그 낚시밥을 물어 버렸던 것이다.

　여기에 걸려 들지 않은 것은 반일대중과, 유산계층 중 민족적인 성향을 굽히지 않는 계층이었다. 이들을 흡수해서 통치노선으로 유도하려던 또 하나의 정치모략이 3·1운동 이후의 소위 문화운동이다. 이것은 크게 세 형태로 갈리는데, 첫번째는 민족개량이요, 두번째가 실력양성이며, 세번째는 자치론이다. 이 중 첫번째와 두번째가 반일대중을 대상으로 한 폭넓은 것이었다면, 세번째는 유산계층 중 민족적인 부분에 초점을 두는 폭이 좁은 제한적인 것이었다.

　이러한 모략의 실행을 위해 동원된 하청업자가 이광수(李光洙)·최남선(崔南善)·최린(崔麟)이었다. 모두가 거물급 민족주의자로 성망을 누리던 인물들이니, 이광수는 상해판 『독립신문』의 주필이요, 최남선은 「3·1독립선언서」의 기초자이며, 3·1운동의 총참모장이다. 이들이 언제 어떻게 해서 반독립 정치모략의 하청업자로 전락했으며, 또 그들이 수행한 정치모략의 내용은 어떤 것인가를 다음에서 자세하게 살펴보기로 하겠다.

민족개량이라는 모략

정치모략의 첫번째인 민족개량은 통치의 합리화 문제와도 밀접하게 관련되었다. 우승열패는 자연계의 움직일 수 없는 철칙이다. 그러니까 우수한 민족이 열등민족을 지배함은 당연지사인데, 이러한 논리로써 통치를 합리화하자면 일본민족의 우수성과 함께 조선민족의 열등성이 증명되어야 한다. 이리하여 일제는 사사건건이 조선인의 열등성을 물고 늘어졌다. 이것은 조선인에게 자기비하의 엽전의식을 주입하여 체념적·패배적이게 하고, 그리하여 유순한 식민지 백성으로 안주(安住)하게 한다는 통치전술과도 밀접하게 관련되는 것이었다.
이리하여 이광수는 말을 하였다.

> 불행히 현재의 조선인은 이와 반대외다. 허위(虛僞)되고, 공상과 공론만 즐겨 나태하고, 서로 신의와 충성심이 없고, 임사(臨事)에 용기가 없고, 이기적이어서 사회 봉사심과 단결력이 없고, 극히 빈궁하고⋯⋯(이광수, 「민족개조론」).

조선인이 이렇게 열등한 존재라면 항일투쟁과 정치독립은 2차석인 문제가 된다. 열등한 민족성부터 개조해야 독립을 할 것이 아닌가? 여기에서 독립부정과 민족개량의 다음과 같은 논리가 도출되는 것이다.

> 반도인 스스로를 구하는 것은 결코 자유도 아니요 독립도 아니다. 근면과 노력이다. 그들은 헛되이 반도의 독립을 외치기보다 먼저 정신의 독립을 도모하지 않으면 안된다(「조선의 생활과 문화」).

이러한 노선에서 만들어진 것이 이광수의 수양동맹회이다. 이것은 후일의 수양동우회와는 다른 단체인데, 총독부와의 충분한 협의를 거쳐서 탄생된 것이었다. 그 규약은 사전에 총독에게 제출되어 충분한 검토를 받았는데, 그 전문(前文)은 다음과 같다.

> 본회는 자기수양과 문화사업으로 조선인에게 고상한 덕과 필요한 지식과 건강과 부(富)를 향수(享受)시키는 것을 목적으로 하고, 절대로 시사(時事)

또는 정치에 관여하지 않는 것이 주의이다.

즉 그것은 '시사' 바꿔 말하면 총독부의 통치현실과 '정치' 다시 말하면 독립운동에 "관여하지 않는 것이 주의"였다.

이렇게 해서 개조되는 인간은 안도산(安島山)의 점진적 민족노선, 즉 지(智)·덕(德)·체(體) 삼육(三育)에 의해서 만들어지는 인간형과는 달랐다. 안도산에 의해서 만들어지는 인간은 "민족에 봉사함으로써 자신에 대한 의무와 인류에 대한 의무를 완수"하는 지사적인 인물이었다(안도산, 「동포에게 고하는 편지」). 반면에 이광수에 의해서 개조되는 인간은 "국가에 대해서는 모든 의무를 충실히 다하는……완성된 범인(凡人)", 즉 통치에 만족하면서 하루하루를 평범히 살아가는 식민지의 유순한 백성이었다(이광수, 「민족개조론」).

이광수의 변절과 전략

이광수는 첫출발부터가 친일이었다. 안중근 의사가 이또(伊藤博文)를 사살한 23일 만에 이광수는 일어로, 일본인 소년을 연모하는 단편 『사랑인가』를 탈고했다. 그 소년을 만나면 "제왕(帝王)의 앞에라도 선 것처럼 얼굴을 들 수가 없고, 말도 나오지 않았다"는 것이 이광수의 고백이다.

이런 이광수에게 조선은 「2·8독립선언서」의 기초를 부탁했다. 문인이라곤 이광수·최남선 2명뿐이니 누구에게 청을 하겠는가? 이리하여 친일에서 민족노선으로 변절한 이광수는 「2·8독립선언서」를 썼고, 상해로 가서 임시정부와 『독립신문』에 관계했다. 그런데 아내 허영숙(許英肅)이 그를 찾아서 상해로 왔던 것이다.

아내와 함께 귀국한 이광수는 선천(宣川)에서 일경에 붙잡혔으나 곧 불기소 처분이 되었다. 『독립신문』 주필을 기소하지 않았다는 탈(脫)상식에서 우리는 두 가지를 생각할 수 있다. 하나는 허영숙의 상해행과 이광수의 귀국이 총독부와의 사전협의였을 것이라는 가능성이다. 이 가능성을 부인한다면 변절한 것처럼 꾸며서 임정으로 돌아갈 길을 끊으려는 당국의 고차원의 모략성까지도 부인할 방도가 없는 것이다.

이리하여 '민족노선에서 친일로 원상복귀'한 이광수는 1922년 9월 30일 밤에 총독 사이또(齊藤實)와 첫 면담을 가졌다. 총독의 정치참모인 아베(防部充家)

와 빈번하게 접촉하면서 그들의 주선에 의해서 월수당 3백 원을 받는 『동아일보』 논설위원으로 입사한다. 쌀 1가마 15원이던 때의 3백 원은 현재의 2백만 원 이상이다. 그는 물론 그러는 동안에도 안도산을 만났고, 도산에게서 흥사단 지부 조직의 밀명을 받았으나, 도산은 이광수에게 이미 '겉치레' 이상은 될 수 없었다.

    우리는 수십 인의 명망 높은 애국자들을 가졌거니와……그들의 명망의 유일한 기초는 떠드는 것과 감옥에 들어갔다가 나오는 것과 해외에 표박(漂泊)하는 것인 듯합니다(「민족개조론」).

  독립운동을 실속 없는 환상(幻像)으로 헐뜯은 위의 글이 그것을 증명한다. 「민족개조론」의 정신적 모체인 것처럼 보이는 안도산부터가 '실속 없는 환상'에 사로잡힌 '해외 표박'의 망명객이 아닌가?
  이러한 바탕에서 주장된 「민족개조론」의 무실(務實)·역행(力行)은 도산의 민족사상을 가면으로 빌린 것이었다. 무라다는 말하되 조선인을 구하는 것은 자유·독립이 아니라 '근면과 노력'이라고 하였다.
  그럼 '근면과 노력'은 무실역행의 동의어가 아니고 무엇인가? 「민족개조론」의 무실·역행은 도산의 것이 아니라, 도산의 민족논리를 파괴하려는 무라다의 무실·역행이었던 것이다.
  이러한 가면마저 이광수는 마침내 벗어 팽개쳐 버린다. 중일전쟁과 함께 이광수는 『사랑인가』가 보여 준 맹목적인 일본추종으로 완전 복귀하고 마는 것이다. 일왕을 '우리 임금님'으로 떠받들면서, '우리나라 일본을 지키기' 위해서, '대(大)일본의 시민'으로서의 책무를 다하라고 소리치는 것이다. 조선인의 '민족감정과 전통의 발전적 해소를 단행'하자고 하면서 '의례준칙의 일본화'와 '생활방식의 일본화'까지를 역설한 그를 사람들은 이광수(李狂洙)라고 빈축하였다.

실력양성의 반독립 모략

최남선은 「기미년 독립선언서」를 기초한 죄과(?)로 징역형 2년 6개월을 받았다. 하지만 그는 형기를 다 못 채운 1921년 10월 18일에 가출옥을 한다.
  "청년들을 규합하는 데 대단히 좋은 영향이 있을 것"이라는 당국의 배려 때문이었다.

이리하여 그는 당국이 추진하던 '위력을 동반하는 문화운동'의 기수가 되었다. 이것은 통치권력을 배경으로 한 위압과 회유로 독립의지를 통치에 순응하는 쪽으로 몰고 가는 것인데, 그 구체적인 내용이 민족개량이요, 실력양성이요, 자치론이다. 이를 위해서 당국은 조선은행 총재 미노베(美濃部俊吉)에게 최남선의 잡지『동명』(東明)의 발행자금을 지원하도록 주선을 하였다. "최(崔: 최남선)의 잡지가 발행되면 내지(일본)의 건전한 출판물을……번역해서…… 조선사상계의 악화를 구하고, 또 진학문(秦學文)·이광수들의 생활비의 출처로 삼게 하도록"하기 위해서였다(사이또(齋藤實)문서, 1923. 4. 23).

이렇게 해서 전개된 문화운동 중 실력양성은 1920년 8월의 간디의 제1차 반영(反英)운동, 즉 토산애용·영화(英貨)배격의 스와데쉬운동에서 촉발되었다. 러일전쟁 이래의 수탈체제는 병합 후 10년으로 극대화된 결과, 1921년의 1인당 공업생산액을 조선인 7원 47전에 일본인 1천3백79원36전이게 하였다. 이러한 현실에 자극되어서, 1922년 12월에는 자작회(自作會)의, 1923년 1월에는 조선물산장려회의 민족경제 운동이 대두되기 시작했던 것이다.

일제는 이것을 반독립 정치모략을 실행할 절호의 기회로 보았다. 경무국장을 한 마루야마(丸山鶴吉)가 다음과 같이 말했다.

> 이러한 사조(실력양성)가 유력하게 되어 간다면 반드시 일선융화하여 일본의 통치방침 밑에서 조선의 진보를 도모하려는 사조가 점점 발달해 가는 결과로 되지 않을까 하는데…….

이리하여 일제는 조선의 민족운동인 실력양성을 심지어 고무·격려·선동(?)까지 하였다. 총독비서였던 모리야 같은 경우인데 "제군들은 독립을 요구하지만 그런 실력이 없는 것이 아닌가? 실력 없이 독립이 되는 것이 아니다." 그러니까 독립을 하고 싶으면 실력부터 양성하라는 선동(?)이었던 것이다. 그렇다고 그것이 조선인을 독립하도록 도와 주려는 호의는 물론 아니었다.

조선인이 공장과 학교 건설에 골몰하고 있는 동안은 총독부가 폭파의 위험에서 안전할 수 있다. 또한 조선독립은 '당장'이 아니라 '실력이 양성된 연후'로 연기되며, 따라서 그 동안까지는 무난하게 지배를 해갈 수 있는 것이었다.

즉, 일제는 조선인의 독립심을 역이용해서 독립을 부정하려 했던 것이다. 독립하기 위해서는 실력이 필요하니 실력을 양성하라는 말은, 뒤집어 말하면 독립할 생각 같은 것은 하지 말고 실력이나 양성하라는 말과 같은 것이다. 이리하여 일제는 조선의 민족운동인 실력양성을 고무·선동하기 위해서 유사조직까지 만들었다. 총독부 안에 조선산업조사위원회를 만들어 조선인산업대회로 산업운동을 전개하게 했던 것이다.

조선인산업대회와 친일파

1921년 6월에 설치된 산업조사위원회는 일선융화에 의한 조선산업 개발이 목적이었다. 이것이 설치되자 박영효(朴泳孝)는 그러한 산업운동으로 '사회적 운동의 일단(一端)을 작(作)할 주지(主旨)'에서 조선인산업대회를 발족시켰다. 즉 그것은 생존권 옹호의 자주적 산업운동을 '일선융화하여 일본의 통치방침 밑에서 조선의 진보를 도모하려는'(丸山鶴吉) 운동으로 변질시키려는 것이기 때문에 조선인산업대회에는 중앙위원 27명 중 9명과, 지방위원 12명 중 9명이나 되는 친일계 인물들이 참가하였다.

위원장 박영효는 은행이사와 중추원 고문을 하다 중추원 부의장·조선농회상과 칙선 귀족원의원으로 영달(?)하는 사람이고, 중앙위원 고원훈(高元薰)은 총독부 경부와 보전(普專) 교장을 거쳐서 각도 참여관과 전북지사, 선만척식(鮮滿拓殖) 감사 등을 하는 사람이다. 윤치호(尹致昊)는 한말의 독립회 회장인데, 105인사건으로 물려받은 남작(男爵)을 잃으면서 온건노선으로 전향했다. 3·1운동 때 일선융화·투쟁무용론을 주창한 윤치호는 온건·합법의 산업·교육운동에 종사하다 친일거두로 변신한다. 일제 말의 기독교 황민화의 주역이었던 윤치호는 1945년 4월에 칙선 귀족원의원에 선임되었다.

지방위원이던 김동원(金東元)은 자유당 치하에서 국회 부의장을 했던 사람이다. 일제하에서는 평안무역 대표였고, 평남 도평의원과 조선박람회 평의회 등을 하였다. 충북위원이던 민영은(閔泳殷)은 구한국 충북 관찰사대리 출신인 부호이다. 중추원참의와 충북도농회 부회장을 했고, 일제 말에는 충북군사후원연맹 부회장을 하였다.

전북위원이던 백인기(白寅基)는 구한국 외부 참서관이었다. 그는 실업계로 전출해서 일한와사(瓦斯)전기·한호(漢湖)농공은행·한일은행·조선권농(勸農)회사 등의 중역을 한다. 조선농업·경성전기·동양척식의 감사이기도 했던 백인기는 전북에서 첫손을 꼽는 대지주였다. 1928년 12월 전주(全州)지방 백인기농장의 소작쟁의에서 당국은 무장경찰대로 쟁의농민을 압박하면서, 지주집을 습격한 농민 다수를 투옥시켰다.

즉, '일선융화에 의한 조선산업의 개발'은 매판자본가와 통치당국의 결탁에 의한 조선산업의 개발인 것이다. 일제는 민족적 생존권운동인 산업운동을 그런 식으로 변질시켜 가면서, 그를 통한 예속의 강화를 획책했다. 이리하여 일제는 순수 민족운동인 조선물산장려회에까지도 어용적인 인물을 침투시켰다. 그는 바로 이사장을 한 유성준(兪星濬)인데, 충북·경기 참여관과 충남·강원 지사를 했고, 중추원 칙임참의를 10년이나 중임했던 사람이다.

최린의 전락 과정

최린은 3·1운동으로 징역 3년을 받았다. 이러한 그의 민족노선은 그 나이 25세인 1902년의 일심회(一心會)사건으로 소급된다. 일심회는 일본육사 출신 유학생들의 비밀결사로 정부 개조의 쿠데타를 음모한 단체이다. 여기에 가담한 최린은 도일 망명 후 충청도 부자 이상헌(李祥憲)으로 변성명한 손병희(孫秉熙)를 만났다.

얼마 후 투사로 귀국한 최린은 황실 유학생으로 뽑혀 1904년에 도쿄부립 제1중학에 입학했다. 이 해 11월에 최린은 교장의 조선인 교육 불필요성에 대항하여 스트라이크를 일으키고 퇴교를 당한다. 다음 해에 그는 일본 유학생회를 조직하고 부회장을 거쳐서 회장에 선임된다. 1906년에 메이지(明治)대학으로 진학한 그는 조선왕실을 모독한 공연장을 습격하고 영업방해로 검거를 당했다.

학업을 마치고 귀국한 최린은 손병희를 찾아 천도교에 입교하고, 천도교 경영인 보성고보 교장이 되었다. 그리고 3·1운동이 일어났다. 33인의 하나로 참가한 최린은 3·1운동의 노선을 대중화·단일화·비폭력의 3원칙으로 결집시킨 후 투옥된다. 그는 3년형을 받았으나, 당국의 배려로 1921년 12월 22일에 가출옥했다.

"오늘날의 형세로 보아 민원식·선우순(鮮于㢧) 따위의 운동으로는 도저히 일대세력을 이룩하기는 어렵고, 간접사격으로⋯⋯일을 꾸미(자면)⋯⋯여기에는 이번에 가출옥한 위인들 중 특히 최린이 안성맞춤의 친구입니다."

사이또(齋藤實)의 정치참모였던 아베(阿部充家)가 총독 사이또에게 보낸 1921년 12월 29일자 서신이다. 여기에서 '민원식의 운동'은 참정권 운동이며, '선우순'의 그것은 친일 대동(大東)동지회를 통한 일선융화 운동이다. 이러한 운동으로 "일대세력을 이룩하기는 어렵다"고 판단한 당국자는 '일대세력을 이룩'할 수 있는 새로운 정치모략의 하청업자로 이용하기 위해서 최린을 가출옥시켰던 것이다.

그 새로운 정치모략이 자치론이었다. 이것은 1923~24년과 1925~26년의 양차에 걸쳐서 추진된다. 이와 관련해서 최린은 1926년 9월에서 1928년 봄까지, "최린·윤치호 등의 사람들을 묶어 중견세력을 만들고", "대외(對外) 선인의 온화파와 기맥을 통하게" 하기 위해서는, "최린을 중국시찰이라는 이름으로 보내어 안창호 등과 만나게 해서 서로의 의사를 소통시켜 둘 필요가 있다"(아베가 총독 사이또에게 보낸 서신)고 생각한 당국의 배려에 의해서 아일랜드 기타 구미 각처를 외유했던 것이다.

이러한 과정을 거쳐서 최린은 일제라는 악마에게 그림자만이 아니라 혼까지 팔게 되고 말았다. 귀국한 그는 1934년 4월에 중추원 칙임참의를 수락하고, 뒤이어 11월에는 시중회(時中會)를 조직히면서, 대동방(大東方)주의의 일선융합 운동을 벌인다. 중일전쟁이 나자 중추원 시국강변반으로 전남북 일대를 유세한다. 그는 어용지『매일신보』사장으로, 조선임전보국 단장으로, 국민총력조선연맹이사로 "동아공영권 확립"을 역설하면서, "미국이 상투적으로 말하는 민족자결주의에 속아 넘어가서는 안되겠다"(강변「泣許」)고 소리쳤다.

자치론이라는 모략

자치론은 참정론보다 한결 차원이 높은 정치모략이었다. 독립할 만한 실력이 갖춰질 때까지 자치를 한다는 것은 비타협 급진의 독립노선을 일제의 주권범위 안에서의 점진적 타협의 자치노선으로 후퇴변질시키는 효과를 낳는다. 이것은 참정권 불허, 즉 사실상의 차별이라는 일제통치의 기만성을 호도할 뿐 아니라, 민족노선의 급진·점진의 분열을 심화시키는 것이었다.

이러한 낚시밥에 솔깃해진 것은 민족적인 유산계층이었다. 이들은 매판 부르주아지와 달라서, 일본의 국회의원이 되겠소 소리만은 차마 할 수 없었다. 동시에 그들은 안락과 명성을 보장하는 부(富)를 내던진 채 망명전선에 서서 독립운동을 할 용기도 성의도 없었다. 이런 판에 '독립의 전단계로서의 자치와 실력양성'은 명분과 실리의 둘을 다 만족시키는 것이었다. 실력양성을 위해 부(富)를 추구하다 보면, 그것은 곧 장래의 독립에까지 연결되면서 명분까지가 살게 되기 때문이었다.

이리하여 자치운동은 1923년 가을부터 조심스럽게 번져 가기 시작하였다. 김성수(金性洙)·송진우(宋鎭禹) 등의 부르주와 민족파와 연결된 최린·이광수의 하청업자는 대중의 반응을 관찰하기 위해서, 1924년 1월에 이광수 집필인 사설「민족적 경륜」을『동아일보』에 발표하였다. 이것은 '조선내에서 허하는 범위내에서'의 정치·산업·교육적 결사(結社)운동을 민족노선으로 제시한 것이라, 일제의 국법이 처하는 범위내에서'의 타협적 운동을 제창한 것이었다. 비타협 급진파의 맹렬한 반발 때문에『동아일보』는 '수사(修辭)의 졸(拙)'을 사과하면서, 자치운동단체 연정회(研政會)의 결성계획은 좌절돼 버리고 말았다. 이후 일제는『경성일보』사장 소에지마(副島道正)를 시켜서, 1925년 11월에「조선통치의 근본의(義)」라는 논설을『경성일보』에 발표하게 하였다. 이것은, 조선통치는 무차별 평등이라야 하지만 정치의 안정을 위해서 참정권은 줄 수가 없다. 그런 이상 자치는 조선에서 필연적인 목표라는 것이었다.

이 논설은 정치모략인 자치운동에 다시 불을 붙이려는 것이었다. 이를 계기로 최린·이광수 같은 하청업자는 김성수·송진우를 중심한 민족부르주와지들과 활발하게 접촉하면서 1926년 가을에는 자치운동 추진단체 연정회를 거의 결성단계로까지 끌어올린다. 이러한 과정에는 총독의 정치참모인 아베가 밀접하게 관계하였다. 이러한 내막을 알게 된 김준연(金俊淵)·안재홍(安在鴻)의 반발과 내막 폭로로 인해서, 연정회의 부활계획마저도 좌절돼 버리고 말았던 것이다.

이와 같이, 일제하에서의 자치운동은 민족운동도 독립운동도 아니요, 일제의 손끝에서 놀아난 예속적 타협운동일 뿐이었다. 이것은 급진·폭력의 비타협운동을 점진·합법의 타협운동으로 유도·변질시키고, 그럼으로써 독립전선을 분열 약화시키려는 고차원의 정치모략이었던 것이다. 이러한 모략의 연장선에서 민족단일당인 신간회(新幹會)가 해소론(解消論)의 와중으로 전락해 버린다. 점진·합법의 타협파들은 점차로 친일·예속성을 더해 가고, 그로 인해 비타협파들과의 단층(斷層)이 심화되면서 두 진영은 타협·제휴의 실마리조차 찾을 수 없게 되어 갔던 것이다.

만주의 친일단체와 인맥

민족개량·실력양성·자치는 일제의 반독립 정치모략인 소위 문화운동의 3대 내용이었다. 이것은 매판부르주아지들처럼 통치에 참여할 수는 없고, 그렇다고 망명전선에 설 만한 용기도 투쟁력도 없었던 민족부르주아지들이 명분과 실리를 모두 살리는 길이었다. 실력양성이란 이름 아래 안락을 보장하는 부(富)를 추구하다 보면, 그것은 곧 장래의 독립준비로 연결됨으로써 명분까지 떳떳해지는 것이다. 이리하여 투쟁의 실적은 없이 민족만 팔던 소위 민족우파들은 문화운동의 덫에 걸려서 몽땅 대일타협의 길로 빠져 들었다.

반일대중들이 이들을 불신하면서 신간회가 박살이 났다. 이때쯤 독자적 투쟁력을 축적한 좌파세력은 비합작·단독투쟁 노선을 확인하면서, 광주학생사건과 간도폭동(1930. 5. 30)으로 이어지는 극한투쟁의 길로 나섰다. 만주사변(1931. 9. 18)이 나자 재만 공산세력은 중국공산당과 합작하면서 전반적인 항일전선을 구축한다. 이청천(李靑天)의 독립군은 왕덕림(王德林)의 중국인 항일구국군과 연합한 후 대전자령(大甸子嶺) 등에서 청산리대첩 이상의 혁혁한 전과를 올렸다(1933. 7. 3).

친일 간첩단체 민생단

한·중 양민족의 이러한 접근 및 그들의 연합전선을 깨기 위해서 조직된 것이 친일 민생단(民生團)이다. 이것은 최남선의 매부 박석윤(朴錫胤)이 동민회(同

民會) 계열의 친일파 조병상(曹秉相) 및 북간도의 친일파 김동한(金東漢)·김택현(金澤鉉)·이경재(李庚在)·이인선(李仁善)·최윤주(崔允周) 등과 협의해서 만주사변 직후부터 조직준비를 시작한 것이었다.

이들은 총독부 및 간도 일본영사관의 후원과 조종 밑에서, 1932년 2월 5일 일본군 대좌 출신 박두영(朴斗榮)을 단장으로 하는 민생단을 용정(龍井)에서 발족시켰다. 이것은 재만 조선인의 생활안정과 낙토건설을 표방했으나, 실제는 한·중 이간으로 중공조직 및 산하 대중단체를 파괴하려는 반공·친일의 간첩조직인 것이다. 중국공산당의 조직이 강력했을 때 민생단은 힘을 쓸 수 없어서 1932년 7월에 일단 사무소를 폐쇄했다. 일본헌병대는 이것을 다시 살려서, 그 산하의 간첩조직으로 하여 중공조직 안에 계속 침투시켜 나갔던 것이다.

그러던 중 최현(崔賢)에게 체포된 일본헌병의 입으로부터 민생단의 정보가 새어 나왔다. 연길(延吉)의 농민협회 기관지 인쇄책임자 송노두(宋老頭)가 민생단원인 것을 안 중공 동만특위(東滿特委)는 1932년 12월에 그를 처형해 버렸다. 이것을 시작으로 해서 중공 동만특위 안에서는 조선인 고급간부들이 연달아 실각하면서 피비린내 나는 숙청의 선풍이 불어 닥쳤다. 1933년 12월까지 1년 동안 연길·화룡·왕청·혼춘에서만 2백 명이 민생단으로 몰려서 처형되었는데, 그 전부가 조선인이었다.

민생단의 중심인물들

민생단은 중공 동만특위 안에서의 조선인 당원의 자리를 송두리째 흔들어 놓다시피 하였다. 동만특위와 현위(縣委) 간부인 이상묵(李相默), 동북인민혁명군 독립사(師) 간부인 박동근(朴東根) 등이 연달아 희생되면서, 숙청의 선풍은 1935년까지 계속되었다.

이러한 회오리바람의 진원을 만들어 낸 박석윤은 앞서도 말했듯이 최남선의 매부였다. 막내 여동생 최설경(崔雪卿)의 남편인 박석윤은 도쿄제대를 마친 후 한때 휘문·중앙고보에서 교원을 하였다. 사이또(齋藤實)의 정치참모 아베(阿部充家)에게 포섭된 박석윤은 3·1운동 직후부터 친일파로서 민족청년 김준연(金俊淵)의 전향공작 등을 벌였으나, 이 공작은 실패로 돌아갔다. 그는 조선총독부 재외(在外) 연구원으로 수당 3백 원씩을 받으면서 영국 유학을 했고, 귀국해서는 어용지『매일신보』부사장으로 앉아서 민생단을 조직하였다.

이렇게 해서 만주와 인연을 맺은 박석윤은 1937년 6월에 만주국 국무원 외무국 조사처장이 되었다. 1939년 2월에는 폴란드국 바르샤바 주재 만주국 총영사가 된다. 히틀러의 폴란드 침공으로 귀국한 박석윤은 만주국에서 외무관리로 복무하면서 동남지구 특별공작 후원회본부 총무 등으로 활동한다. 신경(新京)에 본부를 둔 이 단체는 관동군의 사상파괴·선무공작 등을 지원한 간첩단체로서 무장게릴라 상대로 귀순공작을 벌이곤 했다.

민생단에 단장으로 참가한 박두영은 1880년 동래(東萊)에서 출생했다. 일본 육사를 1903년에 졸업했는데, 제15기생으로 류동열(柳東悅), 이갑(李甲)과 동기생이다. 일본육사 제15기에서는 류동열·이갑이 독립전선에 선 대신, 박두영·박영철 같은 거물급 친일파가 배출됐다. 김정렬(金貞烈) 장군의 백부로 조선보병대 중좌를 한 김기원(金基元)도 박두영과 동기생이다.

러일전쟁 때 구한국 포병참위가 된 박두영은 을사5조약으로 전국에서 항일의병이 궐기하자 구한국 대구진위대(鎭衛隊) 정위로 평해(平海)·영덕(盈德) 방면에서 신돌석(申乭石)·정용기(鄭鏞基)의 의병부대를 토벌했다. 1906년 7월에 포병참령으로 승진한 박두영은 병합이 되자 조선주차 일본헌병대 사령부에 배속되었다. 그는 일본군 포병대좌로 예편하고, 민생단 단장을 거쳐서 1937년부터 8·15까지 중추원 참의를 하였다.

민생단 발기의 중심인물인 조병상은 1891년생으로 선린상고를 졸업하고 경인기업사장을 한 매판실업가인데, 1920년대부터 친일노선에 서서 일본인과의 합작인 갑자(甲子)구락부며 동민회 이사를 했다. 중일전쟁 무렵에는 경기도자동차 협회 부회장과 경성교통 안전협회 평의원으로 경기도 회의원을 겸했으며, 경성중부방호단 부분단장을 거쳐서 종로경방 단장을 맡았다.

즉, 그는 일류급 친일 유력자였고 또한 부유층이었다. 이런 계층들은 징용·징병을 나가라고 목소리만 높였지, 제 아들딸의 응모는 기피함으로써 당국과 일반의 빈축을 산 것이 통례였다. 그런데 조병상은 1939년에 아들 조태환(趙台煥)을 지원병으로 지원시킴으로써 크게 화제를 일으켰다. 지원병의 평균 학력은 보통학교 졸업 미만인데 조태환은 경기상업 5년 졸업생이다. 일본육사에도 갈 만한 문벌·비중의 자격자가 지원병에 지원했으니 당국의 찬양이야 알고도 남을 일이었다.

이리하여 조병상은 1939년에 중추원 참의가 되어 8·15까지 그 직을 중임했다. 국민정신총동원 조선연맹이사, 동 경성연맹 상무이사, 국민총력 조선연맹 참사와 조선임전보국단 상무이사 및 조선식량영단 감사 등을 하면서, 시국강연·황군위문·헌금헌납운동 등으로 광적인 활동을 한 1급 친일파이다.

간도협조회장 김동한

태랍자(太拉子)의 조선인 반제동맹은 1932년의 격문에서 "대주구단체 민생단은 실로 우리의 피와 살을 남김 없이 착취하려고 하는 정책기관"이라고 매도했다. 이러한 단체의 창설에 한몫 끼인 김동한(金東漢)은 함남 단천군 단천면 하서리(下西里)가 원적이다. 3·1운동 때 나자구(羅子溝)에서 항일 무장봉기를 계획한 김동한은 소련으로 가서 소비에트군 장교로 활동했고, 공산주의 운동에 참여했으나 결국은 투항 변절해서 민생단 창설에 참가하였다.

민생단의 간첩활동을 더욱 고도화시킬 목적에서 조직된 것이 헌병중좌 가또(加藤)의 주선으로 탄생된 간도협조회(間島協助會)이다. 1934년 9월 5일에 창설된 간도협조회는 김동한을 회장으로 했으며, 공산계와 민족계의 투항자로써 조직된 간첩단체이다. 이것은 본부를 연길(延吉)에, 지부를 명월구(明月溝)와 왕청(汪淸)에 두고, 간도 각처에 산하기관인 구회(區會)·총반(總班)·반을 두면서 사상공작을 전개하였다.

이 단체는, 편협한 민족관념을 포기하고 아시아 민족의 대동단결을 기하며, 철과 같이 굳은 조직으로 외래적 공산주의의 격멸을 기하는 것으로 강령을 삼았다. 이리하여 간도협조회는 간도 일대의 조선주민의 사상교정, 즉 민족·공산사상의 청산교육과, 밀정투입에 의한 항일조직 교란, 공산게릴라의 유인·체포, 투항변절자의 직업보도와 사상통제 등의 사업을 벌인다. 항일 무장조직을 교란하는 방식은 친척·친우를 통한 투항 권유, 위장침투한 밀정과 공작원에 의한 조직 교란, 위조문서나 모략에 의한 이간 분열, 유인·습격 등에 의한 살상 체포 등이었다.

이리하여 간도협조회는 창립 11개월 후인 1935년 7월까지 공산계지부·소조(小組) 등 1백90개를 적발했으며, 게릴라 2천10명을 유인 체포했고, 1천8백99명을 투항시켰다. 이들은 무장병력으로 관동군과 만군의 토벌작전에도 참가했는데, 투항 변절자로서 조직된 그 회원은 1939년 무렵에 약 7천 명을 헤아리고 있었다.

 이 단체를 영도한 김동한의 그 무렵의 공식 직함은 '관동군 촉탁'이다. 이 밖에 그는 만주제국협화회 중앙본부 촉탁과 동 동변도(東邊道) 특별공작부 동부장(東部長) 등을 겸직하면서 반공·반독립 특무공작의 제1선 맹장으로 활동했다. 그는 의란현(依蘭縣) 반재하(半栽河) 부근에 진을 친 동북항일연군 독립사 정당주임 김정국(金正國)을 회유 투항시키기 위해서 일현호(日縣湖) 부근으로 출동했다가, 1937년 12월 7일, 동북항일연군 약 1백여 명의 포위 공격을 받고 격전 끝에 사망한다. 이리하여 그는 훈6등 욱일장(旭日章)을 받고 야스꾸니진자(端國神社)에 합사되었다.

만주제국협화회와 보갑단

 만주제국협화회는 1932년 7월 25일에 만주국 국무원 회의실에서 발회식을 올린 전만주의 전인종적 조직이다. 본부기구는 만주국 황제 부의(溥儀)가 명예회장, 관동군 사령관 혼조(本庄繁)가 명예고문을 맡았고, 만주국 국무총리 정효서(鄭孝胥)가 회상을 맡았다. 본부이사는 33명인데, 조선인으로는 윤상필(尹相弼) 1명이 끼여 있었다.

 이것은 괴뢰 만주국의 배후 실권자인 관동군의 지도와 구상에 의해서 탄생한 국가적 기구로서의 단체였다. 괴뢰 만주국의 건국정신을 실천할 전만주의 유일한 사상적·교화적·정치적 실천단체이며, 만주국 정부의 정신적 모체로 평가된 단체였던 것이다. 이러한 목적과 기능을 수행하기 위해서 만주제국협화회는 정부조직에 대응하는 집행기관, 즉 중앙 → 지방사무국을 두었다. 의결기관으로는 전국 → 성(省) → 현(縣)에 연합협의회를 두었는데, 최고 의결기관인 전국연합협의회는 만주국의 말하자면 국회격인 기관이었다.

 만주의 전체 주민을 협화회라는 준(準)국가적 기구로 조직화시킨 일제는 1933년부터 보갑제(保甲制)를 시행함으로써 전체 주민을 그들의 정보요원으로 만들고 말았다. 이것은 주민 10호로써 최소 기본단위인 패(牌)를 편성하며, 1개 촌(村) 안의 패로써 갑(甲)을 편성하고, 한 경찰서 관내의 갑으로 1개 보(保)를 편성하여, 보장(保長)·갑장(甲長)·패장의 통솔하에 치안 연대책임을 지우는 것이다. 이리하여 만주의 전체 주민은 아버지인 독립군이 다녀갔어도 밀고를 안

하면 배겨 내지를 못하는 불신시대를 맞게 됐던 것이다.

이렇게 하여, 만주국과 관동군 및 만군은 이른바 비민(匪民)분리 정책의 일환인 집단부락의 건설에 광분하였다. 이것은 오지(奧地)의 작은 부락과 독립가옥을 방화로 강제철거시킨 후 평야인 안전지대에서 1백 호 단위인 집단부락으로 재편성하는 사업이다. 집단부락 안의 주민은 매호 1명 원칙으로 장정을 뽑아서 총기를 주고 무장자위단을 편성했다. 집단부락 자체는 사면을 높이 8척의 방벽(防壁)으로 두르고 망루(望樓)와 사격장을 만들어 무장자위단으로 자체 방위를 하게 하였다.

이리하여 만주는 전체 부락이 관동군의 제1선 초소요, 남녀노소의 전체 주민이 그들의 첩보요원처럼 되고 말았다. 독립군과 공산게릴라는 발을 붙일 틈조차 없이 되어 갔는데, 결과는 눈에 보일 정도로 두드러지는 것이었다. 1934년 4월에서 1936년 1월까지 압록강·두만강 연변에서의 무장항일세력의 출몰은 2만 92회에 연인원 48만 9천7백90명으로, 건당 평균인원 24명꼴이다. 1932년의 평균은 건당 1백72명 평균이라, 7분의 1로 약체화된 전투력이었던 것이다.

만주국의 친일 고급관료

만주제국협화회의 최고 중앙본부에는 단 한 명의 조선인만이 이사로 참가할 수 있었다. 윤상필이라는 거물이 참가하고 있었는데 그는 일본육사를 제27기생으로 1915년에 졸업한 사람이다. 김석원(金錫源) 장군과 함께 졸업했으며, 채병덕(蔡秉德) 장군의 장인 백홍석(白洪錫) 소장과도 동기이다. 기병장교로 1934년 3월 현재 관동군사령부 참모부 제3과 소속 소좌였던 윤상필은 현역군인 신분으로 만주제국협화회의 본부이사가 됐던 것이다.

기병중좌(?)로 예편한 윤상필은 1938년에 만주국 산업부 척정사(拓政司) 제2지도과장이 되었다. 이어서 그는 만주국 흥농부(興農部) 개척총국 참사관으로 만주정책이민 입식(入植) 업무의 중추적인 역할을 수행한다. 관동군의 지배계획에 바탕을 두었던 만주사변 이후의 정책이민은 무장이민이 원칙이며, 집단·집합·분산의 세 형식에 의해서 투입되었다. 조선에서는 예정수 매년 1만 호가 만주의 개발 및 치안협력을 위해서 무장영농이민으로 투입되곤 했던 것이다.

이 일을 중심적으로 수행한 기관이 1936년 9월 창립인 선만척식과 그 자매회사인 만선척식이다. 선만척식은 조선에서 정책이민의 파견을 맡았고, 만선척식은 만주에서 그 수용(受容) 업무를 맡았다. 손영목(孫永穆)이 양쪽 회사에 이사로 참가했는데, 밀양 출신이며, 부자 2대에 걸친 친일 거물이었다.

즉, 그 아버지 손지현(孫之鉉)은 밀양군 부내면(府內面) 출신이며, 구한국 밀양군수였다. 병합과 함께 총독부 밀양군수가 된 손지현은 창원·경산 군수를 거쳐서 1918년에 관을 물러난다. 1919년에 그는 경상남도 참사(參事)를 했는데, 이것은 도지사의 자문기관이며, 조선인으로 도마다 정원 3명을 두었다. 1920년에 손지현은 경상남도 민선 도평의원이 됐다.

그 아들 손영목은 1888년에 밀양읍내에서 출생했고, 사립 진성(進成)학교 고등과를 졸업했다. 구한국 내부 지방국 주사를 하다 병합 후 경남도(道) 서기가 된 손영목은 고성(固城)·동래·울산 군수를 거쳐서 1928년에 총독부 내무국 사무관이 된다. 중추원 통역관을 겸하면서 조선사편수회 간사를 한 손영목은 1929년에 강원도 참여관, 1931년에 경남 참여관이 된다. 이 참여관이란 직위는 말하자면 부도지사인데, 도마다 조선인 1명이 정원이었다.

이후 손영목은 1935년에 강원지사, 1937년에 전북지사가 된다. 군용기 전북호 헌납기성회장을 겸했던 손영목은 1940년에 지사를 사임한 후, 선만척식 및 만선척식 이사가 된다. 국민총력 조선연맹 이사 및 동 징병후원사업부장, 국민동원총진회 이사 등으로 동족을 전선에 몰아내었던 손영목은 1945년 6월에 다시 강원지사가 되었다가 8·15를 맞았다.

만주의 친일파로는 간도성장(間島省長)을 한 이범익(李範益)의 이름을 뺄 수가 없다. 충북 단양 출생인 이 사람은 구한국 외국어학교를 졸업한 후 한때 모교의 부교관을 하였다. 일본육군 통역으로 러일전쟁에 종군한 이범익은 전쟁이 끝난 후 농상공부서기관 등을 하다 병합과 함께 총독부속(屬)이 된다. 1912년에 춘천군수, 이후 금산(金山)·달성·예천·칠곡 군수를 거쳐서 1921년엔 총독부 사무관으로 민정(民情)시찰관이 되었다.

이 민정시찰관은 3·1운동 후의 민심의 동향을 정탐하기 위해서 사이또가 특설한, 말하자면 암행어사였다. 조선인 사무관 중 가장 친일적이고 견실하다고 인정된 5명으로 임명되었으니, 그들이 남궁영(南宮營)·이범익·이종국(李鍾國)·장헌식(張憲植)·홍승균(洪承均)이다. 이때 능력(?)을 인정 받은 이범익은 1924년에 황해도 내무부장이 되고, 오래지 않아 경남 참여관으로 승진한다. 1929년에는 강원지사로 올라섰는데, 이때 나이 47세였다.

1937년 2월에 충남지사를 물러난 이범익은 중추원 참의를 하다 동년 7월에 괴뢰 만주국정부 간임관(簡任官 : 칙임관)으로 국무원 촉탁이 되었다. 1937년 11월에는 간도성장이 되고, 만주국 참의부(參議府 : 중추원) 참의를 거쳐서, 1945년에 총독부 중추원 고문이 되었다.

흥아협회와 간도특설대

괴뢰 만주국이 수립된 후 만주에는 반공·반독립의 첩보·무장 단체가 수도 없이 생겨 났다. 그 하나인 흥아협회(興亞協會)는 1936년 봄에 봉천(奉天) 일본육군 특무기관의 산하 부속단체로 조직되었다. 본부를 봉천, 지부를 만주국내 각처에 둔 흥아협회는 재만 조선인의 '사상선도', 즉 반제·독립사상의 파괴, 교란을 위한 각종의 특무활동이 목적이다. 이사는 봉천특무기관·총영사관·제1독립수비대 사령부 등의 기관에서 1명씩이 당연직으로 선출되었으며, 해방 후 국회의원을 한 서범석(徐範錫)이 줄곧 사무장을 맡았다.

재만 무장조직으로는 각처 부락마다에 설치된 무장 자위단 이외에, 조선인 국경감시대 및 그 후신으로 볼 수 있는 조선인 간도특설대가 있었다. 이 중 조선인 국경감시대는 1935년에 만주국 군정부(軍政府 : 국방부)가 동만국경 일대에 국경감시대를 배치하면서, 수개 련(連 : 중대)의 조선인 부대를 창설 배치한 데서 시작된다. 간도지역의 조선인들로서 편성된 조선인 국경감시대는 몽고인들로 편성된 이소노(磯野)부대며, 백계 러시아인들로 편성된 아사노(淺野)부대처럼 만군 산하의 특수부대였다고 할 수가 있다. 이들 조선인 국경감시대는 동만국경 2백 킬로에 점점이 산재하면서, 만군의 상전인 관동군의 지휘로 소련군과 항일세력 및 밀수배의 내왕을 감시하였다.

이 조직이 1939년에 폐지되자, 연길특무기관장 겸 간도지구 고문인 고고에(小越信雄)중좌는 그에 대신할 새로운 무장조직을 편성하였다. 이것이 조선인 간도특설대인데, 1938년 12월 1일에 창설되었다. 백두산 밑 명월구(明月溝)에 있었던 간도특설대는 창설 당시의 대장이 소메까와(梁川一男) 소교이며, 이후 사사끼 소교를 거쳐서, 종전 무렵에는 후지이(藤井義正) 소교가 대장이었다. 중대장의 반수와 소대장·하사관·사병은 모두 조선인인데, 창설 당시의 3백60명이 종전 무렵에는 약 8백 명으로 팽창해 있었다.

보병·기갑 혼성 전투부대인 간도특설대는 만군 산하의 특수부대라고 볼 수 있는데, 독립군과 공산게릴라의 토벌을 위해서 편성된 것이었다. 이들은 부대 창설 후 집총훈련도 제대로 마치기 전에 안창길(安昌吉)·양정우(揚靖宇) 등의 반만항일 세력과의 전투에 동원되었다. 안도현성(安圖縣城) 북방 36킬로 대사하(大砂河)에서 김광(金光)·박득범(朴得範)·위극민(魏極民)·최현(崔賢)의 합류부대와 싸웠을 때는 간도특설대의 현학춘(玄鶴春) 상병이 응원대 도착까지 4시간을 버틴 끝에 무공장을 수령한다. 이러한 전투로 간도특설대는 1943년 1월까지 18명이 전사하였다.

간도특설대는 1945년 8월 26일에 금주(錦州) 교외에서 해산식을 한 후, 조선인장교에 인계되어 귀국길에 올랐다. 만주군관학교 5기생으로 만군대위였던 김석범(金錫範)중장(전해병대 사령관)이 간도특설대에서 부(副)대장 격으로 최선임자였다고 한다. 이 부대 출신인 지명인사로는 김대식(金大植) 전 해병대 사령관, 김백일(金白一) 중장, 박창암(朴蒼岩) 전 혁검부장, 백선엽(白善燁) 대장, 이용(李龍) 전 강원지사, 임충식(任忠植) 전 국방장관 등을 들 수 있다.

만주의 반만항일전선은 관동군과 만군을 주축으로 한 전만주의 전인종적 반공·반독립 조직에 쫓겨서 날로 쇠퇴의 길을 걸었다. 왕봉각(王鳳閣)·조경길(趙擎吉) 같은 중국인 수령들은 희생되었고, 독립군과 조선인 공산게릴라도 막다른 골목까지 쫓겨 갔다. 재만 항일전선의 이런 동요는 조선 안의 사상전선을 온통 공황 속으로 몰아 넣었다. 김두정(金斗禎)·김한경(金漢卿)·차재정(車載貞) 같은 중견 좌파세력들이 굴복하고, 실낱같이 남았던 민족파 세력마저 쓰러지면서, 중일전쟁 이후의 광범위한 친일이 시작되는 것이었다.

내선일체의 기수들
―― '일본인 이상의 일본인'을 꿈꾼 극렬 친일파들

현영섭의 내선일체론

중일전쟁 이후로 접어 들면서 당국이 내세운 슬로건은 내선일체였다. 이것은 1920년대의 일선융화라는 슬로건을 식민지적으로 한결 고차원화한 것이었다. 이 둘은 상대적 별개 존재의 융화·친선이라는 일선융화에 대해서, 별개가 아닌 동일체의 내면적 유기체적 결합의 내선일체라는 점에서 구별된다. 일선융화는 일본과 조선이 별개라는 전제에서 성립되는 개념이지만, 내선일체는 처음부터 하나였다고 하는 데서 연역되는 것이었다.

즉, 그것은 조선의 철두철미한 부정과 완전무결한 일본화에 의해서 달성되는 개념이었다. 이것을 일인들은 조선의 '제2의 일본화' 또는 '내지(內地)의 분신화'란 말로도 표현했는데, 이 '내지'란 말은 식민지인 외지(外地)에 대해서 일본의 원래 있었던 본토를 지칭하는 말이다.

이러한 슬로건에 남 먼저 영합하면서 내선일체가(家)라는 빈축을 샀고, 각광도 받았던 사람이 현영섭(玄永燮)인데, 우선 이 자의 내선일체론부터 들어 보기로 하자.

> 완전한 일본인이 되는 이외에 다른 길이 조선인에게 열려 있다고 한다면 그것은 고뇌 쇠망에의 길이다.

이러한 전제 밑에서 현영섭은 "일본에서 분리된 독자적 조선은 절대로 있을 수 없다"고 단언한다. 그는 조선적인 것에 애착을 갖는 '구세대' 및 민족주의자들에게 "자살을 해주었으면 좋겠다"는 폭언을 퍼부으면서 말했다.

요는 소승적 조선적인 것을 양기청산하는 일이다. 조선어와 조선옷, 조선집, 형식적인 조상숭배, 조선사, 이런 것들을 완전히 지양하고, 다시 또 정신적으로 일본인적 감정에 젖어 버려야 하는 것이다. …… 조선인적 심정을 완전히 죽이고 다시 태어나야만 하는 것이다.

이리하여 현영섭은 1938년 7월 8일의 총독과의 면담 석상에서 '조선어 사용의 전폐'까지를 건의했는데, 그의 조선어 박멸론의 하나가 다음과 같았다.

조선인은 조선어를 망각해야만 한다. 조선인이 일본어로 사물을 생각할 때야말로 조선인이 가장 행복해졌을 때이다. …… 우리는 머리끝에서 발끝까지가 일본인이다. …… 조선민족의 독립을 몽상하는 돈키호테 같은 족속들에게는 하긴 조선어가 필요할 것이다. 하지만 세계를 전체로서 볼 때 한낱 조선어의 문제가 대체 무엇인가. …… 학교에서 조선어를 가르칠 필요는 추호도 없다. 조선인을 불행하게 하려면 조선어를 오래 존속시켜서 조선적인 지급한 문화를 수고, 그 이상의 발달을 저지하는 것이다(이 항의 인용부는 현영섭, 『조선인의 나아갈 길』과 『신생 조선의 출발』).

친일파의 아들인 친일파

현영섭의 친일 내선일체론은 급진적·전투적이며 철저했다는 점에 특징이 있었다. '일본인 이상의 일본인'이 현영섭의 목표였으며, "완전히 일본인화한 조선인에게서 재상(宰相)이 나오는 것"이 현영섭의 이상이었다. 이러한 바탕에서 극렬 친일로 줄달음친 현영섭은 '일본에 혼을 판 진짜배기 매국노'로 조선인에게서만 빈축을 받은 것이 아니었다. 당국의 갈채와 각광의 그늘에서, 생각 있는 일본인들은 '눈을 가리고 싶어진다'면서 현영섭의 극렬친일에 고개를 돌리려 했던 것이다.

이 자는 현헌(玄櫶)의 아들로 경성제대를 졸업했다. 아버지 현헌은 병합 후 경성고보 및 경성여자고보 교유(教諭)를 하다 1921년에 학무국 시학관(視學官 : 교육감)이 된 사람이다. 학무국 편수관(編修官)을 겸직하면서 식민지 교육행정의 중추부에 관여한 현헌은 명륜학원 강사를 거쳐서 1931년에 강원도 참여관이 되고, 1934년부터 중추원 참의를 한다. 친일 동민회(同民會) 이사였던 현헌은 중일전쟁 이후 부자가 아울러 시국강연을 하고 다니다 1939년 1월에 사망했다.

그 아들 현영섭은 녹기연맹(綠旗聯盟) 본부 이사와 녹기일본문화연구소원 등으로 활동했다. 경성제대 교수 쓰다(津田榮·津田剛) 형제가 주도한 녹기연맹은 경성제대 안의 극우파 일본학생 중심으로 조직된 경성천업(天業) 청년단의 후신이며, 가장 강력했던 황도주의 사상단체였다. 총독부의 외곽 정보단체라는 말도 있었는데, 이 회의 비중은 동회 기관지『녹기』한 권만 들고 있으면 현해탄을 헌병 검문 없이 항해할 수 있다는 소문까지 날 정도였다는 데서도 알 수가 있다. 일본인들만이 가입할 수 있었던 녹기연맹은 중일전쟁 이후 현영섭·이영근(李泳根) 같은 선구적(?) 주구분자들을 가입시키면서 점차 조선인 회원을 늘려가기 시작했다.

국민정신총동원 조선연맹에서 감사를 맡았던 현영섭은 학무국 사회교육과 기타 각종 계통에서 편성한 시국강연반에 단골 연사로 이름을 올렸다. 미일 개전 무렵에는 북경(北京) 일본대사관 안에 설치된 화북(華北) 반도인협회 주사를 하면서 북경·제남(濟南) 기타 화북 전역의 일본군 점령지역 안에 협려회(協勵會)라는 친일 어용단체를 조직한다. 1938년 1월에 현영섭은 '내선일체의 3대 논저'의 하나로 손꼽히는『조선인의 나아갈 길』을 저술했는데, 들끓는 물의 속에서 이 책은 발행 1년 만에 11판을 중판했다. 참고로 말하면 '내선일체의 3대 논저'는 현영섭 위의 책과, 김두정(金斗禎)의『방공(防共)전선 승리의 필연성』및 김문집(金文輯)의『신민의 서(書)』이다.

현영섭의 극렬 친일은 경성제대의 일본인 교수들까지도 '미운 오리 새끼' 취급을 하면서 얼굴을 붉힐 정도였다고 한다. 이러한 극렬 활동 끝에, 8·15가 되자 현영섭은 가족을 이끌고 일본으로 달아나 버리고 말았다.

황국신민의 서사를 만든 자

내선일체는 조선의 완전무결한 해소·말살과 일본화에 의해서 달성되는 것이었다. 이를 위해서 황민화의 각종 시책이 강요되는데, 그 중심적·보편적인 기본과제가 「황국신민의 서사(誓詞)」의 제창이었다.
"우리는 황국신민이다. 충성으로써 군국(君國)에 보답할 것임."
이렇게 시작되는 3절인데, 각급학교의 조례 기타 일체의 계층의 모든 집회에서 그 제창이 강요된 것이다. 이러한 「황국신민의 서사」는 항간에서 김대우(金大羽)가 만들었다고 전해지는데, 사실은 이각종(李覺鍾)의 문안이었다.
병합 후 총독부속(屬)으로 관리생활을 시작한 이각종은 김포군수를 할 때 3·1운동을 만났다. 파고다공원에서 시작된 만세 열풍이 13도 방방곡곡을 휩쓸면서 무기 없는 전쟁으로 확대해 갈 무렵, 즉 1919년 5월 29일이다. 만세 열풍의 진원지 파고다공원의 달빛 아래서 두 남자가 손을 맞잡고 침통한 표정으로 맹서를 나누고 있었다.
김포군수 이각종과, 총독부 참사관(參事官) 오스까(大常三郞)였다.
"독립만세라니, 일선 양민족이 이래서야 될 일이겠소?"
"지당한 말씀입니다. 추악한 투쟁이요 값 없는 희생일 뿐입지요."
"그런 추악한 투쟁과 무용의 희생이 다시는 되풀이되지 않도록 소원해야지! 우리가 살아 있는 동안은 말이요."
"옳으신 말씀입니다. 미력하지만 저두 한 몸을 희생할 각오입니다."
1년 남짓이 지난 1920년 6월에 이각종은 신병으로 김포군수를 사임했다. 오스까는 1919년 8월에 총독부 내무국장이 되고, 1925년에 황실 비서관장으로 갈려 가더니, 얼마 후 신장염으로 불귀의 객이 되고 말았다.
희망이 없다고 했던 병에서 소생한 이각종은, 그의 말을 빌리면, "망외(望外)의 잉여가치"인 이후의 생명쯤 먼저 병사한 오쓰까와의 "약속이행을 위해 바쳐도 좋은 것이었다." 그는 학무국 촉탁으로 들어갔고, 사회교육 과장이던 김대우 등과 협력해서, 내선일체 황민화 사상교육의 지도급 역할을 수행한다. 안준(安浚)·주련(朱鍊)·차재정(車載貞) 기타 좌익전향자들을 포섭해서 백악회(白岳會)를 결성한 이각종은 이것을 대동민우회(大同民友會)로 확대 재조직한 후 동회 고문이 된다. 일종의 정치 브로커였던 이각종은 내선일체·황민화·사상선도 등의 슬로건을 팔아서 많은 이권을 얻은 것으로 전해지고 있다.
이 사람의 문안(文案)인 「황국신민의 서사」는 총독부 학무국에서 교학쇄신과 국민정신 함양을 도모하기 위해 제작케 한 것이었다. 총독 미나미(南次郞)는 이것을 1937년 10월 2일에 결재했다. 이때 주무관청으로 관련업무의 일체를 집행한 것이 학무국 사회교육과이며, 총독부 전임 사무관으로 김대우가 그 과장을 맡고 있었다.

이 사람은 평남 강동군에서 1900년에 출생했다. 경성고보 본과와 경성공업전문 광산과를 졸업한 김대우는 1925년에 규슈제대(九州帝大) 공학부 응용지질학과를 졸업했다. 이 해에 그는 총독부속(屬)으로 임야조사위원회 서기가 되고, 3년 후에는 평북 박천(博川) 군수로 승진하였다.

이후 그는 평북·경남 2도의 산업과장을 거쳐서, 1934년에 학무국 근무사무관으로 중추원 통역관 및 서기관을 겸직했다. 1936년 5월부터는 총독부 전임 사무관으로 학무국 사회과장이 된다. 이것이 사회교육과로 개편되면서 초대과장으로 앉은 것이 1936년 10월이다. 이후 김대우는 1939년 3월까지 사회교육과장을 하면서 조선중앙정보위원회 간사 기타를 겸직했는데, 「황국신민의 서사」는 그 동안인 1937년 10월에 결재된 것이었다.

이러한 관계로 「황국신민의 서사」는 "김대우가 만들었다"고 전해진 것인데, 사실은 이각종의 문안을 김대우가 주무부서의 과장으로 결재를 올린 것이었다. 그후 1939년 3월에 김대우는 전남 참여관으로 내무부장을 겸직하고, 경남 참여관 겸 동 산업부장을 거쳐서, 1943년에 전북지사, 1945년 6월에 경북지사가 된다. 8·15 당시에 46세였던 김대우는 제1공화국에서 관리로 활동할 수 있는 나이였으나, 전직 친일 관리로서는 보기 드물게 반성 은둔하는 길을 걸었다.

이영근이라는 일본(?)인

이영근(李永根)도 대표적인 열렬한 내선일체론자였다. 이 자는 일본문 저서 (『황도조선』)에서 "우리로 하여금 일본인의 길에 서지 못하게 할진대 차라리 우리에게 죽음을 달라"고 하면서 말했다.

　　우리는 이제 조국 일본으로 복귀(復歸)를 한 것이다. 일본민족으로의 환원을 성취해 낸 것이다. 일본에 살고 있는 그립던 사람들에게 아버지, 어머니, 형아, 누이야 소리쳐 부르고 있는 것이다. 위대한 자부(慈父)의 거룩한 팔(천황의 팔 : 필자 주)에 안겨서, 괴로웠던 옛날의 온갖 추억을 하소연하고, 지칠 줄 모르는 참된 애정의 세계로 몰입하고 싶은 것이다. 우리의 혼과 육체 속에 충만해 있는 비일본적인 일체를 행복스럽고 다정스러운 동포 일본인의 힘으로 정결하게 씻어 받고 싶은 것이다.

충남 온양에서 출생한 이영근은 1938년에 연희전문 문과를 졸업했다. 이 해 여름, 유학차 도미한 이영근은 로스앤젤레스의 농장에서 학자금을 벌고 있었다. 그는 내선일체론을 주장하다 농장에서 일하는 민족계 유학생들과 갈등을 일으키고 그 끝에 조지아 주로 달아나서, 에모리대학에 입학하였다.

이 곳 강연회에서 이영근은 정의일본과 내선일체를 주창하다 크게 분란을 일으켰다. 반일 미국 학생들의 분격을 사고, 이에 맞서 반미·반독립론을 연설하다 조선학생들에게 쫓기는 신세가 됐던 것이다. 아틀란타에서 민족진영의 칼에 목숨을 잃을 뻔한 이영근은 로스앤젤레스로 달아나서 일본이민집에 몸을 숨겼다. 학교마저도 다닐 수 없게 된 이영근은 일본이민들이 귀국 여비를 추렴해 주어서 조선으로 돌아오게 됐던 것이다.

그는 귀국 도중 일본에 머물면서 도쿄의 대일본연합청년단 본부에서 촉탁 신분으로 일본정신을 수련했다. 이렇게 해서 더욱 철저한 일본주의자가 된 이영근은 귀국 후 녹기연맹본부 강사와 녹기일본문화연구소원으로 녹기학생숙(塾) 간사를 겸직하면서 일본주의 청년운동의 제2선 맹장 역할을 한다. 그는 충독부 노무과 안에 설치된 보국대 동원기관 조선노무협회에 근무하면서 허다한 노무자를 일제의 군수전선으로 몰아내었다.

김두정의 투항과 변절

김두정(金斗禎)은 조선공산당 재건 투쟁협의회 사건의 중심인물이었다. 이 조직은 김치정(金致程)·문용하(文鏞夏) 등이 조직한 1932년 3월의 '노동계급사'를 발전·확대시킨 것이다. ML파의 거두 한위건(韓偉健) 등은 1929년 말에 도쿄에서 '무산자사'라는 적색출판기관을 만든 후, 이것을 모체로 해서 당조직 재건 준비를 진행하던 중, 1931년 8월에 고경흠(高景欽) 이하의 중심인물이 체포당한다. 이때 검거망에서 벗어난 김치정은 김두정·문용하 등과 협력해서 노동계급사를 창립하고 조직 재건준비를 진행한 끝에, 이것을 비밀결사 조선공산당 재건투쟁협의회로 발전시켰다.

이들은 1932년 8월부터 조직원을 조선에 잠입시켜서 당조직 재건운동을 전개했다. 조선을 영남·호남·중부·관서·관북의 5개 지구로 나눈 후, 각 지구에 책임자를 두면서, 대구·부산·밀양·청도·포항·원산 등지에서 하부조직을 결성했던 것이다. 이 조직은 1933년 2월에 관련자 45명이 검거되면서 괴멸한다. 15명이 송국되고, 그 중 9명이 기소되면서, 김두정은 옥중의 신세가 되었다.

이런 식으로 해서 체포된 좌익운동자들은 괴뢰 만주국이 수립되면서 점차 친일 투항노선으로 돌아서기 시작했다. 1937년 7월까지 조선의 옥중 사상범 1천 2백98명 중 3백49명이 전향을 성명했다는 통계가 있었다. 이들 중에는 조선공산당 일본총국 책임자 김한경(金漢卿)과 그 후임자 인정식(印貞植), 광주(光州)지구 책임자 강영석(姜永錫), 기타 안준(安浚)·주련(朱鍊)·고명자(高明子)·한위건(韓偉健) 같은 거물급 내지 중견분자들도 섞여 있었다. 1938년 7월에 그런 부류 투항분자들은 시국대응 전선사상보국연맹을 조직하고, "황국신민으로서 일본정신의 앙양에 노력하고 내선일체의 강화 철저를 기할 것"을 맹세하였다.

김두정은 이때 옥중에서 사상보국연맹의 결성에 축하 메시지를 보냈다. 또한 그는 국판 3백50면의 옥중저서 『방공전선 승리의 필연성』을 탈고·발간했는데, '내선일체의 3대 논저' 중 하나로 평가받은 책이다. 출옥한 그는 1939년 7월부터 사상보국연맹의 간사로 활동하면서 정력적인 강연·논설활동을 벌였다. 그의 내선일체론은 첫째로 내선 양 민족은 조상을 같이하고 있고, 수천년간 동일한 문화를 통해서 키워져 왔으며, 역사적으로 긴밀한 국교관계를 갖고 있었다는 '역사적 연관성'을 근거로 주장된 것인데, 그 1절이 아래와 같다.

조선은 외지(外地) 혹은 식민지는 아니요, 대일본제국의 한 지방으로서 호카이도(北海道)나 규슈(九州)처럼 된 것이며, 따라서 남겨져 있는 일체의 현안도 틀림없이 해결될 것이다. ……이러한 견지에서 나는 우선 2천 만의 반도 동포가 모조리 황민으로서의 소질과 실력을 배양해야 한다고 주장함과 동시에, 내선일체는 반도민의 일방적 노력에 의해서 되는 것이 아니요, 1억 국민의 총노력에 의해서만 완성된다고 믿는 것이다. ……아시아 부흥과 내선일체, 이 2대 사명은 1억 국민의 흥아적(興亞的) 자각과 황민의식의 앙양에 의해서……달성되게 될 것이다(김두정, 「아시아 부흥과 내선일체」).

김문집의 썩은 내장물

'내선일체의 3대 논저' 중 또 하나는 『신민의 서(書)』이다. 이것을 저술한 김문집(金文輯)은 1909년 대구 출생이다. 일본 와세다(早稻田)중학을 거쳐서 마쓰야마(松山) 고등학교를 졸업한 후 요꼬미쓰(橫光利一) 밑에서 소설 수업을 하다 1935년에 귀국했다. 이로부터 그는 기괴·저속·파렴치한 독특한 문장으로 '독설 비평가'라는 호칭을 들으면서, 안하무인식으로 조선문단을 횡행하기 시작했다.

조선이 미약한 대로 한번 자립해 본다는 것은 한 시간 30전씩 세 주는 한강 보트 타고 태평양 건넌다는 것과 마찬가지인 공상임은 그야말로 30전짜리 보트놀이밖에 할 줄 모르는 유녀몽동(幼女夢童)의 상식이다.

소위 '독설 비평가'라는 김문집의 기괴한 문장 솜씨가 대체로 위와 같은 것이었다. 이런 기괴·저속·파렴치한 독설적 문장으로 김문집은 황민화와 내선일체를 다음과 같이 정의한다.

조선사람이 황국신민 된다는 것은 '게다'를 끄을고 '다꾸왕'을 먹고들 하는 것이 아니고 고무신에 깍두기 매우 좋으니 먼저 정신적 내장(內臟)을 소제하는 데 있다. 재래의 조선사람이었기 때문에 가졌던 일체의 불미불선——취기(臭氣)분분한 그 썩은 내장물을 위로는 토해 내고 아래로는 관장 배설하여 속을 깨끗이 해야 한다(김문집,「조선민족의 발전적 해소론 서설」).

이러면서도 김문집은 정작 그 자신의 "불미불선——취기분분한 그 썩은 내장물을 위로는 토해 내고 아래로는 관장 배설"을 하지 못했던 탓인지, 1940년 4월 12일자 『매일신보』에 다음 같은 기사를 나게 했다.

김문집(金文輯 : 35)——일명 대강용지개(大江龍之介)——은 얼마 전에 경기도 경찰부에 검거되어 제하(齊賀) 사찰계 주임에게 엄중한 취조를 받고 있는 중인데, 불원간 일건 서류와 함께 경성지방법원 검사국으로 송치될 모양이라 한다. 그런데 그 죄상은 한청(韓靑)빌딩 엘리베이터 운전소녀에게 강제로 외설행위를 한 것을 비롯하여, 여러 여성의 정조를 유린하며 풍기를 문란하게 하고, 또는 각처를 돌아다니며 협박 공갈 등을 한 것이라고 한다. 그런데 요즈음 그에게 피해를 입은 남녀들로부터 경기도 경찰부로 투서가 들어오는 것이 매일 5~6통씩 되는데, 그 내용은 그런 무도한 자는 사형에 처하여 달라는 것과 또는 10년 징역을 받게 하여 달라는 등, 전부가 원한에 사무친 사람들의 투서라고 한다.

이리하여 김문집은 일체의 공직에서 떨려난 채 추방당하듯이 조선을 떠나 버리고 마는 것이었다.

즉, 그가 일본에서 귀국한 1935년, 이때는 신사참배가 강요되기 시작했을 뿐, 황민화와 내선일체의 물결이 아직은 드세게 일지 않고 있었다. 이럴 때 김문집은 일본주의 녹기연맹을 주도하던 실력자 쓰다 형제에게 달라붙어서, 일본정신이 투철한 조선인으로 촉망을 얻는다. 이리하여 김문집은 황민화정책의 초기단계에서, 쓰다 형제의 후원과 천거로 각종의 요직을 맡는다. 친일 조선문인협회 간사와 국민정신총동원연맹 사무국 촉탁을 차지한 김문집은 1938년 7월 15일에 총독 미나미를 면담하는 영광(?)까지를 획득하였다.

이쯤 됐으면 김문집은 분명히 '권력자'였고, 미운 놈 한둘쯤 말 한마디로 요절을 낼 수 있는 사람이었다. 그는 이른바 '독설비평'이라는 기괴한 문장으로 문단을 거침없이 휩쓸었는데, 쓰다 형제가 받쳐 준 시국적 세도 탓이 아닌가 한다. 그 결과 불거진 사건이 앞에 말한 신문기사인데, 복심공판까지 받은 끝에 쓰다 형제의 주선으로 집행유예가 된다. 절에 가서 좌선수행하라는 쓰다 형제의 명령마저 어긴 김문집은 그 눈밖에 나면서 발을 붙일 자리를 잃었다. 1942년 2월 중순에 도일, 후쿠오카(福岡) 일일신문사에 입사함으로써 도망치듯이 조선을 떠나고 말았던 것이다.

이런 사람들이 외친 내선일체가 어떤 것이었을까는 설명하면 잔소리가 된다. 김문집의 표현 그대로 쓸개와 내장을 "위로는 토해 내고 아래는 관장 배설"해 버린 채 외친 내선일체······. 친일의 실태가 이 지경에까지 이르렀다는 역사적 엄연한 사실에서 분노보다는 차라리 비애를 느끼게 되는 것이다.

민족대표 33인 중의 훼절

변절의 배경

3·1운동에서 1920년대의 전반기까지도 조선의 민족주의는 비타협 급진의 대일 투쟁론을 주조로 하면서 전개되었다. 일제의 통치권을 근원적으로 부인하면서, 조선을 그 통치권에서 분리시키되, 즉각적으로 그것이 달성되어야 한다는 입장이었다.

비타협 급진의 이러한 독립노선은 3·1운동으로 전국을 뜨거운 열기 속에 휘말리게 하였다. 1919년 3월 1일~4월 30일까지의 60일 동안에만 전국에서의 만세시위의 건수는 1천2백14회로 집계되고 있다. 제암리(堤岩里) 학살사건으로 대표되는 발악적인 물리적 탄압에도 불구하고, 매일 평균 20건의 만세시위가 전국 도처에서 전개되고 있었던 것이다.

이 사태는 병합 이래 10년에 걸친 일제의 철통 같은 무단통치의 효과를 하루 아침에 뒤집어엎은 것이었다. 이것을 일제의 '민족 본능의 지하수(地下水)'의 분출'로 생각하였다. 경기도 경찰부 경찰부장을 한 지바(千葉了)의 말로써 그것을 설명하면 다음과 같다.

독립운동(3·1운동)은 과연 전격(電擊)처럼 일어났다. 하지만 이것은 올 것이 마침내 왔을 뿐인 것이다. 데라우치(寺內)·하세가와(長谷川) 두 총독의 시정 10년, 세인(世人)은 이를 무단통치라 평한다. …… 수신(修身)의 훈육, '고꾸고'(國語)의 보급……총검의 위폭(威幅), 이리하여 존엄화평하던 총독

정치는 10년간 솔로몬의 영화를 누렸다. 그런데 뉘 알았으랴. 지하 3척의 지층 사이에서는 민족본능의 지하수가 창일(漲溢)해 가고 있었던 것이다.[1]

일제는 그 지하수의 창일(漲溢)을 예측조차도 하지 못했다. 따라서 그 돌연한 분출은 그야말로 '천변지이(天變地異)의 상(相)'이었다. '괴이(怪異)한 분류(奔流)가 팽배하게 반도의 산야를 뒤덮으면서도 존엄화평하던 솔로몬의 왕국은 무참하게도 처절한 요란(擾亂)의 거리로 화해 버리고 말았'[2]던 것이다.

이리하여 일제는 근원적인 정책전환이 불가피하다고 생각하였다.

지하수가 때로 지상에 분출함은 별로 괴이한 현상은 아닌데, 그때는 급격하게 막지를 말고, 또한 범람하는 대로 버려 두지도 말고, 그것이 소통(疏通)될 도랑을 설치함으로써, 자연의 유력(流力)을 이용하여 유양(悠揚)하게 대해(大海)로 흘러 들게 한다면, 지상의 봄은 유수(流水)를 얻음으로써 오히려 풍취를 더하게 될 것이다.[3]

3·1운동 이후의 이른바 문화정치라는 정책전환의 요체는, 위의 예문에서 보듯이, 민족본능의 지하수가 존재한다는 사실인식을 출발점으로 하였다. 틈만 있으면 분출하려는 이 지하수에 대해서 일제는 '소통될 도랑'만을 설치하는 것이다. 그리고 그 '자연의 유력(流力)을 이용'하는 것이다. 즉, 문화정치라는 새 정책의 근본요체는 조선민족의 독립심을 역이용함으로써 통치목적에 순응하게 한다는 것이었다.

이리하여 일제는 조선인의 독립심, 즉 정치의욕을 식민지적으로 오도하려는 속셈에서 참정권 문제를 등장시켰다. 민원식(閔元植)을 주구로 해서 전개된 이른바 참정권 청원 운동의 취지를 살펴보자.

참정권은 제국 헌법이 인정하는 국민의 당연한 권리로서, 조선이 일본의 영토로 되고 조선인이 일본의 신민으로 된 이상, 그 향유(享有)를 요구함은

---

1) 千葉了,「조선독립운동비화」, 3쪽.
2) 위의 글.
3) 위의 글.

필연의 결과로서 추호도 괴이(怪異)할 바 아닌 것입니다. …… 이제 조선의 현상은 혹은 독립을 외치고, 혹은 자치를 주장하면서 표면상 지극히 혼돈하다고 하나, 이는 물론 다수 조선인의 진의는 아니요, 그 누구도 충심으로 독립의 가능성을 믿는 자는 없으며, 자치 같은 것은 탁상공론에 불과한 것입니다. 오직 참정권의 요구만이 가장 진실한 전체 조선인의 열망하는 소리라, 하명(下名)한 청원자들만의 희망이 아니요, 2천만 중 단 1명도 이에 반대할 이유가 없는 것입니다.[4]

 제42의회(1920년 1월)·제43의회(1920년 7월)·제44의회(1921년 2월)에 제출된 참정권 운동의 취지는 ① 병합의 기정 사실화, ② 독립 또는 자치의 부정과, ③ 참정권에의 참여, 즉 일제통치에의 순응이었다. 일제는 참정권이라는 환상으로 조선인의 정치의식을 낡음으로써 독립진영의 분열과 교란을 획책하려고 했던 것이다.
 이 같은 참정권 운동은 민원식의 피살을 초래했을 뿐, 아무런 소득을 가져오지 못하고 말았다. 이에 일제로서는 보다 고등한 차원에서의 반독립 정치모략이 불가피하게 되는 것이다. 이 새로운 정치모략의 요체는, 앞서도 말한 바 있거니와, 민족본능인 독립의지를 막지 말고, 방임하지 않는 것이었다. 자연의 유력(流力)을 역이용함으로써 통치목적에 합치하도록 유도한다는 것이었다.
 한편, 3·1운동은 구체적 독립의 결실을 가져오지 못함으로써 조선인에게도 심각한 후유증을 주게 되었다. 민족자결의 환상에서 깨어난 독립진영은 상상 이상으로 완강한 일제의 통치력 앞에서 상반되는 두 자세로 대응책을 취하게 된다. 그 하나는 급진적 투쟁노선의 재확인이라, 대일 무력항전을 극단화시키는 길이다. 다른 하나는 급진적 폭력노선의 실효성의 회의에서 비롯된, 점진적 합법노선에의 경사이다. 이 입장은 민족의 독립을 보다 먼 장래에 설계하면서, 그에 도달하는 과정으로 실력양성과 민족개량을 주장하였다.
 1920년 8월의 간디의 무저항 불복종 운동이 후자의 입장을 더욱 자극하였다. 이리하여 이상재(李商在)는 교육진흥을 위해서 조선교육협회(1920년 6월)를 창립하고, 다시 민립대학기성회(1922년 11월)를 결성한다. 조만식(曺晩植)은 물산장려회(1920년 8월)를 일으켜 이래 10년의 민족경제 운동의 진발성(進發性)으

---

4) 제44의회에의 「참정권 청원서」.

로 삼았다. 한편 남·북만주에서는 참의부(參議府)·정의부(正義府)·통의부(統義府)로 대표되는 무력단체가 급속도의 신장을 이룩한다. 특히 의열단(義烈團)은 광복을 위해 폭력만을 수단으로, 암살만을 정의로 삼으면서, 5개소의 적기관 파괴와 7악의 제거[5]를 위해 눈부신 파괴활동을 전개하였다.

　이와 같은 민족노선의 분립을 일제는 새로운 정치모략을 실천할 절호의 기회로 포착하였다. 그 정치모략은, 누차 말했거니와, 민족본능인 '지하수'의 자연적 유력(流力)을 역이용하는 것이다. 이리하여 일제는 점진적 합법의 실력노선을 금압이 아니라 오히려 선동 조장하였다.

　이렇게 함으로써의 소득은 민족진영을 분열시키고 상쟁(相爭)시키는 일이요, 그로 인한 전력(戰力)의 불통일과 약체화이다. 그런 다음 제2차적으로는 급진적 폭력노선을 점진적 합법노선으로 유도함으로써, 관청폭파 등의 위험으로부터 벗어나는 것이다. 마지막 제3차적으로는 점진적 합법노선마저도 어용적으로 변질시킴으로써 통치의 목적을 달성한다는 것이었다.

　이러한 저의에 의해서 수행된 정치모략의 제1이 관제(官製) 실력양성 운동이었다. 일제는 말하되, "제군들은 독립을 요구하지만 그런 실력이 없는 것이 아닌가. 실력 없이 독립이 되는 것이 아니다"[6]라고 하였다. 이리하여 일제는 민우회(民友會 : 회장 박영호) 같은 어용적 실력양성 단체를 만들었고, 민족파 실력양성 단체 안에 어용분자를 참가시켰다.[7] 이 입장은 급진적 폭력노선에의 제동도 될 뿐더러, 조선독립을 당장이 아닌 실력이 양성된 연후로 미룸으로써, 현단계에서는 식민지배를 무난하게 계속해 갈 수 있다는 이점을 낳는 것이었다.

　다음, 정치모략의 제2는 민족개량주의의 선동이었다. 이것은, 조선인은 선천적으로 우둔 불성실하고 의타적이라는 등 기타의 소위 '조선인 열등설'로부터 출발한다. 총독부와의 사전 협의로 추진된 이광수(李光洙)의 수양동맹회[8]는 "자기수양과 문화사업으로 조선인에게 고상한 덕과 필요한 지식과 건강과 부를

---

5) 5개소의 적 기관은 총독부·동척·매일신보사·경찰서·기타 중요 기관, 7악은 총독부고관·군수뇌·대만총독·친일파 거물·밀정·반민족적 토호(土豪), 열신(劣神).
6) 守屋宋夫,「조선의 개발과 정신교화의 필요」, 16쪽.
7) 민립대학 기성회에는 경부·지사·참의를 한 고원훈(高元勳)과, 참의 방인혁(龐寅赫) 등이 참가하였다.
8) 수양동우회와는 다르다. 수양동우회는 1922년의 수양동맹회와 1923년의 동우(同友)구락부가 합쳐져서 1926년에 조직됨.

향수시키는 것을 목적으로 하고 절대로 시사 또는 정치에 관여하지 않는 것이 주의"라 하였다. 이것은 조선인을 '시사', 즉 시정비판과 '정치', 즉 독립운동으로부터 절연시키는 이점을 수반하였다.

다음, 정치 모략의 제3은 자치론의 선동이었다. 이것은 참패로 끝난 민원식의 참정권 운동에 대신해서 제창된 것인데, 일제는 다음과 같이 말한다. "조선이 국가로서 독립한다는 따위는 꿈보다도 실재성이 없다. ……나는 조선인이 그러한 공상에서 깨어나 최선의 방법인 자치적 이상을 실현시키기 위해 힘쓸 것을 바라지 않을 수 없다."[10]

이것은 조선독립을 부정하면서 그 문제를 요원한 미래의 시공 속으로 암장해 버리려는 속셈이었다.

하지만 이 세 가지는 완전 식민지하에서의 독립운동이 사실상 지난(至難)하다는 조선의 현실에 비추어 볼 때 현실적 당면 과제로서 합당하고, 또 민족적(?)이라는 데에 특색이 있었다. 따라서 그것은 민원식·선우순(鮮于鑂) 따위의 친일분자에 의해서 수행될 성격이 아니었다. 민족운동으로 위장하느니만큼, 민족파의 인사에 의해서 추진되지 않으면 안 된다. 이리하여 총독부는 그 과제를 담당할 후보자로 이광수·최린(崔麟)·최남선(崔南善)을 점 찍었다. 이들이야말로 투쟁경력 및 민족적 신망의 도가 그 운동의 담당자로서 적격이었던 것이다.

최린과 자치운동

최린·최남선에 대한 회유는 옥중에서 이루어졌던 것 같다. 경성일보 제2대 사장으로 사이또(齋藤實)의 정치참모였던 아베(阿部充家)는 1921년 6월 26일자 사신으로 사이또에게 다음과 같이 건의한다. "최남선 등의 가출옥 건은 꼭 결행해 주도록 바라오며, 청년들을 규합하는 데 대단히 좋은 영향이 있을 것으로 알고 있습니다."

또한 아베는 문화운동 기타 사이비 민족운동의 필요를 말한 1921년 11월 29일자 사신에서 "여기(문화운동 등)에는 이번 가출옥한 위인들 중 특히 최린이

---

9) 수양동맹회 회칙 초안 전문(前文).
10) 副島道正,「조선통치의 근본의(義)」,『경성일보』, 1925. 11. 26.

안성맞춤의 친구"라고 하였다.

이와 같은 배려에 의해서 최남선은 1921년 10월 18일, 최린은 동년 12월 22일에 가출옥하였다. 33인의 하나로 3·1운동의 수모급이었던 최린은 언도공판에서 미결 구류 3백60일, 통산 징역 3년을 받았다. 독립선언서를 기초한 최남선은 미결 구류 3백60일 통산으로 징역 2년 6개월을 받고 있었다.

이후 최린의 민족노선은 3·1운동의 통치권 부인·분리 독립원칙에서 급격하게 자치노선으로 선회하였다. 아베의 배후 관여로, 1923년 무렵부터 동아일보계 민족우파와 접촉을 시작한 최린은, 1924년 1월 중순의 명월관(明月館) 회합을 통해서 비밀리에 연정회(硏政會)를 결성하게 된다. 여기에 참가한 사람은『동아일보』의 김성수(金性洙)·송진우(宋鎭禹)·최원순(崔元淳)과 안창호(安昌浩) 계열인 김동원(金東元)·이승훈(李昇薰)·조만식(曺晩植), 기타 박승빈(朴勝彬)·서상일(徐相一)·신석우(申錫雨)·안재홍(安在鴻)·이종린(李鍾麟)·최린의 10명이다. 이들이 결성한 연정회는 민족노선을 자치운동으로 전환시키는 문제를 신중하게 검토하려는 것이었다.

이것이 결성되기 직전인 1924년 1월 2~6일에『동아일보』는 자치문제와 관련된 여론 탐색 및 조작을 위해서 이광수 집필의 사설「민족적 경륜」을 발표하였다. 이것의 요지는 '조선내에서 허하는 범위내에서'의 정치·산업·교육적 결사(結社)운동을 민족 백년대계를 세우는 경륜으로 삼자는 것이었다. 그런데 '조선내에서 허하는 범위내'란 요컨대 일본 국법이 허락하는 범위 안이요, 따라서 그 통치권을 긍정하는 것이며 수용(受容)하는 것이다. 뿐만 아니라 독립운동이 '조선내에서 허하는 범위내'에 들 리 없으니, 요컨대 그것은 독립운동을 부정하는 대일 타협적 결사운동으로서 민족노선을 삼자는 주장이었다. 이에 대한 반발은 즉각적으로 거세게 일어났다. 상해판 독립신문은 비타협·전투노선을 재천명하면서, 문화운동·자치운동·식산(殖産)운동은 독립운동이 아니라고 하였다. 동경유학생 학우회는 2월 10일 10여 단체 대표와 연합하여『동아일보』배척운동을 결의하였다. 4월 20일에는 조선노농(勞農)총동맹이『동아일보』성토·불매를 결의한다. 이광수의 퇴사 및 해명기사가 나가면서 연정회의 움직임마저 좌절되고 마는 것이었다.

이렇게 되자 일제는『경성일보』사장(제5대) 소에지마(副島道正)를 내세워서 다시 자치론에 불을 붙였다. 1925년 11월 26~28일자『경성일보』의「조선통치의 근본의(義)」에서 소에지마는 "참정권을 주지 않는 이상…… 조선의 자치는 필연적인 목표"라고 말했다. 소에지마(副島)가 집필한 이 논설은 사이또의 정치참모 아베를 통해서 사전에 사이또와 협의되었고, 『동아일보』의 간부들과도 사전 협의를 거친 것이었다. 이러한 사정을 비유해서 말하면, 일제는 민원식에게 참정권이라는 부도수표를 발행시켰고, 그것이 통용되지 않자 다시 또 자치론이라는 부도수표를 발행했으며, 어용 일간지 사장으로 하여금 여기에 이서(裏書) 보증을 하게 함으로써 독립진영을 교란시키려 했던 것이다. 이리하여 자치파의 움직임은 다시금 활발해졌다. 최린을 중심으로 한 구 연정회 계열은 1925년 이래 수차의 회합으로 연정회의 부활을 모색한 끝에, 1926년 가을에는 그것을 거의 결성단계에까지 끌어올린다. 여기에는 구 연정회의 멤버 이외에 김준연(金俊淵)·백관수(白寬洙)·박희도(朴熙道)·조병옥(趙炳玉)·최남선·한위건(韓偉健) 등이 가담하고 있었다.

이러한 움직임은 김준연과 안재홍의 반발에 의해서 좌절되었다. 이 운동에 아베가 관여하고 있음을 안 두 사람이 조선 민흥회(民興會)에다 그 내막을 통보했던 것이다. 이에 따라서 민흥회는 1926년 10월, 일인을 개입시킨 자치운동의 비(非)를 규탄하면서, 연정회에 대한 응분의 조치를 결의하였다. 결과로 신석우 등의 참가 예정자가 이탈하면서, 10월 14일 개최 예정이던 준비위원회가 유산되고, 연정회 부활계획은 좌절해 버리는 것이었다.

이렇게 되기 직전인 1926년 9월부터 최린은 '최린·윤치호(尹致昊) 등의 사람들을 묶어서 중견세력을 만들고' '대외(對外) 선인의 온화파와 기맥을 통하게 해서 잘 양해'시키기 위해서는, '최린을 중국시찰이라는 이름으로 보내어 안창호 등과 만나게 해서 서로의 의사를 소통시켜 둘 필요가 있다'[12]고 생각한 당국의 계획에 의해서, 아일랜드 기타 각국으로 외유길에 올랐다.

1928년 초에까지 걸친 이 외유의 목적은 앞의 아베의 서신이 말하듯, 국내의 자치파와 해외의 온건파를 연결시키려는 당국의 반독립 술책이었다. 즉, 점진적 타협노선을 주류화시킴으로써 급진적 폭력노선의 김을 빼자는 것이었다. 귀국하여 1931년 4월에 중추원 참의가 된 최린은 동년 11월에 시중회(時中會)를 조직하고 일선융합·대동방(大東方)주의를 외쳤다. 이 시중(時中)운동의 정신적 요체는 다음과 같다.

---

11) 대동(大東)동지회장을 한 친일거두.
12) 阿部充家 → 齊藤實의 서신, 1925(?). 11. 8.

이 운동(시중회운동)에는 일선인의 정신적 전환이 절대 필요한 선결문제이다. 진심과 적성(赤誠)으로써 조선인은 제국신민임을 자각 자처하고, 일본인은 조선인을 진정한 동포국민으로서 인정하지 않으면 안 된다. 내심(內心)에는 폭탄과 칼을 품고 일본 국민입네 가장(假裝)·위칭(僞稱)하고, 동일동포라 하면서 우월감을 포지한대서야, 이 역시 혼연일치하는 일선일가(日鮮一家)의 결성은 되지 않는다. 조선의 민족성을 어디까지나 존중하고, 조선문화를 숭배하면서도, 우리는 일본제국 신민이 될 수 있고, 일본제국의 세계에 대한 사명에 공헌하면서, 대동아의 평화에 진력할 수가 있는 것이다.[13]

이제 최린의 비타협 급진적 투쟁노선(3·1운동)은 합법 점진의 타협노선(자치운동)을 거쳐서 친일노선(시중운동)으로 변질하였다. 급진적 폭력노선을 점진적 합법노선으로 유도한 후 친일화시켜 버리려던 당국의 반독립 모략노선을 고스란히 뒤따르고 만 것이다. 곧이어 1937년에 최린은 어용지 『매일신보』 사장에 취임한 후, 내선일체·신도실천(臣道實踐)·성전완수(聖戰完遂)의 각종 시국행사를 주최한다. 1938년 6월에 최린은 국민정신총동원 조선연맹의 발기인이 되었고, 7월에 동 단체가 출범할 때 이사의 한 사람으로 참가하였다.

동포들은 벌써부터……이날 오기를 얼마나 기다리고 있었느냐. ……반도 민중은 창씨도 하였고 기쁜 낯으로 제국 군인이 되어 무엇으로 보나 황국신민이 된 것이다. 이제부터는 있는 힘을 다하여 연성을 쌓아서 군국(君國)의 방패로서 부끄럽지 않은 심신을 만들어 두지 않으면 안 되겠다(『매일신보』, 1942. 5. 10).

이것이 징병제 시행을 경축한 최린의 그 무렵의 담화이었다. 이리하여 그는 황도선양(皇道宣揚)·전시보국(戰時報國)을 위해서 1941년 10월에 조선임전(臨戰) 보국단을 결성하고 단장에 취임한다. 그는 대내·대외 중요정책의 최고 심의기관인 조선총독부 시국대책 조사위원회(1938년 8월 창설)의 위원이었다. 중추원 참의를 수차 중임하면서 국민총력 조선연맹 이사, 조선언론 보국회 회장 등으로 전시 황민화정책에 동조했던 것이다.

---

13) 鄭大鉉,「시중운동의 정신적 의의」.

이리하여 그는 해방 후 반민특위에 체포되었다.

"독립운동을 선포한 피고가 왜 일제에 협력했는가?"

재판장 서순영(徐淳永)이 날카롭게 질문하자 최린은 대답했다.

"3·1운동 이후 줄곧 주목과 위협, 유혹을 받아 왔다. 물리치지 못한 것이 죄스럽고 부끄러울 뿐이다."

피고는 울먹였고, 방청석에서도 훌쩍이는 소리가 들렸다. 최린의 답변이 계속된다.

"내가 택할 수 있는 길은 세 가지뿐이었다. 하나는 망명하는 길이요, 둘은 자살하는 길이며, 셋째가 일본 군문(軍門)에 항복하는 길이었다. 첫째와 둘째 길을 택하지 못한 것은 늙은 부모에게 불효할 수 없어서였다."

반민법 피의자의 일부가 구차한 변명과 뻔뻔스러운 부인을 일삼은 데 비해서 최린의 법정태도는 의연하고 솔직하였다. 그 옛날 민족대표의 한 사람으로 일제의 법정에 섰을 때처럼. 달라진 것이 있다면 일제의 법정에서는 죄상(?)을 참회한 바 없었던 그가 반민법의 심판대에서는 참회의 눈물을 흘리고 있었다는 한 가지뿐이었다.

최남선의 문화운동

최남선은 기미년 독립 선언서를 기초한 죄과(?)로 미결 구류 3백60일을 통산한 징역 2년 6개월을 받았다. 그 역시도 최린의 경우와 마찬가지로 재감시절에 회유의 손길이 뻗쳐졌던 것 같다. 이리하여 최남선은 '청년들을 규합하는 데 대단히 좋은 영향이 있을 것으로 알고 있다'는 당국의 배려에 의해서 1921년 10월 18일에 가출옥하였다.

이때 당국이 최남선에게 기대한 것은 문화운동의 기수적 역할이었다. 3·1운동의 좌절로 하여 민족노선이 급진·점진으로 분립했지만, 이 두 길은 독립을 향하는 것이라는 점에서 일제에게는 모두가 달갑지 않았다. 하지만 요인암살·관청폭파 등의 위험성에 준거해서 판단한다면, 점진적 합법노선이 비타협 폭력노선보다 덜 위험한 것도 사실이다. 때문에 일제는 신망 있는 민족파 인사를 이용해서 점진적 합법운동을 크게 부추길 생각까지 하고 있었다. 조선인이 민족개량과 물산장려에 골몰하고 있는 동안은 저들의 관청이 폭파의 위험에서 안전할 수 있다는 계산인데, 다음의 글이 당국의 그 같은 입장을 잘 설명한다.

> 이런 사상(배일기운)에 압박을 주어 없앤다는 따위는 도저히 바라서는 안 된다. 그렇다고 아무 방책도 마련치 않고 일이 돌아가는 대로 내버려 둔다는 것은 위험하기 짝이 없다. 우리는 꼭 무슨 방책으로든 이러한 경향을 이용해서 거꾸로 이를 일선병합의 대정신 대이상인 일선동화 위에 귀향(歸向)시키지 않을 수 없다. 별다른 방책이란 없고 위력을 동반하는 문화운동뿐이다.[14]

여기서의 '위력을 동반하는 문화운동'이란 통치권력을 배경으로 한 위압과 회유로서 독립지향의 민족감정을 역이용하여 독립부정의 방향으로 몰고 가는 것을 말한다. 일제는 민족개량·실력양성·자치론 같은 독립지향의 민족감정을 독립부정→ 친일화의 미끼로 역이용하려 했던 것이다.

1922년 9월 창간인 최남선 주간의 잡지『동명』(東明)은 당국의 그 같은 고등정책에 의해서 허가가 되었다.

> 최(崔 : 최남선)의 잡지가 발행되면 내지(內地 : 일본)의 건전한 출판물을 적당히 쉽게 조선어로 번역해서 소책자로서 알맞게 값싸게 팔아 출판업을 일으키게 해서 그것으로 조선 사상계의 악화를 구하고, 또 진학문(秦學文)·이광수들의 생활비의 출처로 삼게 하도록 매번 말씀드립니다.[15]

> 최남선에 대한 잡지허가의 건도 그대로 있습니다. 그 자금조달에 관해 미노베(美農部) 총재에게도 양해를 얻어 두었더니, 진학문(秦學文)의 별지 편지로는…… 계제가 닿으시면 한 말씀 해주셨으면 하고 부탁드리는 바입니다.[16]

이리하여 아베는『동명』의 허가를 주선하면서 자금 문제에까지도 친절한(?) 배려를 했던 것이다.『동명』은 최남선 감집(監輯), 진학문 주간으로 발행되었다. 그런데 이 진학문은 '생활비의 출처'에까지 배려를 받을 정도로 당국과 밀착

---

14)「조선독립운동에 대한 대책」, 재등실문서, 742쪽.
15) 阿部充家→ 齊藤實의 서신, 1923. 4. 23.
16) 위의 글, 1922. 1. 24.

되어 있던 사람으로, 훗날 만주국 총무청 참사관(參事官)과 만주국 생활 필수품 회사 상무이사 등을 한 직업적 친일파이다. 최남선의 본의가 어디에 있었든 간에, 『동명』은 이렇게 해서 당국의 식민통치를 위한 안전판 구실을 하게 되는 것이다.

이것은 『동명』의 후신으로 1924년 3월 31일자 창간인 일간 『시대일보』에서도 마찬가지였다. 이 진용은 사장 겸 주간 최남선, 편집국장 진학문이요, 안재홍(安在鴻)이 논설반으로 정치부장을 겸하였다. 안재홍의 이 같은 지위에 관해서 동사 사회부장이던 염상섭(廉尙燮)은 훗날 다음과 같이 말한다. "좀 소홀히 대접한 듯이 생각되어 나는 은근히 염려를 하였다."[17]

『시대일보』는 당국의 비호를 받는 진학문이 민족파의 거두 안재홍을 '소홀히 대접'해 가면서 윗자리 편집국장에 앉을 수 있었다는 사실에서 당국의 촉수를 냄새 맡을 수 있는 것이었다.

이리하여 『시대일보』는 창간사 '처음 드리는 말'에서 주장하였다. "낫자! 북돋자! 기르자! 그리고 길고 깊게 뿌리를 박자! 이것밖에 우리의 살 길은 또다시 없음을 뼈에 새겨 기억하자!"

향상·배양(培養)과 육성을 말한 것인데, '그러나 그것은 독립운동은 아니다. ……독립운동자란 파괴자라야 한다. 건설은 후대에 인계하여도 무방하다.'[18] 일제는 조선인의 문화향상·실력배양이 독립에 우선해야 한다는 논리를 들어 독립운동 자체를 부정하려고 획책하지 않았는가? 이리하여 최남선도 필경은 대일타협노선으로 빠져 들고 말았다. 1928년에 총독부 조선사 편수회 위원이 된 것은 일제의 사실왜곡을 막으려는 충정이었다고 치자. 뒤미처 중추원 참의에 피명되었으나, 이 또한 '1년여에 중추원 대문에도 투족(投足)한 일이 없다'[19]고 하니 대일타협 운운이 가혹할지도 모른다. 그러나 친일 조선문예회(1937년 5월 창설)의 중심인물로 '장성(長城)의 파수' '총후의용(銃後義勇)' 김(金)소좌를 생각함' 기타의 시국가요를 작사한 1937년에 이르러서는 최남선의 투항은 변할 수 없는 것이 되어 버린다. 뒤미처 1938년에 그는 『만몽(滿蒙)일보』 고문이 된 바, 이것은 친일파 진학문이 맡았던 자리였다.

---

17) 新太陽, 1957. 12.
18) 『독립신문』 상해판, 1923. 10. 30.
19) 최남선, 반민법정의 「自列書」.

이 해에 최남선은 만주 건국대학 교수로 취임하였다. 1940년 겨울에는 신경(新京)에 본부를 둔 '동남(東南)지구 특별 공작후위회' 본부 임원명단에서 그의 이름이 발견된다. 관동군의 토벌·선무 공작을 측면지원한 이 단체의 역할은 독립군에 대한 투항권유로, 이범익(李範益)·유홍순(劉鴻洵)·최남선이 고문, 김응두(金應斗)·박석윤(朴錫胤)·윤상필(尹相弼)이 총무이다. 이범익은 간도성장과 지사, 유홍순은 간도성 민생청장→강원지사, 김응두는 통하(通河) 조선인 거류민회 평의원, 박석윤은 최남선의 매부로『매일신보』부사장→왈소 총영사, 윤상필은 관동군 대위 출신으로 만주제국 협화회 중앙본부 이사를 한 사람이었다.

이듬해 1942년 11월에 최남선은 만주에서 돌아왔다. 효제동에 칩거하면서 조선역사『고사통』(故事通) 등을 저술하던 그는 1943년 11월, 학병들이 끌려나갈 때 어용 제1선으로 동원되었다. 김연수(金秊洙)·이광수·이성근(李聖根) 등과 함께 권설대(勸說隊)로 도일한 최남선은 동양대학·명치대학 기타 각처로 학병 독려의 유세행각을 벌였던 것이다.

　　옛말에 춘추(春秋)에 의전(義戰)이 없다는 것이 있으나……이번 전쟁을 의전－성전(聖戰)이라 하지 않고 무엇이라고 할 것인가. ……대동아의 건설, 전인류의 해방, 주의와 신념과 이상을 살리려는 거룩한 싸움에 나아가는 이 마당에야 이 얼마나 쾌심사이냐. ……일본 국민으로서의 충성과 조선남아의 의기를 발휘하여……한 사람도 빠짐없이 출진하기를 바라는 바이다(동경에서의 연설.『매일신보』, 1943. 11. 20).

이리하여 최남선도 해방 후 반민특위에 연행되었다. 옥중에서 그는 '민족의 일원으로서 반민족의 지목을 받음은 종세(終世)에 씻기 어려운 대치욕'이라는 서두로 참회의 자열서(自列書)를 썼다.『경향신문』'비화(祕話)한 세대'는 이에 대해서 '그러나 그의 글에는 이미 기미 독립선언문에서 보여 줬던 패기와 총명, 강한 설득력은 다시 찾을 길이 없었다'고 평하고 있다(1977. 7. 1).

최남선이 만주 건국대학 교수로 갈 때 정인보(鄭寅普)는 최남선의 대문에 제주(祭酒)를 부으면서 대성통곡했다고 한다. '우리 최남선이 죽고야 말았구나' 하면서……. 산 채로 죽어 버린 한 민족과 거물의 비극은 그보다 훨씬 이전,『동명』을 창간하던 무렵으로 소급할지 모른다. 독립선언서를 쓴 '우리 최남선'의 살해범은 1921년 10월 18일의 가출옥을 준 일제의 배려 그놈이었다.

정춘수와 기독교 연합회

조선인 병력 자원화의 문제에서 일제는 조선인 병사들의 반란을 우려했다. 하지만 장래의 전면전에서 조선인 병력 자원화의 필요는 절대적인 것이었다. 만주사변 이듬해인 1932년부터 그 문제를 저울질하던 일제는 장래 할 징병제의 전단계로서 1938년 2월에 지원병제 실시를 결정하였다. 조선인 헌병 보조원과 경찰, 일부 육사졸업생, 1935년 창설인 조선인 국경감시대 등에서 반란을 일으킨 바 없었으니, 조선인이 지원병제를 실시할 정도로는 황민화가 되었다고 판단한 때문이었다.

그런데 실시를 해놓고 보니까 조선인은 전혀 황민화가 되어 있지 않았다. 지원병 응모자가 심지어 「황국신민의 서사」도 외우지 못했던 것이다. 여기에서 일군벌은 황민화를 총독부에만 맡겨 둘 수 없다고 판단하였다. 전지에서 조선인 병사에게 김치를 담아 줄 수 없는 이상 다꾸앙을 먹도록 식생활 습관부터 뜯어고쳐야 할 것이 아닌가? 이리하여 군이 직접 이 문제의 제1선에 등장하면서, 단순히 황민화가 아닌, 전조선의 병영화(兵營化) 작업이 시작되었다. 언어·풍속·관념과 심지어 식생활의 기호까지를 일본적으로 수정함으로써 전쟁수행에 차질이 없게 하자는 것이었다.

이에 따라서 일체의 비(非)일본적 사상이 혹독한 탄압을 받게 되었다. 1920년대에 있어서 일제는 비타협 폭력노선을 깨기 위해서 점진적 합법운동을 은연 중 조장하기까지 했는데, 이젠 그것 저것 가리고 따질 필요도 없었다.

1937년 6월에는 지(智)·덕(德)·체(體) 3육(三育)의 점진론자 안창호(安昌浩)기 수양동우회 회원 1백50여 명과 함께 검거투옥된다. 동년 9월에는 신사참배를 거부한 수피아 여고 등이 폐교당한다. 1938년 2월에는 안재홍(安在鴻)·신흥우(申興雨)·최두선(崔斗善) 외 다수의 흥업(興業)구락부 회원이 치안유지법을 위반했다는 생트집으로 검거투옥되었다.

정춘수(鄭春洙)도 흥업구락부 사건으로 투옥되었다. 남감리교회 목사로 민족대표에 서명한 정춘수는 시간관계로 태화관(泰和館)의 선언식에는 참석 못 한 채 주소지인 원산(元山)에서 독립선언식을 주재하였다. 미결 구류 3백60일 통산 징역 1년 6개월을 받은 정춘수는 출옥 후에도 교회사업과 민족운동을 계속한다. 그는 1927년 2월 창립인 신간회(新幹會)에서 본부 간사로 선임되었다.

홍업구락부 사건은 1938년 9월 3일 피고 30명 전원의 기소유예로 일단락을 지었다. 그 대신 홍업구락부는 전향 성명서를 발표하면서 2천4백 원의 국방헌금을 한다. 정춘수도 1백5일에 걸친 고문과 악형 끝에 전향의 대열에 서고 말았다. 일본 기독교회 전도국(傳道局)이 1904년에 추원(秋元茂雄)을 특파했던 이래의 현안인 기독교 일본화에서 제1선 역할을 담당하게 됐던 것이다.

38년 5월 8일, 정춘수는 전도보국·황도실천을 위해 창립된 경성(京城)기독교 연합회에서 일인 아끼즈끼(秋月致)와 함께 부위원장에 선임되었다. 이것은 1938년 4월 25일 김종우(金鍾宇) 등 10여 명이 신사참배를 결의한 이래의 최초의 전면적 굴복이며, 뒤미처 동년 7월 7일에 결성된 상부 중앙조직 조선 기독교연합회에 의해서 기독교 황민화체제가 완공된다.

이후 10월 17일, 동경 아오마학원(靑山學院)에서는 감리교의 내선일체를 위해 조선의 감리교회와 일본의 메소디스트교회의 합동을 논의하는 일선감리교회 특별위원회가 개최되었다. 일본측 정궁(釘宮辰生) 등 7명, 조선측 정춘수·김영섭(金永燮)·신흥우(申興雨)·양주삼(梁柱三)·유형기(柳瀅基)·윤치호(尹致昊)·이윤영(李允榮)이 전권 위원으로 참가한 동 위원회에서는 상호교류에 의한 조속한 합동원칙 등이 결의되었다.

이리하여 정춘수도 문화위원의 1인으로 국민총력연맹에 참가하였다(1941. 1. 29). 또 그는 평의원의 자격으로 조선임전보국단에도 참가한다(1941. 10. 22). 하지만 정춘수의 친일은 기미년 민족대표를 한 비중으로 볼 때 오히려 부진한 편에 들었다. 그만 못한 지명도로도 강연 행각으로 광분한 사람이 허다했는데, 정춘수는 흔해빠진 친일 좌담회 따위에도 별로 얼굴을 내민 적이 없었던 것이다.

박희도의 『동양지광』

박희도(朴熙道)는 YMCA 간사로 3·1운동에 참가하였다. 민족대표로 서명한 그는 기독교측의 운동자금을 출납하면서 김원벽(金元璧) 등의 학생운동자를 포섭하였다. 그는 미결 구류 3백60일 통산 징역 2년을 받았다.

출옥한 박희도는 좌파 청년 김명식(金明植)·신일용(辛日鎔)·유진희(兪鎭熙)의 편집진으로 주간 『신생활』(新生活)을 발행하면서 비타협·급진의 언론항쟁을 계속하였다. 이 잡지는 제11호(1922. 11. 14)～제14호(1922. 12. 13)까지 내리 4호가 발금된 끝에 1923년 1월에 발행정지를 당한다. 1922년 11월에 구속된 박희도는 2년 남짓을 복역하였다.

이후 1926년 10월, 박희도는 자치운동단체 연정회의 부활계획에 참가하였다. 이듬해 2월에 신간회가 창립되자 박희도는 본부간사로 선임된다. 일제는 비타협 노선을 걷는 신간회를 자치운동단체로 전환시키려 하였고, 연정회 계열에서도 주도권의 장악을 모색하였다. 신간회가 해소된 후에 박희도는 신우회(信友會)를 거점으로 해서 최린 등의 자치론자와 접촉을 계속하고 있었다.

이네들 자치론자의 일부는 만주사변~중일 전쟁기에 접어 들면서 급속하게 친일로 기울어 갔다. 1931년 1월, 박희도는 일문 친일 월간『동양지광』(東洋之光)을 창간함으로써 '일본정신 앙양의 한 수양 도장'으로 삼았다. 창간호 권두언으로 실린 박희도 집필의「창간에 제하여」를 보자.

차제에 반도 2천만 동포의 심흉(心胸)에 일본정신을 철(徹)하고, 황도 정신을 앙양하고, 폐하의 적자(赤子)로서, 황국일본의 공민으로서 예외 없이 국체의 존엄을 체득하고, 황국일본의 대사명을 준봉(遵奉)하고, 황도의 선포, 국위의 선양에 정진하고, 써 동양의 평화는 물론 팔굉일우(八紘一宇)의 일대 이상을 펴서, 세계 인류문화의 발달과 그 강영복지 증진에 공헌할 것을 기하지 않으면 안 된다고 믿습니다. 생각컨대 이 대의를 이해하고 이 이념을 체득할 때 일본국민으로서의 광영과 긍지를 감득치 않을 자 누가 있겠습니까.

이리하여 사장 박희도는 '조선인 스스로가 자진해서 마음속으로부터 일본국민이 되어 버리는 것이 가장 필요'하다고 했던 것이다.

이러한 취지에서『동양지광』은 '일본정신 강좌'(鉢村忠)며 '일본의 도(道)와 전통(久村潛一)' 같은 계몽논설을 실었고, '군국의 여학생에게 징병을 묻는다'는 등의 시국 좌담회를 주최하였다. 또한 동양지광사는 전속극단 협동 예술좌를 운영함으로써 신극(新劇) 황민화의 기수적 역할을 한다. 1939년 9월 25일~26일 부민관에서의 제1회 공연은 김승구(金承久) 작인 배영극 '동풍(東風)'이었다. 영국의 자본침략에 항쟁하던 중국청년이 죽으면서 다음과 같이 말하는 것이었다. "이토록 야만적인 영국놈이 하는 소리를 그대로 믿을 수가 있는가? 놈들의 폭행에 맞서서 감연하게 싸우자! 우리 뒤에는 동양평화를 위해 싸우는 우리 동지 일본제국이 있음을 잊어서 안된다!"

박희도의 출자로써 운영된 동양지광사는 최린·윤치호와, 동사 2층에서 대륙 경제연구소를 주재하던 일인 겸전(鎌田澤一郎)을 고문으로 추대하고 있었다. 실무진은 전원 좌익 전향자로, 조공(朝共) 일본총국 책임자였던 김한경(金漢卿), '카프'의 시인으로 4차의 피검경력을 갖는 김용제(金龍濟), 광주(光州)의 좌익 운동자 강영석(姜永錫)과, 모스크바 공산대학 출신 여기자 고명자(高明子) 등이다. 크리스찬인 박희도가 왜 그렇게 좌익 전향자들로만 사원을 삼았는가? 사상선도를 조건으로 하는 당국과의 묵계 내지는 자금원조 등이 있는 탓이 아닌가 의심되지만 구체적인 증거는 입수된 것이 없다.

이리하여 박희도는 정치·사상계의 친일파 거두로 1937년 9월 6일 학무국 주최 시국 강연반에 참가하였다. 1943년 11월 6일부터는 강원도에서 학병독려의 강연행각을 벌인다. 그는 국민총력 조선연맹에 참사, 조선 임전 보국단에는 평의원으로 참가하였다. 1945년 6월 8일 창립인 조선언론 보국회의 참여가 됨으로써 박희도의 친일은 8·15 전야까지 계속되었던 것이다.

그 무렵 1939년에 박희도는 조선의 자치를 위해서 동아 연맹 조선본부를 조직하려 했다는 주장이 있었다. 이 동아연맹은 만주사변의 주모자 이시하라(石原莞爾 : 중장)가 창도한 동아침략의 모략이론이었다. 즉, 백인 제국주의를 방지할 수 있는 범위의 동아 각국이 일본을 맹주로 해서 정치의 독립, 경제의 공통, 국방의 공동을 실현하자는 것이었다. 일본에서는 합법적인 것으로서 동아연맹협회가 결성되곤 했으나, 조선에서는 자치도 독립도 허용할 의사가 아니었기 때문에 불법으로 취급되었다. 따라서 동아연맹 조선본부는 설사 그런 것이 있었더라도 몇 사람의 의견교환일 뿐, 자치운동단체까지는 될 수 없는 것이었다.

3·1정신은 죽지 않았다

기미년 민족대표 33인 중에서는 최린·정춘수·박희도의 3명이 변절하였다. 독립선언서를 쓴 최남선을 포함해도 그 수효는 4명이다. 나머지 30명이 절개를 온전히 지켰다는 것이 우리에게 얼마나 다행한 일이었는지 모른다. 그 30명마저 변절했다면 우리는 어디 가서 3·1의 자랑을 말하겠는가?

나머지 4명의 변절의 자취를 더듬어 보면서 필자는 우리 민족이 살아온 고난의 현장을 생각하게 된다. 물에 빠진 자 지푸라기를 움켜잡는다는 속담이 있거니와, 일제 36년 특히 그 말엽에 이르러 조선인은 황민화정책의 탁류 속에서 그야말로 익사직전이었다. 이럴 때 박희도의 눈앞에는 동아연맹이라는 환상의 지푸라기가 표류해 왔다. 이나마를 움켜잡고 싶었던 박희도의 단말마적인 손길에서 필자는 보다 참혹한 비극의 현장을 보는 것이다. 비타협 급진→타협노선→친일화라는 당국의 간계를 뻔히 짐작하면서도 자치라는 지푸라기를 움켜잡았던 최린, 최남선……이들의 단말마적인 손길에서도 차라리 그냥 익사하느니보다 더 참혹한 비극의 현장을 보는 것이다.

말이 같아서 친일이요 반민이지만 그 동기와 양상은 천차만별이다. 누구는 군자금 몇 백 원을 밀고로 떼웠고, 누구는 상여금 몇 푼에 독립군을 팔아먹었다. 일본여자를 아내로 삼아 일본 가문에 입적한 사람이 있었고, 반민법정에서 후안무치하게 호통을 질러 댄 사람도 있었다. 차라리 그 4명이 반민법정에서 호통이라도 질렀더라면 하는 역설적인 아쉬움마저도 남게 된다. 친일을 했으니까 미워해야 하는데, 차마 미워만 할 수 없는 무엇인가가 그 4명의 발자국에서 느껴지기 때문에 하는 말이다.

민족대표 33인 중 10%의 변절이 한국인에게 수치만 되는 것은 아니라고 말하고 싶다. 한 민족의 한 시대의 비극이 그들의 추문이 될 수도 없는 것이다. 친일자의 전부에 해당할 말은 아니지만, 적어도 민족대표 중의 4명만큼은 한 시대의 민족의 비극을 고뇌하면서 살다 간, 변절을 했을망정 그래도 조선의 양심이었다. 이들 4명의 죄상보다는 식민정략의 정체에 대한 인식이 앞서야 한다는 것을 말하고 싶다.

일제의 '여우' 밀정들의 죄상

네 개의 나무상자

1927년 10월 18일 정오 10분 전. 조선은행 대구 지점에서 한 남자가 4개의 목(木)상자 중 하나를 내밀면서 말했다.

"서무과장님께 갈 선물인데, 벌꿀이랍니다. 전해 주시렵니까?"

포병중위 출신인 요시무라(吉村) 주임은 상자를 받아들면서 문득 화약냄새를 맡았다. 이상하게 생각하면서 끌러 보니까 도화선이 타 들어가는 폭탄! 부리나케 창 밖으로 내던지는 순간 3개가 연달아 폭발하였다.

경관 등 6명이 중·경상 당한 이른바 '대구 선은(鮮銀)폭탄사건'이다. 상자를 가져 온 남자는 시내 덕흥(德興)여관의 고용인 박노선(朴魯宣)인데, 대답은 다음과 같았다.

"어제입니다. 요시다(吉田)상점 점원이라는 35세 가량의 남자가 2층에서 낙상을 했다면서 4~5일 숙박을 청해 왔습니다. 그 자가 오늘 돈 40전을 주면서 심부름을 시키더군요. 조선은행·식산은행 두 지점과 도지사·경찰부장에게 상자 하나씩을 전해 달라고요."

박노선이 사건과 무관했음은 의심할 여지가 없었다. 하지만 덕흥여관에서 진범이라는 남자의 행방은 어느새 오리무중이다. 혐의자로 조재만(曺再萬) 등 9명을 체포했으나, 이들 역시 암살·파괴 목적의 비밀결사를 조직한 사실이 있을 뿐, 폭탄의 투척에는 직접 관련이 없었다.

단서조차 잡히지 않은 상태에서 해를 넘긴 1928년 3월, 경북경찰부 경부 최석현(崔錫鉉)은 경북 출신의 박(朴 : 성명 불상)이라는 적색분자를 미행·내사하고 있었다. 왕년에 적색 폭력단체의 수령이던 박은 공산청년들 사이에서 중진이었으나, 돈에는 극도로 곤란을 받고 있었다. 이것을 기화로 해서 최석현은 박을 매수하고, 폭탄사건의 내탐(內探)을 부탁한다. 밀정이 된 박은 어느 날 최석현을 찾아가서 제보(提報)하였다.

"사이또(齋藤實) 총독에게 폭탄을 던진 강우규(姜宇奎)의 아들이 강신호(姜信鎬) 또는 강진삼(姜鎭三)이란 이름을 쓰고 다닌다. 이 자가 사건 직전 경북의 주의자들과 파괴·암살을 모의한 사실이 있다. 진범이거나, 아니면 최소한 내막을 알 것이다."

강신호의 행방을 쫓기 위해서 최석현은 강이 접촉한 주의자들 중 천아무개(가명)를 밀정으로 매수하였다. 그러던 중 1928년 12월, 강진삼이란 자가 평양서에 공갈죄로 검거되었다는 통보가 있었다. 박과 천에게 사진을 감정시키니 강우규의 아들이 틀림없다고 했다. 강을 취조함으로써 최경부는 강이 정무(鄭武)와 장(張)참판이라는 사람에게 폭탄 제조법을 가르쳐 주었다는 자백을 얻어냈다.

정무와 장참판은 대구형무소에 수감중이었다. 이리하여 최석현은 장참판의 취조를 통해서 구(舊)한국 조선보병대 출신인 장진홍(張鎭弘)이 진범이라는 심증을 얻는다. 수 명의 밀정을 동원해서 그 행방을 쫓는데, 최근에 귀국한 한 노동자가 도쿄(東京) 또는 오사카(大阪)에서 그를 만났다고 한다. 그러나 막연한 말이다. 주소를 몰라서 계속 내탐하던 중 장진홍의 동생 장의환(張義煥)이 오사까시(大阪市) 동성구(東成區)에서 안경 제조업을 하고 있다는 정보를 입수하였다.

"음력 설에는 장진홍이 틀림없이 동생의 집으로 온다. 만일에 안 오더라도 거처만은 알게 될 것이다."

최석현은 사건을 함께 수사하던 구보타(久保田)·미나미(南) 두 형사와 함께 오사카(大阪)로 갔다. 히노데(日の出)여관에 투숙하면서 3명의 경찰은 이춘득(李春得) 등 5명의 노동자를 밀정으로 포섭해서 장의환의 집을 내사하게 했던 것이다.

여자를 밀정삼아 침투공작

이춘득 등 5명의 노동자는 안경 구입, 또는 수리 등을 구실로 해서 교대로 장의환의 집에 출입하였다. 이들의 제보에 의하면 그 집에는 주인 장의환과 처자 외에 경북 출신의 3명의 직공이 있을 뿐 장진홍 비슷한 사람은 없다는 것이다. 경관대는 최후의 수단으로 여자밀정을 이용하기로 작정하였다.

효오고현(兵庫縣) 아리마(有馬)온천까지 출장한 최석현은 대구에서부터 친교가 있던 모(某)한국인의 처(성명 불상)를 밀정으로 포섭하였다. 장진홍의 거처가 밝혀질 때까지 장의환의 집에 거주하겠다는 경관대와의 약속을 이행하기 위해서, 여자밀정은 침투공작을 개시하였다.

"고향은 안동(安東)인데, 그 동안 고베(神戶)에 있었어요. 남편이 오사카 멕기공장에 취직이 되어 집을 얻으려고 먼저 왔어요. 조선사람이 많은 동네에다 얻어야겠는데, 누가 장선생 댁을 말하더군요. 3년이나 여기에 살았으니 좋은 집을 소개해 줄거라고요."

주부가 저녁을 짓는 사이에 여자밀정은 장의환의 7세 된 아들을 유혹하였다. 철없는 아이를 꼬여서 장진홍이 2층 다락방에서 직공으로 숨어 지낸다는 사실을 탐지해 냈던 것이다.

이튿날인 1929년 2월 14일 안경 1만 5천 개를 사겠다고 두 사람이 장의환의 집을 방문하였다. 계약금 30원을 지불하면서 이들은 거래의 성립을 축하하는 술자리를 벌였다. 이 자들은 최석현의 지령을 받은 이춘득 외 1명의 밀정이다. 장의환과 김해중(金海中)이란 직공으로 변성명한 장진홍, 2명의 직공과 2명의 밀정이 술잔을 주고 받을 때 형사들이 들이닥쳤다. 뒷마당으로 도망쳐 담을 넘으려던 장진홍은 뒷덜미를 채여 포박을 당하면서 부르짖었다.

"대구 형사들이지? 반항은 안할 테니 안심하라구!"

12년에 걸친 광복운동의 마지막을 대구 선은(鮮銀) 폭탄투척으로 장식한 장진홍. 그는 조선인 경부 최석현과 최경부에게 매수된 십수 명의 조선인 밀정의 제보에 의해 체포되었다. 철통 같은 수사망을 1년 4개월이나 감쪽같이 피해내고 난 1929년 2월 14일이었다.

법정에서 장진홍은 의자로 사이또(齋藤實) 재판장을 내리쳤다. 그는 사형수로 대구형무소에 묶여 있던 중 1930년 7월 31일(음력 윤6월 6일), 33세로 자결의 길을 택했다.

고용·촉탁·준(準)밀정과 정탐

그럼 같은 조선인인데 왜 폭탄을 던져야 했고, 왜 밀고·체포해야 했던 것일까? 밀정이라 하지만 그 유형에는 여러 가지가 있다. 나름대로 구분해 본다면 첫째가 고용밀정인데, 월급이나 상여금에 팔려서 영속적으로 밀정질을 하는, 말하자면 밀정업자이다. 이런 자들은 경찰기관·헌병대·특무기관 등에 고용된 기관밀정과 순사·헌병이 사용(私用)하는 개인밀정으로 세분할 수 있다.

둘째는 어느 사건이나 정보를 위해서 필요한 기간만큼만 밀정질을 하는 임시적인 촉탁밀정이다. 정실에 얽혀서 밀정을 승락하는 경우도 있으나, 상여금을 탐내서 하는 예가 더욱 많다.

셋째는 밀고자인데, 말하자면 준(準)밀정이다. 이해관계나 원한 때문에 자발적·능동적으로 정보를 제공한다는 점에서 단순한 제보자와 구별된다. 제보자는 물으니까 대답한다는 식으로 피동적인 경우이므로 정보제공의 행위에 이해관계가 없다. 이해관계란 것은 예를 들면 '군자금을 빼앗기지 않으려고' 혹은 '생명의 안전을 도모하기 위해서' 등등이다.

넷째는 순사·헌병이 직책으로서 밀정질을 하는, 말하자면 정탐이다. 민간인 혹은 독립군으로 변장해서 직접으로, 또는 부하밀정을 사용해서 간접으로 정보를 입수한다. 밀정의 정보를 확인하기 위해서, 즉 밀정을 밀정하는 경우도 있다. 하지만 이런 여러 유형 중에서 중심은 역시 고용밀정과 촉탁밀정이다. 그중에서도 밀정업자라고나 할 부류야말로 밀정의 왕일 것이 분명하다.[1]

이런 부류 중의 거물은 경무국 촉탁, 또는 일본 외무성 촉탁 같은 직함까지 소유하면서 유지나 권력자로 행세까지 한다. 이런 정도가 못 되는 졸때기 밀정업자는 일은 하기 싫고 세도는 부리고 싶다는 인간말자들인데, 대개 2~3개의 기관과 거래관계를 갖는다. 능력을 인정받아서 임명(?)을 받는 경우도 있지만, 제 발로 자청해서 밀정을 개업하는 자 또한 결코 비율이 적지 않다.

"아무튼 매달 ○원씩만 주시구려. 그럼 독립단(또는 마적단)의 정보쯤 미주알고주알 당신네한테만 제공하겠다 그거예요. 이름은 비밀이지만 내 아무개가

---

1) 밀정의 수효는 병합 직후에 헌병 2천9백44명, 경찰 2천5백79명에 대해서 헌병보조원 4천7백49명, 순사보 3천19명, 정탐 3천 명이다. 헌병보조원과 순사보도 밀정역할이 위주였으니 정탐과 합하면 1만 7백68명이다. 헌병·경찰의 개인 밀정 1인당 추산 2명을 합치면 그 수효는 2만여 명이 된다.

독립단에서 ○○이거든요. 그러니 그쪽 내용이야 손바닥 들여다보기라 그겁니다."
 어찌구저찌구 해서 흥정이 성립되면 이 자는 또 다른 ○○경찰서를 찾아간다. 심하면 경찰서와 독립군의 쌍방에다 양다리를 걸치는 경우도 있는 것이다.
 한다는 난봉녀가 두 남자 이상을 감쪽같이 동시에 주물러대는 수법과 비슷하다. 그런데 제공할 정보가 있는 동안은 그래도 행동이 양심적(?)이다. 팔아먹을 만큼 팔아먹어서 거리에 궁짜가 들면 그때부터 본성이 드러나는데, 그 행태가 이만저만이 아닌 것이다.
 독립단의 수령을 제멋대로 창작해 내는 것쯤 이네들의 초보적인 수단이다. 들통이 날 성싶으면 죽었다는 허위정보 하나면 그만이니까. 이리하여 이들은 독립단의 비밀문서를 제 손으로 만들어 내어 미운 놈의 집에다 그것을 숨겨 넣고서 내통자를 만들어 내고, 그야말로 자유자재에 무소불능(無所不能)이다. 더러는 얌전하게 땅이나 파는 양민을 충동질해서 함께 비밀결사를 조직한 후 찔러 넣기까지 하는 것이다.
 이렇게 해서 생긴 돈이 흔히는 계집의 치마 밑으로 들어간다. 작부건 처녀건 유부녀건 그들의 눈에만 들었다 하는 날이면 소리개 앞의 병아리이다. 말을 듣지 않으면 독립단으로 몰아 알몸으로 문초를 받게 함으로써 새디즘을 즐길 수 있으니까. 이리하여 광복군으로 간 청년의 젊은 아내가 그들의 위협과 등쌀에 못 견뎌서 밀정배의 첩이 되고 말았다는 분통 터질 노릇도 숫제 없지 않았던 것이다.
 "나는 경찰(혹은 헌병대)과 잘 통하는 사람인데……."
 이 말 한 마디로 밀정들은 식당·술집에서 무전취식을 하였다. 피의자를 빼내 주겠다면서 교제비를 갈취하기도 한다. 아편과 소금의 밀수를 적발하면 입막음 돈을 챙기고, 노름판에서는 판돈을 거두어 먹는다. 독립단의 정보를 팔면서 부업으로는 관헌과 결탁해서 이권을 농락하기도 했던 것이다.

밀정(密偵)질 천태만상

그럼 구체적인 행위를 통해서 밀정들의 생태를 살펴보기로 하자. 1926년 12월 30일, 참의부 제2중대원 2명이 집안현(輯安縣) 외분구(外盆溝)의 부호 박인상

(朴隣祥)의 집에 나타나서 군자금 2천 원을 청구하였다. 박인상은 1927년 1월 3일에 아들 박창귀(朴昌龜)로 하여금 참의부원 김병길이 나타났다고 중국관병에게 밀고하게 하였다. 관병은 밀정 김동하(金東河)를 시켜서 붙잡힌 김병길이 참의부원임을 확인하는 한편, 김동하·김병길을 앞세워 본거지를 습격함으로써 중대장 김용택(金龍澤) 이하 7명을 체포했다. 남은 참의부원은 이광하(李光憂)를 신임 중대장으로 선출하였다.

이광하는 1927년 2월 20일 대양분(大洋盆) 소재 이항신(李恒信)에게로 출동하여 김동하의 밀정 폐업 및 귀선(歸鮮)을 권고하게 하였다. 이 사실을 김동하는 다시 중국관병에게 밀고한다. 이리하여 이광하는 밀정 김동하와 함께 온 관병 17명에 의해서 체포된다. 이 김동하는 중국 관병과 일본영사관의 양다리 밀정이었다.

평북 강계군(江界郡) 도서면(徒西面) 황청동(黃淸洞)의 홍인화(洪仁化)는 경찰의 밀정으로 독립군 진영에 침투했다. 신임을 얻은 홍인화는 그들이 한(韓)아무개에게로 보내는 밀서를 이용해서 독립군 소대장 장창헌(張昌憲)을 황청동으로 유인하였다. 장창헌은 홍인화의 통보로 잠복중이던 경찰대에 의해서 1924년 7월 13일 황청동에서 사살되었다.

이튿날 14일, 홍인화는 신흥참(新興站) 산골짝 장창헌 소대의 근거지로 가서 내원들에게 말했다.

"장대장이 한아무개를 만나러 갔다가 경찰에게 포위되었다. 구출하러 속히 오라고 한다."

출동한 10여 명의 대원은 홍인화와 짜고 매복해 있던 경찰대의 기습으로 치명적인 타격을 입었다. 신흥참의 근거지도 쑥밭이 되고 말았다.

2중밀정 홍인화의 이같은 반민족적 행위는 독립군의 증오에 앞서서 먼저 부락민을 격분시켰다. 며칠 후 홍인화는 부락의 농민 최윤흥(崔允興)·박희빈 외 1명에 의해서 낫으로 작살을 당하고 말았다.

서울 중학동(中學洞)의 황긍수(黃兢秀)는 면장 재직중의 배임·횡령으로 1922년 9월 군산지청(郡山支廳)에서 1년 징역 3년 집행유예의 판결을 받았다. 보천교(普天敎)에 입교한 황은 교단(敎團) 경영인 인쇄소 보광사(普光社)의 운영권 획득운동에 실패하자 교단에 대해서 원한을 품게 되었다.

한편 무교동(武橋洞) 거주의 김목현(金穆鉉)은 1920년 7월 경성 복심법원에서 공갈죄로 징역 1년을 살고 나온 후, 시내경찰의 밀정으로 생계를 꾸리고 있었다. 보천교의 내막이 기괴하다고 들은 김은 실정을 정탐하기 위해서 김한(金漢)이라 변성명한 후 그 교단에 입교하였다.

그러나 교단에는 이렇다 할 보고자료가 없었다. 정보에 궁해서 쩔쩔매는 김의 입장을 눈치 채자 황은 자신의 원혐(怨嫌)을 풀기 위해서 김을 유혹했다. 김 역시 보고거리에 고심하던 차라 서슴없이 황과 공모를 하게 되었다.

김목현은 등사원지용 여판(鑢版)을, 황궁수는 등사판을 빌어 왔다. 보천교 특유의 은어(隱語)까지 섞어 가면서 1923년 9월 20일 밤, 황의 집에서 2명은 지방교구(敎區)의 궐기·폭동을 선동하는 불온문서 다수를 위조해 냈던 것이다.

이튿날 새벽에 김·황은 교단 간부의 이름이 연서된 선전문·통지문·서약장(誓約章) 등 위조문서와 위조 불온문서를 보천교 전용(專用) 봉투에 넣어 대구·평양·진주·제주 기타의 지방교구에 1백45통을 발송하였다. 나머지 1백 통의 위조문서는 22일 가회동(佳會洞) 중앙교단(경성 진정원〔眞正院〕)에 은닉한 후 23일 동대문서에 폭동음모가 어쩌구 하면서 밀고했던 것이다.

보천교에 때 아닌 날벼락이 떨어졌다. 23일 밤 중앙교단에 들이닥친 동대문서 형사대는 마루 밑과 문갑 뒤에서 예의 불온문서(?)를 압수하면서 간부 4명을 검거하였다. 이튿날 24일에도 간부 2명이 연행된다. 전국적 폭동을 음모했다는 엄청난 친구들이 날벼락에 놀란 촌닭처럼 어리대는 꼴을 보면서, 백전노장인 형사들은 육감이 벌써 이상하였다. 사건은 며칠 만에 조작임이 판명된다. 김목현이 그 알량한 밀정질마저도 못 해먹게 되고 만 것이었다.

1926년의 창의단(倡義團)사건에도 밀정의 마수가 개입하였다. 이것은 정의단(正義團)의 지령을 받은 김응선(金應善)이 총독부·총독관저·부청·조선은행·종로서를 폭파하려던 사건으로 거사 전날인 1926년 1월 30일에 발각되었다. 이리하여 그들은 1927년 8월에 별개의 사건인 조선혁명군 대본영사건과 함께 공판을 받는다. 이 사건은 군자금을 모집하려 했다는 것으로 1926년 10월에 검거된 사건이다.

그런데 이 두 사건에 가담한 전좌한은 경기도 경찰부 가와사끼(河崎)경부보의 밀정이었다. 그는 1926년 5월 길림성(吉林省) 이도하자(二道河子) 유해강(劉海崗)의 집에서 남정(南正)·이응석(李應錫)과 함께 조선혁명군 대본영을 조직한 후 군자금 모집, 관공서 폭파를 위해 김봉준(金鳳俊)과 함께 선내(鮮內)로 잠입한다. 그는 또 정의단의 지령을 받은 김응선이 관공서 폭파의 목적으로 잠입하자 동지를 가장하여 접근한다. 전좌한(全佐漢)은 충북 옥천군(沃川郡) 이

내면(伊內面)에서 농업을 하는 김운용(金云用)·정명옥(鄭明玉)·송재선(宋在善)에게 서울 구경을 시켜 준다고 꼬여 내서 사건의 연루자로 만들어 버린다. 그리고 가와사끼 경부보에게 밀고해서 일망타진(?)을 하게 하였다.

절도질하기도

밀정 전좌한의 경우는 이리의 본심을 양의 탈로써 위장한 채 무고한 양민까지 끌어넣어 사건을 만들고, 혹은 확대시킨 예이다. 그런데 밀정들 중에는 도적질까지 하는 놈이 있었다. 의주군(義州郡) 수진면(水鎭面)의 이성근(李成根)은 관내 주재소의 밀정인데, 백룡기(白龍基)가 밀수입한 소주를 압수시킨 후 무죄방면시킬 교제비 30원을 내라고 협박한다. 그는 주재소의 목선(木船) 1척을 절도질한 죄로 1922년 3월경 신의주(新義州) 지청(支廳)에서 징역 1년의 판결을 받기도 한 도둑이다.

어디 그뿐이랴? 강화군(江華郡) 부내면(府內面)의 밀정 문응상(文膺祥)은 모리시마(森島) 순사·염(廉)아무개 형사와 결탁하여 공갈·협박·고문으로 양민의 재물을 탈취·분식(分食)하였다. 즉 양사면(兩寺面)의 최동현(崔東鉉)이 산 표류목 3개를 유실물 횡령으로 몰아 50원을 받아먹다가 1927년 4월 28일 검사국에 압송된 것이다.

전주서(全州署) 밀정 김명원(金明元)은 방화죄로 2년을 복역한 후 다시 밀정질을 하던 자이다. 1925년 1월 2일 김명원은 도박장을 정탐하다가 인력거꾼 최동찬(崔東贊)을 타살하였다. 피해자인 인력거꾼 최동찬이 10전을 주면서 가라고 하자 거지취급을 한다면서 목침으로 난타하여 즉사시켰던 것이다.

이 해 8월 15일, 영변(寧邊)에서는 독립군의 아내를 첩으로 데리고 살던 전직 순사 신석린(申錫麟)이 사살되었다. 그리고 1922년 9월 9일 성천(成川)에서는 독립군의 아내 김성녀(金姓女)의 방에서 순사 동생 한태은(韓泰殷)이 사살된다. 이런 부류에게 의리·인정을 찾는다는 것은 그야말로 연목구어(緣木求魚)이다.

만주에서 관동군 헌병 오장(伍長)이던 김창룡(金昌龍 : 전 특무대장)은 해방이 되자 남하하여 철원(鐵原)으로 김윤원(金允元)을 찾아갔다. 헌병을 할 때 정보원으로 쓰면서 신세를 베푼 청년이라 믿고 찾아갔던 것이다. 그런데 김윤원은 김창룡을 고발했다. 소위 친일 반동분자로 보안서(保安署)에 수감된 김창룡은 사형선고를 받고 함흥(咸興)으로 끌려가다가 탈출, 월남하였다.

아까시, 조선인을 끄나풀로

조선에서의 밀정정치는 1908년 6월에 조선인 헌병보조원 제도가 창설되면서 본 궤도에 올랐다. 4천2백 명의 조선인을 일제 헌병의 끄나풀인 밀정으로 채용한 것인데, 그 창설자가 헌병대장 겸 통감부 경무총장이던 아까시(明石元二郎)이다. 이 자는 일본육군에서도 손꼽히는 정보장교였고 아주 우수한 밀정이었다. 후꾸오까(福岡) 출생인 아까시는 육사와 육대(陸大)를 마친 후 참모본부·주불(駐佛)공사관의 무관 등을 거쳐서 1902년 8월 주로(駐露)공사관 무관으로 부임하였다. 이 무렵은 3국간섭으로 악화된 러·일관계가 한반도 문제를 둘러싸고 날로 긴장해 가던 시절이다. 일본에서 대로개전론(對露開戰論)이 비등해 가면서 러시아와의 일전(一戰)은 조만간의 문제로 예견되고 있었다. 이런 정세 속에서 아까시는 군사력만으로는 일본이 러시아를 이길 수 없다고 판단하였다. 러시아의 취약점을 찾아 연구·검토를 거듭하던 아까시는 그 나라 제정(帝政)의 부패, 빈부의 격차, 슬라브민족과 기타 소수민족과의 갈등 등을 발견하고 쾌재를 불렀다.

'그렇다! 러시아를 이기는 방법은 이이제이(以夷制夷)이다. 자체적으로 붕괴시키는 길밖에 없다!'

아까시는 참모본부에다 공작금 1백만 엔을 청구하였다. 요새로 치면 5백억 원이 넘는 천문학적 대금인 것이다.

"무어? 1백만 엔? 추운 곳에 가 있더니 아까시란 놈 머리가 돌았군!"

참모본부는 코웃음을 쳤다. 그런데 참모차장이던 나가오까(長岡外史)가 반론을 폈다.

"1백만 엔은 확실히 거금이다. 하지만 이길 수만 있다면 1백만 엔도 싸다. 지고 난 후면 1천만 엔을 써도 소용이 없지 않은가?"

공작금 1백만 엔이 명석에게로 보내지게 됐던 것이다. 이 돈으로 아까시는 러시아의 반정부 과격파를 선동하였다. 1905년 1월 9일, 페테르부르크의 노동자 파업에서 시작된 10만여 명의 데모군중이 왕궁 앞으로 쇄도하자 발포령이 내렸다. 3천여 명의 사상자를 낸 '피의 일요일' 사건이 터지고 말았던 것이다.

러·일간의 개전 후 스톡홀름으로 옮겨 앉은 아까시는 소총 2만여 정과 탄약 4백만 발 이상을 과격파 데모대에 밀송하면서, 제정(帝政) 타도를 부채질 했다. 무장봉기가 전국적인 규모로 확산되면서 도처에서 철도가 파괴되었다. 봉천(奉天)의 러시아군 37만이 고립무원의 상태에 빠지고 말았던 것이다. 이때 봉천의 일본군에게 아까시의 밀서가 날아들었다. 로장(露將) 크로포토킨이 요청한 2개 군단의 증원병만 도착한다면 여지없이 전멸해야 할 일본군 25만이었다.

'철도파괴로 증원병력 수송 불능, 즉각 총공격을 바람!'

크로포토킨의 37만과 발틱함대가 괴멸했으나, 러시아의 육군은 아직도 수백만이 건재하였다. 그럼에도 불구하고 러시아가 전쟁의 계속을 단념한 것은 아까시의 선동으로 더욱 커진 혁명 때문이었다.

따라서 러·일전쟁은 심지어 아까시 혼자 힘으로 이겨 낸 것이라는 말까지 전해진다. 독일의 카이젤은 "아까시의 모략의 힘이 3개 군단에 해당할 만한 일을 해냈다"고 찬탄하였다.

이런 자를 조선의 헌병대장으로 보냈다는 것부터가 벌써 알만한 일이다. 전후에 아까시는 주독(駐獨)대사관 무관으로 부임했으나, 독일은 그의 첩보능력을 위험시해서 심지어 회식(會食)조차 기피하였다.

'독일인의 경계·기피로 직무수행이 불능임. 본국으로 전속을 요망함.'

10개월 만에 귀국한 아까시는 제7연대장, 5개월 만에 한국주차 헌병대장으로 부임해 왔다. 그는 착임(1907년 10월) 8개월 만에 헌병보조원을 창설하였다. 이것은 민족분열·이이제이(以夷制夷)의 수법으로 밀정을 이용해서 독립군을 잡고, 독립군의 총부리를 밀정에게 돌리게 함으로써 일제의 기관에 대한 위해(危害)를 감쇄해 보겠다는 교활·간특한 술책인 것이다. 이 술책에 말려들어서 4천 2백 명의 조선인 헌병보조원은 아까시의 주구 노릇을 톡톡히 했다. 어줍잖은 권한을 큰 권력인 양 휘둘러 대면서 도처에서 민원(民怨)을 사고, 독립군의 증오를 샀던 것이 바로 그들이다.

헌병보조원들의 암약

평북 의주(義州)가 원적인 김명옥(金明沃)이 그러한 부류의 하나였다. 1911년에 헌병보조원이 된 김명옥은 의주 우편국원인 동생 김경륜(金敬崙)과 결탁하여 독립단의 우편물을 사전에 철저히 적발해 내었다. 그는 의주출신 독립군의 거의 전부와 면식이 있었고, 그들의 본가와 가정환경까지도 지실(知悉)하고 있었기 때문에, 그들의 계책까지 손바닥 들여다보듯이 알 수 있었다.

사직권유와 사형장 송달도 소용이 없자 독립군은 마침내 김명옥의 암살계획을 세웠다. 1920년 3월 15일, 의주 자택에서 저녁 식사중이던 김명옥은 의주의 같은 동(洞)출신 병인의용대원(丙寅義勇隊員)·고준택(高峻澤) 외 2명의 피습으로 암살당했다.

평북 창성(昌盛)이 원적인 문치조(文治朝)는 헌병보조원으로 벽동군(碧潼郡) 34헌병주재소에 복무하였다. 1919년 8월 헌병경찰제가 보통경찰제로 바뀌면서 문(文)은 34주재소 순사로 복무했다. 이 자는 중국어에 능해서 벽동(碧潼) 대안(對岸) 만주땅의 독립군 염탐에 탁월한 솜씨를 보였다. 1920년 6월 8일 비번(非番)으로 자택에서 쉬고 있을 때 안면 없는 한 사람이 담뱃불을 빌리러 들어왔다. 잠시 후에 또 한 사람이 담뱃불을 빙자해서 집으로 들어섰다. 비로소 눈치를 채고 대응하려는 순간 그들의 권총이 불을 뿜었다.

문치조의 피살소식이 전해지자 평북 일대 조선인 순사들의 사직서가 산적하는 가운데 헌병보조원 출신 김택엽(金澤燁)의 암살사건이 일어났다. 이 자는 원적이 평북 벽동(碧潼)으로 일제가 염탐의 편의를 위해 연고지 배치를 원칙으로 했기 때문에 벽동서(碧潼署)에 복무하였다. 1920년 6월 25일 피살되던 날에 김택엽은 벽동읍내 천도교회에 잠입하여 간부들의 밀모를 도청, 보고하였다. 주야 3회의 변장 밀정으로 읍내 북방에 있는 음식점 앞에 이르렀을 때 저격을 당했다. 김택엽은 헌병보조원으로 만세시위를 잘 진압함으로써 전후 3차의 포상까지 받은 바 있었던 밀정의 골수였다.

이 부류의 헌병보조원은 순사·밀정으로 풀리고, 더러는 부랑자·사기꾼이 되는 예도 있었다. 1924년 2월 12일 동대문서에 검거된 차상호(車相鎬)는 헌병보조원 → 순사보 → 간수 등을 거친 자이다. 간수를 그만 둔 후로는 운동비·사례금의 갈취와 부호의 심부름꾼으로 변장한 후 그 거래처로부터 금전과 물품을 사취하는 것으로 업을 삼다시피 하였다. 김영우(金永祐) 외 수십 명을 상대로 이런 식의 사기행각을 벌이다 검거를 당하게 됐던 것이다.

요화(妖花) 배정자의 행각

조선에서 밀정의 효시로 지목할 만한 여자가 배정자(裵貞子)이다. 이 여자는 김해(金海) 고을 아전이던 배지홍(裵祉洪)의 딸로 1870년에 출생했다. 어려서의 이름은 분남(粉南)이었다.

대원군 계열의 졸개이던 그녀의 부친은 민비(閔妃)의 집정으로 투옥된 후 대구 감옥에서 사망한다. 눈먼 편모와 함께 유랑의 신세가 된 배(裵)는 12세에 밀양에서 기생으로 팔린다. 이 노릇이 싫어 도망친 그녀는 양산 통도사의 구연(九淵) 스님에게서 우담(雨潭)이란 승명을 얻고 근 2년 불경을 외웠다. 다시 사바세계로 도망쳐 유랑하던 중 부친과 안면이 있던 동래부사(東萊府使) 정병화(鄭秉和)에게 발견되어 일인 무역상 마쓰오(松尾)에게 맡겨졌다.

마쓰오는 배정자를 오사까(大阪)로 데려갔다. 그 곳에서 개화파 망명객 안경수(安駉壽)에게 맡겨진 배정자는 그의 후원으로 구마모도(熊本) 상망(尙網)여학교를 다니다 김옥균(金玉均)에게로 넘겨진다. 여기서 그녀는 이또 히로부미(伊藤博文)를 만났다. 18세의 재색(才色)이 쓸 만했기에 이또(伊藤)는 그녀를 하녀 겸 양딸로 삼아서 세뇌, 밀정교육을 실시하게 됐던 것이다.

지난날 유랑의 신세가 오늘은 일본의 최고 권신을 아버지로 부르는 몸이 되었다. 이만하면 대일(對日) 경사의 도(度)도 짐작될 것이, 죽으라면 죽는 시늉쯤 할 판이다. 승마·수영·사격술·변장술의 밀정교육과 함께 친일성이 확고하게 주입되자 이또는 그녀를 조선으로 밀파했다.

21세 되던 봄, 부산에 상륙한 배정자의 행장에는 김옥균이 어윤중(魚允中)·김홍집(金弘集)에게 보내는 편지와 안경수의 밀서가 들어 있었다.

한때는 국사범과 내통혐의로 투옥됐으나, 이또의 양딸이라 곧 석방되었다. 통역이란 이름으로 일본공사관에 체류하던 그녀는 고영근(高永根)·김영진(金永振)·이용복(李容復)을 통해서 대궐에 소개되었다. 고영근은 민비(閔妃)시해 주동자의 하나인 우범선의 암살자로서 대궐의 신임이 두터웠고, 김영진과 이용복은 엄비(嚴妃)의 조카사위이다. 엄비를 통해서 고종(高宗)을 알현할 때 배정자는 엄비의 친척 오라버니의 딸로 소개되었다.

배정자의 자색을 고종은 후원에 만개한 모란꽃에 견주어 칭찬하였다. 고종은 배정자에게 공사 하야시(林權助)의 통역이며 그쪽의 동정을 잘 살펴서 알려 달라고도 하였다. 그녀는 족보에 없는 엄비의 질녀로 고종의 신임과 총애를 입으면서 대궐에 무상출입을 하였다. 러·일관계가 먹구름을 몰고 오던 1903년 말이었다.

이 무렵에도 고종은 민비시해의 악몽을 씻어 내지 못하고 있었다. 친일 개화파의 쿠데타설이 끈질기게 전해지자 고종은 평양으로 이어(移御)했다가, 기회를 보아 블라디보스토크로 외행(外幸)한다는 계획을 세웠다. 그때는 배정자를 동반한다는 분부였다. 이 1급 기밀을 배정자는 일본공사관으로 넘겼다. 배의 사전탐지로 그것을 좌절시키지 못했다면, 러·일전쟁에서 일본이 결정적으로 불리했을 것이라고 일제의 문헌은 기록하고 있다.

이 무렵으로부터 이또의 통감시절이 배정자의 제1의 전성기였다. 18세에 남편으로 삼았던 전재식(轉在植)은 경응의숙(慶應義塾)을 다니다 23세로 요절하였다. 35세 독신녀인 배정자는 일본공사관 어학교사이던 현영운(玄英運)과 재혼하였다. 이래 현영운은 육군참령 → 육군참장 → 육군총장 → 삼남순무사(三南巡撫使) → 궁내부대신 서리로 단기간의 파격적 승진을 했으니 배정자의 입김을 짐작할 만도 하다. 배정자는 왕실과 일본공사관을 오가면서 고종을 강제 퇴위시킬 때도 한몫의 역할을 담당, 그 요괴성 발휘의 정점을 이루었다.

이또가 횡사하고 병합으로 일거리마저 없어지면서, 배정자는 끈 떨어진 뒤웅박 신세가 되어 버렸다. 이것을 주워서 헌병사령부 촉탁(즉 밀정)으로 기용한 사람이 밀정왕 아까시이다. 군사간첩으로 재생한 배정자는 시베리아 출병의 일본군을 따라 대륙으로 갔다.

볼셰비키혁명을 간섭하기 위해서 일제의 시베리아 출병군은 백로군(白露軍)을 원조하면서 소(蘇)·만(滿) 국경에 완충국 수립을 획책하였다. 고산(孤山)마적단의 부두목이던 일녀(日女) 시베리아 오끼꾸(御菊)와 가고시마(鹿兒島) 출신의 마적 대두목 이쯔미(逸見勇彦) 등이 일제의 모략마적으로 대활약을 한 것이 이 무렵이다. 배정자는 중국인 마적단을 포섭하기 위해 두목의 침상에 들고, 상당 기간 동거도 했다고 한다.

1919년 4월, 북경(北京)공사를 거쳐 초대 관동청(關東廳) 장관이 된 하야시는 배정자를 외무성 촉탁(역시 밀정임)으로 승급시켰다. 봉천(奉天)영사관 소속으로 남만주 일대의 조선인을 정탐하게 했던 것이다. 배정자는 조선총독·군사령관·경무국장 등의 후원하에 밀정단체 보민회(保民會)를 창설한다. 이것은 일진회(一進會) 잔당인 제우교도(濟愚敎徒)를 중심으로 조직된 것인데, 배정자는 제우교(濟愚敎)의, 성부인(誠夫人)으로 발기인에 참가하여 고문을 맡았다.

1922년에 잠시 귀국한 배는 경무국장 마루야마(丸山鶴吉)에 의해서 경무국 촉탁(밀정)으로 임명되었다. 그후 다시 중국으로 밀파되어 상해·북경·사천·남경을 전전하면서 밀정업에 종사했다.

그녀는 1924년에 첩보 제1선에서 은퇴한 후에도 촉탁이란 명목으로 총독부의 급료를 받았다. 태평양전쟁중에는 늙은 몸으로 여자 정신대(挺身隊)를 이끌고 남방으로 일본군 위문을 가곤 하였다.

'보민회와 최정규를 쳐부술 것'

보민회(保民會)는 만주에서 관의 힘이 미치지 못하는 오지(奧地)를 중심으로 1920년 봄에 조직되기 시작했다. 이들은 독립운동자 색출을 위한 무장 밀정단체인데, 회원에게는 다음과 같이 밀고의 의무가 부과되었다.

> 보민회의 제1은……단체의 힘으로 공동의 적인 불령선인의 횡포를 막는 데 있다. 회원들에게는 만약 불령자가 나타났을 때 반드시 몰래 보민회 간부에게 통보하는 의무를 지게 한다. 간부는 이 통보를 중국경찰에 알려……(『조선통치사료』(朝鮮統治史料) 중 재만(在滿) 조선인 문제).

총독부의 사주로 배정자가 선동해서 조직하게 한 보민회의 중심은 한말 일진회의 잔당인 제우교도들이었다. 이들은 밀정질은 물론, 산하에 특설된 무장 자위단으로써 독립군을 토벌하고 무고한 양민까지 총살하였다.

초대 회장 최정규(崔晶圭)의 횡포가 특히 더했는데, 창설 직후인 1920년 4월 11일, 최정규는 독립군 장기정(張基正)을 체포하여 무기와 서류를 압수한다. 이러한 악행의 편모(片貌)를 소개하면 이렇다.

> 봉천성(奉天省) 개원(開原)에 거주하는 수천 명의 조선동포는……얼마 전에 자미스럽지 못한 분자의 조종으로, 주민대회를 열고 배아무개가 회장이 되어 정의부(正義府)를 대항한다는 것을 구실로 소위 자위단을 조직하고, 박아무개를 단장으로 내어 권총 삼십여 자루를 사다가 무뢰배에게 분배하고, 일방으로는 각지 촌락으로 횡행하며 입회를 강권하여 회비로 봉표(奉票) 7

원을 징수하되, 만일 그에 응하여 입회치 않으면 형용키 어려운 횡포한 잔행을 다하여 동지(同地)에 거주하지 못하도록 축출을 시키는 등……그 무뢰배의 악행과 박해는 날이 갈수록 더욱 심하여 가는데, 그 단체는 기미운동이 일어나던 이듬해 홍경현(興京縣)에서 친일파 최○규(崔○圭)를 선두로 소위 보민단(保民團)이라는 단체를 조직하여 수백 자루의 권총을 얻어 무장하고, 소위 재만(在滿) 조선인 토벌대란 이름으로 홍경(興京)·통화(通化) 일대에 거주하는 양민 동포 다수를 무수히 총살한 보민단과 같은데……(『동아일보』, 1927. 5. 28).

이 최정규는 한말 이래의 친일파였다. 1909년 12월 4일, 이용구는 일진회, 호왈 백만교도의 이름으로 황제·내각과 통감에게 합방청원서를 제출하였다. 전국민이 분격하는 가운데 집주름단체 한성보신사(漢城普信社)의 장(長)이던 최정규는 소속단체 명의로 일진회의 합방청원을 지지·찬성하는 서약서를 제출했다. 그런데 그 서약서란 것이 밑도 끝도 없는 엉터리였다. 공금 기채(起債)를 이유로 간부들의 백지날인을 얻어서 합방찬성서로 도용(盜用)했기 때문에, 이학재(李學宰)와 함께 한성보신사에서 쫓겨났다.

그후 최정규는 만주에서 보민회 초대회장으로 취임하고, 일본 외무성 촉탁이라는 의젓한(?) 직함까지 소유하였다.

이 단체가 전술했듯이 악행을 거듭하자 1921년 12월 6일, 장백(長白)·임강(臨江) 두 현(縣)의 독립군이 대표자회의를 열고 아래 사항을 결의하였다.

보민회·조선인회는 일본기관의 어용기관으로서 독립운동의 방해가 되므로 처부술 것. 전항의 실천을 위해 모험대를 조직할 것……

보민회를 상대로 한 독립군의 피의 투쟁이 시작되었던 것이다.

보민회를 향한 독립군의 총구

최초의 총성은 1921년 1월 25일 환인현(桓仁縣) 동구(東區) 횡도천(橫道川)에 울려 퍼졌다. 보민회 지회장 이달현(李達賢)이 독립군 8명의 습격으로 살해된 것이다. 같은 해 10월 26일, 흥경현(興京縣) 규포구(揆浦溝)에서는 보민회 순회 선전대 일행 8명이 최진진(崔振鎭)·이광호(李光浩) 이하 수명의 정의부원(正義府員)에게 피습되었다. 평북 순사부장으로 신빈보(新賓堡)의 보민회 감독으로 출장근무중이던 오가와(小川喜一 : 순사부장)와 통역 백용범(白用範)이 살해되고 강경해(姜鏡海)가 중상을 입었다.

이렇게 되자 보민회 간부들의 피신이 잇달으면서, 한때 회(會)의 기능까지 유명무실해졌다. 이 무렵 1923년 정월, 집안현(輯安縣)의 이완구(李完九)란 자가 봉천에 와서 보민회 부활운동을 벌였다. 이 자는 통의부원(統義府員)의 습격으로 그의 3남이 총살당한다. 이 해 1월 3일, 해림(海林)과 일면파(一面坡)에서는 시베리아에 잠입한 10명의 결사대에 의해 10여 명의 보민회 간부가 총살되었다.

이듬해 1924년 6월 7일, 봉천시내 오도마치(沱町)의 최정규 집에 마침내 불벼락이 떨어졌다.『조선일보』만주지국장 신명구(申明球)의 안내로 통의부원 3명이 저승사자의 임무를 집행하러 왔던 것이다. 이 신명구는 경무국장 마루야마(丸山鶴吉)로부터 월급 1백20원에 밀정질을 하도록 종용을 받아 온 사람이었다. 생명이 위태하다는 구실로 밀정을 거절하면서, 신명구는 재만동포를 위한 사명감으로 신문지국을 하고 있었다.[2]

김광추(金光秋 : 반장)·김병현(金炳賢)·박상만(朴相萬)으로 된 통의부 암살반은 중대장 김홍봉(金鳴鳳)의 지령으로 6월 1일 무순(撫順)에 도착하였다. 조선인회 구장(區長) 윤영기(尹永基)의 안내로 이들은 정갑주(鄭甲柱)의 집을 습격하였다. 무순의 조선인 민회(民會) 서기 정갑주는 독립군을 잡아서 일인에게 넘겨 준 죄과가 있었다. 정갑주와 아들이 즉사하고 정의 아내가 중상을 입었다.

봉천으로 이동한 암살반은 신명구의 안내로 최정규의 집을 덮쳤다. 석달 전인 3월 4일, 통의부 의용대원 유석정(柳錫貞)이 암살을 기도하다 실패했던 것이다. 유석정은 체포·투옥된 후 악형을 견디다 못해 감방에서 목을 매고 자살했다. 박상만과 김병현이 문 밖에서 망을 보고 김광추가 안으로 들어갔다. 최의 장모 이씨와 허균(최의 처?)이 사살됐으나 최정규는 2층에 숨어서 무사하였다.

---

2) 밀정질에 대한 반대급부는 천차만별이다.『조선일보』만주지국장(중졸)에 대해서는 월 1백 원이 제의되었다. 당시의 평균곡가는 20원 내외, 총독부·경무국의 고용밀정은 기밀비 등에서 지급되었고, 경찰서의 고용밀정은 관내에서 징수한 잡부금으로 지급하였다. 밀정의 비중에 따라 월 10여 원에서 수백 원까지가 지급된 것 같다.

보민회에 대한 투쟁은 이 밖에도 부지기수이다. 1921년 5월에는 창성(昌城) 출신의 보민회 지부장 오촉흥(吳蜀興)이 벽창(璧昌)의용단 한동진(韓東振) 등에게 사살되었다. 1922년 9월 26일에는 집안현(輯安縣) 통구(通溝) 성서(城西)에서 지부장 이관주(李寬冑)의 아들 희경(喜敬)과 보민회원 이봉성(李鳳成)·이봉준(李奉俊) 외 1명이 납치된다. 1923년 5월에는 통화현(通化縣) 지부장 이동성(李東成)의 아들이 독립군 4명에게 납치된다. 1924년 8월 6일에는 금산읍(禁山邑) 수침동(水砧洞)으로 피신, 귀가해 있던 전 보민회장 배영걸(裵永杰)이 독립군에게 피납된 바 나중에 시체로 발견되었다.

독립군 토벌에서 밀정질을 하다 암살된 보민회원은 간부 9명과 지부회원 3백 41명이다. 배정자는 보민회 감독자 상장청(相場淸)에게 '불령선인과 싸우다 숨진 이들 황국(皇國) 용사들의…… 유족들이 살아갈 수 있도록 간도(間島)에다 농토를 마련해 주어야 한다'는 건의를 한 바 있었다.

친일파 밀정 선우 형제

형인 선우순(鮮于鏚)은 친일 대동(大東)동지회장으로 중추원 참의를 한 친일파이다. 친일파는 친일파로되 이 자는 밀정 색채가 농후한 친일파였다. 동생인 선우갑(鮮于甲)은 일본경시청 고등계 형사 등을 한 밀정이다.

1919년 2월 8일, 동경 YMCA에 모인 유학생들이 독립선언서를 낭독하였다. 민족자결과 대일혈전(對日血戰)의 선언으로 회장의 분위기는 쇠를 녹일 듯이 작열하였다. 연설이 끝나고 시가행진용 태극기가 배부되고 있을 때 경시청의 순사들이 들이닥쳤다. 난투극이 벌어지면서 회장은 삽시간에 수라장으로 변했다.

유학생 감시역이던 형사 선우갑(鮮于甲)이 이때 맹활약을 하였다. 문제학생을 하나 하나 지적해서 남김없이 체포하게 했던 것이다. 현장에서만 50여 명이 체포되고 엄중한 취조를 거쳐 주동자 10여 명이 재판에 회부되었다.

그후 선우갑은 사이또의 지령에 따라서 기자라는 명목으로 도미하였다. 3·1운동으로 악화된 국제여론을 일본에 유리하도록 선전하기 위해서였다. 이들은 총독부의 선전자료와 필름 등으로 총독 선정설(善政說)을 선전하였다. 또한 재미(在美)교포의 독립운동에 대한 선우갑의 내사는 일본군부와 국회에도 보고되어 정책자료가 되곤 하였다.

『동아일보』1923년 12월 7일자가 보도한「죽동궁(竹洞宮)을 중심(中心) 삼고 선○○(鮮○○)의 흑수(黑手)」란 표제는 선우갑에 관한 기사가 아닌가 짐작된다. 내용은 '동경에서 오랜 동안 형사노릇 하던 선○○(鮮○○)'이 죽동궁 재산정리위원에 추천되었음을 기화로 하여 운동비 명목으로 '일만 원을 횡령·소비'했다는 것이다.

민비의 양오라버니가 승호(升鎬), 그 양자가 영익(泳翊)이라, 민영익은 민비의 친정 조카 뻘이다. 민영익이 상해(上海)에서 사망했을 때 적출 소생은 없고 중국인 소실 소생인 민정식(閔庭植)이 어린 나이로 본가 (죽동궁)의 30만 석 재산을 상속하였다. 상해 출신인 민정식이 조선의 물정에 어두운 것을 기화로 해서, 죽동궁에서는 온갖 사기·협잡배들이 백귀야행(百鬼夜行)의 난장판을 벌인다. 마침내 10년 미만에 상속받은 30만 석을 풀을 쑤는데, 전기『동아일보』의 보도도 이런 협잡극의 한 토막이다. 이 1만 원 사건은 '모 방면에서 적지 않게/ 옹호'를 하는 바람에 유야무야되고 말았다.

선우갑은 그후 중국으로 밀파되었다. 상해·북경 등지에서 밀정질을 하다 임정 경무총장 김구(金九)에게 붙잡혔다. 다시는 밀정을 안 하겠다고 애걸복걸해서 풀려났으나, 그후도 밀정질은 여전하였다.

이 자의 형 선우순은 평남지사 시노다(笑田治策)의 사주와 후원으로 친일 대동(大東)동지회를 조직하였다. 이 단체는 일선(日鮮)융화·공존공영(共存共榮)을 내세워 평안도 지방의 독립의욕을 파괴하려던 반(反)독립 모략단체였다. 이 공로(?)로 1921년에 중추원 참의가 되자 선우순은 제 세상을 만났다. 총독관저와 일본을 뻔질나게 드나들면서 배족(背族) 행위를 하는 것이다. 수상 하라(原敬)를 만나서 일선융화의 강화(强化)와 독립반대를 건의했고, 재계 거물 시부사와(澁澤榮一)에게는 조선인의 사상선도를 위한 자금을 청하곤 했던 것이다.

1922년 2월, 선우순은 독립단 안주(安州) 지단장 홍이도(洪彛道)의 아들 홍성하(紅性夏) 외 수명으로부터 사기취재 혐의로 피소되었다. 독립단 혐의로 투옥된 홍이도·안창일(安昌日) 등을 석방 또는 가출옥시켜 준다면서 운동비 명목으로 5백 원, 1천 원 등을 사취했다는 것이다. 평남지사 시노다는 총독의 양해를 얻어 담당 조선인 검사를 일인(日人)으로 바꿔치기함으로써 선우순을 불기소처분하였다.

그후 1924년 2월 25일, 평양조(平壤組)의 인력거꾼 박만성(朴萬成)이 선우순을 상대로 인력거 삯전 청구소송을 제기하였다. 1922년 3월부터 1923년 7월까지의 인력거 삯 3백여 원 중 미불된 1백49원을 갚으라는 것이었다. 이 해의 평균곡가가 19원이라, 소가(訴價) 1백49원은 현재의 50만 원 이상이다. 선우순은 갚았다고 주장했으나, 날품팔이 인력거꾼으로서는 소송비의 조달부터가 쉬운 일이 아니었을 것이다.

다물단, 김달하 살해

김달하(金達河)는 의주 출신으로 한학(漢學)에 깊고, 박학다식한 학자이었다. 서울서 중학교사를 하다 1915년 무렵에 북경으로 갔는데, 망명설 또는 총독부의 밀명에 의했다는 설 등으로 갈린다.

그야 어떻든 지사적인 풍모의 소유자이던 김달하가 중국에서 망명객 다수와 교류했던 것은 사실이다. 그는 우당(友堂) 이회영(李會榮)의 집에도 자주 드나들었고, 심산(心山) 김창숙(金昌淑) 그리고 안창호(安昌浩)·이승훈(李承薰)과도 교분이 있었다. 10여 명의 가족을 거느린 김달하의 북경생활은 다른 망명객들과 달라서 꽤나 안락한 편이었다. 김달하는 중국정부의 참의벼슬도 한 적이 있다는데, 중국에 입적(入籍)했다는 일설이 있다.

이 무렵 북경에서 선우갑은 일제의 밀정으로 유명하였다. 그리고 언제부턴가 선우갑의 꼬임에 넘어간 김달하가 일제의 고급 밀정으로 일본공사관에 이름까지 올라 있다는 소문이 돌기 시작했다.

1922년 봄 세계기독교학생연맹회 참석차 북경에 들른 이상재(李商在)·김활란(金活蘭)이 김달하의 집에 묵고 있었다. 이때 김창숙은 이상재를 방문한 자리에서 김달하를 처음 만난 후, 가끔 만나서 경사(經史)를 토론하곤 하였다.

그런데 어느 날 안창호가 김창숙에게 말했다.

"자네 김달하가 일본의 밀정인 것을 알고 있나?"

김창숙이 놀라며 반문했다.

"나야 금시초문이지만, 그걸 알면서 자네는 왜 김달하와 접촉하는가?"

"낭설이겠지. 사실이 아니라고 믿으니까 만나는걸세."

안창호는 김달하 밀정설을 부인하였다. 때문에 김창숙은 김달히를 동지로 믿고 전과 다름없이 접촉하였다.

그런데 어느 날 김달하가 김창숙에게 말했다.
"앞날을 생각하면 조선독립도 참 막연하지요. 이국(異國)에서 고초만 겪어야 하니 딱하지 않습니까?"
"고생이야 각오를 한 것, 혁명가의 본색이 아니겠소?"
"그게 아닙니다. 선생 생전에 독립이 안될 것은 뻔한 노릇이예요. 고생하느니 귀국해서 안락한 가정을 누리시는 게 어떨까요? 하도 딱해 보여서 제가 총독부에 사전교섭을 했습니다. 경학원(經學院) 부제학(副提學) 자리를 비워 놓고 기다리는 중이니 귀국을 하시지요?"

김창숙은 호통을 치고 뛰쳐나왔다. 그리고는 모든 동지들에게 김달하의 괘씸한 언동을 이실직고하게 됐던 것이다. 대책을 강구해야 한다고 핏대를 올렸지만, 김창숙에게는 그럴 여가조차 없었다.

얼마가 지난 1925년 3월 30일, 급한 용건을 빙자한 두 청년이 김달하의 집을 방문하였다. 방문객이 잦았던 터라 가족들은 의심 없이 안으로 맞아들였다. 어울려 담소를 하다 비밀한 이야기가 있다는 바람에 가족들은 자리를 피해 주었다.

그리고 꽤나 시간이 지났다. 기척이 없기에 열어 보니, 청년들도 김달하도 없었다. 함께 외출을 했나 보다 생각하며 며느리가 저녁을 지으러 나갔다가 외마디 소리를 질렀다. 김달하의 시체가 아궁이 속에서 발견된 것이다. 그 무렵 북경에서 갓 조직된 다물단(多勿團) 청년 이아무개 외 1명이 나간 뒤였다.

신출귀몰 이수홍을 보는 눈초리

1933년 8월 상해 삼덕양행(三德洋行) 주인으로 무역을 하던 옥관빈(玉觀彬)이 밀정혐의로 사살되었다. 행동대는 김구의 부하인 김창근(金昌根)·한도원(韓道源)이었다. 같은 해인 1933년 12월에는 옥관빈의 동생으로 상해 프랑스 조계(租界) 공부국(工部局) 직원이던 옥성빈(玉成彬)이 밀정혐의로 살해된다. 행동대는 맹혈단(猛血團) 또는 아나키계(系) 한인청년동맹이라 한다.

1935년 3월 25일에는 상해 유신리(裕新里) 상해거류민 회장 자택에서 이용로(李容魯)가 살해된다. 행동대들은 현장에서 이용로를 처로 둔 박숭복(朴崇福)에게 체포됐는데, 재만(在滿) 조선인 무정부주의자연맹원이던 엄순봉(嚴舜奉)·

이규호(李圭虎)였다.

　1937년 11월 11일에는 상해 메투루스트로(路)의 카페 난텐스에서 점심중이던 이갑녕(李甲寧)이 조선인 3명의 저격으로 부상을 입었다. 당시에 상해거류 조선인 민회장이던 이갑녕은 상해사변 때 의용단을 통해서 일본군의 작전을 크게 도왔다. 일본영사관과의 공동 지도하에 청·장년 다수로 진지를 구축, 군수품 하역작업·통역·간호·취사 등에 투입했던 것이다.

　그는 항일진영의 저격을 받은 후에도 일본 외무성 촉탁 겸 일본인 상해거류민단 촉탁으로 상해 계림회(鷄林會 : 이사)·계림청년단(단장) 등의 어용단체를 주동하였다.

　1920년 12월 4일, 보합단(普合團) 특파대장 김도원(金道源)이 운니동 변석연(邊錫淵)의 집으로 군자금을 받으러 갔다. 이때 변(邊)의 집에는 밀고를 받고 온 3명의 경찰대가 잠복해 있었다. 밀고자 변덕영(邊德永)은 김도원(金道源)이 들어서자 대문을 걸어 퇴로를 차단했다. 김도원은 이 곳에서 이정선(李廷善)·곤도오(近藤) 두 순사를 사살하고 체포됨으로써 보합단의 관공서 폭파계획은 실패로 돌아가고 말았다.

　요인암살과 군자금 모집을 위해 잠입한 참의부원 이수흥(李壽興)은 1926년 7월 10일 동소문 파출소에서 도꾸나가(德永)순사를 부상시켰다. 피신한 이수흥은 이천(利川) 유남수(柳南洙)의 집에 은거하면서 그의 형 유택수(柳澤洙)와 함께 9월 9일 안성의 박태병(朴泰秉)에게 군자금을 청한다. 일꾼들과 합세하여 포박하려 드는 바람에 박태병을 사살하고, 김춘명(金春明)·임광일(林光一)을 부상시켰다.

　도주한 이수흥은 9월 28일 여주의 부호 이민응(李敏應)에게 군자금을 청했다. 10월 20일 이천 식산회사에서 주겠다기에 이수흥은 그 곳에 갔으나 경관대가 잠복해 있었다. 인근 백사(柏沙) 주재소를 습격하고 퇴각하는 노상(路上)에서 그 지방 교장의 처 이노우에(井上花惠)에게 총상을 입혔다. 백사 면사무소로 간 이수흥은 밀고의 염려가 있는 면서기 송천의(宋天義)를 사살하였다.

　구사일생으로 서울에 잠입한 이수흥은 10월 25일 수은동 대성호(大成號) 전당포에 침입하여 군자금 5천 원을 요구했다. 경영주 전익영(全益榮)은 불응하고, 그의 형 전기영(全基榮)이 밀고차 탈출을 시도하기에 전기영을 사살했다.

　부친의 부음을 듣고 장례를 치른 후 이수흥은 이천 유남수의 집에 잠복해 있다가 11월 6일 6촌 형 이준성(李俊聖)의 밀고로 체포되었다. 전후 4개월을 신출귀몰할 동안 이수홍의 주위에는 항상 밀고자의 눈초리가 번뜩이고 있었던 것이다.

1932년 3월 30일, 동일(東一)은행 장호원(長湖院) 지점에서 군자금 1만 2천원을 턴 조선혁명군 이광룡(李光龍)은 철통 같은 비상망을 뚫고 원주군(原州郡) 문막리(文幕里)까지 도피하였다. 여기서 그는 이인구의 밀고로 체포된다.

평안도·황해도 일대를 신출귀몰하면서 군자금을 모집한 서원준(徐元俊)은 1932년 6월 11일 원대복(元大福)의 밀고로 체포된다. 3·1운동으로부터 겨우 10년 안팎, 일제의 밀정정치는 우리의 독립투사가 국내에서는 발붙일 땅이 거의 없다시피 할 정도로 극성을 부리고 있었던 것이다.

만주의 '여우'와 '꿩'들

한편 간도(間島)지방에서는 나남(羅南)의 제19사단 관리로 북방특무기관이 1922년 용정(龍井)에, 그 분파기관이 훈춘에 설치되었다. 1938년 12월에 북방특무기관이 관동군 관할로 옮겨지면서 연길(延吉)에 본부기관, 훈춘·춘화(春化)·노문(圖們)에 분파기관이 개설된다(춘화·도문은 1941년 개설). 흑하(黑河)·하얼삔·밀산(密山)·수분하(綏芬河)·하이라르·부금(富錦) 등 각처의 특무기관은 창설 당초부터 관동군 관할이었다. 이들 특무기관은 1940년 4월 관동군 정보부 관할로 개편·통솔되었다.

이 밖에 관동군 헌병대가 있었고, 만주국 치안부 경무사(警務司)의 외국(外局)으로 관동군의 지배를 받는 보안국(保安局)이 있었다. 한편 만주국은 관동군의 지도로 경찰서장 책임하에 1934년부터 보갑법(保甲法)을 전면 실시하였다.[3]

이것은 만주의 전체 주민을 10호 단위인 패(牌)와 10패(牌) 단위인 갑(甲), 1개 경찰서 구역 단위인 보(保)로 편성하여 정보책임과 치안 연대책임을 지우는

---

3) 압록·두만강 일대에는 부락민들로써 자위단이 조직되었다. 이들에게는 밀정역할과 함께 주재소·경찰관 출장소의 경비임무가 강요되었다. 만주에서는 전체 주민들로써 보갑(保甲) 제도가 실시되었고, 정보책임과 치안 연대책임이 부과되었다. 압록·두만강 연안의 주민과 만주의 전주민에게 권력으로, 혹은 법제(法制)에 의해서 밀정역할이 강제되고 있었던 것이다.

제도이다. 또한 보갑단(保甲團)은 산하에 무장 자위단(自衛團)을 의무적으로 설치하여 일(日)·만군(滿軍)의 토벌작전을 보조하도록 강요되었다. 만주의 전체 주민이 관동군의 정보요원·보조병력처럼 되고 만 것이다.

관동군의 특무기관, 특히 훈춘·봉천기관(奉天機關) 등이 대소(對蘇) 첩보 및 독립군 투항공작을 중추적으로 수행했는데, 그 하나가 관동군 정보과 직할로 수행된 '이해천(李海天)공작'이다. 독립전선에서 변절한 이해천을 이용해서 대소(對蘇) 정보수집 및 독립운동자 회유공작을 벌인 것으로 1936~37년에 걸쳐서 실시되었다.

이러한 각종 루트에 의해서 투항자가 생기면 이것을 간도협조회(間島協助會 : 1934. 8. 결성) 같은 집단으로 편성하여 투항공작에 재투입한다. 또한 일제는 조선인 청·장년으로 국경감시대(35년 편성), 조선인 간도특설대(間島特設隊 : 1938. 12. 창설) 등의 무장집단을 만들어 정보·토벌에 이용하였다.

이종형(李鍾滎)이 조직했다는 초공군(剿共軍) 사령부란 것도 일제와의 결탁으로 생겨난, 왕년의 보민회(保民會) 재판이었다. 반민특위의 기소문에서 그 행적을 살피면 다음과 같다.

    피고 이종형은 일본헌병의 앞잡이로서 소위 초공군 사령부를 조직하여 자신이 고문과 재판관에 앉은 후 돈화(敦化)·동만(東滿) 일대를 배회하면서 공산당원을 토벌한다는 구실로 애국지사 50여 명을 체포, 그 중의 17명을 학살했고, 만보산(萬寶山)사건을 보도한 애국지사 김이삼(金利三)을 길림(吉林)에서, 독립운동가 승진(承震)을 길림 강남공원에서 각각 암살했고, 하얼삔의 독립운동가 남자현(南慈賢)을 밀고하여 옥사케 했다. 피고는 1941년 귀국하여 총독부의 팔목(八木)·고천(古川) 등과 접선, 북경지방에 있던 장명원(張明遠)·권태석(權泰錫)·김만룡(金萬龍)·김선기(金善基)·이상훈(李相薰)·박시목(朴時穆) 등 애국지사를 밀고하여 투옥시키고…….

독립군에서 밀정을 '여우', 친일파를 '꿩'이라는 은어로 불렀다. 국권투쟁을 하던 지사들 중에는 일제 밀정정치의 하수인(下手人) '꿩'과 '여우'들의 먹이가 된 사람들이 이렇듯 수없이 많았다.

정의부(正義府) 총사령 오동진(吳東振)은 김종원(金宗源)이라는 '여우'의 꼬임에 빠져서 체포되었다. 평북 고등과장 김덕기(金悳基)가 광산왕 최창학(崔昌

學)과 모의한 후 밀정 김종원(金宗源)을 시켜서 말하게 했던 것이다.
"최창학이 군자금 1백만 원을 내겠다고 하는데, 장춘(長春)에서 만나 상의하자고 합니다."
하산한 오동진은 1927년 12월 길림에서 장춘 사이의 흥강산(興降山)역에서 잠복 형사대에게 체포되고 말았다.

5개의 적기관 7가지 악

조선혁명당 중앙집행위원장인 현익철(玄益哲)도 1931년 봉천(奉天)에서 밀정 정치곤(鄭致坤) 때문에 체포되었다. 한국독립당 최고위원 김동삼(金東三)도 밀정에 의해서 체포된다.
통의부 15년에 군자금 모집 2백72회와 경찰서 습격 30여 회, 일본인 살상 4백명 이상의 전과를 올린 이응서(李應瑞) 장군도 마찬가지였다.
총독부·조선은행 등을 폭파하고 총독 이하를 암살하려던 김시현(金始顯)·황옥(黃鈺)의 의열단(義烈團) 계획은 폭탄까지 무사히 반입했으나, 동지로 믿었던 밀정 권태일(權泰逸)의 밀고로 거사모의는 수포로 끝나 버렸다.
이처럼 일제는 민족분열＝이이제이(以夷制夷)의 전술효과를 십분 활용했다. '천궁(天宮 : 총독)' '지궁(地宮 : 헌병사령관)'과 '대호(大虎 : 수비대장)' '늑대'(헌병분견조장)를 잡아야 할 총탄의 상당수가 '여우'와 '꿩' 사냥으로 소모되곤 했던 것이다.
의열단에게는 5개소의 적(敵)기관 파괴와 7악(惡)의 제거가 실천목표인데, 전자인 적기관이 총독부·동척(東拓)·매일신보사·경찰서·은행 기타 주요기관이다. 후자인 7악(惡)은 총독부 고관·군(軍)수뇌·대만총독과 독립군 군자금은 내지 않고 밀고로 때우던 반민족적 토호(土豪)·열신(劣紳)·친일파와 밀정이었다.
이들 밀정이 김종원(金宗源)·권태일(權泰逸)의 경우처럼 광복 제1선에까지 잠입, 독립전선에 막대한 피해를 입힌 경우가 적지 않았던 것이다. 김좌진(金佐鎭) 장군이 배반한 그의 옛 부하 김일성(金一星)·박상실(朴相實)에게 암살당한 것도 그 한 예다. 즉 밀정들은 단순히 독립진영의 몇 사람만을 잡은 것이 아니었다. 그 안에 불신과 분열을 이식함으로써 통일된 전력을 파괴한다는, 보다 근원적인 죄악을 실천했던 것이다.

그리고 그들은 일제의 방탄막이 되어 일본인 대신 독립군의 총을 맞고 죽어 갔다. 침략자들은 겹겹으로 둘러친 밀정의 방탄막 속에 숨어 안전하게, 최소한의 희생만으로 식민지배를 계속해 갔던 것이다.

일제말 친일군상의 실태

친일의 해석문제

우리 민족사에서, 일제 말엽의 친일행위는 학문으로든 감정으로든 아직껏 정리된 기억이 없다. 항간의 막연한 반응으로 다음 몇 가지가 있음을 알 뿐이다.

첫째, 오욕의 역사니까 건드리고 싶지 않다는 은폐론이다. 그러나 영광의 기록만이 역사는 아니다. 또한 오욕으로 말하면 임란·호란·국치와 분단이 전부 오욕이다. 계절에 사계가 있듯이, 민족사에도 영욕의 소장은 있는 것이다. 3·1운동이 여름의 무성한 기록이라면 친일은 참담한 동면이다. 동면기를 모르고 건국이라는 맹아기를 말할 수 없기 때문에 친일은 결코 은폐의 대상일 수 없을 것이다.

다음, 당사자나 가족의 체면을 위해서 덮어두었으면 하는 인정론도 있다. 그러나 사(私)를 위해서 민족사를 파묻어 버릴 수는 없는 일이다. 이렇게 멸공봉사한다면, 사를 위해서 국가나 민족을 팔 수도 있단 말인가? 친일이 규탄을 받는 것도 요는 멸공봉사했기 때문이므로, 이런 인정론은 친일행위 이상으로 가증한 주장이 아닐 수 없다.

다음, 친일행위를 인신공격의 자료로 삼으려는 경향도 있었다. 그러나 이 점에서 반민법은 분명히 시효가 지났다. 또한 이런 자에게 묻노니, 그대는 저 여인을 돌로 칠 수 있다고 자신하겠는가? 전비(前非)로써 현재의 지위를 위협당할 사람도 없겠거니와, 이로써 위협을 하려는 자 있다면, 그 비열함이야말로 침을 뱉아 마땅한 일일 것이다.

그럼 문제는 다시 친일행위를 어떻게 해석할 것인가 하는 원점으로 돌아간다. 그리고 이 점에서 상기시키고 싶은 것이 한말 이용구(李容九)가 겪은 일이다.

일진회(一進會)를 이끌고 소네(曾禰) 통감에게 일한합병을 건의까지 한 이용구는, 정작 합병이 되자 자작도 중추원 참의도 못된 채, 말년을 실의와 환멸 속에서 보냈다. 그가 미워한 그리고 그로 하여금 매국행위를 감행하게 한 근원적 동기의 하나이었던 그 양반층 위정자들은 이른바 합방공신으로 여전히 세도층인데, 이제는 이용가치가 없어졌는지 일제는 그를 쓴 외 보듯 했던 것이다. 임종 전에 그는 우치다(內田良平)에게 사뭇 비감하게 "우리가 바보였군요. 혹시 속은 게 아닐까요" 하고 말했다고 전해진다.

이와 비슷한 일이 해방 후에도 없지 않았다. 한국에 언론탄압이 있느냐 없느냐로 일본 매스컴이 논쟁할 무렵, B씨가 일본에 들른 적이 있었다. B씨는 국민총력조선연맹 참사며 문인보국회 간부, 총독부 기관지『매일신보』의 학예부장 등으로 황도조선의 실현을 외친, 즉 소위 친일파의 1인이었다.

이때 일본의 어느 신문이 B의 언론탄압이 없다는 발언을 반박하면서, "권력에 아부하는 B의 반동 부패상은 전전·전후를 통해서 일관해 있다"고 비난하였다. 강요한 자의 치욕은 강요당한 자의 치욕보다 몇 배 더한 법이라면서 어느 일인(日人) 교수가 그 신문을 비난했지만, 일본인의 전부가 그 양식 있는 교수일 수는 없는 것이었다.

여기서 우리는 식민주의자들의 냉혹한 본질을 보는 것이다. 건강할 때 부려먹을 뿐 병든 노예까지야 아랑곳할 것이 없듯이, 그들로서는 이용해서 황도조선을 외치게만 했으면 되었던 것이다. 그 후에야 반민법으로 심판을 받건 말건, 매장을 당하건 말건 아랑곳할 필요조차 없는 것이다. 죄책감은 고사하고, 치욕을 강요한 일본인들이 오히려 솔선해서 그들을 경멸하곤 했던 것이다.

그래서 우리는 친일행위가 일인들에게서도 동정이나 감사를 받지 못했던 식민지 지배의 참담한 실체였음을 발견하는 것이다. 즉 친일행위는 우리 민족에게 개인의 죄상이 아니라 식민지 지배의 참담한 실체로서 인식되어야 한다. 식민지 지배의 희생자는 학병과 징용노무자들만이 아니다. 그들이 남방에서 목숨을 잃었다면, 그들을 남방으로 몰아낸 가령 최린(崔麟)이라면 33인으로서의 귀중한 생명을 잃어버렸다. 33인이라는 공적인 생명이야말로 개인의 육체적 생명보다 한결 영원하고 값진 것이기 때문에 최린이야말로 보다 참담한 희생자라는 논리도 일단은 성립될 수 있는 것이다.

그럼 그 같은 식민지 지배의 실체를 통해서 우리는 무엇을 인식해야 하는가? 이것은 독자 제현의 양식에 관한 문제이다. 이것까지 말한다면 필자의 월권행위이다. 다만 필자는 서론에서 밝히는 이런 태도와 관점에 입각해서, 우리 민족사가 겪었던 한 시대의 참담했던 식민지적 실체를 사심 없이 기술할 뿐인 것이다.

총독정치의 입안·실천자

제7대 총독 미나미(南次郞)가 부임한 1936년 8월만 해도 식민지에는 반일의 크고 작은 사건들이 꼬리를 물다시피 하고 있었다. 그 하나가 총독 취임 하루 전 (8. 25)에 일어난 일장기 말소사건, 또 조선공산당 제3차 재건사건이 예심중이었고, 기타 많은 반일사건들이 진행·발각 혹은 재판에 계류중이었다. 뿐만 아니라 압록·두만강변으로 말하면 이른바 연합비(聯合匪) 약 1천 명이 무송현성 (撫松縣城)을 습격(1936. 8. 16)한 것을 비롯해서, 크고 작은 소위 비화(匪禍)사건이 주야로 일어나는 상태이었다. 그 소위 비화라 함은 독립군·마적단·반만항일군(反滿抗日軍)·군사게릴라 들로 인한 피습사건의 총칭인데, 1936년 상반기 중 함북 대안에서만 4백45회에 연 2천2백60명이라는 출몰 통계가 나와 있었다.

이런 상황에 대처해서, 미나미는 우선 두 가지 당면정책을 생각하지 않을 수 없었다. 즉, 첫째는 식민지에서의 일체의 반일운동을 근절시킬 것, 둘째는 조선의 병참기지화를 위해서 북방의 일체 비화로부터 식민지 조선을 방호할 것. 이를 위해서는 경찰력 강화 등의 강압수단도 중요하지만, 그에 못지않게 한국인의 민족의식을 마비시킴으로써 일본의 선량한 백성으로 만들어 버리는, 즉 동화정책이야말로 탄압 이상으로 효과적일 수 있다는 것을 그는 누구보다도 잘 알고 있었던 것이다.

이리하여 그는 부임하기가 무섭게 내선일체를 뇌까리면서 황민화정책에 광분했으니, 이를 포함한 그의 정책은 이른바 '조선통치의 5대지침'으로, 요지는 다음과 같은 것이었다.

① 국체명징(國體明徵) 제국 9천만 동포가 거국일치 상하일심으로 천황의 도를 선양하자면 우선 국체 관념이 명징되어야 한다. 이는 곧 조선통치의 근

본이라, 신사참배, 황거요배(皇居遙拜), 국기·국가의 존중과 '고꾸고'(일본어)의 보급 등으로 실을 거두어야 한다.

② 선만일여(鮮滿一如)   최근 일만(日滿)관계에 조선이 차지하는 지위는 크니, 일만일체, 선만일여의 대방침에 따라서 조선은 만주개발의 기초가 되어야 한다.

③ 교학진작(敎學振作)   국민정신의 함양을 기본으로 하고, '우리는 일본제국의 신민'이라는 신념과 긍지를 갖도록 교육시켜야 한다.

④ 농공병진   세계정세로 볼 때 일본의 국방력 강화가 요긴한 문제이니, 조선의 지리적·자원적 사명에 따라 생산력 증강에 힘쓰라.

⑤ 서정쇄신   행정을 국가의 수요(須要)에 대응하도록 쇄신하여야 한다.

이러한 정책에 동조 호응한 층은 우선 그 정책의 세부 입안자요 실천자들인 총독부 산하 중앙·지방의 관리들이었다. 식민지의 행정기구는 최고중앙기구인 총독부—1942년 11월 1일 척무성(拓務省)의 폐지로 내무성 관할이 되었으며, 전황 직속인 총독이 1943년 12월 현재 관방 및 재무·광공·농상·법무·학무·경무의 6국과 외국(外局)인 체신·교통 2국을 통솔하였다.

지방행정기구로는 제1차 보통지방관청인 도지사—그 산하에 지사관방·내무·재무·광공·농상·경찰부 등 각 부가 있고 도 사무관인 부장이 그 사무를 분담한다. 제2차 보통지방관청은 도지사 휘하인 부윤·군수·도사(島土). 제3차 보통지방관청은 읍·면장 외에 특별지방관청으로 전매국·영림서·세무서·경찰서·소방서 및 지방체신국·우편국·저금관리소 같은 체신관서, 또 경성·부산·함흥 세 곳에 설치된 지방교통국이 있었다.

그러나 한국인 관리들은 입으로 내선일체를 말하는 그들의 통치 밑에서 사실상 서출대접밖에 받지 못했다. 일례로 1936년 현재 10국의 중앙부서에서, 한국인 국장이 앉을 수 있었던 자리는 학무국 단 하나에 불과하였다. 그나마 일제 36년간 각 국을 들고 난 총 120명 가까운 국장 중에서 한국인은 단 두 사람뿐이었다. 이진호(李軫鎬. 李家軫鎬 : 1924. 3~29. 2) 및 엄창섭(嚴昌燮. 武永憲樹 : 1944. 8~)이 학무국장을 했을 따름이었다(괄호 안은 창씨명 및 재임기간. 이하 같음).

이 사실 하나로 보아도, 일제의 신임을 얻어서 총독부 관리로 영달한다는 것이 얼마만큼 어려웠던가를 충분히 짐작할 수 있을 것이다. 그 어려운 관문을 뚫고 신임을 얻어 영달한 관리에 도합 42명의 한국인 도지사가 있었다. 고등관 2급 이상인 친임관(親任官), 총독 예하에서 법령·행정 사무를 집행 처리하고 소속 관리를 지휘감독한 42명의 한국인 지사의 인적사항은 다음과 같다(출생·학력·관력·지사 경력순으로 기술하겠음).

강필성(姜弼成) : 함남 덕원(德源). 와세다대 교외생. 1910년 함남서기. 군수·참의·참여관. 1937년 황해지사.

고원훈(高元勳. 高元 勳) : 경북 문경. 메이지대 졸. 1911년 경부. 보전 교수·교장. 참의. 전남·경북·평남북·경기 참여관. 1932년 전북지사.

김관현(金寬鉉. 金光副臣) : 서울. 동경육사 졸. 러일전 종군. 내부서기·군수·참여관·참의. 1921년 충남, 1924년 함남지사.

김대우(金大羽) : 평남. 규슈(九州)대 졸. 총독부 사회교육과장. 전남·경남 참여관. 1943년 전북, 1945년 경북지사.

김동훈(金東勳. 金原東勳)) : 춘천. 관립일어학교 졸. 1910년 강원도 서기. 군수. 함북·전북 재무부장. 경기 참여관. 1935년 충북지사.

김병태(金秉泰. 金村泰男) : 참여관 출신. 1939년 황해, 1942년 전북지사.

김서규(金瑞圭) : 1929년 전남·전북, 1931년 경북지사.

김시권(金時權. 菊山時權) : 황해. 평양일어학교 졸. 1908년 재무부 주사. 군수. 평남 재무부장. 경북 참여관. 1936년 전북, 1937년 강원지사.

김윤정(金潤晶. 淸道金次郞) : 서울. 미국 콜로드대 졸. 구한국 미공사관 서기. 총독부 군수·부윤·참여관. 1925년 충북지사. 참의·중추원 고문.

남궁영(南宮營) : 목포. 동경제대 졸. 군수·참여관. 1931년 충북지사·참의.

박상준(朴相駿. 朴澤相駿) : 평남. 군수·참여관. 1926년 강원, 1927년 함북, 1928년 황해지사. 경학원 대제학·참의·칙선 귀족원 의원.

박영철(朴榮喆) : 이리. 일본육사 졸. 기병 소좌. 1912년 익산군수. 함북·전북 참여관. 1924년 강원·함북 지사. 동척 감사. 참의.

박재홍(朴在弘. 增永 弘) : 충남. 경기·함남도 과장. 평남 참여관. 1944년 충북, 1945년 충남지사.

박중양(朴重陽. 朴忠重陽) : 달성. 아오야마(靑山)학원 졸. 구한국 경무관·경북관찰사. 1910년 충남, 1921년 황해, 1923년 충북지사. 중추원 참의·고문·부의장. 칙선 귀족원 의원.

석진형(石鎭衡) : 1924년 충남, 1925년 전남지사.

손영목(孫永穆) : 밀양. 진성(進成)사립 졸. 경남서기·군수·부(府)사무관·참여관. 1935년 강원, 1937년 전북, 1945년 강원지사.

송문헌(宋文憲, 山木文憲) : 여주. 외국어학교 졸. 용인군속·군수·산업과장·참여관을 지내고 1942년 1월 황해, 동 10월 충남지사.

신석린(申錫麟. 平林麟四郞) : 경기 출생. 1921년 강원, 1929년 충남지사. 참의.

신응희(申應熙) : 1910년 함남, 1918년 황해지사.

엄창섭(嚴昌燮, 武永憲樹) : 평남. 황주(黃州) 일어학교 졸. 경남·함남 참여관을 거쳐서 1940년 전남, 1943년 경북지사. 학무국장 겸 중추원 서기관장.

원응상(元應常) : 아산. 동경법학원 졸. 탁지부 사계국장·총독부 참여관을 거쳐 1918년 강원, 1920년 전남지사. 참의.

유만겸(兪萬兼) : 유길준(劉吉濬)의 아들. 동경제대 졸. 부속·군수·도과장·참여관을 거쳐 1939년 충북지사. 참의. 경학원 부제학.

유석순(劉錫淳) : 1929년 충남지사.

유성준(兪星濬) : 1926년 충남, 1927년 강원지사.

유혁로(柳赫魯) : 1919년 전북지사. 참의.

유홍순(劉鴻洵. 中原鴻洵) : 충북 출생. 1943년 강원지사.

윤갑병(尹甲炳. 平沼秀雄) : 1923년 강원지사. 참의.

윤태빈(尹泰彬. 伊東泰彬) : 경기. 일어학교 졸. 경기도 서기·함남 재무부장·경기 참여관. 1939년 강원, 1940년 충북지사. 조선중요물자영단 감사.

이규완(李圭完) : 1910년 강원, 1918년 함남지사.

이기병(李基枋. 松村基弘) : 태천(泰川). 구한국군 주사·총독부 서기·군수·도 과장·개성 부윤. 참여관을 거쳐 1942년 충남지사.

이두황(李斗璜) : 1910년 전북지사.

이범익(李範益, 淸原範益) : 단양. 외국어학교 졸. 일군 통역으로 러일전 종군. 구한국 관리·총독부 군수·참여관. 1929년 강원, 1940년 충남지사. 중추원 참의·고문.

이성근(李聖根. 金川 聖) : 황해. 전주육영학교 졸. 구한국 순검·총독부 경부 경시를 거쳐 전남 산업과장·함북 참여관. 1939년 충남지사.『매일신보』사장.

이원보(李源甫. 李家源甫) : 원흥(源興)일어학교 졸. 영흥서(永興署) 번역관

·총독부 경부·경시. 경기도 형사과장·군수·참여관·경성부 사회과장. 1945년 전북지사. 참의.

이진호(李軫鎬. 李家軫鎬) : 서울. 연무공원(鍊武公院) 졸. 구한국 훈련대 대대장. 친위대 대대장. 참령. 일본 망명 10년. 평남관찰사를 거쳐 1910년 경북, 1916년 전북지사. 학무국장. 중추원 참의·고문·부의장. 칙선 귀족원 의원.

이창근(李昌根. 平松昌根) : 평양. 메이지대 졸. 경북·경기 참여관 1942년 충북, 1944년 경북지사.

장헌식(張憲植. 張間憲植) : 서울. 동경제대 졸. 구한국 관리·한성부윤. 총독부 참여관을 거쳐 1917년 충북, 1921년 전남지사. 참의.

정교원(鄭僑源. 烏川僑源) : 서울. 구한국 주사. 총독부 토지조사국 주사. 군수·도 과장·중추원 통역관·참여관을 거쳐서 1933년 황해지사, 1939년 퇴관. 참의. 1944년 복관, 고양군수. 1945년 충북지사.

정연기(鄭然基. 草本然基) : 거창. 동경제대 졸. 총독부 산림과·군수·참여관·참의. 1945년 전북지사.

조희문(趙羲聞. 松原羲聞) : 1910년 황해지사. 참의.

한규복(韓圭復. 井垣圭復) : 서울. 와세다대 졸. 총독부 감찰관·군수·참여관을 거쳐서 1926년 충북, 1929년 황해지사. 참의.

홍승균(洪承均) : 1929년 충북, 1931년 전북지사.

각급 의결·자문기관

1914년의 부제(府制) 실시로 조선에는 지방자치제가 시행되었다. 이후 1917년의 면제(面制) 실시, 1931년의 부제 및 읍·면제 시행, 1933년의 도제 시행 등으로 지방행정기구에 대응하는 자치기구가 완성되었다. 이리하여 각급 행정기관은 그에 대응하는 자문기관 또는 의결기관을 갖게 되었으니, 중추원·참여관·도회·부회·읍회·면협의회 등이 그것이다. 이하에 그 대강을 기술한다.

중추원 총독의 자문에 응하는 기관으로, 조선총독부 관제 및 동 중추원 관제에 의해서 1910년 10월 1일에 개설되었다. 설립 당시에 그 구성은 의장 1명, 부의장(칙임대우) 1명, 고문(칙임대우) 15명, 찬의(贊議) 칙임대우 20명, 부찬의 주임대우 35명과 서기관장 1명, 서기관·통역관·속·통역생이 각 약간 명이었다.

이들 중 의장을 정무총감이 겸임했으므로, 한국인이 차지한 최고의 자리는 칙임대우로 연봉 2천5백 원(당시) 이내이던 부의장이었다. 이러한 구성은 미나미 이후에 개정되어서 찬의·부찬의 통틀어 참의로 호칭하게 되었는데, 그 정원 및 기능은 다음과 같다.

> 의장 : 1명. 정무총감이 겸직함.
> 부의장 : 1명. 칙임대우.
> 고문 : 5명. 칙임대우. 원의(院議)의 심정(審定).
> 참의 : 65명. 칙임 또는 주임대우. 원의에 참여함.
> 서기관장 : 칙임. 원칙으로 일인(日人)이 독점하였다. 연봉 1급 4천2백 원, 2급 3천7백 원.
> 서기관·통역관 : 주임.
> 속·통역생 : 전임 정원 8명.

설립 당시에 중추원은 총독의 자문에만 응했으나, 훗날의 관제 개정으로 기능 하나가 추가되어서, 총독의 위촉사항으로 한국의 옛 관습 및 제도를 검하여 조사하게 되었다. 하지만 이들은 근본이 친일귀족·친일유지들의 무마·회유를 목적으로 만들어진 실권 없는 허수아비직에 불과하였다. 총독의 자문기관이라지만, 그 자문사항은 정치문제와 거리가 먼, 예컨대 1935년도 제16회 중추원회의 자문사항인 민심의 선도책 및 신앙심의 부흥책이 어쩌구 하는 형식적이고 막연한 것들뿐이었다. 그나마 의결권은 고문에게만 있을 뿐, 찬의·부찬의 및 그 후신인 참의들에게는 주어지지 않았으며, 칙임대우인 부의장·고문의 연수당 2천5백 원 이내라는 창설 당시의 보수액조차도 사실은 공립중학교장 1급봉 정도의 수준, 총독부 국장 1급봉 3천7백 원에 비해서 훨씬 밑도는 액수이었다.

하지만 중추원 참의는 한국인이 할 수 있는 최고의 영직으로 친일유지·귀족배들의 선망의 대상이 되어 있었다. 지사·참여관을 고루 지낸 일제의 충복들에게는, 옛날의 노퇴재상(老退宰相)들에게 시호(諡號)·봉군(封君)이 내려지듯이, 마지막 표창처럼 참의라는 감투가 돌아오곤 하였다. 이 은전에 욕(浴)한 참의들은 식민지의 제1급 유지요 실력자로서 사회적으로 많은 영향력을 행사하였다. 중추원 자체에는 아무런 실권이 없었지만, 총독의 자문기관이라는 후광과, 참의가 되기까지의 실력·경력의 힘을 빌려서, 이른바 총력진영에서도 기간의

일제말 친일군상의 실태 175

역할을 했던 것이다.

이들 참의는 임기 3년이다. 1910년 10월 1일에 고문 14명, 찬의 19명, 부찬의 34명이 임명된 후, 1945년 6월 6일에 마지막 37명을 개선하였다. 먼저 창설 당시의 명단을 기록하고, 그 후는 필자가 알고 있는 범위만을 기록하겠다.

A. 창설 당시

의장 : 야마다가(山縣伊三郞)

부의장 : 김윤식(金允植)

고문 : 고영희(高永喜) 권중현(權重顯) 박제순(朴齊純) 송병준(宋秉畯) 이근상(李根湘) 이근택(李根澤) 이완용(李完用) 이용직(李容稙) 이재곤(李載崐) 이지용(李址鎔) 이하영(李夏榮) 임선준(任善準) 조중응(趙重應) 조희연(趙羲淵)

찬의 : 권봉수(權鳳洙) 김만수(金晩秀) 김사묵(金思默) 김영한(金榮漢) 남규희(南奎熙) 민상호(閔商鎬) 박경양(朴慶陽) 박승봉(朴勝鳳) 염중모(廉仲模) 유맹(劉猛) 유정수(柳正秀) 이건춘(李建春) 이준상(李濬相) 이재정(李在正) 정인흥(鄭寅興) 조영희(趙英熙) 한창수(韓昌洙) 홍승목(洪承穆) 홍종억(洪鍾憶)

부찬의 : 고원식(高源植) 구의서(具義書) 권태환(權泰煥) 김경성(金敬聲) 김명규(金命圭) 김명수(金明秀) 김준용(金準用) 김한규(金漢奎) 나수연(羅壽淵) 민건식(閔健植) 박제빈(朴齊斌) 박희양(朴熙陽) 서상훈(徐相勛) 송지헌(宋之憲) 송헌빈(宋憲斌) 신우선(申佑善) 신태유(申泰游) 어윤적(魚允迪) 엄태영(嚴台永) 오재풍(吳在豊) 윤치오(尹致旿) 이경익(李慶翼) 이봉로(李鳳魯) 이시영(李始榮) 이원용(李源鎔) 정동식(鄭東植) 정진홍(鄭鎭弘) 조병건(趙秉健) 조제환(趙齊桓) 최상돈(崔相敦) 한동리(韓東履) 허진(許璡) 홍우석(洪祐晳) 홍운표(洪運杓)

B. 추후의 개선자

부의장 : 민병석(閔丙奭) 박영효(朴泳孝) 박중양(朴重陽) 윤덕영(尹德榮) 이완용(李完用) 이진호(李軫鎬)

고문 : 김윤정(金潤晶) 민병석(閔丙奭) 민영기(閔泳綺) 박중양(朴重陽) 송병준(宋秉畯) 윤덕영(尹德榮) 윤치호(尹致昊) 이범익(李範益) 이윤용(李允用) 이진호(李軫鎬) 한상룡(韓相龍)

참의 : 가야마(佳山定義) 강동희(姜東曦) 강번(姜藩) 강이황(姜利璜) 강필성(姜弼成) 다까야마(高山在燁) 고원훈(高元勳) 고일청(高一淸) 고한승(高漢承) 권중식(權重植) 김갑순(金甲淳) 김경진(金慶鎭) 김관현(金寬鉉) 김기수(金基秀) 김기홍(金基鴻) 김돈희(金暾熙) 김동준(金東準) 김명준(金明濬) 김민식(金敏植) 김병욱(金秉旭) 김부원(金富源) 김사연(金思演) 김상회(金尙會) 김서규(金瑞圭) 김신석(金信錫) 김연수(金䄵洙) 김영배(金永培) 김영진(金英鎭) 김영택(金泳澤) 김우영(金雨英) 김원근(金元根) 가네하라(金原邦光) 김윤정(金潤晶) 김재환(金在煥) 김정석(金定錫) 김정호(金正浩) 김진수(金晋洙) 김창수(金昌洙) 김창림(金昌林) 김태석(金泰錫) 김태집(金泰潗) 김하섭(金夏涉) 김한목(金漢睦) 김화준(金化俊) 남궁영(南宮營) 남백우(南百祐) 노영환(盧泳奐) 노준영(盧俊泳) 문명기(文明琦) 문종구(文鍾龜) 민규식(閔奎植) 민병덕(閔丙德) 민영은(閔泳殷) 민재기(閔載祺) 박두영(朴斗榮) 박보양(朴普陽) 박봉진(朴鳳鎭) 박상준(朴相駿) 박영철(朴榮喆) 박용구(朴容九) 박중양(朴重陽) 박지근(朴智根) 박철희(朴喆熙) 박필병(朴弼秉) 박희옥(朴禧沃) 방인혁(龐寅赫) 방의석(方義錫) 방태영(方台榮) 시라이시(白石基喆) 야마모도(山本昌鎬) 미야께(三宅頑秀) 서병조(徐丙朝) 서상훈(徐相勛) 석명선(石明瑄) 성원경(成元慶) 손재하(孫在廈) 마고다(孫田昌植) 손조봉(孫祚鳳) 송문화(宋文華) 마쓰모도(松本淸) 신석린(申錫麟) 신현구(申鉉求) 안종철(安鍾哲) 이와무라(岩村章雨) 양재창(梁在昶) 어담(魚潭) 엄준원(嚴俊源) 오세호(吳世皥) 원덕상(元悳常) 원병희(元炳喜) 원응상(元應常) 위정학(魏禎鶴) 유만겸(兪萬兼) 유정수(柳正秀) 유진순(劉鎭淳) 유태설(兪泰卨) 유혁로(柳赫魯) 윤갑병(尹甲炳) 이갑용(李甲用) 이겸제(李謙濟) 이경식(李敬植) 이계한(李啓漢) 이교식(李敎植) 이근수(李瑾洙) 이기승(李基升) 이기찬(李基燦) 이범익(李範益) 이병길(李丙吉) 이승구(李承九) 이승우(李升雨) 이영찬(李泳贊) 이원보(李源甫) 이은우(李恩雨) 이익화(李翊華) 이종덕(李鍾悳) 이종섭(李鍾燮) 이진호(李軫鎬) 이희적(李熙迪) 인창식(印昌植) 임창수(林昌洙) 임창하(林昌夏) 장석원(張錫元) 장용관(張龍官) 장윤식(張潤植) 장준영(張俊英) 장직상(張稷相) 장헌근(張憲根) 장헌식(張憲植) 전덕룡(田德龍) 정건유(鄭健裕) 정교원(鄭僑源) 정난교(鄭蘭敎) 정대현(鄭大鉉) 정석용(鄭錫溶) 정순현(鄭淳賢) 정연기(鄭然基) 정해붕(鄭海鵬) 조경하(趙鏡夏) 조병상(曺秉相) 조상옥(趙尙鈺) 조성근(趙性根) 조진태(趙鎭泰) 조희문(趙羲

聞) 주영환(朱榮煥) 지희열(池喜烈) 하다(秦學) 차남진(車南鎭) 최남선(崔南善) 최승렬(崔昇烈) 최양호(崔養浩) 최윤(崔潤) 최린(崔麟) 최정묵(崔鼎默) 최준집(崔準集) 최지환(崔志煥) 최창조(崔昌朝) 하준석(河駿錫) 한규복(韓圭復) 한상룡(韓相龍) 한익교(韓翼敎) 한정석(韓定錫) 현기봉(玄基奉) 현준호(玄俊鎬) 현헌(玄櫶) 홍종국(洪鍾國) 홍치업(洪致業) 황종국(黃鍾國)

참여관 도지사의 자문기관이며, 각도에 한국인 1명씩이 이를 담당하였다. 도의 행정기구는 도지사 밑에 지사관방·내무부·경찰부·산업부 등의 부를 두고 부장이 이를 통솔했는데, 참여관은 흔히들 도 사무관이 맡는 각도의 부장을 겸임하였다. 또한 총독부 산하의 각종 위원회——예컨대 조선총독부 임시교육심의위원회·조선총독부 물가위원회·조선총독부 방공(防空)위원회 같은 임시기관들은 각도에 지부격인 위원회를 두기 일쑤였는데, 참여관은 또한 이러한 지방 위원을 겸직하곤 하였다. 또한 참여관은 각도의 농회장(農會長), 미곡통제조합연합회 의장 등을 원칙적으로 겸임하였다. 이하는 참여관을 한 사람과 그 인적 사항, 괄호 안은 참여관으로서 겸임하였던 도의 부장 직책이다.

강필성(姜弼成) : 1932년 전남 참여관(산업). 도지사.
계광순(桂珖淳) : 선천 출생. 동경제대 졸. 1932년 고문 행정과 합격. 군수·경시·학무국 사회교육과장을 거쳐 1942년 강원도 참여관(산업). 이후 전임 도 사무관으로 평북 내무부장 등 역임.
고원훈(高元勳) : 전남·경북·평남·경기·평북 참여관. 이후 도지사.
구자경(具滋璟, 竹山 淸) : 나주 출생. 경부·경시·군수를 거쳐 1939년 경북 참여관(산업).
권중식(權重植. 山本重夫) : 1939년 평남 참여관(산업).
김관현(金寬鉉) : 함북·전남 참여관.
김대우(金大羽) : 1939년 전남 참여관(내무). 1940년 경남 참여관(산업). 도지사.
김덕기(金悳基) : 강원도 출생. 평북 고등과장 경시·도·이사관을 거쳐 1942년 평북 참여관(산업). 1943년 경남 참여관(농상).
김동훈(金東勳) : 1930년 경기 참여관(산업). 도지사.
김병태(金秉泰) : 1937년 평남 참여관(산업). 도지사.

김시권(金時權) : 1932년 경북 참여관(산업). 도지사.
김시명(金時明. 金子時明) : 평남 출생. 군수 출신. 1944년 황해 참여관(농상).
김영배(金永培. 吉海 洸) : 문경 출생. 군서기·경시·군수를 거쳐 1939년 황해(산업부장), 1941년 충남(산업), 1942년 전남(산업) 참여관.
김영상(金永祥. 金光浩助) : 경기 출생. 메이지대 졸. 이사관·사무관을 거쳐 1941년 전북, 1942년 함남·황해, 1944년 평남 참여관(산업·농상부장 등 겸임).
김우영(金雨英) : 도 이사관을 거쳐 1940년 충남 참여관(산업). 이후 참의.
김윤정(金潤晶) : 경기 참여관. 지사.
김창영(金昌永, 金光昌永) : 평북 출생. 훈도(訓導)·군 고원·면장·경부·경시·군수를 거쳐 1943년 전남 참여관(광공).
김태석(金泰錫. 金林泰錫) : 양덕 출생. 경부·경시·군수를 거쳐 1933년 함남, 1939년 경남(산업) 참여관. 이후 참의.
김화준(金化俊. 金海化俊) : 평북. 수원농림 졸. 군수 출신. 1938년 충북 참여관(산업).
남궁영(南宮營) : 1926년 충남, 1929년 경남 참여관(산업). 이후 지사.
박상준(朴相駿) : 평남 참여관. 이후 지사.
박영철(朴榮喆) : 일군 출신. 군수를 거쳐 함북·전북 참여관. 지사.
박용구(朴容九. 朴山容九) : 서울 출생. 구한국 탁지부·총독부 사무관을 거쳐 1924년 경기, 1930년 전북 참여관.
박재홍(朴在弘) : 1942년 평남 참여관(산업). 지사.
손영목(孫永穆) : 1929년 강원, 1931년 경남 참여관(산업). 이후 지사.
송문헌(宋文憲) : 1938년 강원(산업), 1940년 함남 참여관(내무). 지사.
송문화(宋文華. 山木文華) : 송문헌의 형. 군수 출신. 1941년 평북 참여관(산업).
송찬도(宋燦道. 中原祥傳) : 사무관 출신. 1943년 함북 참여관(농상).
안종철(安鍾哲. 廣安鍾哲) : 양주 출생. 일어학교 졸. 통역생·군수. 1932년 충북 참여관. 이후 참의.
양재하(楊在河. 楊本在河) : 충북 참여관.
엄창섭(嚴昌燮) : 경남, 함남(내무) 참여관. 지사를 거쳐서 학무국장.
원응상(元應常) : 전남 참여관. 지사.

유만겸(兪萬兼) : 1929년 평북, 1930년 경북(산업), 1934년 평남·충남 참여관. 지사.

유시환(柳時煥. 柳 時煥) : 안동 출생. 기수·군서기·군수를 거쳐 1944년 함북 참여관(농상).

윤상희(尹相曦. 平正相井) : 군수·사무관을 거쳐 1942년 전북 참여관(산업).

윤태빈(尹泰彬) : 서기·함남 재무부장을 거쳐 1935년 경기 참여관. 지사.

이계한(李啓漢. 松本啓三) : 1940년 강원(산업), 1942년 경기 참여관(산업). 참의.

이기병(李基秉) : 주사·서기·군수·부윤을 거쳐 황해 참여관. 1939년 함북 참여관(내무). 지사.

이범익(李範益) : 1937년 경남 참여관. 지사.

이성근(李聖根) : 1932년 함북 참여관(내무·산업). 지사.

이원보(李源甫) : 1935년 평북, 1937년 전남 참여관(산업). 학무국 사회교육과장. 지사.

이종은(李鍾殷. 芝村鍾殷) : 강원도 출생. 군수 출신. 1932년 전북 참여관.

이창근(李昌根) : 경북(산업), 1939년 경기 참여관(산업). 지사.

이해용(李海用. 三州海用) : 서울. 보전 졸. 경부·군수를 거쳐 1941년 함북(내무), 1943년 경북 참여관(식량).

임문석(林文碩. 林 文茂) : 영천 출생. 성대(城大) 졸. 1928년 고문 행정·사법과 합격. 지사관방·군수·사무관을 거쳐 1943년 충남 참여관(광공).

임헌평(林憲平. 林 憲平) : 송도면 출생. 성대 졸. 1928년 고문 행정과 합격. 군수·개성부윤. 1938년 경기 참여관(광공).

장기창(張基昌. 長田基昌) : 서울 출생. 군수·호남은행 대리·군수를 거쳐 1943년 평북 참여관(농상).

장석원(張錫元. 大池龍藏) : 서울 출생. 서기·군수. 1929년 함남, 1932년 황해 참여관.

장윤식(張潤植. 長 潤二) : 세무감독국 사무관을 거쳐 1941년 황해(산업), 1942년 충북 참여관(산업·광공). 참의.

장헌근(張憲根. 張聞憲四郞) : 서울 출생. 경부·경시·군수를 거쳐 함북 참여관. 참의.

장헌식(張憲植) : 평남 참여관을 거쳐 도지사.

정교원(鄭僑源. 鳥川僑源) : 1929년 전북, 1930년 전남 참여관. 지사.

정난교(鄭蘭敎. 海平蘭敎) : 구한국군 출신. 1910년 충북 참여관. 참의.

정연기(鄭然基) : 1938년 전북 참여관(산업). 기사.

정용신(鄭用信. 靑山信介) : 사무관·서기관 출신. 1944년 경북 참여관.

조경하(趙鏡夏. 靑橋鏡夏) : 서울. 보전 졸. 교사·서기·군수를 거쳐 1939년 충남 참여관(산업). 참의.

조종춘(趙鍾春. 白川元藏) : 경찰 출신. 군수를 거쳐 1943년 강원 참여관(광공).

주영환(朱榮煥. 本城秀通) : 서울. 군수 출신. 1930년 충남 참여관이 되어 도청을 대전에 이전함. 1935년 경남, 1936년 평남 참여관. 참의.

최병원(崔秉源. 星村宇德) : 이사관 출신. 경성부 재무부장을 거쳐 1943년 충남 참여관(재무).

최익하(崔益夏. 星村益夏) : 인천. 일어학교 졸. 한때 교직생활. 군수. 1937년 평북 참여관(산업).

최지환(崔志煥. 富士山隆盛) : 진주 출생. 경찰 출신. 군수. 1932년 평북, 1935년 충남 참여관. 참의.

최창홍(崔昌弘. 廣田昌弘) : 경찰 출신. 전매국·본부(本府) 서기관을 거쳐 1945년 충북 참여관(광공).

한규복(韓圭復) : 1921년 충남, 1924년 경북 참여관. 지사.

한동석(韓東錫. 朝川東錫) : 경찰 출신. 본부 사무관을 거쳐 1945년 황해 참여관(농상).

홍영선(洪永善. 大山和邦) : 충주 출생. 교사·시학·군수를 거치고 1940년 전남(산업), 1942년 함남 참여관(산업).

홍종국(洪鍾國. 德山善彦) : 공주 출생. 서기·군수를 지내고 1934년 강원도 참여관. 참의.

도회 도회의원으로 구성되며, 의장인 도지사 밑에서 도의 세입·세출 및 부과·징수업무 등 기타를 의결하였다. 각도별 20명 이상 50명의 범위 안에서 총독이 의원수를 결정했는데, 1944년 현재 최고는 경북도회 의원정수 45명이었다. 이들 의원의 3분의 2는 각 선거구에서 부회의원·읍회의원·면협의회원이 선거했고, 나머지 3분의 1은 이른바 관선의원으로 도지사가 임명하였다. 명예직이며,

그 임기는 4년이었다.

부회 부회(府會)의원으로 구성되며 의장인 부윤(府尹) 밑에서 도회에 준하는 사항을 의결하였다. 의원수는 24명 이상으로 부의 인구에 따라서 증감한다. 의원은 제한선거에 의해서 선출하는데, 25세 이상의 부민으로 일정액 이상의 부세(府稅)를 무는 자가 선거권을 행사했다. 의원의 임기는 역시 4년이다.

읍회와 면협의회 도회·부회에 준한다. 의원 정수는 인구 5천 미만의 읍면이 8명, 최고는 인구 2만 이상 읍면의 14명으로 주민수에 따라 차등이 있다. 명예직으로 보수는 없고 임기는 역시 4년이다.

도회·부회의원은 자문과 의결 이외에 관과 민의 가교 역할을 하면서 관의 방침인 총력전 수행의 첨병이 되었다. 그들은 개개가 지방의 제1급 유지이자 행정력의 앞잡이, 그 중에는 김사연(金思演), 조병상(曺秉相. 夏山茂) 기타 거물이, 또 설경동(薛卿東. 大山卿東), 한격만(韓格晩. 淸原格晩) 같은 지명인사 다수도 섞여 있으나 전체 인원이 방대하므로 명단은 부득이 생략한다.

일제의 경찰과 군

일제의 경찰 일제 말엽의 경찰조직은 총독부 직속 기구로 경무국이 있고, 산하에 경무·경비·경제경찰·보안·위생과가 있었다. 이 중 보안과가 사상범 관계를 취급하였으니, 고등경찰·외사경찰과 출판물 검열 등의 소관 사무가 그것이다. 출판물의 단속과 검열을 위해서 따로 도서과를 독립시킨 시기도 있었고, 경비과가 방호과로 개칭된 적도 있었다. 경제경찰제도는 전쟁물자의 통제를 위해서 1938년 11월에 신설된 것이었다.

지방경찰조직은 도지사 관할 밑에 경찰부를 두고 도의 사무관으로서 경찰부장을 삼았다. 이들이 특별지방관청인 경찰서장을 지휘했는데, 1부군 1개 원칙인 경찰서는 지방의 치안사정에 따라서 2개 이상을 배치할 수도 있었다. 경찰서 소재지에는 파출소, 소재지 밖에는 주재소를 두되, 1면 1개가 원칙이나 치안사정에 따라서는 2개 이상을 둘 수도 있었다. 경찰관리의 직급은 경시(警視)·경부(警部)·경부보(警部補)·순사부장·순사이며, 한국인에게 허락된 최고의 직급은 경시로 현 총경급에 해당하였다.

일제의 이러한 경찰기구는 식민지 강점의 첨병이자 특히 사상범 탄압으로 악명 높은 것이었다. 이러한 기구가, 미나미가 부임한 후로는 황민화정책의 첨병으로 고스란히 전신을 하였다. 전쟁물자의 수탈을 위해서 군면서기와 함께 공출 독려를 다녔고, 야밤에 민가를 습격해서 징용노무자며 보국대를 끌어내기도 하였다.

이러한 기구에 몸을 담았던 간부급으로, 필자가 아는 범위는 아래와 같다.

계광순(桂珖淳) : 1933년 12월 이후 강원도 경찰부(이하 ○○도경)에 있었다. 직급 경시.

고원훈(高元勳) : 1911년 총독부 경부로 1913년 퇴관. 교육계를 거쳐서 지사.

구자경(具滋璟) : 1909년 나주서 근무. 1916년 경부로 해남·나주·광주서 근무. 1922년 경시로 전남 보안과장·위생과장 역임. 1929년 영암군수로 전직.

김덕기(金悳基) : 경찰 경력 23년. 평북 고등계 주임. 동 고등과장·경시. 경찰관 공로상 받음.

김영배(金永培) : 1920년 경북도경 고등과 근무. 1923년 경부인 채로 이례적으로 동 경무과장을 함. 1925년 경시. 동 보안과장. 1926년 운산군수로 전직.

김인영(金仁泳. 神林福臣) : 안성서장. 서대문서 보안주임.

김창영(金昌永) : 1922년 경부보. 1923년 경부. 1930년 경시(강계서·전북도경 근무). 1933년 금산군수로 전직.

김태석(金泰錫) : 1913년 경기도 경부. 1920년 동 경시. 1922년 경기도 형사과장. 1924년 가평군수로 전직.

김형철(金亨鐵) : 경부. 종로서 보안주임.

노기주(魯璣柱. 江本正明) : 경찰경력 24년. 경주·선산 사법주임. 경남 수송보안과장. 동 공안과장. 경시.

노덕술(盧德述. 松浦 鴻) : 동래 고등계 형사. 평남 수송보안과장. 통영서 사법주임.

손석도(孫錫度, 孫田宗明) : 전남 출생. 성대 졸. 함남 수송보안과장.

윤종화(尹鍾華. 伊坂和夫) : 종로서장. 황해도 경찰부장.

이성근(李聖根) : 구 황해도 관찰부 순검. 1910년 통감부 경부(충북). 총독부 경찰국 근무. 1920년 경시. 1927년 전남 산업과장으로 전직.

이원보(李源甫) : 1909년 영흥서 번역관. 1910년 통감부 경찰관서 통역생. 1912년 경부. 진주·평양·홍원·원산·영흥·종로서 근무. 1920년 평남 경시. 1925년 경기도 형사과장. 1930년 진위군수로 전직.
이해용(李海用) : 1918년 경부. 경무국 또는 상해 재근 경부. 1924년 진천군수로 전직.
장헌근(張憲根) : 1910년 경부. 1916년 경시. 경남 위생과장. 강원 보안과장. 1922년 통천군수로 전직.
전봉덕(田鳳德. 田中鳳德) : 경기 수송보안과장.
정민조(鄭民朝. 松永光弘) : 평양. 동경제대 졸. 1931년 고문 행정과 합격. 1932년 평남도경 근무. 1933년 장연군수로 전직.
조종춘(趙鍾春) : 1917년 경부. 경무과·공주서·대전서 근무. 1926년 경부로 충남 보안과장. 1930년 경시. 1934년 경기 보안과장. 1937년 고양군수로 전직.
최경진(崔慶進. 江東慶進) : 함남 경부. 1941년 평남 경시. 1943년 학무국 사무관으로 전직.
최문경(崔文卿. 朝日文卿) : 평북 경부. 1940년 용인군수로 전직.
최서현(崔錫鉉. 山本祥資) : 경북 경부. 1940년 경시. 경북·강원 고등경찰과장. 1945년 영월군수로 전직.
최연(崔燕. 高山淸只) : 함남 경부. 1942년 경시. 황해 보안과장. 경찰 최고 훈장 수령.
최지환(崔志煥) : 1906년 진주서 순검. 1908년 목포 경부. 1910년 총독부 경부로 당진·삼랑진·동래·진주서 근무. 1917년 경시. 1923년 음성군수로 전직.
하판락(河判洛) : 경남 고등계 형사. 경남 고등과 경부보 동 외사과장.
한동석(韓東錫) : 1937년 경시. 함남 경무과장 겸 고등경찰과장·보안과장. 1940년 기획부 사무관으로 전직.
한종건(韓鍾建. 西原鍾建) : 경시. 황해 보안과장. 1941년 평남 보안과장. 동년 대구 세무감독국 서무부장으로 전직.
현석호(玄錫虎) : 전남 경부. 1936년 화순군수로 전직.

조선군 사령부와 조선헌병대 사령부 경찰과 쌍벽이던 존재로 조선군 사령부 및 조선헌병대 사령부가 있었다. 중일전쟁 이후 전쟁물자 수탈에 역할이 컸고, 특히 징병 학도병 모집에 기본적인 역할을 수행하였다. 참모부·부관부·병무부 기타로 갈라진 조선군 사령부에서, 특히 보도부가 이른바 필승의 신념을 고취하는 점에서 역할이 컸다. 조선헌병대는 군사경찰에 관해서는 조선군 사령관의, 행정·사법경찰에 관해서는 조선총독의 지휘를 받았다.

군 관계로는 조선군 보도부에 정훈(鄭勳)이 소좌로 복무하였다. 지원병 학병 모집이 있을 때마다 '반도 동포의 진로'니 해서 격려의 담화문을 발표하곤 하던 사람이다. 일본인 가바(圃)씨의 가문에 양자로 가서 가바(圃勳) 소좌로 창씨를 하였다.

일군·만군에는 한국인으로 최고 중장까지도 있었다. 그러나 그 대부분은 전방근무자인 탓이었는지 조선에서의 황민화정책 또는 후방의 전시 총독부정책에 직접 관련은 되지 않았다. 일본군으로 전쟁을 수행했을 뿐, 그들의 대부분은 조선 안에서 전개된 보편적인 의미에서의 이른바 친일행위는 범하지 않고 있었던 것이다.

그들 중 일부 즉, 퇴역 후 총독부 고관을 했거나 또는 현역으로 조선의 임전태세 확립에 관련이 되었던 명단만을 기록하면 다음과 같다.

김관현(金寬鉉) : 동경 육사 졸. 러일전 종군. 퇴역 후 내부 서기관, 참여관·지사.

김석원(金錫源) : 소좌로 1937년 귀환. 「김부대장 분전기」, 「김석원 부대 격전기」, 「전진여담」(戰塵餘談)이 신문에 소개되었고 시국강연으로 총격전 수행을 고취하였다.

박두영(朴斗榮. 木下斗榮) : 육사 출신. 포병대좌. 퇴역 후 참의·총력연맹 평의원.

박영철(朴榮喆) : 1903년 육사 졸. 소장사관으로 러일전 종군. 육사교관·여단 참모·시종무관을 거쳐 1912년 기병소좌로 퇴역. 이후 참여관·지사·참의.

이범익(李範益) : 육군통역으로 러일전 종군.

이응준(李應俊) : 중좌로 1939년 귀환, 담화문 발표·강연회 등으로 총후(銃後)의 궐기를 외쳤다.

이진호(李軫鎬) : 연무공원(鍊武公院) 졸. 교도소 영관으로 동학항전 진압. 을미사변 때 훈련대 제3대대장. 훈련대 해산 후 친위대 제2대대장. 참령. 아관파천 때 일본으로 망명. 귀국 후 총독부 관료.

장헌근(張憲根) : 구한국 육군유년학교 교관.

정난교(鄭蘭教) : 1884년 육군 도야마(戶山)학교 졸. 구한국 전영군(前營軍) 사마(司馬). 육군 부령(副領)으로 군부대신 관방장. 퇴역 후 총독부 관료.

교화정책의 하수인

군·관·민 일체로 강행된 총력운동은 당초에 국체관념의 고취로부터 시작되었다. 즉, 일본은 만세일계(萬世一系)의 천황이 다스리는 신국(神國)이니, 이러한 국체를 인식함으로써 제국 신민된 본분에 어긋남이 없어야 한다는 것이었다.

이를 위해서는 일체의 반국가적인 사범부터가 절멸되어야 하는 것이다. 1937년 4월 20일 지사회의 석상에서의 미나미 훈시에서 보듯이, "고루한 민족주의적 편견에 타(墮)한 자"있음은 유감이며, 공산주의자의 준동 또한 절멸되어야 하는 것이다. 이를 위해서 미나미는 1936년 12월 12일 제령(制令) 제16호 조선사상범 보호관찰령을 공포하였다. 즉, 민족진영·좌익운동자들에 대한 황민화 사상공세의 하나인데, 치안유지법 위반자 중 일정한 적격자를 보호관찰에 붙임으로써 재범을 막자는 것이었다.

한편, 일반 대중에 대해서 소위 국민정신의 작흥(作興)을 위한 갖가지 행위를 강제하기 시작하였다. 그 하나가 신사참배이다. 이로 인해서 미션계통의 학교가 폐교까지 당하지만 그 세목은 뒤로 미룬다. 둘째는, 황거요배(皇居遙拜)라 해서 아침마다 일황이 사는 동쪽을 향해서 절을 올리라는 것이다. 셋째는, 경축일마다 일장기 게양 독려 및 집회시에 소위 국가인 '기미가요'(君ガ代)의 제창, 넷째가 소위 '고꾸고'이던 일어보급운동. 1937년 10월 2일에 미나미가 학무국에서 교학쇄신과 국민정신 함양을 목적으로 제작한「황국신민의 서사(誓詞)」를 결재하였다. 집회시의 제창은 물론, 모든 출판물에는 반드시 게재해야 했던 이 서사는 총독부 본청의 사회교육과장 김대우가 만들었다고 전해진다.

이상의 이른바 국민정신 작흥운동은 일본의 국체를 인식시킴으로써 신민된 자각을 갖게 하자는 것으로, 소위 사회교화의 핵심을 이루는 과제이었다. 이 핵심에 근거해서, 일본국민으로서의 부끄러움이 없는 생활, 즉 내핍과 절약으로 전쟁을 이겨 내고, 또한 신명을 천황에게 기꺼이 바치게 한다는 것이 사회교화·교육의 근본 목적이다. 이를 위해서 총독부 학무국 안에 사회교육과를 신설한 미나미는 이로 하여금 각종의 관련 어용단체들을 조직하도록 압력을 가하기 시작하였다. 즉 방송선전기구의 구성과 조선부인문제연구회나 조선문예회 등의 탄생인데, 그 구체적인 내용은 다음과 같다.

방송선전협의회 이른바 내선일체의 선각자들을 총동원해서 사회교화의 일선 역할을 수행하게 할 목적으로, 총독부 사회교육과가 주동해서 발족시킨 기구이다. 제2부 방송인 조선어의 방송강좌를 통해서 대중의 일본적 교화·계몽을 실현하려 하였다. 제1차 협의회는 1937년 1월 13일 관계관, 방송관계자 및 총독부의 위촉을 받은 강사들이 열석하여 조선호텔에서 개최되었다. 이때 방송강좌를 위촉받은 강사진 명단은 다음과 같다.

① 수양강좌 : 권상로(權相老) 안인식(安寅植) 주종선(朱鍾宣) 한규복(韓圭復)과 일인 오꾸야마(奧山仙三 : 학무국)
② 부인강좌 : 고황경(高凰京) 김분옥(金粉玉) 김현실(金縣實) 김활란(金活蘭) 서은숙(徐恩淑) 송금선(宋今璇) 손정규(孫貞圭) 안수경(安壽敬) 이숙종(李淑鍾) 현헌(玄憘)
③ 상식강좌 : 강원수(姜元秀) 김성호(金聖浩) 김영상(金永祥) 김병욱(金秉旭) 박종준(朴鍾畯) 서춘(徐椿) 송문헌(宋文憲) 송찬식(宋璨植) 안동혁(安東爀) 윤태빈(尹泰彬) 이응준(李應俊) 장용진(張庸震)

조선부인문제연구회 역시 학무국 알선으로 탄생한 단체이다. 신진여성을 총망라해서 생활개선·부인수양 등을 연구 토의 실천 계몽하려 하였다. 매월 최종 토요일을 정례 회합일로 하였고, 이사 밑에 생활개선부와 수양부를 두었다. 간부진영의 명단 일부는 다음과 같다.

상무이사 : 김활란(金活蘭) 손정규(孫貞圭)
서무간사 : 조기홍(趙斯洪)

부인문제연구회는 1937년 1월 하순경 학무국장 도미나가(富永文一), 사회교육과장 김대우 등이 열석하여 창설회합을 가졌다. 1937년 2월 24일 대일본애국부인회 인보관(隣保館)에서 부인으로서의 자각심 환기 등을 의제로 제2차 회합을 가진 기록이 있다.

일제말 친일군상의 실태 187

조선문예회 총독부 학무국의 알선으로 김영환(金永煥), 이광수, 최남선과 성대 교수 다까끼(高木市之助) 등이 중심이 되어서 조직하였다. 레코드·연극·영화·라디오 등 문예와 연예 각 방면을 교화 선도하여 비속화함을 방지하고, 그럼으로써 총독정책인 사회교화의 목적을 달성하자는 단체이었다.

이리하여 1937년 5월 2일 경성호텔에서 발회식을 거행한 이 단체는 도미나가 학무국장의 인사, 김대우 사회교육과장의 취지서 낭독 등으로 식순을 진행한 후, 회의 조직 기타 일반 문제를 협의하였다. 즉, 회는 2부로 나누어 조직하되 제1부는 조선어 문예 및 무악을, 제2부는 일어 문예·무악을 취급하며, 매월 1회 회합을 열고, 회관을 남대문통 총독부 도서관에 둔다는 내용 등이다.

이리하여 첫 사업으로 가요정화운동을 편 조선문예회는 최남선 작사, 이종태(李鍾泰) 작곡에 박경호(朴慶浩)가 부른「내일」 및 최남선 작사, 이면상(李冕相) 작곡에 정훈모(鄭勳謨)가 부른「동산」 2편을 취입하는 한편, 그 시연회(試演會, 1937. 6. 6)를 갖는 등의 사업을 시작했다. 중일전쟁이 일어나자 이 회는 시국가요·황군격려가의 제작으로 주요 사업을 삼았으며, 총후 반도의 애국가요대회(1937. 9. 10) 등을 개최하곤 했는데, 이때 다음과 같은 노래들이 발표되었다.

「종군간호부의 노래」(작사 김억〔金億〕, 작곡 이면상)
「정의의 수(帥)에」(작사 작곡 상동)
「김소좌를 생각함」(작사 최남선, 작곡 이종태)
「방호단가」(작사 작곡 상동)
「정의의 개가」(작가 최남선, 작곡 홍난파〔洪蘭坡〕)
「총후의용」(銃後義勇 : 작사 상동, 작곡 이면상)
「장성(長城)의 파수」(작사 상동, 작곡 현제명〔玄濟明〕)
「신국 일본」(작사 데라모도〔寺本喜一〕, 작곡 안도〔安藤芳亮〕) 외 기타 일어 가곡 16편.

조선문예회 회원으로 동회의 발회식(1937. 5. 2)에 참석한 일인 17명, 한국인 14명의 명단이 남아 있다. 한국인 14명의 명단은 다음과 같다.

김안서(金岸曙) 김영환 박경호 박영철(朴榮喆) 방응모(方應謨) 양주동(梁

柱東) 윤성덕(尹聖德) 이상협(李相協) 이종태 최남선 하규일(河圭一) 함화진(咸和鎭) 현제명 홍난파

시국강연반

이상 말한 국민정신의 작흥은 중일전쟁 이전에 예견된 전쟁상태, 또 중일전쟁 이후에 이미 발생한 전쟁상태와 관련, 이른바 시국의 인식을 필수의 내용으로 수반하는 것이기도 하였다. 이 시국의 인식에 관해서, 미나미는 중일전쟁이 발생(1937. 7. 7)한 직후인 1937년 7월 15일에 임시지사 회의를 소집하고, 3개의 원칙을 천명하였다. 즉 첫째는 시국의 중요성을 인식할 것, 둘째는 동아 안정세력으로서의 일본의 지도적 위치를 확인할 것, 셋째는 교전 상대국인 중국을 과소·과대평가하지 말고 정당하게 인식할 것 등이 그것이었다.

이러한 취지를 대중에게 전달하고 또 대중의 각성을 촉구하기 위해서, 총독부 학무국은 제1차 및 제2차의 전선순회 시국강연반을 결성하였다. 1937년 8월 6일부터 약 1주일, 또 동년 9월 6일부터 약 10일 예정으로 13도 각처를 순회강연한 1차 22명, 2차 59명의 강사 명단은 다음과 같다.

    제1차 권상로(權相老 : 중앙불전 교수) 고원훈(高元勳 : 선만척식 이사) 고희준(高羲駿 : 국민협회 이사) 김영섭(金永燮 : 감리교 목사) 김우현(金禹鉉 : 장로교 목사) 남궁영(南宮營 : 참의) 박상준(朴相駿 : 참의) 안인식(安寅植 : 명륜학원 강사) 안준(安浚 : 대동민우회 이사장) 양주삼 (梁柱三 : 감리교 총리사) 이각종(李覺鍾 : 대동민우회 고문) 이돈화(李敦化 : 천도교 신파 원로) 이상협(李相協 :『매일신보』부사장) 이종린(李鍾麟 : 천도교 구파 원로) 장헌식(張憲植 : 참의) 조병상(曺秉相 : 경기도회 의원) 주련(朱鍊 : 대동민우회 이사) 주종선(朱鍾宣 : 보성고보 교사) 차재정(車載貞 : 대동민우회 이사) 최린(崔麟 : 참의) 한규복(韓圭復 : 참의) 현영섭(玄永燮 : 녹기연맹 이사)(괄호 안은 당시에 보도된 직함)

    제2차 경기 : 박연서(朴淵瑞) 방응모(方應謨) 한규복
    충북 : 김우현 민영은 신흥우(申興雨) 윤갑병(尹甲炳)
    충남 : 성원경(成元慶) 유진순(劉鎭淳) 류형기(柳瀅基) 현영섭(玄永燮)

전북 : 강동희 남궁영 백관수(白寬洙) 정석모(鄭碩模)
전남 : 김사연 김상형(金相亨) 석진형(石鎭衡) 차재정 현준호(玄俊鎬)
경북 : 고원훈 김재환(金在煥) 나일봉(羅一鳳) 신현구(申鉉求)
경남 : 김병규(金秉圭) 김경진(金慶鎭) 박상준 정순현(鄭淳賢)
황해 : 고희준 김기수(金基秀) 김종석(金鍾奭) 이동희(李東熙) 장덕수(張德秀)
강원 : 김성수(金性洙) 석명선 이상협 장헌식 최준집(崔準集) 현상윤(玄相允)
평북 : 고일청(高一淸) 김명준 이종린(李鍾麟) 이희적 탁창하(卓昌河)
평남 : 김영필(金永弼) 박희도(朴熙道) 선우현(鮮于鉉) 윤치호(尹致昊) 조병상
함북 : 권상로 김정석(金定錫) 박영철 안인식
함남 : 유태설(劉泰卨) 이돈화 이승우(李升雨) 이희섭(李羲燮) 차재명(車載明) 한상룡

 이로부터 경향 각처에서는 시국계몽 강연회다 시사문제 강좌다 하는 종류로 사태가 나다시피 했던 것이다. 우선 하나가 1937년 7월 19일 부민관에서 열린 『매일신보』·『경성일보』 공동 주최의 '비상시국 대강연회'이다. 한국인 1명과 일인 3명으로 된 연사 명단은 다음과 같다.

 한상룡(韓相龍 : 조선군 사령부 고문)
 니노미야(二宮治重 : 선만척식 총재)
 후까보리(深掘遊龜 : 조선군 사령부 참모)
 가미쓰(神津辛右衛門 : 일본 공륜〔空輪〕경성지점장)

 학무국 주최의 시국강연회 1937년 7월 20일 경성사범 강당에서 이각종, 같은 날 경성여고보 강당에서 고원훈·윤치호·차재정, 이튿날 부민관에서 서춘(徐椿)·조병상이 시국계몽강연을 가졌다.
 중추원의 시국강연회 1937년 7월 20일경부터 중추원 참의 9명이 전선순회 강연을 했는데 명단과 행선지는 다음과 같다.

김명담 : 대구 안동 부산 마산 진주
김사연 : 신의주 정주 강계
신석린 : 개성 수원
안종철 : 춘천 철원 함흥 원산
유진순 : 평양 진남포 선천 해주 황주
최 인 : 전주 군산 남원 장수 목포 순천
한규복 : 청주 충주 대전 공주
한상용 : 서울 인천
현 헌 : 나남 청진 경성 회령

친일단체 대동민우회(大同民友會)가 주최한 시사문제 강좌 1937년 9월 7, 8일 YMCA 강당에서 아래와 같이 개최되었다.

차재정(車載貞 : 대동민우회 이사) : 시국의 발전과 조선인의 각오.
오꾸다이라(奧平武彦 : 성대 교수) : 최근의 국제정세와 일미의 지위.
후까보리(深掘遊龜 : 중좌·조선군참모) : 소련의 동정과 지나(중국)의 장래.
스즈끼(鈴木正文 : 오사까 『아사히신문』 경성지국장) : 시국과 경제문제.

부인층의 시국계몽을 목적한 시국강연회 1937년 9월 21일부터 30일에 걸쳐서 고희준 김태흡(金泰洽 : 중앙불전강사) 원덕상(元惠常 : 경기도 회의원) 조병상(曺秉相 : 상동)이 「중일전쟁과 부인의 각오」라는 제목의 연설강좌를 가졌다.

이상은 중일전쟁 발발 직후 2~3개월내에 있었던 강연회·강좌의 일부분이다. 전국의 확대와 함께 이러한 강연회는 보다 더 큰 규모로 극성을 떨기 시작하였다. 1940년 11월 23일부터 13도를 유세한 문인 시국순회 강연반, 1941년 12월 12일의 총력운동신전개 대강연회, 1942년 5월에 열린 계명구락부·정학회(正學會)·조선임전보국단·국민총력연맹·『매일신보』 기타 단체가 제가끔 독립해서 경쟁적으로 주최한 거의 10여 건에 달했던 징병제실시감사 대강연회의 종류, 지원병·학도병 모집이 있을 때마다 13도에 파견되었던 순강반·만담반·영화반·독려강연회 등등, 한마디로 말해서 그야말로 광란의 도가니 속이나 다름없었다.

이와 함께, 이른바 시국적인 각성을 촉구하기 위해서, 대소 규모의 각종 좌담회가 사회 각 계층에 걸쳐서 베풀어지곤 하였다. 신문·잡지에 그 기록이 실려서 선전자료로 이용되었는데, 그 몇 개를 예시하면 다음과 같다.

시국유지원탁회의 : 1938년 12월 14일 부민관 강당. 참석자 : 갈홍기(葛弘基) 권충일(權忠一) 김동일(金東日) 안준(安浚) 류형기(柳瀅基) 윤형식(尹亨植) 이각종(李覺鍾) 이광수(李光洙) 인정식(印貞植) 조두원(趙斗元) 조병옥(趙炳玉) 주련(朱鍊) 주요한(朱耀翰) 차상달(車相達) 차재정(車載貞) 하경덕(河敬德) 현영섭(玄永燮). 내선일체 구현·동아협동체 건설·국내 혁신문제 등을 의논하였다.

내선일체부인좌담회 : 1939년 9월 10일 반도호텔. 참석자 고황경(高凰京) 박인덕(朴仁德) 하야미즈(速水) 부인(성대 총장 速水滉의 처) 쓰다(津田節子. 녹기연맹 津田榮 회장의 처) 야마모도(山本千代子)와 주최측『동양지광』의 강영석(姜永錫), 고명자(高明子), 김용제(金龍濟), 김한경(金漢卿). 부인층의 비상시적 각오와 내선일체를 말하였다.

제국의 식량을 맡은 우리들 농촌부인의 사명을 자랑하는 좌담회 : 1942년 6월 7일 경기도 용인군 내사면 명륜당. 참석자 주최측『매일신보』의 백철(白鐵), 정기자(鄭記者), 미야모도(宮本) 용인지국장과 노다(野田長次郎) 면장 및 농촌부인 15명. 시국하 농촌부인의 결의를 말하였다.

학도 출진을 말하는 좌담회 : 1943년 11월 17일 출석자는『매일신보』측 이성근(李聖根 : 사장) 외 2명, 총력연맹측 하다(波田重一 : 사무국 총장) 외 3명, 학교측 김성수, 정인섭(鄭寅燮) 외 일인 2명, 부형측 남상린(南相麟), 조병상 외 일인 2명, 총독부측 곤도(近藤) 시학관. 학도병 지원의 만전을 기하는 문제를 말했다.

애국금차회와 기타

이상의 시국강연·좌담회들은 하나같이 미나미가 천명한 전기 시국인식의 3대 원칙에 관한 부연이자 선전이었다. 그리고 이에 의해서 강조된 것은 이른바 국위선양과 필승체제의 확립을 위해서 내선일체로 총력을 결집하라는 것이었다.

이리하여 유명 무명한 인사·단체, 심지어는 아동들까지가 이른바 애국의 적성(赤誠)인 국방헌금으로 총력을 결집하기 시작하였다. 흥아봉공일(興亞奉公日)이니, 애국일이니, 농산어촌 생업보국일이니, 국위선양기원제니 하는 선서의 행사가 꼬리를 물고, 그런 행사의 수효만큼이나 많은 총력운동단체·국방목적단체들이 생겨나곤 하였다. 1937년 4월 24일, 익명자 4인의 헌금으로 경성 제1호기가 헌납될 무렵, 남작 조중헌(趙重獻)은 민병삼(閔丙三: 자작), 이기용(李琦鎔: 자작), 이윤용(李允用: 자작) 등의 귀족과 김영호(金永琥), 김순제(金舜濟), 신태화(申泰和) 기타를 규합해서 국방열 보급을 목적으로 한 조선국방협회를 발기하였다. 개인적으로는 세칭 애국옹―일명 야만기(野蠻琦)라 빈축을 받던 거두 문명기(文明琦)가 육·해군에 비행기 문명기호를 단독으로 헌납했으며, 북지에 파견할 의용군을 모집하였고, 당삼(糖蔘) 기타를 들고 화북지방 황군위문을 다녀오더니, 그 끝에 비행기 1군 1대 헌납을 떠들고 다니기 시작하였다.

이러한 추세를 좇아 탄생한 단체에 애국금차회가 있었다. 총독부 조선중앙정보위원회의 종용에 의해서 귀족의 처와 사회 중견여류를 망라하여 조직한 이 단체는 요컨대 금비녀 금가락지를 뽑아서 국방비로 헌납하자는 것으로 다음과 같은 규약 제1조를 설립 목적으로 하고 있었다.

 본회는 애국금차회라 칭하고 황군 원호의 목적으로써 좌기 사업을 행하는 것으로 함.
 ① 황군의 환송영.
 ② 총후(銃後)가정의 위문 격려.
 ③ 총후가정의 조문(吊問).
 ④ 전 각항 외 일반 조선부인에 대한 황군 원호의 강화 및 국방비의 헌납.

1937년 8월 20일 경성여고보 강당에서 발회식을 거행한 애국금차회는 상기 규약 제1조의 목적달성을 위해서 금비녀 11개, 금반지 3개, 금귀개 2개, 은비녀 1개 및 현금 8백89원 90전을 즉석에서 거두어 바쳤다(당시 쌀 한 가마에 18원). 8월 21일자 『매일신보』에 보도된 헌납자 명단은 다음과 같다.

 김복완(金福緩) : 금비녀 1개, 현금 1백 원.
 이달용(李達鎔) 처 : 상동.
 김옥교(金玉嬌) : 금비녀 금반지 각 1개.

김성진(金成鎭) 처, 민병석(閔丙奭) 처, 민채덕(閔彩德), 신(申)씨, 이윤용(李允用) 처, 장헌식(張憲植) 처, 조성근(趙性根) 처, 최화석(崔華石) 처 : 각 금비녀 1개.
  홍선경(洪善卿) : 금반지 1조.
  민병주(閔丙疇) 처 : 금귀개 1개, 현금 50원.
  박두영(朴斗榮) 처 : 금귀개 1개.
  김화강(金和鋼) : 은비녀 1개.
  유종우(柳宗祐) : 현금 50원
  홍진경(洪眞卿) 이서시(李書時) 외 5명 : 현금 20원.

 애국금차회의 이러한 헌납 광경은 김은호(金殷鎬)에 의해서 그림 「금차헌납」으로 제작되어 미나미에게 증정되기도 하였다(1937. 11. 20). 이후 애국금차회는 회장 김복완(金福緩. 尹德榮의 처) 이하 간사 일동이 용산육군병원을 위문(1937. 9. 20)하는 등의 활동을 벌였다. 이 회의 창립 당시의 간부 명단은 아래와 같다.

  회장 : 김복완
  간사 : 고황경 김복인(金福人) 김성덕(金成德) 김순영(金純迎) 김(金)씨 김현실(金縣實) 김화순(金和順) 김활란(金活蘭) 마경이(馬景伊) 민채덕(閔彩德) 방신영(方信榮) 손정규(孫貞圭) 손희원(孫熙媛) 송금선(宋今璇) 심경섭(沈卿燮 : 민병석 처) 심(沈)씨 우현례(禹顯禮) 유각경(兪珏卿) 류용선(柳庸善) 류혜경(柳惠卿) 윤창희(尹昌喜) 윤(尹)씨 이용경(李龍卿) 이혜윤(李慧潤) 조은홍 조성순(趙聖淳) 조숙자(趙淑子) 조인옥(趙仁玉) 주경애(朱敬愛) 차사백(車士百) 최순이(崔順伊) 홍옥경(洪鈺卿) 홍선경(洪善卿) 홍승원(洪承媛)

 동요회(同耀會) 일제의 작위를 갖고 있던 귀족 59명을 망라해서 조직된 단체이다. 일제의 작위는 공작·후작·백작·자작·남작의 5등급이며 귀족의 표상으로 세습되었다. 한일합병이 되자 일제는 종친·유력자 및 소위 합방공신들에게 이를 나누어 주었는데, 후작에 윤덕영 등 6명, 백작에 이완용 등 3명, 자작에 박제순 등 22명, 남작에 이윤용 등 22명으로 도합 76명이요, 그 중 조정구(趙鼎

九) 등 9명이 이를 물리쳤다. 동요회의 59명은 그때 작위를 받았던 67명 중의 생존자 및 상속자로써 조직된 단체이다.

이 회는 1937년 현재 후작 이병길(李丙吉 : 이완용의 손자)이 이사장이요, 자작 김호규(金虎圭), 박부양(朴富陽), 이홍묵(李鴻默)과 남작 한상억(韓相億)이 이사로 있었다. 1937년 9월 3일 귀족 명문가 상대로 모금한 1만 원을 국방헌금으로 바치고 있었다.

군용기 경기도호 헌납기성회 1937년 6월 9일 경기도청에서 발기인회를 열었다. 이 발기인회는 경기지사 감서(甘蔗義邦)와 경기도회 부의장 한상용 명의의 안내장이 유력자 2백90명에게 발송된 데서 태동을 시작하였다. 군용기 4대 헌납을 계획했는데, 발기인회가 선정한 집행위원 33명 중 한국인은 아래 12명이다.

민대식(閔大植) 박봉진(朴鳳鎭) 박흥식(朴興植) 방태영(方台榮) 원덕상(元悳常) 목욱상(睦頊相) 윤치소(尹致昭) 임한선(林漢瑄) 최동엽(崔東燁) 최진(崔鎭) 한상용(韓相龍) 홍필구(洪必求)

개인으로는 광산 갑부 최창학(崔昌學)이 4만 원짜리 비행기 1대를 헌납하였다. 기타 북청 출신 운수사업가 방의석(方義錫, 참의)이 2대, 영덕의 제지·광산업자 문명기(참의)가 2대, 백낙승(白樂承), 배영춘(裵永春), 최주성(崔周星)이 각 1대를 헌납했다는 기록이 있다.

다액 헌납자로는 10년간에 쌀 1만 석을 군용미로 헌납했다는 봉산 사람 김치구(金致龜)를 필두로, 원봉수(元鳳洙 : 쌀 3천 석), 손창윤(孫昌潤 : 기관총 50정), 장달막(張達莫 : 여자·금제품 160점) 등이다. 현금은 창신동 갑부 임종상(林宗相)이 1937년 7월 15일 방호단 경비로 2만 원을 헌납하였다.

조선군사후원연맹

1937년 봄, 총독부는 준(準)전시시대에 직면한 방공(防空)준비공작으로 방공과의 신설을 계획하였다. 또 각 파출소 주재소를 주체로 한 시국간담회 등을 통해서 방공사상의 고취에 힘썼으며, 방호단의 결성도 아울러 서두르기 시작하였다. 이리하여 서울은 1937년 4월 3일, 즉 진무(神武) 천황 제일을 기해서 **경성방호단**이 결성되었다. 이날 미나미·조선군 사령관·20사단장·경기지사 등이 참석해서 준전시시대의 국민의 자세 등을 역설했으며, 박영철(朴榮喆 : 전 강원·함북지사. 만주국 명예총영사), 석진형(石鎭衡 : 전 충남·전남 지사), 조병상(曺秉相 : 훗날의 종로 경방단장) 같은 거물도 소위 국방색인 방호단복을 입고 단원 자격으로 참석하였다.

경성방호단은 서울 259정(町)을 동구·중구·용산·영등포의 4구로 나누어 조직하고 예하에 11개의 분단을 두었다. 이외에 공작반 3개와 수상(水上) 방호단 6개반을 두었는데, 간부로 참가하였던 한국인 명단은 아래와 같다.

홍우완(洪祐完)=동구 단장. 석진형(石鎭衡)=동구 제1분단장. 박영철(朴榮喆)=중구 제2분단장. 김창혁(金昌爀)=용산 수상방호단 제3반장. 노선재(盧善載)=용강(龍江) 수상방호 단장. 전수풍(田秀豐)=동 제1반장. 박용진(朴容振)=동 제2반장. 이만춘(李萬春)=영등포 수상방호단 제2반장. 최순학(崔順學)=한강 수상방호 단장.

방호단의 임무는 등화관제·공습시의 피해 복구 등 현제의 민방위 업무에 준하는 것이었다. 지방은 1937년 4월 이후 8월에 걸쳐서 각 도·부·군·부락·직장 단위로 이것이 결성되었으나 간부 명단까지 밝힐 지면은 없다.

총후진영(銃後陳營)의 정비, 즉 후방의 임전체제 확립을 위해서 이렇게 제1보를 내디딘 일제는 1937년 5월 24일에 조선군사후원연맹을 발족시켰다. "황군의 후원이 되어 서로 협력하여 군인의 사기를 고취 격려하고, 군인으로서 후고(後顧)의 우려 없이 본분을 다하게 함으로써 목적"(강령)을 삼았던 이 단체는 전기의 목적 실현을 위해서 다음 각 항을 사업 내용으로 하고 있었다.

① 일반 국민에 대한 황군 원호의 강화 철저
② 상이군인·전상사자·황군 장병과 그 가족에 대한 위문 부조
③ 출정·귀환 장병에 대한 위문 격려 송영 접대
④ 위의 사업을 위한 모금

조선군사후원연맹은 총독부에 중앙조직을, 각 지역에 지역군사후원연맹을 두

었다. 중앙조직은 발족 당시에 23개 단체의 가맹이 보고되었으며, 기타는 추후에 가맹하였다. 역원은 고문 미나미, 상담역에 조선군 참모장, 회장에 정무총감, 부회장에 총독부 내무국장이고 각 가맹단체의 대표자가 위원으로 참가하였다. 발족 당시에 가맹한 23개 단체 중 한국인 관계는 다음과 같다.

구자옥(具滋玉 : 조선 중앙기독교청년회) 이경봉(李庚鳳 : 고려약사협회) 정구충(鄭求忠 : 한성의사회) 황금봉(黃金峯 : 조선 불교중앙교무원).

지역조직은 경성군사후원연맹이 1937년 7월 30일에 결성되었다. 위원 24명 중 한국인이 10명인데 방응모, 백관수, 예종석, 오긍선, 이긍종(李肯鍾), 이상협, 이승우, 조성근, 태응선(太應善), 한상용이다.

군사후원연맹은 1941년 7월 31일 재단법인 군인원호회 조선지부에 통합될 때까지 군인원호사업의 중심 역할을 수행하였다. 그 활동 중 하나가 1937년 9월 28일 서울을 출발한 북지(화북) 장병위문단(8명)의 파견이다. 신문 잡지 기타 3만 원 상당의 위문품을 휴대하고 각 전기 위문단에 아베(安倍良夫 : 소장·연맹 부회장)를 비롯한 일인 7명과, 한국인으로는 당시 방호단 분단장이던 조병상 한 사람이 끼어 있었다.

다음은 황군위문작가단과 그 활동. 군사후원연맹의 발족을 전후하여 화북장병 위문행은 하나의 유행처럼 되고 있었다. 우선 그 하나가 1937년 8월 20일의 문명기의 위문행이다. 출생은 평양이고, 어려서 영덕으로 이주한 문명기는 제지업과 광산 등으로 거부가 되자 친일노선에 서서 10만 원으로 육·해군기 각 1대를 헌납하였다. 영덕 국방의회 의장·재향군인회 특별위원·경북도회 의원·『조선신문』(일문)사장 등의 감투를 쓰더니 중추원 참의까지 하면서 소위 '가미다나'(神棚)라고 아마테라스오오미까미(天照大神 : 일본의 개국신)의 영을 집집마다 모시는 운동에도 앞장 섰던 인물이다. 처자까지 일본옷을 입혔다는 세칭 애국옹 문명기는 1937년 8월 20일 당삼 50상자와 기타 위문품을 가지고 화북지방 장병 위문을 떠났다. 돌아와서 그는 9월 14일 YMCA에서 보고강연회를 열었고, 경의선 연변 각처를 돌면서 비슷한 연설을 하곤 하였다.

이 해 9월, 21·22일 양일에 걸쳐서, 부민관·용산소학교·용곡여학교에서는 경성군사후원연맹 파견으로 화북장병을 위문하고 돌아온 오노(大野史郎 : 경성부회 부의장), 하마다(濱田虎態 : 경성부 제1교육부회 부회장), 이승우(동 제2교육부회 부회장) 등의 보고강연회가 열렸다. 경성부회도 위문단 파견을 결의하고, 중추원도 이에 뒤질세라 김관현, 성원경, 이기찬, 장직상 등 참의로 하여금 화북 전선의 고바야시(小林) 부대 고이노보리(鯉登) 부대 등을 위문하게 하였다 (1937. 9. 6).

황군위문작가단은 이러한 추세에의 호응이지만, 다른 위문단과는 다른 또 하나의 사명을 지니고 출발하였다. 일본 작가들이 수차의 전선 방문으로 「보리와 병정」 같은 전쟁문학을 출현시켰으니, 한국 작가들도 마찬가지로 전쟁문화를 창조해 내야 한다는 것이었다.

문장사의 이태준(李泰俊), 학예사의 임화(林和), 인문사의 최재서(崔載瑞)가 주동한 작가단의 파견은 1939년 3월 14일의 부민관 회합에서 구체적인 의논이 이루어졌다. 박문서관, 삼문사, 한성도서 등 서울 14개 출판업자의 협력으로 소집된 회합에서는 위문사(慰問使) 후보로 김동인(金東仁), 김동환(金東煥), 김용제, 박영희(朴英熙), 백철, 임학수(林學洙), 정지용(鄭芝鎔), 주요한을 선출하고, 이 중 3인을 결정하기 위해서 따로 실행위원 9명을 선출했다.

황군위문작가단은 이들 실행위원―김동환, 노성석(盧聖錫 : 박문서관), 박영희, 이관구, 이광수, 이태준, 임화, 최재서, 한규상(한성도서)의 추후회합에서 김동인·박영희·임학수의 3인으로 결정되었다. 1939년 4월 15일 서울 출발로 화북장병을 위문하고 돌아온 이들은 그 목적에 따라서 박영희가 『전선기행』, 임학수는 『전선시집』을 간행하였다. 김동인만이 신병관계로 보고문학을 생산하지 못하고 말았던 것이다.

국민정신총동원 조선연맹

국민정신총동원 조선연맹(이하 '정동연맹')은 1938년 6월 중순경 민간 사회교화 단체의 대표자들이 총독부의 종용에 따라 수차의 회합을 열면서 소위 자발적인 총후봉사활동을 협의한 데서 태동을 시작하였다. 중일전쟁 이후의 이른바 애국운동, 특히 화북장병 위문행은 산발적인 유행 같아서, 더러는 현지군에 지장을 주는 수도 없지 않았다. 그리하여 미나미가 만연한 화북 위문행을 삼가하라는 취지의 담화문까지 발표할 정도였다. 정동연맹은 이러한 무질서를 하나로 귀합시켜서 질서를 찾게 하자는 것이 목적의 하나였다.

이리하여 이들은 종으로 각 종교단체와 사회교화단체 간부, 횡으로는 2천3백만 민중 전체를 연맹원으로 하는 단체를 조직하기 위해서, 1938년 6월 22일 부민관에서 발기인 총회를 개최하였다. 여기에는 59개 단체 및 개인 56명이 발기인으로 참가했는데, 한국인측의 발기인 명단은 아래와 같다.

단체 : 경성여자중등학교 동창회연맹, 계명구락부, 구세군조선본부, 국민협회, 대동민우회, 동민회본부, 성공회, 시중회, 조선감리교총리원, 조선교화단체연합회, 조선국방의회연합회, 조선기독교연합회, 조선농회, 조선무진협회, 조선문예회, 조선방송협회, 조선부인문제연구회, 조선불교중앙교무원, 조선상공회의소, 조선수양단체연합회, 조선장로회총회, 천도교중앙교구, 천도교중앙종리원, 천주교경성교구, 춘추회(이상 25. 기타 34개는 일계〔日系〕단체)

개인 : 고원훈 김갑순 김사연 김성수 김활란 민규식 박승직 박영철 박흥식 방응모 백관수 손정규 안인식 원덕상 윤덕영 윤치호 이각종 이긍종 이병길 이승우 장직상 장헌식 조병상 최린 최창학 한규복 한상용(이상 27명. 외 29명은 일인)

위의 발기인들은 취지 및 규약을 정하고, 한상용 외 6명의 이사 전형위원, 박영철 등 13명의 창립총회 준비위원을 선정했는데, 이들이 선정한 정동연맹의 역원은 아래와 같다.

이사장 : 시오하라(鹽原時三郎 : 학무국장)
이사 : 김대우 김명준 김사연 김성수 김활란 민규식 박영철 박흥식 손정규 원덕상 윤치호 이각종 이승우 조병상 최린 최창학 한상용(이상 17명. 외 21명은 일인)
상무이사 : 상기 이사 중 윤치호 이각종 이승우 조병상과 일인 4명

이리하여 1938년 7월 7일, 중일전쟁 발발 1주년이 되는 날을 기해서, 경성운동장에서는 정동연맹의 성대한 발회식이 거행되었다. 그날, 쏟아지는 비를 무릅쓰고 강행된 식전에는 미나미, 고이소(小磯國昭 : 군사령관), 오노(大野綠一郎 : 정무총감) 이하 군관민 유력자들의 참석하에 도하 7백여 단체와 개인 3만여 명이 식장에 동원되었다. 이들은 시오하라 이사장의 식사, 미나미의 고사(告辭)

, 대회선언문과 황군위문문 및 관계 요로에 보낼 전보문 채택, 고이소 조선군 사령관 등의 축사 외 윤치호 선창인 천황폐하 만세 3창으로 식순을 마친 후, 두 대로 나누어 부청 앞과 총독부 앞으로 향하는 '애국시가행진'을 하였다. 이날 채택된 대회 선언문은 다음과 같다.

동양 평화를 확보하여 팔굉일우(八紘一宇)의 대정신을 세계에 앙양함은 제국 부동의 국시이다. 우리는 이에 일치단결 국민정신을 총동원하여 내선일체 전능력을 발양하여 국책의 수행에 협력하여, 써 성전 궁극의 목적을 관철하기를 기함.

한편 총독부 학무국은 중앙조직인 정동연맹 결성에 수반하는 지역조직, 즉 각 도·부·군·도(島) 연맹 결성에 관한 미나미의 적극적인 후원 방침을 주지시키기 위해서, 1938년 7월 19일 각도 교화사무 담당자 협의회를 소집하였다. 이 자리에서는 정동 지역연맹 조직에 관한 건을 중심으로, 근로보국운동의 전개, 청년훈련소 확충의 건 등이 협의되었고, 황국신민의 서사를 철저히 보급토록 하라는 것도 아울러 지시된 사항이었다.
이리하여 13도 방방곡곡에서 지역연맹이 조직되었는데, 그 중 국민정신 총동원 경성연맹의 역원 명단만을 아래에 기록하겠다.

이사장 : 사에키(佐伯顯 : 부윤)
부이사장 : 윤치호 외 일인 1명
이사 : 김명준 이승우 조병상 한규복 외 일인 2명
상담역 : 구자옥 김갑순 김사연 김영상 김활란 민규식 박승직 박흥식 백관수 방응모 손정규 예종석(芮宗錫) 이긍종 최린과 경성불교 각 종(宗) 연합회, 국방부인회 경성지부, 애국부인회 경성지부 및 일인 30명

이렇게 조직된 정동연맹은 크게는 도, 작게는 정(町) 연맹과 애국반에까지 조직 침투함으로써, 국책 협력을 선동하는 중심적 주동적 역할을 수행하였다. 지원병 독려는 물론, 창씨독려, 공출·헌금독려, 폐품수집, '고꾸고' 강습회 기타 정동연맹의 활동이 미치지 않은 분야는 없었던 것이다.
그 구체적인 실천 행각은 추후 해당하는 항목에서 말하고, 여기서는 원칙적

인 실천방책만을 기술하겠다. 1938년 9월 22일, 정동연맹 각도 대표자 및 관계자 1백50명이 총독부 제1회의실에서 제1차 타합회를 가졌는데, 여기에서 다음 각 항이 실천강령으로 결정되었다.

① 황국정신의 현양
② 내선일체의 완성
③ 비상시 국민생활의 혁신
④ 전시 경제정책에의 협력
⑤ 근로보국
⑥ 생업보국
⑦ 총후 후원 즉 군인원호 강화
⑧ 방공(防空) 방첩
⑨ 실천망의 조직과 지도의 철저

정동연맹은 1940년 10월에 국민총력조선연맹으로 기구를 개편하고 재출발하였다. 그 동안 모든 총력운동 애국운동의 총본산이었던 정동연맹은 그 목적 달성을 위해서 『아까쓰끼』(曉), 『애국반』, 『총동원』 같은 기관지·선전책자를 발간하여 정 단위로 배포하기도 하였다.

사상범보호관찰령과 사상보국

제령 제16호 조선사상범보호관찰령은 1936년 12월 12일에 공포되었다. 이는 치안유지법 위반자 중 집행유예의 언도가 있는 경우, 소추할 필요가 없음으로써 공소가 제기되지 않은 경우, 또 형이 집행종료 또는 가출옥이 된 경우에 보호관찰심사회의 결의에 의해서 본인을 보호관찰에 부칠 수 있음을 규정한 것이며 (제1조), 필요할 시에는 보호관찰심사회의 결의 전에도 이를 행할 수 있음을 규정(제6조)한 법령이다.
보호관찰이란 재범의 위험을 막기 위해서 그 사상과 행동을 관찰하는 것이며 (제2조), 본인을 보호관찰소 보호사의 관찰에 부치거나 또는 보호자에게 인도 혹은 보호단체·사원·교회·병원 기타에 위탁함으로써 실행하였고(제3조), 그 기간은 2년, 단 보호관찰심사회의 결의로써 연장할 수 있었으며(제5조), 피보호자에 대하여 거주·교우·통신의 제한 기타 적당한 조건의 준수를 명할 수 있는 것이었다(제4조).

이를 위해서 조선에는 각 복심법원(고등법원) 소재지, 즉 경성·대구·광주·평양·신의주·함흥·청진에 사상범보호관찰소가 탄생하였는데, 이는 독립된 관청으로서, 소장을 보도관(輔導官)으로서 보냈고, 그 밑에 보호사·서기·통역을 두어 구성한 것이었다. 또한 동 법령에 의한 보호관찰심사회가 각 보호관찰소 소재지에 설치되었는데, 이 역시 관청으로서 회장 1명, 위원 6명과 약간명의 예비위원을 사법부내 고등관 기타 학식 경험 있는 자로 충당하여 구성하였다.

일제 말의 소위 사상범들은 이들, 즉 보호관찰심사회 위원들에 의해서 보호관찰에 부치는 여부가 결정된 후, 보호사들에 의해서 거주제한 기타 수단으로 보호관찰이 실행되었다. 한국인 약간명도 보호사 또는 보호관찰심사회 위원의 직무를 수행했는데, 그 명단은 아래와 같다.

　보호사 : 이강혁(李康爀)
　보호사 직무촉탁 : 강완선(姜完善) 김기택(金琪宅) 목순구(睦順九,) 송화식(宋和植) 오긍선(吳兢善) 장우식(張友植) 한만희(韓萬熙) 황종국(黃鍾國)
　심사회 위원 : 서병조(徐丙朝) 유태설(劉泰卨) 이기찬(李基燦) 이승우(李升雨) 이희적(李熙迪) 현준호(玄俊鎬) 황종국(黃鍾國)
　심사회 예비위원 : 고일청(高一淸) 김대우(金大羽) 김영배(金永培) 김창영(金昌永) 양대경(梁大卿) 최정묵(崔鼎默) 탁창하(卓昌河) 홍영선(洪永善)

이러한 조치와 병행해서 일제의 사상탄압은 날로 격화돼 가고 있었다. 그 하나가 유명한 수양동우회사건이다. 1937년 6월 6일을 기해서 당국은 해산령을 거부중이던 수양동우회에 대해서 대검거를 시작하였다. 전선 150명의 피검자 중 이기윤(李基潤), 최충호(崔充浩)가 고문 끝에 옥사하고, 김성업(金性業)이 불구가 되었으며, 전영택(田榮澤), 현제명, 홍난파 등 18명은 전향성명을 발표(1938. 6. 29)하고 사상보국을 맹세하기에 이르렀던 것이다.

한편 좌익진영에 대해서는 1934년 2월에 발생한 제2차 프롤레타리아 예술동맹 검거사건, 즉 신건설사 사건 등이 그 일례일 것이다. 이 사건은 프로예맹(카프)의 연극단체 신건설사의 삐라를 소지한 학생이 검거된 후, 검거 범위가 신건설사 단원과 카프회원들에게까지 확대되었던 사건이다. 이로써 카프는 발족 10년 만에 해산을 당하고 말았다. 피검자 일부가 옥중에서 전향을 발표하고, 1936년 2월 현재 항소심에 계류중이던 박영희, 송영, 이기영 기타도 결국은 전향을 하는데, 그 중 박영희에 관해서 일인 작가 다나까(田中英光)는 일제 말 황민문단의 측면사로 통하는 소설『취한(醉漢)들의 배』안에 다음과 같은 묘사를 남기고 있었다. "그(박영희―인용자)는 고문으로 왼팔이 못 쓰게 될 만큼 버티었는데, 졸지에 전향을 해서……."

시국대응 전선사상 보국연맹(이하 사보연맹)은 그네들 좌우익의 전향자들이 모여서 조직한 사상보국의 단체였다. 1938년 6월 20일부터 3일간, 동경 법조회관에서는 시국대응 전국위원회라는 것이 열려서 전향자들의 국책협력 문제가 토의되었다. 이들은 조선에 대해서도 대표위원의 파견을 요청하였는데, 이 요청에 따라서 권충일(權忠一), 박영희 두 사람이 전향자 대표로 동대회에 참가했고, 이들이 귀국해서 가진 경과보고회 석상에서 사보연맹 결성의 건이 가결되었던 것이다.

이리하여 1938년 7월 24일 부민관 중강당에서 사보연맹 결성식은 거행되었다. 13도의 전향자 대표 2백여 명이 참가한 속에서, 황거요배, 기미가요 제창, 전몰영령에 대한 묵도, 황국신민 서사 제창 등의 식순을 진행한 결성대회는, 규약과 임원을 통과 선정한 후 대회선언문을 채택하였다. 사보연맹의 임원은 다음과 같다.

본부임원 : 총무 박영철(朴榮喆), 간사 강문수(姜文秀) 권충일(權忠一) 김한경(金漢卿) 노진설(盧鎭卨) 박득현(朴得鉉) 임영춘(林永春) 장용호(張龍浩) 진형국(陳炯國)

경성지부 임원 : 지부장 이승우, 간사 권충일 고경흠(高景欽) 곽양훈(郭良勳) 김용찬(金容贊) 나준영(羅俊英) 박득현(朴得鉉) 박명열(朴命烈) 박영희 양성호(梁成灝) 오성천(吳成天) 류형기 윤기정(尹基鼎) 이강명(李康明) 이원현(李元賢) 조기간(趙基□) 조영식(趙英植) 한상건(韓相健) 현제명과 일인 12명.

대전지부 : 이봉수(李鳳洙)   공주지부 : 이준규(李浚圭)   개성지부 : 김명손(金明孫)   춘천지부 : 장보라(張保羅)   인천지부 : 갈홍기(葛弘基)

청주지부 : 정진복(鄭鎭福)과 일인 각 1명.

그리고 이날 채택된 결의문은 아래 3개 항목이었다.

① 우리들은 황국신민으로서 일본정신의 앙양에 노력하고 내선일체의 강화 철저를 기한다.
② 우리들은 사상국방전선에서 반국가적. 사상을 파쇄 격멸하는 육탄적 전사가 되기를 기약한다.
③ 우리들은 국책 수행에 철저적으로 봉사하고 애국적 총후활동의 강화 철저를 기약한다.

이리하여 사보연맹은 1938년 10월 6일부터 8일까지의 본부·지부 합동회의에서 비전향자의 포섭문제 등을 협의하였다. 즉, 그들의 생업문제를 해결해 줌으로써 포섭의 방편으로 삼고자 취직알선운동을 전개하였던 것이다. 이 운동은 동년 12월 10일 현재 고등경찰과를 통해서 1백98명의 알선실적을 올렸고, 이렇게 포섭된 새로운 전향자들은 황국신민으로서의 충량한 제1보를 내디뎠다.

사보연맹은 그 후에도 비전향자의 포섭에 힘을 쓰면서, 군인원호행사, 신사참배단의 일본 파견, 부여신궁 창설에 관련된 봉사수양단 파견 등으로 사상보국에 진력하였다. 이 연맹은 1940년 12월 28일 전선 7개 지부와 80여 분회 및 맹원 2천5백여 명의 기구를 발전적으로 해소하고 재단법인 대화숙(大和塾)으로 통합되었다.

종교인들의 굴복

종교진영에서도 이른바 전향이라는 사태가 꼬리를 물기 시작하였다. 1937년 2월 26, 27일에 총독부 제1회의실에서는, 국민정신 작흥운동과 종교부흥운동을 적극적으로 펴나간다는 미나미의 방침에 따라서, **조선불교 31본산(本山) 주지회**가 소집되었다. 신도 15만, 본산 31, 사찰 1천3백38, 승려 7천을 갖는 조선불교를 대동단결시켜서 국민정신 작흥운동의 제1선에 나서게 하자는 이 모임은 일제 말에 강행된 불교 일본화의 첫걸음이기도 하였다. 이 모임을 위해서 미나미는 그날 다음과 같은 요지의 훈시를 하였다.

최근 황국의 시국 추이에 감하여 민중이 정신작흥을 위해 종교가에게 기대하는 바가 크다. 불교는 고대로 내선(內鮮)을 통하여 정신배양 세도환기(世道喚起)의 근기(根基)였으니, 병합 이래 일시동인의 황은에 욕(浴)하고 있는 지금, 민중의 국민적 자각을 높임에 있어 각위의 분기를 촉구한다. 각위는 시국과 세상을 인식하여 중서(衆庶)의 의표(儀表)로서 국가의 융창에 많이 기여하라.

이리하여 31본산주지회는 미나미의 지시사항을 중심으로 토의를 진행한 결과, 첫째 31본산 위에 최고기관으로 총본산을 설치할 것, 둘째는 총본산을 중심으로 전국의 불교도가 정식작흥 심전개발(心田開發)운동에 적극 참가할 것 등을 결의하였다.

불교계는 그 후 1937년 4월경 일본불교 각 종(宗)과 공동으로 경성화제봉찬회(京城花祭奉讚會)를 조직하고, 종래 8월 8일에 하던 관등행사를 일인과 공동으로 축하하기 위해서 4월 8일로 옮겼다. 1937년 7월 6일에는 내선불교 제휴에 관한 타합회를 조선호텔에서 열었고, 동년 12월에는 조선문예회와의 협동으로 화북에 위문단을 파견하는 등의 시국행사를 벌였다. 위문단에는 31본산에서 이동석(李東碩 : 불교중앙교무원 단장)·박윤진(朴允進 : 흥국사)·최영환(崔英煥 : 해인사), 조선문예회에서 문학준(文學準)·이종태·현제명이 참가하여 12월 22일 서울 출발, 봉천(奉天)·천진(天津)·석가장(石家莊)·태원(太原) 등지의 황군을 위문하고 1938년 1월 10일경에 귀경하였다.

31본산주지회 참석자 명단은 다음과 같다.

강대련(姜大蓮 : 용주사) 강성인(姜性人 : 봉인사) 권태석(權泰錫 : 영명사·법흥사) 김탄월(金坦月 : 유점사) 김법룡(金法龍 : 보현사) 김보련(金寶蓮 : 건봉사) 김송월(金松月 : 봉선사) 김영호(金泳鎬 : 고운사) 김정석(金靖錫 : 통도사) 김정섭(金正燮 : 전등사) 김진월(金振月 : 위봉사) 박경수(朴慶洙 : 은해사) 박병운(朴秉芸 : 선암사) 박석진(朴錫珍 : 송광사) 박영희(朴映熙 : 대흥사) 박정의(朴定宜 : 부석사) 송만공(宋滿空 : 마곡사) 송종헌(宋宗憲 : 백양사) 심보연(沈寶淵 : 지림사) 류보암(柳寶庵 : 귀주사) 윤상범(尹相範 :

동화사) 이고경(李古鏡 : 해인사) 이명교(李明敎 : 패엽사) 이병호(李炳浩 : 금룡사) 이보담(李寶潭 : 성불사) 이종욱(李鍾郁 : 월정사) 이환해(李幻海 : 석광사) 장행상(張行霜 : 법주사) 정병헌(鄭秉憲 : 화엄사) 차상명(車相明 : 범어사)과 조선불교중앙교무원 이사 김상호(金尙昊), 동 황금봉(이상 32명).

다음 1937년 7월 15일, **천도교** 강동교구 종리원에서는 원장 김경식(金景湜)이 50원을 모아서 국방헌금을 하였다. 이후 7월 19일 천도교청년당본부(서울)는 시국의 중대성에 감하여 헌신보국 희생적 결의로써 시국에 임할 것과, 시국강연회 개최, 군인환송연 기타 총동원령하에서 전위적 사명을 다할 것 등을 긴급 중앙집행위원회 결의로써 채택하였다.

그 후 8월 13일, 천도교청년당은 지방대표 30명을 포함한 확대중앙집행위원회를 열고, 당두(黨頭) 임문호(林文虎) 사회로 시국강연대 조직과 지원병제실시 촉진운동 전개의 건 등을 의결하였다. 이날 당본부의 지시사항은 시국인식, 내선일체, 거국일치봉사 기타였고, 도령(道領) 신용구(申鏞九)가 그러한 내용으로 시국 훈화를 하였다.

이리하여 천도교청년당은 김병제(金秉濟)·백중빈(白重彬)·임문호(林文虎)가 1937년 9월 4일부터 27일에 걸쳐 초산 함흥 등 35개처를 순회하며 시국강연을 하였다. 또한 천도교중앙 종리원은 '비타산적으로 내선일체의 정신을 발휘하고 거국일치의 백력을 고양하자'는 등의 시국계몽 삐라를 발행하였다.

세번째는 **유교**이다. 1937년 8월 15일, 경학원·명륜학원 직원 강사 및 재경유생들이 모여서 매 1일과 15일에 전선 각처의 문묘에서 시국 서원문(誓願文)을 서고(誓告)하기로 결의하였다. 이들을 비롯한 유교도들은 1937년 9월 상순경 조선유림연합회를 결성하여, 다음을 강령으로 채택하였다.

① 황도를 천명하고 국시를 존정한다(闡明皇道 尊定國是).
② 강상을 부식하고 국조를 익찬한다(扶植綱常 翊贊國祚).
③ 보합대화하여 국본을 공고히 한다(保合大和 鞏固國本).
④ 성력을 다하여 국방에 충실한다(專輸誠力 充實國防).
⑤ 황군을 후원하고 국위를 앙양한다(後援皇軍 昂揚國威).

조선유림연합회의 창립 당시의 간부진 명단은 다음과 같다.

회장 : 현영운(玄映運)
부회장 : 김정목(金正穆) 민건식(閔健植)
총무 : 송수헌(宋洯憲) 이집천(李集阡)
서무부장 : 이원익(李源翊), 지방부장 : 박인종(朴麟鍾), 사례(司禮)부장 : 이범종(李範鍾), 교육부장 : 권영호(權寧浩), 편집부장 : 권태일(權泰日), 식산(殖産)부장 : 이희상(李熙祥), 선전부장 : 윤습주(尹習周), 검사부장 : 공재철(孔在哲), 경리부장 : 송병태(宋秉泰)
감사 : 노천석(盧天錫), 간사 : 김해진(金海鎭)

그 후 유교도들은 1939년 10월 16일 부민관에서 전조선유림대회를 개최하였다. 미나미 이하 요인 임석하에, 경학원·명륜학원의 직원과 전선 유림대표 2백 35명은 경학원 대제학 윤덕영(尹德榮)의 개회사로 황도정신에 기초하여 유도를 진흥할 것 기타 문교보국을 결의하고, 아래의 대회선언문을 채택하였다.

① 경학원을 중심으로 한 통일 있는 단체를 조직, 황도정신에 기하여 유도의 진흥을 도모함.
② 국민정신총동원의 취지에 종(從)하여 광(廣)히 충효 도의의 신념을 함양하여, 써 황국신민으로서의 단결을 굳게 함.
③ 동아신질서 건설의 국시에 즉하여 동양문화의 진수를 천명하여, 써 일(日)·만(滿)·지(支) 영구평화를 위하여 적극적으로 연계할 것을 기함.

위 대회선언문 제1항의 '경학원을 중심으로 한 통일 있는 단체'가 1939년 10월 28일자 신문에 조직 완료가 보도된 조선유도연합회이다. 오노(大野綠一郎 : 정무총감)를 총재로, 윤덕영을 회장으로 하는 본부를 서울에 두고, 각 도에 지부인 도유도연합회, 각 군에 분회인 군유도회를 두었던 동 연합회의 결성으로, 유교의 황민화체제는 완성이 된 셈이었다. 이 회는 신문의 낙장으로 각 간부명단 등 구체적인 조직 내용을 찾지 못했다.
네번째는 **시천교**(侍天敎)이다. 손병희가 동학을 천도교로 재발족시킬 무렵, 반대파인 이용구·송병준이 분파해서 시천교를 세웠다. 이용구는 따르는 무리로 일진회를 조직하고 소네(曾禰)통감에게 일한합병을 건의하는 등 친일행각을 남겼다.

일본에서 1937년에 귀국한 이석규(李碩圭), 즉 이용구의 아들은, 아비의 유지를 계승한답시고 시천교를 대동일진회(大東一進會)로 재발족시켰다. 비상시국하에 종교단체는 상응하지 않으니 해산시키고, 정치적 단체인 대동일진회로 재출발해서 내선일체와 대동아주의 실현에 진력해야 한다는 것이었다. 한말 일진회의 재판인 대동일진회는 이리하여 1938년 11월 28일에 탄생하였다. 회장은 윤갑병(尹甲炳. 平沼秀雄), 정 4위 훈 2등으로 중추원 칙임참의를 수차 중임한 사람이다. 대동일진회는 대동학원 설립(1938. 11), 이용구·송병준의 추도회 개최(1939. 5), 창씨상담실 설치(1940. 6) 등 많은 친일행각을 남겼고 이석규는 오히가시(大東碩圭)로 창씨하였다.

기독·장로·감리교의 내선일체

신사참배 문제도 결국은 교회측의 패배로 종막을 고하고 말았다. 숭실전문 등 학교가 1938년 3월 31일에 폐교당할 무렵, 교회는 김종우·유형기 기타 교역자들에 의해서 패배의 장이 기록되기 시작하였다. 즉 1938년 4월 25일, 서대문경찰서 2층에는 강주희(姜周熙), 김명현(金明顯), 김용섭(金龍涉), 김유순(金裕淳), 김응조(金應祚), 김종만(金鍾萬), 김종우(金鍾宇), 박연서(朴淵瑞), 류형기, 이완룡(李完龍), 임석길(任錫吉), 장정심(張貞心), 최석모(崔錫模)와 일인 고사카(幸坂義之) 등 일선(日鮮) 각 교회 대표자들이 집결하였다. 이들은 신사참배는 물론, 기타 총후보국 강조주간의 행사에도 참가할 것을 결의한 후, 일본적 기독교에 입각하여 황도정신을 발양하겠다는 요지의 선언문까지 발표하였다.

그 후 1938년 5월 8일, 부민관 대강당에서는 서울 거주 일·선교도의 일치단결을 도모하는 **경성기독교연합회**(이하 경선기련)의 발회식이 있었다. "40만 십자군병들아, 다 같이 일어나 총후보국의 보조를 맞추자"는 슬로건 밑에서, 이들은 주악·황거요배·서사 제창·성서 낭독 등의 식순을 진행한 후 아래의 선언문을 채택하였다.

현하 아국(我國) 시국의 중대성에 감하여 국시를 체(體)하며 국민정신의 진작을 도(圖)함은 가장 긴급사임을 인(認)하고 자에 일층 전도에 정진하여 황국신민으로서 보국의 성(誠)을 치(致)하기를 기함.

경성기련은 기독교의 내선일체·황민화체제의 첫출발로, 그 역원은 아래와 같다.

위원장 : 니와(丹羽淸次郞. 일인)
부위원장 : 정춘수(鄭春洙) 아끼즈끼(秋月致. 일인)
서무위원 : 김우현(金禹鉉) 사메지마(畋島盛隆. 일인)
재무위원 : 차재명(車載明) 가사다니(笠谷保太郞. 일인)
위원 : 구자옥(具滋玉) 김종우(金鍾宇) 원익상(元翊常) 장홍범(張弘範)과 일인 3명.

평의원 : 강병주(姜炳周) 강문석(姜文錫) 강태희(姜泰熙) 곽희정(郭熙貞) 권영식(權瑛湜) 김명선(金鳴善) 김명현(金明顯) 김병선(金秉璇) 김부석(金扶石) 김수철(金洙喆) 김영섭(金永燮) 김영식(金英植) 김영주(金英珠) 김영철(金永哲) 김유순(金裕淳) 김원식(金元植) 김인영(金仁泳) 김정현(金正賢) 김종만(金鍾萬) 김종호(金鍾昊) 김창준(金昌俊) 김현봉(金顯鳳) 김홍식(金弘植) 김활란(金活蘭) 박연서(朴淵瑞) 박유병(朴裕秉) 박원길(朴元吉) 박제원(朴齊源) 박창현(朴昌炫) 박화선(朴華善) 박현명(朴炫明) 방훈(方薰) 배선표(裵善杓) 배진성(裵振聲) 송기준(宋基儁) 신공섭(申公陟) 신흥우(申興雨) 양주삼(梁柱三) 오건영(吳建泳) 오긍선(吳兢善) 오기선(吳基善) 오천영(吳天泳) 유각경(兪珏卿) 유시국(劉時國) 유억겸(兪億兼) 류형기 윤성순(尹城淳) 윤치소(潤致昭) 윤치호 이건(李鍵) 이동욱(李東旭) 이명직(李明稙) 이석진(李錫珍) 이여한(李如漢) 이인범(李寅範) 이재형(李載馨) 이정로(李鼎魯) 이종렬(李鍾烈) 이춘호(李春昊) 이하영(李夏永) 장기형(張基衡) 장낙도(張樂道) 장석영(張錫英) 장원근(張元根) 전효배(田斅培) 정남수(鄭南洙) 정태응(鄭泰應) 정태희(鄭泰熙) 조신일(趙信一) 차광석(車光錫) 최거덕(崔巨德) 최동(崔棟) 최석모(崔錫模) 최윤실(崔允實) 한석진(韓錫晋) 한성과(韓聖果) 한영환(韓永煥) 함태영(咸台永) 홍병선(洪秉璇) 홍석모(洪錫謨) 황종률(黃鍾律)과 일인 20명.

경성기련의 조직으로 교회 일각이 굴복해 버리자 잇따라 지방교회들이 백기를 들기 시작하였다. 1938년 5월 12일, 수원의 각파 교역자들은 수원읍내 종로 예배당에서 시국인식좌담회를 개최한 끝에 15원 14전을 거두어 국방헌금을 하였다. 평양은 동년 5월 23일자 『매일신보』에 중일전쟁 이후 시국좌담회 18회, 전승기원제 1백61회, 국방헌금 8백36원 56전을 했다는 기록이 보도되었다. 1938년 6월 6일, 인천 용강소학교 강당에서, 강화·부천을 포함한 인천기련이 위원장 고다니(小谷益次郞), 부위원장 김현호(金顯鎬), 이시마루(石丸幸助), 서무 갈홍기(葛弘基), 재무 유택윤(兪澤潤), 서기 안길화(安吉和) 외 일인 각 1명의 진용으로 조직되고, 이후 전선 각처에서 기련은 속속 조직되었다.

1938년 7월 7일에 결성식을 가진 **조선기독교연합회**는 전기 지방기련을 지부로 하는 상위 중앙조직이었다. 장곡천정(張谷川町=현 소공동) 공회당에서 열린 동 집회는 전선 각처의 교회 대표자들이 참가하여, 연전악단까지 동원하는 규모로 자못 성대하게 진행되었다. 이들은 허덕화(許德化)와 일인 미쓰이(三井久)의 낭독으로 대회선언문을 채택했는데, 그 내용은 경성기련의 선언서를 약간 부연한 것이었다. 조선기독교연합회는 기독교 황민화·내선일체 체제의 완성인데, 간부진은 다음과 같이 구성되었다.

위원장 : 니와(丹羽淸次郞)
부위원장 : 김종우(金鍾宇) 아끼즈끼(秋月致)
서무 : 차재명 가사다니(笠谷保太郞)
경성위원 : 원익상(元翊常) 이명직(李明稙) 장홍범 야마구찌(山口重太郞) 미쓰이(三井久)
평의원회 : 회장 윤치호, 평의원은 서울 30명 지방 30명 씨명불상

한편, **조선기독교청년연맹**은 이보다 앞선 1938년 6월 7일, 이른바 기독교의 일본화를 달성하기 위해서, 전조선기독교 청년연맹위원회를 서울 YMCA 회관으로 소집했다. 이날의 의제는 세계기청연맹을 탈퇴하고 일본기독교청년동맹에 가입한다는 것인데, 위원 15명 중 아래의 9명이 참가했으며, 불참자는 본부위원에게 일체의 권한을 위임하였다.

참가위원 : 김창제(金昶濟) 신공숙(申公淑) 오긍선(吳兢善) 유억겸(兪億兼) 윤치호(尹致昊) 반하두(潘河斗) 원한경(元漢慶) 이상 중앙 김관식(金觀植 : 함흥) 차형은(車亨恩 : 원산)

이들은 반하두·신공숙·유억겸·윤치호를 집행위원으로 선정하여 전기 탈퇴 및 가입수속을 취하게 하였다. 이때 윤치호는 회의를 마친 후 "이제야 대임(大任)을 마쳤습니다. 우리 기독청년들도 이제는 완전히 내선일체가 되었습니다"라는 요지의 담화문을 발표하였다.

다음은 **천주교·장로교** 1937년 8월 15일, 서울의 종현천주교청년회는 국위선양 평화미사를 가졌다. 청년회 고문 노(盧)신부의 시국훈화, 경성교회 주임 우(禹)신부의 국위선양 기원제, 경성교회 원(元)주교의 기도강복식으로 진행한 후 황군위문금을 모집하였다. 그 후 1938년 5월 11일, 괴산에서는 천주·장로 양파가 남기종(南基宗) 목사, 박규호(朴圭浩) 장로, 이호재(李鎬宰) 장로를 중심으로 괴산기독교황도선양연맹을 결성하였다. 이러한 경로를 거쳐서 1938년 9월 10일부터 15일까지, 장로교의 굴복을 선언한 제27회 장로교총회가 개최되었다. 평양 서문밖 예배당에서 열린 동 총회는 개회 첫날 신사참배 문제가 거론되었고, 아래의 성명서로써 이에 대한 태도가 표명되었다.

우리들은 신사가 기독교 시에 위반되지 않는 본지를 이해하고, 신사참배가 대국적으로 보아 국가의 의식인 것을 자각하고, 이에 신사참배를 선서함. 신사참배를 솔선하여 이행하며, 더 나가 국민정신총동원운동에 참가하여, 시국 하의 총후 황국식민으로서 적성(赤誠)을 다하기를 기함.

이리하여 총회 제2일인 11일에는 회장 이하 간부 신도가 평양신사에 참배하였다. 27차 장로교총회에는 종래에 없던 중앙기구로 서울에 포교관리부를 두기로 하고 홍택기(洪澤基 : 회장) 외 7명의 간부(명단 불상)를 선출하였다. 또 일선장로교회의 친선을 위해 일본기독교대회에 대표를 파견하기로 결의한 후, 동 대표로 곽전근(郭塡根)·이인근(李仁根)을 선출하였다.

다음은 **감리교** 1938년 12월 12일, 김종우, 양주삼(이상 감리교), 김길창(金吉昌), 홍택기(洪澤基)(이상 장로교), 이명직(성결교)의 5명이 전선 기독교대표로 이세(伊勢)신궁·가시와라(橿原)신궁을 비롯한 일본의 신궁을 순례 참배하기 위해서 도일(渡日)하였다. 그 후 1939년 10월 17일부터 동경에서는 감리교의 내선일체를 위해서 조선 감리교회와 일본 감리교회의 합동을 논의하는 내선감리교회 특별위원회가 열렸다.

이 회의는 양측의 전권위원 각 7명이 참가함으로써 이루어졌다. 일본측은 구

기미야(釘宮辰生) 등 7명, 한국측은 김영섭, 신흥우, 양주삼, 유형기, 이윤영(李允榮), 정춘수와 평신도대표 윤치호 등 7명이 참가하였다. 의결된 내용은 내선일체 황도선양을 위해서 양측의 교회가 합동은 하되, 언어 기타 여건으로 하여 가급적 조속한 후일로 합동을 유보한다는 것이었다. 이 합동문제는 이후에도 존속하기로 결의된 앞의 14명 참석자로 된 위원회가 추진할 것이며, 기타 양측 교회의 친선 등 부수된 문제들이 의결되었다.

친일 고꾸고잡지의 탄생

'고꾸고'(國語) 상용령은 미나미의 조선통치 5대지침 첫째 항목인 국체명징의 한 수단이었다. 일본의 신민이 되었으니 일본말을 사용하라는 것인데, 1937년 2월 26일, 총독부 문서과장 명의로 총독부 각 국과 각 도에 '고꾸고' 상용을 엄명한 데서 그 서곡은 시작되었다.

이러한 추세에 호응해서, 1937년 1월 12일, 『매일신보』는 「매신 '고꾸고'면」(每申國語面)을 창설하였다. 당시의 사고(社告)가 밝힌 바와 같이, '읽을 수 있는 자에게는 초(草)하게 하고, 초할 수 있는 자에겐 해득케 하고, 해득할 수 있는 자에게는 비판 섭취하게 하기' 위해서 창설된 「매신 '고꾸고'면」은 신문 한 면의 일부를 완전히 일문(日文)으로 메운 것이었다. 국책적인 견지에서 조선어 지면을 일본어가 침략한 첫번째인데, 일본문 논설·수필의 전재와 더러는 오리 지날한 것도 실었다. 초기의 한국인 필자는 창설 첫날에 「신년의 전망」(新年の展望)을 쓴 한상용, 이후 박노식(朴魯植), 최남선, 송혜임(宋惠任), 김소운(金素雲)의 순으로 하이꾸(俳句 : 일본시조), 논설, 수필 등을 발표하였다.

이와 함께, 한국인 중에서는 이른바 과잉충성으로 쓸개까지 뽑아 바치는 무리들이 생겨나기 시작하였다. 그 하나가 녹기(綠旗)연맹 이사, 녹기일본문화연구소원, 정학회(正學會) 간부, 정동연맹 간사 등을 하면서 『조선인이 나아갈 길』(朝鮮人の進むべき道) 등을 저술한 현영섭(玄永燮)——훗날 아마노(天野道夫)로 창씨개명한 자——이다. 1938년 7월 8일, 미나미가 민의(民意)를 듣는 제11회 면담석상에서, 현영섭은 다음과 같이 조선어 사용의 전폐를 건의하였다. 즉 "조선인이 완전한 일본인이 되기 위하여는 무의식적 융합, 즉 완전한 내선일원화에서부터 되지 않으면 안 될 것인즉, 신도(神道)를 통하여, 또는 조선

어 사용 전폐에 의하지 않으면 안 될 줄 안다"고. 이에 대해서는 오히려 미나미가 다음과 같이 거절하였다. "조선어를 배척함은 불가하다. 가급적 '고꾸고'를 보급하자는 것은 가하나, 이것도 조선어 폐지운동으로 오해를 받는 일이 종종 있는데, 그것은 불가한 일이다."

이후 1939년 1월, 잡지에서의 조선어 사용 전폐가 박희도에 의해서 최초로 실행되었다. 3·1운동에 33인으로 참가하였던 박은 순 일문잡지 『**동양지광**』(東洋之光)을 창간(1939. 1)하여 황도문화 수립에 앞장서는 한편, 총력연맹 참사·조선언론보국회 참여 등으로 활동하였다. 그는 또 「신동아의 건설과 아등의 사명」(新東亞の建設と我等の使命)·「혈서의 애국심」(血書の愛國心) 기타를 『동양지광』에 권두언 등으로 발표하곤 했던, 일제 말의 유수한 황도주의 논객이기도 하였다.

『동양지광』의 편집방침은 박이 창간호 권두언에서 밝힌 바와 같이 '내선일체 구현에 대한 일본정신 앙양의 수양도장을 제공'함이었는데, 권두언의 1절은 다음과 같다.

> 차제에 반도 2천만 동포의 심흉(心胸)에 일본정신을 철(徹)하고, 황도정신을 앙양하고, 폐하의 적자(赤子)로서, 황국일본의 공민으로서 예외없이 국체의 존엄을 체득하고, 황국 일본의 대사명을 준봉하고, 황도의 선포, 국위의 선양에 정진하고, 써 동양의 평화는 물론 팔굉일우의 일대 이상을 펴서, 세계 인류문화의 발달과 그 강녕복지(康寧福祉) 증진에 공헌할 것을 기하지 않으면 안 된다고 믿습니다. 이 대의를 이해하고 이 이념을 체득할 때, 일본국민으로서의 광영과 긍지를 감득(感得)치 않을 자 누가 있겠습니까.

다음, 『**국민신보**』(國民新報)는 매일신보사가 간행한 순 일문주간지였다. 1939년 4월 3일, 즉 진무천황 제일(祭日)에 창간했으며, 백철이 편집진영에 관여하였다. 이 주간지는 "조선의 황국화와 '고꾸고' 장려의 취지하에 '고꾸고'를 해(解)하는 청소년을 위하여 '고꾸고'에 의한 소(小)신문을 발행하여 국민교육의 실을 거두려 함"을 발행취지로 하였다. 소년란·청년란·공민강좌·시사해설과 한국인 작가들의 일어문예 작품을 싣곤 하였다.

네번째는 『**녹기**』(綠旗). 일인 쓰다(津田榮, 津田剛) 형제가 주관한 녹기연맹의 기관지이다. 이 잡지는 1927년 4월 3일 경성천업청년단묘관문고(京城天業青年

團妙觀文庫)가 발행한 4·6판 프린트 책자 『묘관』(妙觀)에서 유래하며, 그 후 천업청년단이 녹기동인회(1930. 5)를 거쳐서 녹기연맹으로 재발족(1933. 2. 11)한 후, 1936년 1월부터 기관지를 겸해서 발행한 월간지였다(국판).

녹기연맹은 "일본국체의 정신에 즉하여 건국의 이상 실현에 공헌하는 것"(강령 2) 등을 강령으로 하면서, 녹기일본문화연구소, 청화여숙(淸和如塾) 등의 경영과 강좌·전람회 개최 및 팜플렛·책자의 발간 등으로 사회교화·사상연구·중견인물양성 등의 사업을 전개하였다. 이러한 사업의 이면에서, 녹기연맹은 총독부의 외곽 정보단체로 총독부가 터놓고 하기 어려운 매수·회유 등 사상공작을 담당했다고 한다. 성대(城大) 예과교수이던 형 쓰다 사까에(津田榮)는 총력연맹 참사 등을 한 총력진영의 거물. 동생 쓰다 쓰요시(津田剛)는 총력연맹 홍보부장 등을 했을 뿐더러 특히 일제 말 황민문단을 만들어 낸 근본 원흉이기도 하였다.

『녹기』는 창간 당시에는 한국인 집필을 받아들이지 않았으나, 1939년 3월 이후 내선일체라는 견지에서 한국인 집필을 허락하였다. 서춘·현영섭·이영근·김용제·김소운·김문집(金文輯)이 그 초기의 필자들인데, 「혁신창조시대의 반도재주 내선동포의 중대책무」(革新創造の時代に於ける半島在住內鮮同胞の重大責務 : 玄永燮) 따위가 그 논문 제목의 하나이다.

다섯번째는 『삼천리』(三千里). 1939년 4월 초에 「새로운 동양의 건설」(新ろしき東洋の建設 : 미나미), 「정신적 위력과 인적 요소」(精神的威力と人的要所 : 中村孝太郎) 「조선의 지식층에 호소함」(朝鮮の知識層に訴ふ : 張赫宙) 등을 실음으로써 잡지의 내선일체 체제를 완성했다. 그리고 이보다 앞선 1938년 5월호에 「시국과 여성의 각오」(兪珏卿), 「비상시국과 부인보국」(李淑鍾), 「보국과 절제(節制)」(張貞心), 「비상시국과 가정」(黃信德) 등의 시국논설을 싣기 시작했다.

이 잡지는 1942년 5월에 지명을 『대동아』(大東亞)로 바꾸고 대동아사로 재출발하였다. 사장 김동환(金東煥. 白山靑樹)은 임전대책협의회를 주동했으며, 대동아사는 『대전과 조선민중』, 『승전가』(시집) 기타 시국에 관련된 단행본도 많이 출판하였다.

여섯번째는 『모던일본 조선판』(モダン日本朝鮮版). 일본의 모던일본사가 창립 10주년 기념으로 1939년 11월에 간행하였다. 1940년 8월에 제2차 간행이 있었고 이후는 미상이다. 순 일문지로 한·일인 공동집필이며 주재자는 마해송(馬海松)이다. 종합오락지라 시국물은 매호 2,3편에 불과하였다.

일곱번째는 1940년 11월에 창간한 『**춘추**』(春秋). 시사·경제·문화·문예전반을 다룬 종합지이다. 「동아 신질서 건설의 현단계」(편집부)·「신체제하의 생활설계」(지상좌담회) 같은 기사가 보이나 친일색은 그다지 강하지 않았다. 이 잡지도 당초에는 조선문이었으나 1941년 1월 이후 약 1할을 일문 지면으로 하였다. 일인도 집필은 했으나 한국인 중심의 필진을 애써 유지하려 한 흔적은 보이고 있다.

여덟번째는 1941년 1월에 창간한 『**신시대**』(新時代). 처음부터 친일경향을 띠고서 출발한 잡지이다. 즉, 창간호가 벌써 「가두인물 점묘」라 해서 서춘·손홍원(孫弘遠) 같은 중견 친일분자를 크게 소개하고 있었다. 참고로 말하면 서춘은 전 『매일신보』 주필, 조선문화사 사장으로 일문 친일월간지 『태양』(太陽)을 발행했으며 오가와(大川滋種)로 창씨개명하였다. 손홍원은 국민훈련후원회 회장으로 창씨명은 노무라(野村弘遠)이다.

『**신시대**』는 편집 겸 발행인 노익형(盧益亨. 瑞原益亨), 1942년 1월부터 노성석(盧聖錫. 瑞原聖)이 계승 경영하였다. 이 잡지는 1940년 10월호부터 종래 일부 지면을 할애해서 설치하였던 「국어특집」→「신시대국어판」을 철폐한 후, 일선문 혼용·일선인 공동집필의 내선일체 체제를 완성하였다.

마지막으로 『**국민문학**』(國民文學). 『인문평론』의 후신이며 편집 겸 발행인은 최재서이다. 1941년 11월 창간이며, 일문판 연 4회 예정이었으나 실제는 한글판단 2호뿐, 전부 일문으로 발행되었다. 순 문예지로 이른바 조선문단의 혁신, 즉 한글창작을 버리고 '고꾸고'로 창작하게 함에 있어서 주동적 중심적인 역할을 수행하였다. 이 잡지에 의해서 탄생된 일제 말 황민문단의 동향은 따로 장을 나누어서 후술하겠다.

창씨·가미다나의 앞잡이

국체명징의 수단으로는 황거요배·신사참배·황국신민의 서사·'고꾸고' 상용 말고도 '**가미다나**'(神棚) 봉사(奉祀)가 있었고 창씨개명이 있었다. 그 중 첫째, '가미다나'는 일본의 개국신인 아마데라스 오오미까미(天照大神)를 집집마다 모시게 하는 것이었다. 천조황대신궁이라 쓴 지방(紙榜) 비슷한 것을 신사(神社)처럼 생긴 나무함 속에 넣어 높은 곳에 달아 두고, 아침저녁으로 절할 것을 강요했다.

　미확인된 이야기지만, 가미다나는 문명기가 거액을 벌기 위해 창안하여 집집마다 강제로 팔아먹었다는 항설이 있었다. 필자의 조사결과로는 문명기는 1938년 9월 4일 조선신궁에서, 명예회장 사에끼(佐伯顯), 이사장 문명기의 진용으로 친일단체인 재단법인 광제회(廣濟會)를 발족시켰다. 그날 광제회는 발회식 기념으로 '가미다나' 분포식을 아울러 거행하고, 제1차로 서울의 각 정회(町會) 총대(總代, 동장) 130명에게 문제의 '가미다나'를 나누어 주었다.

　둘째는 **창씨개명**. 1939년 11월 10일 제령 제19호로 조선 민사령(民事令) 중 일부를 개정한 것이 이른바 창씨개명제의 시행이다. 천황의 신민답게 성을 일본식으로 갈라는 것인데, 1940년 2월 11일부터 계출접수를 시작하였다.

　이 제도가 일단 시행되자, 방방곡곡이 그야말로 벌집을 쑤신 듯이 술렁거렸다. 제령 제19호의 개정내용은 첫째가 창씨개명, 둘째는 서양자제도의 신설이었다. 그 중 첫째인 창씨개명―이것을 하면 성명만은 일인과 다름없이 되나, 그렇다고 피까지 일인이 되어 버리는 것은 아니다. 즉, 창씨개명에 의해서 일제가 얻는 것은 형식적인 황민화의 달성이었다. 이에 반해서 제2의 서양자제도는 타성양자(他姓養子)를 인정하지 않았던 재래한국의 관습을 부인함으로써, 우선 씨족관념과, 나아가서 민족의식을 마비시킨다는 실질적인 이득이 있었다. 뿐만 아니라 이 제도에 의해서 아들 없는 일인은 한국인 총각을, 또한 한국인은 일인 사위를 서양자로 삼고 가독(家督)까지 상속시킬 수 있었다. 법적으로 보장받게 된 일선통혼에 의해서 조선인·일본인의 혈통의 구별은 해소되고, 따라서 일제는 실질적인 황민화의 달성을 얻게 된다. 그러나 한국인은 '성을 갈면 개자식'이라는 종래의 관념 때문에, 민족말살의 실질적인 효과를 달성할 수 있는 일제의 서양자제도 신설까지 젖혀둔 채, 형식적인 창씨개명제에 대해서만 논란과 반발이 집중하였다.

　창씨제도 비방으로 구류를 받은 자는 허다하였다. 충남 대덕의 이기용(李紀鎔)이 8개월, 충주의 김한규(金漢圭)는 1년 징역형을 받았다. 전남 곡성의 류건영(柳建永)은 미나미에게 창씨제를 반대하는 엄중한 항의서를 보내고 58세를 일기로 자살하였다. 전북 고창의 설진영(薛鎭永)은 창씨에 불응하면 자녀를 퇴학시키겠다는 바람에 결국은 창씨해서 아이를 학교에 보내고, 자신은 조상에게 사죄하기 위해서 돌을 안고 우물로 뛰어들었다.

　이런 비극을 외면하면서 많은 사람들이 창씨제도에 앞장을 섰다. 우선 변호사 이승우(李升雨)는 제령 제19호로 조선민사령을 개정(창씨제 신설)할 당시에 위원(사법법규개정 조사위원)의 하나로 참여하였다. 1940년 2월 11일부터 계출을 접수한 창씨제도는 동 11일 현재 48건, 12일 하오 2시 현재 39건, 도합 87건이 경성부 호적과에 접수되었는데, 이승우(梧村升雨)도 그 87건 중의 하나이다. 또 그 87건 중에는 이광수(香山光郞), 참의며 종로경방단장 등을 역임한 조병상(夏山茂), 총독부 사회교육과장·경기도경 형사과장 등을 지낸 이원보(李源甫. 李家源甫) 등이 끼어 있었다.

이들 창씨의 가로되 선구자들은 스스로 창씨에 앞장을 섰을 뿐더러 창씨제의 취지선전을 위해서「지도적 제씨의 선씨(選氏) 고심담」같은 글을『매일신보』 등에 발표하였다. 즉 문명기(文明琦一郞), 이광수 등인데, 그 중 이광수의「선씨고심담」(『매일신보』, 1940. 1. 5)은 다음과 같다.

지금으로부터 2천6백년 진무천황께옵서 어즉위(御卽位)를 하신 곳이 가시와라(畺原)인데 이 곳에 있는 산이 향구산(香久山, 가구야마)입니다. 뜻 깊은 이 산 이름을 씨로 삼아 '향산'이라고 한 것인데, 그 밑에다 '광수'(光洙)의 '광'자 를 붙이고, '수'자는 내지식의 '랑'(郞)으로 고치어 '향산광랑'(香山光郞) 이라고 한 것입니다.

1940년 8월 10일까지 완료하라는 창씨제도를 위해서, 미나미는 각도의 지사회의, 참여관회의, 내무부장회의, 경찰부장회의, 전조선군수회의 등을 연달아 소집하고 창씨 곧 신도실천(臣道實踐)의 논리를 강제하였다. 창씨제도는 관권이 앞장 서서, 총독부 경찰국·13도 경찰부·258개의 지방경찰서 및 2천9백43개의 파출소·주재소와 일선 군·면의 독려 감시로 강행되었다.

여기에 방조적 역할을 한 것이 정동연맹·녹기연맹 기타 친일단체들의 독려강연 행각이다. 즉, 1940년 4월 15일부터 27일에 걸쳐서 정동 경기도연맹 주최로, 김민식(金敏植. 金光敏)·윤원혁(尹元赫. 平沼元赫)·이승우(李升雨. 梧村升雨)·조병상(曺秉相. 夏山茂)이 서울 및 경기 일원에서 독려강연을 하였다. 1940년 3월 4일 경기도회는 가평(加平) 출신 송성진(宋星鎭. 平山正夫) 의원의 긴급동의로 솔선 창씨를 결의하였고, 동 5일 함북도회도 경성(鏡城) 출신 김정석(金定錫. 金山韶能) 의원의 긴급동의로 동일한 안건을 의결하였다. 1940년 4월 2일부터 8일까지 황해도회는 도회의원 김형철(金亨喆)·박준원(朴俊遠)·손진언(孫鎭彦)·

송승엽(宋承燁. 松原承燁)·신현성(申鉉聲. 吉原成辰)·양희철(梁熙喆)·오원석(吳元錫. 松山元錫)·원효섭(元孝燮)·야나가와(柳川昌荷, ?)·이승구(李承九. 三島承一)·이종준(李鍾駿. 和泉鍾駿)·이흥엽(李興燁. 大山敦正)·한영찬(韓泳瓚)·홍성흠(洪性欽)을 도내 일원에 파견, 창씨독려강연을 하게 하였다. 1940년 4월 26일, 충북 청주(淸州)군에서는 회장 이해용(李海用. 三州海用 : 군수), 부회장 가또(加藤)내무과장, 평의원에 각 읍면장, 고문에 도회의원과 각 관공서장 지방유지의 진용으로 청주군 창씨위원회가 조직되었고, 서울에서는 대화숙·대동일진회 등이 창씨상담실을 개설하였다.

셋째는 국체명징과 내선일체의 선전을 위해서 건설된 관폐대사(官幣大社)급(級) **부여신궁(扶餘神宮)의 창설**. 미나미는 소위 내선일체의 역사가 멀리 백제시대에 소급한다고 해서 이른바 일선동조동근론(日鮮同祖同根論)을 주장하였다. 즉 "1천3백년 전 6대 제왕(諸王)의 120년 동안 일본과 삼국, 특히 백제와의 골육에 지나친 친선관계"가 있었다 해서, 그 유적지라는 부여에다 부여신궁을 건설하였다. 1940년 7월 30일, 미나미 이하 각계 요인 참석하에 기공식, 즉 지진제(地鎭祭)를 거행했으며, 총 경비 300만 원 예산이던 이 부여신궁에는, 백제와 교섭이 깊었다는 일본의 오오진(應仁)천황·사이메이(齊明)천황·덴찌(天智)천황과 징구(神功)황후의 영을 모시게 하였다.

이 공사를 위해서, 총독부는 관민은 물론 중학·소학생까지 동원해서 수양단이다 성추부대(聖鎚部隊)다 하는 명칭으로 무보수 근로부대를 조영(造營)공사에 투입시켰다. 사보(思報)연맹 경성지부는 1939년 7월 29, 30일의 통상대회에서 부여신궁 창설에 관련된 봉사수양단 파견을 본부에 건의하도록 결의했고, 1941년 5월 24일 신봉조(辛鳳祚. 辛島純)가 회장이던 황도학회도 성추부대를 모집 파견하였다. 문화진영에서는 1941년 2월 9일에 문화인 성추부대를 결성 파견했는데, 참가단체 및 참가자 명단은 다음과 같다.

　조선문인협회 : 김동환 박영희 이석훈(李石薰) 정인섭(鄭寅燮) 함대훈(咸大勳) 외 일인 2명
　조선연극협회 : 김관수(金寬洙) 김태윤(金泰潤) 박진(朴珍) 이서구(李瑞求) 유치진(柳致眞) 최상덕(崔象德)
　조선연예협회 : 미키(三木尙. ?) 이부풍(李扶風) 이철(李哲) 이철원(李哲源) 임서방(任曙方) 한창선(韓昌先)

조선영화인협회 : 가네다(金田 廣. 본명불상) 서광제(徐光霽) 안석영(安夕影) 안종화(安鍾和) 이규환(李圭煥) 이원용(李源鎔)

조선음악협회 : 김관(金管)

조선담우(談友)회 : 신불출(申不出) 장지호(張志浩) 현철(玄哲)

총후부인부대의 활동

장기전 체제로 돌입하면서 부녀자·여학생들까지 총후운동에 동원되기 시작하였다. 그 하나가 1938년 6월 12일 부민관에서 결성식을 올린 경성중등여학교 동창회연맹으로, 총독부 사회교육과가 시내 16개 여고 졸업자들을 조직하게 한 단체이다. "장기 항전의 대책은 부엌살림과 부인네의 각오로부터"라는 슬로건 밑에서, 이 회는 연맹원을 시국운동의 일선 지도자로 양성함이 목적이었다. 이사장 미아끼(三明) 제2고녀교장, 부이사장 조동식(趙東植) 동덕여교장, 이사는 16개 참가여교 교장. 이하는 결성식 당일에 결의한 실천 사항이다.

① 경천경조(敬天敬祖), 국체의 존엄을 인식하고 자녀의 교양·체위 향상에 노력하여 제가(齊家)의 실을 거둘 것.
② 자원애호·소비절약·근검저축으로 부인보국의 실을 거둘 것.
③ 장기전을 각오하고 인고단련(忍苦鍛鍊)으로 군인의 후고(後顧)의 우려를 없게 할 것.

다음은 1938년 6월 20일에 발단식을 올린 애국자녀단으로, 이화여전과 이화보육의 4백 명 교복처녀들로 조직되었다. 이른바 총후보국의 내조적 역할을 다하기 위해서 조직되었으며, 단장 김활란, 부단장 김호직(金浩稙), 간사에 김상용(金尙鎔)·김성래(金成來)·김신실(金信實)·김쾌례(金快禮)·박원규(朴元圭)·서은숙(徐恩淑)·윤성순(尹城淳)·장초원(張超元)·조두연(趙斗衍)이었다.

이러한 단체가 조직될 무렵, 여성단체연합회에서는 부인보국을 주제로 시국강연회를 개최하였다. 1938년 6월 24일, 장소는 종로 기청회관, 장내정리비로 보통 16전 학생 5전을 받아서 국방헌금을 했는데, 연사 및 연제는 다음과 같다.

　　시국과 여성의 각오 : 유각경(YWCA 총무)
　　비상시국에 처한 부인보국 : 이숙종(李淑鍾 : 성신여교장)
　　제목 미상 : 임효정(林孝貞 : 東遊會 회장)
　　보국과 절제 : 장정심(張貞心 : 절제회 연합회 총무)
　　비상시국과 가정경제 : 황신덕(黃信德 : 『동아일보』 기자)

　한편 조선부인문제연구회는 총독부의 '비상시 국민생활 개선책'에 호응하여, 「가정보국운동으로서의 국민생활의 기본양식」이란 것을 제정하였다(1938. 9). 전시에 일맞게 가정생활을 간소화하자는 것인데 그 내용을 요약하면 다음과 같다.

　　의례 : 매월 1일 가정에서 황거요배, 축제일의 국기게양, 총독부 의례준칙의 준수, 혼상례의 간소화.
　　누습 타파 : 세찬 기타 증답(贈答), 푸닥거리, 필요없는 잔치 등의 폐지와 매사의 시간엄수.
　　근로보국정신의 앙양 : 집안 청소를 통한 근로정신 함양, 주부의 직접 시장보기, 자녀의 근로정신 함양.
　　의식주 : 색옷 입기, 환경 청소, 국 한 그릇 찬 하나의 식사 간소화.

　이상을 선전·계몽하기 위해서 동 연구회는 11명으로 된 순회강연반을 결성하였다. 1938년 9월 12일부터 13도를 순강(巡講)한 강연반 명단은 다음과 같다.

　　송금선(宋今璇 : 경기)　유각경(충남북)　고황경·홍승원(전남북)　김활란(경남)　서은숙(경북)　김현실(金縣實 : 강원)　조기홍(趙圻洪 : 황해)　손정규(孫貞圭 : 평남북)　이숙종·차사백(車士百 : 함남북)

　이들 이른바 총후부인부대는 1941년 12월 27일 조선임전보국단 주최로 부민관 대강당에서 「결전부인대회」를 개최하였다. 다음은 그 연사·연제 및 연설의 일부이다.

박인덕(朴仁德) : 개회사 및 사회＝이제 우리 1천5백만 여성은 당당한 황국여성으로서 천황폐하께 충성을 다할 천재일우의 시기입니다. 이제 우리 반도여성을 대표로 하여 결전부인보국회를 조직하고……

김활란 : 여성의 무장＝흑노(黑奴) 해방의 싸움을 성전(聖戰)이라 했고 십자군의 싸움도 성전이라 했다. 그러나 이제 성전은 정말로 내려진 것이다. …… 희생의 투구를 쓰고 적성의 갑옷을 입고 긴장과 자각으로써 허리띠를 매고 제1선 장병과 보조를 같이 하여 미영을 격퇴하여 버리자.

모윤숙(毛允淑) : 여성도 전사이다＝미영을 격멸할 자는 아세아요, 대일본제국이요, 국가의 뒤에서 밀고나가는 원동력은 아네요 어머니이다. …… 우리들 여성의 머리 속에 대화혼이 없고 보면 이 위대한 승리의 역사는 이루어질 수 없는 것이다.

박순천(朴順天) : 국방가정＝내용 미상.

임숙재(任淑宰) : 가정의 신질서＝우리의 가정은 전장이요 우리는 전사이다. …… 전사인 우리는 먼저 우리들의 의식주를 결전체제로 고쳐야 할 것이다. …… 긴 치맛자락을 가슴에 잔뜩 안고 다니면서 전사행위를 어떻게 합니까.

임효정(林孝貞) : 미몽에서 깨자＝왜 아들을 지원병으로 내놓지 않는가. 이제 우리는 우리의 피까지, 우리의 몸까지, 모든 것을 이 전쟁에 제물로 바치지 않으면 안 된다. …… 서자생활을 완전히 버리고 천황폐하의 적자로서 나가자.

최정희(崔貞熙) : 국군의 어머니＝1천5백만 여성이 한마음 한뜻으로 총후봉공하면 우리의 천추만대 내려가면서 대대손손이 황국신민으로서의 무한한 행복을 누릴 것이다. 만약 이번 대동아전쟁에 진다면 우리는 가족도 없다.

허하백(許河伯) : 총후부인의 각오＝우리는 가락지를 뽑아 던지고 마음속에 용솟음치는 허영과 사치를 없애 버려야 하겠습니다. 만약 아직까지도 모든 허영의 구렁에서 헤매는 여성이 있다면 그건 우리들의 총후를 좀먹는 병균일 것입니다.

조선임전보국단은 1942년 1월 5일 산하기관으로 소위 총후부인 진영을 망라해서 **조선임전보국단 부인대**를 발족시켰다. 이하는 동 부인대의 간부 진영이다.

지도위원 : 고황경 김선(金善[李]) 김○정(金○禎) 김활란(天城活蘭) 박마리아(朴瑪利亞) 박순천 박승호(朴承浩) 박은혜(朴恩惠) 박인덕(永河仁德) 배상명(裵祥明. 芳村祥明) 서은숙(徐城恩淑) 송금선(福澤玲子) 손정규(伊原圭) 유각경 이숙종(宮村淑鍾) 임숙재(豊川淑宰) 임영신(任永信) 차사백 최이권(崔以權) 황신덕 홍승원
　간사장 : 임효정
　간사 : 김선(金善[朴]) 금천정희(金川貞熙 : 본명불상) 노천명(盧天命) 모윤숙 전희복(田熙福. 田村芙紀子) 최희경(崔熙卿) 허하백(許河伯. 金村河伯)

이상 총후의 부인운동은 일본에서는 애국부인회·대일본국방부인회·대일본연합부인회의 세 단체가 대종이 되어 강력히 추진되고 있었다. 1941년 6월 10일, 이들 세 단체는 정부 방침에 의해서 발전적으로 해산한 후, 1942년 2월 2일 대일본부인회로 통합, 새 출발을 하였다.

이에 호응하여 조선에서는 1942년 3월 14일 **대일본부인회 조선본부**가 설립되어, 서울에 조선본부를, 각도에 도지부를 두게 되었다. 이 조직은 말하자면 여성판 국민총력조선연맹이라고 할까. 여성의 힘을 총력전체제에 총동원하는 대중적 조직이며, 본부장에 총독 부인, 부본부장에 조선군사령관 부인·정무총감 부인, 고문에 총독·정무총감·군사령관·진해경비부사령장관 기타 군관민 수뇌자가 앉고, 그 외에 참여, 감사, 이사, 평의원 등으로 구성되고 있었다.

대일본부인회 조선본부는 20세 미만의 미혼자를 제외한 전여성으로 조직되었다. "고도국방국가체제에 즉응하기 위하여, 황국 전통의 부도에 즉해서 수신제가 봉공의 실을 거둔다"는 목적 아래 다음과 같은 사업을 추진하였다.

1. 국체관념의 함양, 부덕(婦德) 수련.
2. 내선일체 구현.
3. 국방사상의 보급 철저.
4. 가정생활의 정비 쇄신 및 비상시의 준비 확립에 관한 사항.
5. 제2세 국민 육성과 가정교육 진흥.
6. 군인 원호.
7. 국방상 필요한 훈련.
8. 직분봉공 인보협동에 관한 사항.

9. 저축 장려.
10. 기타 필요한 사항.

시국대책 조사위원회의 활동

1938년 1월경부터 총독부는 장기전에 대처할 대내·대외 중요정책의 입안 심의를 위해서 전시 최고심의기관의 설치를 구상하였다. 그 성안을 1938년 8월 27일 칙령인 관제(官制)로써 발표하고, 이에 의한 임직원—회장 위원 사무촉탁 간사를 임명함으로써, 조선총독부 시국대책 조사위원회(이하 대책위)가 발족하였다. 이 대책위는 "조선총독의 감독에 속하고 그 자문에 응하여, 조선에 있어서의 시국대책에 관한 중요사항을 조사·심의함"(관제 제1조)이 목적이었다. 이 항에 관해서 대책위는 "조선총독에 건의함을 득"(제1조 2항)했으니, 즉 제2의 중추원이라 할까, 아무튼 전시정책의 최고 심의체로서 그 권한은 막강하였다.

대책위는 회장 1명과 위원으로써 구성되며, 필요할 때 임시위원을 둘 수 있었다(제2조). 회장은 정무총감으로 하며, 위원 및 임시위원은 학식경험 있는 자 및 총독부 각 기관의 고등관 중에서 총독의 주청(奏請)으로 내각이 임명되었다(제3조). 회장은 회부를 총괄하며, 회장 유고시는 위원 중에서 총독이 지명하는 자가 그 직무를 대리하였다(제4조). 간사는 총독부 고등관 중에서 총독이 임명하고 서무를 정리하며(제5조), 서기는 판임관 중에서 총독의 임명으로 서무에 종사하였다(제6조).

이렇게 조직된 대책위는 관제를 발표하던 날 위원 97명과 간사 12명, 사무촉탁 5명이 발령을 받았다. 그 중 위원 11명이 한국인인데 명단은 아래와 같다.

김연수(조방연합회장·경성방직사장) 박영철(참의·상은 두취) 박중양(참의) 박흥식(화신사장) 윤덕영(남작·중추원고문) 이기찬(참의) 이승우(참의) 최린(참의) 한규복(참의) 한상용(참의·조선생명보험사장) 현준호(참의·호남은행 두취)

이상 11명을 제외한 위원·임직원은 총독부 관리인 일인들 중에서 임명되었다. 이들의 활동은 1938년 9월 6일부터 제1차 총회를 열고 미나미의 자문사항

18항목을 심의하여 정책자료를 답신 건의한 것이 그 하나이다. 편의상 3개 분과회로 나누어 동 자문사항을 심의했는데, 구체적인 내용은 아래와 같다.

제1분과회

분야 : 문화·사회관계 및 일반사항.

심의자 : 전문위원 22명, 겸임위원 13명. 한국인은 박중양·윤덕영·이기찬·이승우·최린·한규복이 전임. 김연수·박영철·한상용·현준호가 겸임.

심의안건 : ① 내선일체의 강화 철저, ② 조선·만주·북지(화북) 간의 사회적 연계문제, ③ 재지(在支) 조선인의 보호지도책, ④ 반도민중의 체위향상과 생활개선 문제, ⑤ 농산어촌 진흥운동의 확충 강화, ⑥ 사회시설의 확충, ⑦ 노무의 조정과 실업의 방지 구제.

제2분과회

분야 : 산업·경제관계

심의자 : 전문위원 57명, 겸임위원 7명. 한국인은 김연수·박영철·박흥식·한상용·현준호가 전임.

심의안건 : ⑧ 북지·중지(中支)의 경제개발과 조선의 경제개발의 연계문제, ⑨ 해외무역의 진흥책, ⑩ 군수공업의 확충문제, ⑪ 지하자원의 적극적 개발, ⑫ 쌀의 증산, ⑬ 축산의 적극적 장려

제3분과회

분야 : 교통·통신 관계

심의자 : 전문위원 15명, 겸임위원 14명. 한국인 위원은 없음.

심의안건 : ⑭ 북선(北鮮)의 특수성에 대응할 방침, ⑮ 해운의 정비, ⑯ 통신기관(라디오 포함)의 정비, ⑰ 항공시설의 정비, ⑱ 육상교통기관의 정비.

이상 18항목이 미나미의 자문이다. 이에 대한 답신 건의안은 정책자료로서의 비중이 컸으며, 따라서 동 대책위는 조선에서의 전시시책 결정에 있어 대종의 역할을 수행한 심의체였다.

이 밖에도 총독부는 전문분야의 심의·자문, 혹은 그때그때 필요한 특수사항의 정책 시행을 위해서 허다한 위원회를 설치하곤 하였다. 우선 몇 개를 예거하면, 조선총독부개척민위원회(이하 조선총독부는 생략함), 경제안정대책위원회, 임시교육심의위원회, 조선중요물자영단 설립위원회, 조선중앙정보위원회, 방

공(防空)위원회 등이 있다. 지사, 참여관, 총독부 내 고등관 또는 그 방면에 학식 경험을 갖고 있는 한국인들이 일인과 섞여서 위원·간사 등을 담당했으나, 여기서는 전모를 구체적으로 추적할 겨를이 없다.

국민총력조선연맹

국민총력조선연맹(이하 총력연맹)은 이른바 총력운동의 대종이었다. 중일전쟁이 장기화하고, 미일관계마저 틈이 벌어지자, 일제는 종래의 전시체제를 한층 엄한 결전체제로 끌어올리기 위해서, 고도국방국가의 건설을 떠들기 시작하였다. 고도국방국가 건설이란 첫째, 사상 통일—일본정신의 앙양과 내선일체의 완성이 여기에 속한다. 둘째, 국민 총훈련—직역봉공(職域奉公) 및 생활의 신체제 확립이다. 셋째, 생산력 확충—전시경제체제 추진과 증산이 그 목표이다.

이러한 체제의 완성을 위해서, 1940년 10월 16일, 일제는 정동연맹을 발전적으로 해산하고 이를 총력연맹으로 재출발시켰다. 이 연맹의 목적은 강령이 말하는 바처럼 "국체의 본의에 기(基)하여 내선일체의 실을 거(擧)하고, 각 그 직역(職域)에서 멸사봉공의 성(誠)을 봉(奉)하며, 협심육력(協心戮力)하여, 써 국방국가체제의 완성, 동아 신질서 건설에 매진할 것을 기함"이었다. 이 목적을 위해서 총력연맹은 첫째, 물심 양면에 걸친 각 부문의 총후운동을 통합 포섭하고, 둘째, 지역과 직역에 부합하는 국민총력운동을 전개하여 그 실을 거두며, 셋째, 이상의 발랄 강력한 실천운동을 전개하는 것으로 실천방책강령을 삼고 있었다.

따라서 총력연맹은 위로 총독부 고관과 아래로 일개 부락민에 이르기까지 사람과 기관, 업체의 전부를 그 조직 속에 포함하는 것이었다. 총력연맹의 조직은 첫째 지도조직—총독부 안에 정무총감을 위원장으로 한 지도위원회를 두고 연맹의 기본방침을 결정하였다. 둘째, 중앙조직—조선의 전단체와 개인으로 구성원을 삼고, 총재·부총재·고문·이사·참여·참사·평의원 등의 역원을 두었다. 셋째, 지방조직—도에 회장, 부·군·도(島)·읍·면에는 이사장을 두어 당해 기관장으로 보하고 이사·참여·평의원 등을 두었다. 지방조직의 말단은 대략 10호 단위로 된 애국반을 기저로 하는 정·리·부락연맹이며 정총대나 구장이 그 이사장이었다. 이 밖에 총력연맹은 직역조직을 두었으니, 국민총력○○학교연맹·국민총력조선연극협회 등이 그것이었다.

이러한 조직을 통해서 일제는 황민정신의 앙양, 징병·학병의 독려·후원, 증산, 헌금과 공출, 군인원호 등 기타 전반의 총후운동 총력운동을 전개하였다. 가령 1941년 8월 12일 총력연맹 사무국장이 각 도연맹에 지시한 사항을 보면, 첫째, 쌀의 소비 규정과 공출의 적극적 실시, 둘째, 공지를 이용한 채소의 자급자족, 즉 소위 일평(一坪)원예의 실행, 셋째, 군용·비료용 풀깎기의 책임량 완수 등이었다. 이러한 지시가 내리면 정회와 경방단, 정연맹 이사장인 정총대들이 앞장서서 언필칭 비국민이라 하면서 독려하고 다녔다. 반상회에 결석해도 비국민, 신사참배를 안 해도 비국민, 공출헌금을 안 해도 비국민이었다. 이렇게 극성을 떨다 못해서 가령 소위 일평원예라면 마당 한구석 공지뿐 아니라 사과궤짝에까지 채소를 심어 먹으라고 외고 다녔다.

그뿐 아니라 중앙조직에서는 사사건건 봉고제(奉告祭)다 기원제다 하면서 떠들어 대었다. 징병제 실시가 발표되면 봉고제, 12월 8일인 대미선전일에는 전승기원제……. 이것은 신궁에서 요인 이하 관민 총동원으로 거행된 끝에 선언문·대회선언문·황군감사전보문 따위를 채택하게 마련이었다. 1942년 5월 9일에 징병제 실시가 발표되자 동 11일 조선신궁에서 봉고제를 했는데, 이때 채택된 선언문은 다음과 같다.

> 조선동포에 대한 징병제 시행의 의(議)가 결정되다. 고마우신 성려(聖慮)는 참으로 감격 불감이다. 아등은 익익(益益) 내선일체 진충보국(盡忠報國)의 실을 거두어 성전(聖戰) 관철에 매진하여 맹세코 황은에 봉답(奉答)할 것을 기함. 우 선서함.

총력연맹은 1940년 10월 16일자로 정무총감을 위원장으로 하는 지도위원회 위원 및 간사를 위촉 발령하였다. 이때 정교원(鄭僑源)이 동 위원으로 참가했으며, 이후 김병욱(金秉旭), 엄창섭(嚴昌燮), 최하영(崔夏永)이 위원 혹은 간사로 활동하였다. 1940년 10월 현재 중앙조직의 역원 명단은 다음과 같다.

총재 : 미나미(南次郎)
부총재 : 오오노(大野綠一郎 : 정무총감)

고문 : 윤덕영(중추원 부의장), 기타 나까무라(中村孝太郞 : 조선군사령관) 쓰까하라(塚原二四三 : 진해요항부 사령관) 시찌다(七田一郞. 경상사단장) 고오즈끼(上月良夫. 나남사단장) 가와지마(川島義之 : 육군대장·전 조선군사령관) 시노다(篠田治策 : 성대총장)

참여 : 이항구(李恒九 : 이왕직장관). 기타 조선군 관계관·조선헌병대 관계관·진해요항부(要港部) 관계관, 하라(原 正鼎 : 고등법원장) 마스나가(增永正一 : 고등법원검사장) 니노미야(二宮治重 : 선만척식총재) 사사끼(佐佐木駒之助 : 동척총재) 히도미(人見次郞 : 조선상공회의소 회두)

이사 : 고원훈 김명준(金明濬. 金田 明) 김성수 김시권 김연수 박흥식 손영목 오긍선 윤치호(尹〔伊東〕致昊) 이승우 정교원 최린(崔〔佳山〕麟) 한규복 한상용 외 일인 34명

참사 : 계광순 권상로(權〔安東〕相老) 김사연 김성수 김우현 김활란 박희도 방응모 서춘(大川滋種) 손정규(伊原圭) 안인식(安寅植) 오긍선 이각종(靑山覺鍾) 이묘묵(李〔李宮〕卯默) 이병길(李丙吉) 장덕수 조병상 하준석(河〔河本〕駿錫) 외 일인 50명

평의원 : 김갑순(金井甲淳) 김동훈 김윤정 김활란 문명기(文明琦一郞) 민규식 박기효(朴基孝. 三井基義) 박상준 박승직(朴〔三木〕承稷) 송종헌(宋〔野田〕種憲) 신석린 양주삼(梁〔梁原〕柱三) 원덕상(元德常. 元村 肇) 이긍종 이종린(李〔瑞原〕鍾麟) 이진호 이창훈(李昌薰) 이해승(李海昇) 장직상(張〔張元〕稷相) 장헌식 최창학(崔〔松山〕昌學) 외 일인 28명과 각 참가단체 대표자.

사무국 총무부장 : 정교원

이러한 진용으로 총력연맹은 1940년 11월 1일 국민총력앙양대회를 경성운동장에서 개최하였다(경기도·경성연맹 공동주최). 또 기관지『국민총력』의 발행, 라디오 프로인「국민총력의 시간」, 일본 대정익찬회(大政翼贊會)의 익찬총서(翼贊叢書)를 본받은 총력총서의 발행 등으로 총력의식을 고취했으며, '고꾸고' 보급정신대, 일본 신궁참배단 파견 등으로 황민화운동에도 앞장을 섰다.

1941년 12월 10일, 즉 미일전쟁이 터진 2일 후 부민관에서 열린 결전 보국대 강연회도 총력연맹이 주최한 활동이었다. 연사는 신흥우(申興雨. 高靈興雨)·윤치호·이성근(李聖根. 金川 聖)·장덕수·조병상인데, 이하에 연제 및 강연 일부를 기록하겠다.

신홍우 : 세계의 교란자는 누구냐=할아버지 때부터 당해온 황인종의 설분(雪忿)을 이제 풀어야겠다. 한번 결전하는 이상 제국행로의 암종으로 있는 적성국가를 분쇄시켜……신동아 건설에 매진치 않으면 안 될 것이다.

윤치호 : 결전체제와 국민의 시련=이 결전은 제국의 1억 국민뿐 아니라 동양 전민족의 운명이 여기에 달려 있다. 이 성스러운 목적 관철에 우리 반도민중도 한몫을 맡아 협력치 않으면 안 될 것인데…….

이성근 : 신동아 건설과 조선=병참기지의 역할을 하고 있는 한반도에서는 먼저 사상통일, 생산력 확충, 노력공급 등으로 반도민중의 사명을 더욱 발휘하여 아국 국운을 내걸고 싸우는 이 성전 완수에 적성(赤誠)을 바칠 각오와 실행이 있어야 한다.

장덕수 : 적성국가의 정체=미영의 압박과 굴욕에서 동아민족의 해방을 부르짖는 결전을 개시한 것이다. 이제 동아민족은 압박과 착취를 당하여 뼈만 남았지만, 이제 뼈로써 단연 궐기하여 구적(仇敵) 미영을 타도하지 않으면 아니되겠다.

조병상 : 아등 궐기의 추(秋)=동양민족의 해방을 위하여 제국은 분연히 궐기한 것이다. 반도민중은 총의를 결속하여 오직 신도(臣道)실천에 매진함으로써 이 성전 완수에 협력하여야 할 것이다.

총력연맹은 1940년 12월에 문화활동의 신체제를 갖추기 위해서 사상부를 2분하여 문화부를 독립시켰다. 이때 선임된 문화부 문화위원은 김동환(白山靑樹) 김두헌 김안서 백철(白矢世哲) 박경호(香村 實) 박영희(芳村香道) 방한준(方韓駿) 심형구(沈亨求) 안인식(安寅植) 안종화(安田辰雄) 유진오 이능화(李能和) 이상범(李象範) 이서구(牧山瑞求) 이석규(大東碩圭) 이창용(李創用) 이철(靑山哲) 정인과(德川仁果) 정인섭(東原寅燮) 정춘수 최남주(崔南周) 홍난파(森川潤) 이종욱(李鍾郁) 외 일인 45명이다.

총력연맹은 1943년 1월 24일 역원 개편이 있었다. 결성 당시의 역원으로서 중임된 자도 있고, 신규로 참가한 자도 있는데, 새 참가자만 다음에 기록해 둔다.

참여 : 박중양(朴〔朴忠〕重陽)
이사 : 김경진(金〔金子〕慶鎭) 김영무(金〔金田〕英武) 방의석(方義錫) 서병조

(徐〔大峯〕丙朝) 송화식(宋和植) 장헌근 차준담(車〔車田〕濬潭) 최준집(崔準集. 丸山隆準)

　참사 : 김동환 백철 서○천(徐○天) 손정규(伊原 圭) 이강혁(李〔李原〕康爀) 이경식(李敬植) 이원영(李元榮) 이홍종(李弘鍾) 장기식(張驥植. 蓮村驥一) 장우식(張友植. 玉山友彦) 정인익(鄭寅翼) 홍종인(洪鍾仁) 가야마(香山和慶〔?〕)

　평의원 : 김관현(金寬鉉, 金光副臣) 김태석(金〔金林〕泰錫) 박두영 안종철 유만겸 유진순(劉〔玉川〕鎭淳)

　총무부위원 : 이규원(李圭元) 임숙재(任〔豊川〕淑宰)

연성부위원 : 송금선(宋今璇. 福澤玲子) 이숙종(李〔宮村〕淑鍾)

　경제부위원 : 김신석(金信錫) 이기찬(李基燦. 安城 基)

　후생부위원 : 박길룡(朴吉龍) 오건영(吳健泳) 황신덕

　총력연맹은 1945년 7월 8일 조선국민의용대가 결성됨으로써 이에 합류하고 동 10일을 기해서 발전적으로 해산하였다. 그 동안 총력연맹은 전후 6년 동안, 정동연맹을 합산하면 전후 8년 동안에 걸쳐서 황민화·총력운동을 비롯한 모든 국민운동의 최고봉으로 군림하면서, 2천6백만 조선민중을 애국반의 세포로 조직하여 이른바 국책의 제물로 헌상하기에 급급하였다.

임전대책협의회

1941년 8월 20일경, 『삼천리』 사장 김동환은 임전체제하에서의 자발적 황민화운동의 실천방책으로, 첫째 물자·노무공출의 철저강화책, 둘째 국민생활의 최저 표준화운동 방책, 셋째 전시봉공의 의용화(義勇化)방책 등을 협의하기 위해서, 각계 유력자 198명 앞으로 선동적인 안내장을 발송하였다. 이 안내장에 의해서 개최된 동년 8월 25일의 임전대책협의회는 물론 삼천리사 주동이요, 김동환의 발기에 의한 것이었다.

　그날 부민관 중강당에서 임전대책협의회는 신흥우의 사회로 개막되었다. 이때 윤치호는 등단하여 "우리는 황국신민으로서 일사(一死)보국의 성(誠)을 맹세하여 임전국책에 전력을 다하여 협력할 것을 결의함"이라는 결의문을 낭독하고, 이것을 총리대신 등 요로에 반도민중의 총의로서 전달할 것을 가결하였다. 이어서 장덕수의 발의로 황군감사전보문 채택, 다시 주요한의 동의로 임전대책협의회를 상설기관으로 할 것을 가결한 후, 그 임원 전형위원으로 김동환·박기효·이용신(李容愼)·이종린·주요한을 선출하였다. 이들이 전형한 임전대책협의회 위원 명단은 다음과 같다.

김동환 김사연 김시권(金時權) 김활란 박기효 박인덕 박흥식 방응모 신태악(辛泰嶽. 三川淸·三川泰嶽) 신흥우 원덕상 유억겸 윤치호 이병길(李丙吉) 이성근 이성환(李〔安興〕晟煥) 이승우 이용신 이종은(李〔芝村〕鍾殷) 이(瑞原)종린 이진호 이○설(李○卨) 임명재(任明宰) 장우식 정교원 조기간 조병상 최남(崔楠) 최린 한규복 한상용

이들은 1941년 8월 28일 경성호텔에서 제1차 위원총회를 개최하고, 회명을 임전대책협력회로 고칠 것, 임전대책연설회를 열 것, 채권가두유격대를 조직할 것 등의 당면한 협력방책을 결의한 후, 상무위원으로 아래의 11명을 선출하였다.

김동환 김사연 노창성(盧〔八幡〕昌成) 박기효 박인덕 신태악 신흥우 이성환 이용신 임흥순(任興淳) 조기간

이상의 결의에 의해서, 1941년 9월 4일, 부민관 대강당에서 임전대책연설회가 아래의 연사 및 연제로써 개최되었다.

김동환 : 송화강수(松花江水)여 말하라
박인덕 : 승전의 길은 여기에 있다
신태악 : 동경 대판(大阪)은 이렇다
신흥우 : 태평양 풍운의 전망
윤치호 : 극동의 결전과 오인(吾人)의 각오
이성환 : 애국의 지성과 차 기회
이종린 : 30년 전의 회고
최 린 : 읍소(泣訴)

이리하여 임전대책협의회는 일제가 전쟁비 조달을 위해 매출하였던 1원짜리 꼬마채권을 소화시키기 위해서 채권가두유격대를 거리로 진출시켰다. 1941년 9월 7일, "총후봉공은 채권으로부터"라는 슬로건을 걸고 화신 앞 등 11개소에서 행인에게 채권을 판 대원 명단은 아래와 같다.

종로대(화신 앞) : 김동환 모윤숙 박인덕 방응모 윤치호 이광수 이용신 최린 한상용

황금정대(일본생명 앞) : 고원훈 가네자와(金澤 勇 : 본명불상) 박창서(朴彰緒) 박흥식 이종린 장우식

본정대(시노자키상점 앞) : 김승복(金昇福·金井保憲) 김시권 김연수 신용욱(眞原勝平) 신태악 이진호 임흥순 최정희

남대문대(정문 앞) : 김갑순 오긍선 원덕상 이각종 이용설 조병상

경성역대(역전) : 김사연 박기효 손홍원(孫〔野村〕弘遠) 송금선 이돈화(李敦化, 白山一熊) 정교원

서대문대(우편국 앞) : 고황경 구자옥 노창성 소완규(蘇完圭) 신봉조(辛鳳祚〔辛島 純〕) 신흥우 주요한

광문대(정류소 북편) : 김동진(金〔金本〕東進) 김성진(金晟鎭) 민규식 박상준 박영희 양주삼 유억겸 이성근

종로 4가대(동일은행 앞) : 오용탁(吳龍鐸) 이극로(李克魯) 이종욱 조대하(趙大河) 조인섭(趙寅燮) 한규복

동대문대(정문 앞) : 윤익선(尹益善) 윤치호 이정재(李定宰) 전부일(全富一) 최원섭(崔元燮) 함상훈

청량리대(역전) : 성의경(成義慶) 원익상(元翊常) 정광조(鄭〔川上〕廣朝) 정인과 조기간 홍세뢰(洪世雷)

명치정대(명치제과 앞) : 김명준 이숙종 이정섭(李晶燮) 이종만(李鍾萬) 이종회(李鍾會) 최창학

연락본부(화신 사교실) : 이규재(李圭載) 이성환

조선임전보국단

임전(臨戰)대책협의회는 최린·김동환 계열이었다. 이들이 임전대책협의회를 조직할 때 윤치호 계열에서는 따로 흥아보국단 준비위원회(이하 흥준)를 구성하였다. 1941년 8월 25일―임전대책협의회가 개최되던 바로 그 무렵이다. 조선호텔에서는 윤치호 사회, 고원훈의 경과보고로 흥아보국단 준비위원회가 소집되었다. 이들은 첫째 황국정신의 앙양, 둘째 강력한 실천력의 발휘, 셋째 시국인식의 철저와 대책 결의, 넷째 근로보국 강행이라는 강령을 채택하고 아래의 역원을 선출하였다.

위원장 : 윤치호
상무위원 : 고원훈 김명준 김사연 김연수 민규식 박흥식 방의석 서광설 양주삼 원덕상 윤치호 이기찬 이병길 이성근 이승우 정교원 조병상 한상용 현준호

이튿날 8월 25일, 부민관에서 임전대책협의회가 발회식을 거행하자 총력연맹 사무국총장 기와기시(川岸文三郞)의 주선으로 두 단체의 통합이 논의되기 시작했던 것이다. 이리하여 1941년 9월 11일, 경성호텔에서 흥준과 임전대책협의회의 합동을 논의하는 첫 공식회의가 열렸다. 김동환의 사회로 진행된 양측 연합위원회는 합동안을 정식으로 승인하고, 동 문제를 추진할 상임위원단을 다음과 같이 구성하였다.

위원장 : 윤치호(흥)
부위원장 : 최린(임)
상무위원 : 고원훈(흥) 김동환(임) 김사연(흥·임) 김연수(흥) 민규식(흥) 박기효(임) 박흥식(흥·임) 신흥우(임) 이성근(흥·임) 이성환(임) 이용신(임) 최린(임)(「흥」은 흥준, 「임」은 임전보국단 참가자)

이리하여 1941년 10월 22일, 부민관 대강당에서는 두 단체의 이름을 절충해서 지은 조선임전보국단(이하 임보단)이라는 이름으로, 친일세력을 총망라한 새로운 단체가 출범하였다. 그날 결성대회에는 관·군의 요인과 양측의 준비위

원 및 각도의 발기인대표 6백여 명이 참가해서, 개회사 최린, 사회 고원훈, 경과 보고 이성환으로 황군감사결의문 등을 채택한 후, 아래의 강령을 통과시켰다.

① 아등은 황국신민으로서 황도정신을 선양하고 사상통일을 기한다.
② 아등은 전시체제에 즉하고 국민생활의 쇄신을 기한다.
③ 아등은 근로보국의 정신에 기해서 국민 개로(皆勞)의 실을 거두기를 기한다.
④ 아등은 국가 우선의 정신에 기해서 국채의 소화, 저축의 여행(勵行), 물자의 공출, 생산의 확충에 매진하기를 기한다.
⑤ 아등은 국방사상의 보급을 하는 동시에 일조유사지추에 의용 방위의 실을 거두기를 기한다.

임전보국단의 진용은 고문·단장 이하 다음과 같다.

    고문 : 박중양 윤치호 이진호 한상용
    단장 : 최린
    부단장 : 고원훈
    총무부 : 부장 신흥우, 부원 김근호(金[金子]根鎬) 심명섭 이성환 이용신
    사업부 : 부장 이성환, 부원 김선(金善) 모윤숙 오용탁 전희복(田熙福) 조기간 주요한
    전시생활부 : 부장 이광수, 부원 구자옥 김동환 김선 박봉애(朴奉愛) 이정성(李晶晟) 임효정(林孝貞) 최정희
    상무이사 : 김동환 김사연 김시권 김연수 민규식 박기효 박흥식 방의석 신흥우 원덕상 이성근 이성환 이용신 이종은 이종린 정교원 조병상 한규복
    전임이사 : 이성환
    이사 : 고일청 구자옥 김갑순 김경진(金慶鎭) 김기수(金[金田]基秀) 김명학(金明學) 김서규(金瑞圭) 김영무(金[金田]英武) 방응모 신태악 안종철(安鍾哲) 유억겸 이규원(李圭元) 이기찬 이명구(李明求) 이병길 장덕수 장직상 장헌근 정은섭(丁殷燮) 최남선 최창학 현상윤 현준호
    감사 : 김동훈 김명준 김성수(金性洙) 박상준 장영목(張永穆)
    평의원 : 강이황(姜利璜. 岡 利晃) 김기덕(金基德) 김○원(金○元) 김동진

(金東進) 김동준(金東準) 김명하(金明夏) 김상은(金相殷) 김성권(金星權) 김성진(金晟鎭) 김신석(金信錫) 김승복(金昇福. 金井保憲) 김원근(金元根) 김장태(金璋泰) 김정석(金定錫) 김주익(金周益. 金本憲明) 김태석(金泰錫) 김○○(金○○〔活蘭?〕) 남백우(南百祐) 노창성(盧昌成) 모윤숙 문재철(文在喆) 민병덕(閔〔鉢山〕丙德) 민석현(閔奭鉉) 민영은(閔泳殷) 박세종(朴世宗) 박승빈 박영희 박완(朴완) 박인덕(朴仁德) 박창서(朴彰緖) 박창훈(朴〔木村〕昌薰) 박희도 백기조(白基肇. 白川肇一) 서광설(徐光卨) 서병조(徐丙朝) 시춘 성의경(成義慶) 소완규 손홍원(孫弘遠) 송화식(宋和植) 신용욱 신현구(申鉉求, 申鈺) 안인식 안종화(安鍾和, 安田辰雄) 양재하(梁在廈) 양주삼 양상경(梁相卿) 오긍선 오용종(吳龍鍾) 류광열 유만겸 윤석필(尹錫弼) 이각종 이겸규(李兼奎) 이면재(李冕載) 이상협 이숙종(李淑鍾) 이승우 이영찬(李〔安川〕泳贊) 이용설 이정섭 이종덕(李〔江本〕鍾悳) 이종은 이종회 이준렬(李駿烈) 이중갑(李重甲. 宮本 誠) 이창인(李昌仁) 이한복(李漢復) 이희적(李〔平居〕熙迪) 이○구(李○求) 임명재(任明宰) 임홍순 장기식(張驥植) 장병선(張炳善) 장석원 장우식 정구충(鄭求忠) 정운용(鄭雲用) 정인과 정춘수 정현모(鄭顯謨) 조기간 조대하(趙大河) 조동식(趙東植) 조영희(趙永禧) 차남진(車南鎭) 채필근(蔡弼近) 최규동(崔奎東) 최승렬(崔昇烈) 최정묵(崔鼎默) 최정희 한익교(韓翼敎) 함○훈(咸○勳) 황신덕

이들은 1941년 12월 4일 조선임전보국단 전선대회를 열고 전시하 사상통일의 구체적 방침과 군수자재 헌납운동을 결의하였다. 그리고 동일 오후 6시부터 부민관에서 미영타도 대강연회를 열었는데 그 내용은 다음과 같다.

김동환 : 적이 항복하는 날까지=우리의 적 장개석의 정권을 비롯하여 영미를 이 지구상에서 격멸치 않고서는 오늘의 배급쌀까지도 편히 얻어먹을 수 없는 형편이다.

옥선진(玉〔玉岡〕璿珍) : 동아공영권의 확립=우리는 대동아 공존공영의 최고 이상을 확득(確得)하여 간악한 미영의 착취와 침략을 격멸시켜 성업완수에 매진하지 않으면 안 될 것이다.

이광수 : 사상도 함께 미영 격멸=나는 천황폐하의 아들이니라는 생각을 늘 잊지 말고 이 성업완수에 매진할진대 자자손손의 영화를 얻을 것이다.

이돈화 : 일노이안천하(一怒而安天下)＝미영문명은 이제 말세를 고하는 때를 당하였다. 한번 정의를 들고 나선 우리 황국의 일노에 이들의 가면은 전복되고…….

이성환 : 타도 미영침략주의＝탐욕의 아성 백인제국주의의 장본 미영을 이제 격멸함이 없이는 우리 자손의 발전을 바랄 수 없다.

주요한 : 루즈벨트여 답하라＝미함과 영함을 폭침한 것은 화약의 힘만이 아니다. 멸신보국의 황국정신이요 충용한 황군의 육탄의 힘이다. ……1억 동포……더욱이 반도의 2천4백만은 혼연일체가 되어 대동아 성전의 용사 되기를 맹세하고 있다.

조선임전보국단은 1942년 1월 5일 조선임전보국단 부인대를 발족시켰으나 이는 이미 언급한 바이다. 이들 친일 부인세력은 1942년 2월 3일 이후 동 부인대 주최인 근로봉사운동을 전개하여 각 정·애국반원·임전보국단 부인대 및 부내 실천부 회원들로써 군복수리작업을 시작한 후 동년 12월경까지 연중 무휴로 이 작업을 계속한 바 있었다.

조선임전보국단은 1942년 10월 29일 전체 역원회의에서 발전적 해산을 결의하고 국민총력조선연맹 속으로 합류하였다.

황민작가·황민작품

1935년 이후 8년을 서울에 거주했던 일인 작가 다나까(田中英光)가 황민문단을 다음과 같이 전하고 있다.

그 빈약한 조선문단을 주름잡고 있던 자란, 전일에 원로 대가라 불리던 작가 이광수도 아니요, 과거의 수재(秀才) 유진오도 아니다. 대학교수인 가라시마(唐島)박사와, 청인초(靑人草)연맹의 쓰다 지로(都田二郞), 『경성일보』 다무라(村) 학예부장 세 명이었다.

이 소설 『취한(醉漢)들의 배』는 암흑기 문단의 측면사적 성격을 갖는 작품이다. 모델소설인 만큼 주요 등장인물이 변명(變名)이요, 또한 사건에도 작가 나름의 허구가 꽤 개입한다. 하지만 이 소설이 전해 주는 분위기의 사실성만은 아마 그 누구도 부인하지 못할 것이다.

여기서 '가라시마 박사'는 성대교수 가라시마(辛島驍), '청인초연맹의 쓰다 지로'는 녹기연맹의 쓰다 쓰요시(津田剛), '경성일보 다무라 학예부장'은 데라다(寺田瑛,『경성일보』학예부장)이다. 황민문단을 만들어 낸 원흉들이자 3거두인데 특히 쓰다란 자가 고약하였다. 불량청년 출신인 이 자는, 황도주의자인 친형 쓰다 사까에(津田榮)의 녹기연맹에 붙어서 어물대더니, 미나미의 신임을 얻고, 총력진영과 황민문단에서 막강한 실력자로 군림한다. 이 자의 집안은 황도주의의 골수파라고도 할 만한 것이, 그 어미 쓰다 요시에(津田よしえ)는 녹기연맹 부설 청화여숙(淸和女塾)의 숙장, 친형인 쓰다 사까에(津田 榮)는 동 연맹 회장, 그의 아내인 형수 쓰다 쎄쯔꼬(津田節子)는 동 숙감이자 동 연맹 부인부 영도자, 당사자인 쓰다 쓰요시(津田剛)가 동 연맹 주간, 그 아내 쓰다 미요꼬(津田美代子)의 활동이 좀 덜했던 권력층 가족이었다. 가라시마는 조선군 보도부에도 관여하면서 성대 교수, 경성공업경영전문 교장 등으로 한국인 교수 작가층에 영향력이 컸고, 데라다는 비교적 호인이었다.

그 쓰다(津田剛)의 치마폭에 싸여서 일찍부터 황민화를 외친 자가 김문집(金文輯)이다. 소위 독설비평이 인기를 잃자 김문집은 쓰다 형제의 끈으로 국민정신총동원연맹 사무국 촉탁과 조선문인협회 간사를 지냈다. 그리고 그는 「조선민족의 발전적 해소론 서설」 같은 평론을 썼다. 요지는 "조선사람이었기 때문에 가졌던 취기(臭氣)분분한 그 썩은 내장물을 위로는 토해 내고 아래로는 관장 배설"하여 일본사람이 되라는 것이었다.

이 비슷한 황민문학(국민문학이라 하였다)의 이론을 정립하고 주도한 자가 최재서(石田耕造)·박영희(芳村香道)·이광수(香山光郞)·백철(白矢世哲)·정인섭(東原寅燮)·김팔봉(金村八峯)·김종한(月田 茂)이다. 그 중에서도 이론이 체계적이고 정연했다는 점과 활동면에서 최재서의 존재가 두드러졌다.『국민문학』지의 주간, 또 조선문인협회(이하 문협)며 조선문인보국회(이하 문보)를 이끌면서, 최재서는「사봉(仕奉)하는 문학」(まつろふ문학, 즉 천황을 섬기고 받드는 문학) 같은 평론을 썼고, 또 이를 모아서 평론집『전환기의 조선문학』(轉換期의 朝鮮文學)을 발간하였다. 이 평론집과, 또『국민문학』지를 주도한 공적으로, 그는 1944년 3월에 제2회 '고꾸고' 문예총독상을 수상하였다.

최재서가 황민문학의 본질을 추구하는 반면에, 박영희는 시국문학·전쟁문학

의 이론을 주도한 편이었다. 즉 「임전체제하의 문학과 문학의 임전체제」(臨戰體制下の文學と文學の臨政體制) 같은 평론이 그것이다. 여기서 그는 문학의 임전체제를 개인주의·자유주의의 방기와 국민의식의 국가주의적 조직화로써 설명하였다. 하지만 그는 정신의 전향보다 행동의 전향이 앞섰던 탓인지 이론은 최재서만큼 정연하지 못했다. 최재서가 황민문학의 본질을 천황귀일의 사상으로 설명하면서 그것이 제정일치(祭政一致)의 문학이라고 설파한 반면에, 박영희는 입으로 황민문학을 말하면서도 그 기본인 일본정신 자체를 명확하게는 설명하지 못하고 있었다. 박영희 역시 문협과 문보의 주도자요, 단행본『전선기행』(戰線記行) 같은 '고꾸고' 작품을 남겼다.

이에 비해서 이광수의 평론은 황민생활을 고취하는 계열이 많았다. 즉, 「황민생활요령」과 「생활도 결전적」 같은 것들이다. 여기서 그는 "일본적 애국심, 즉 충의 관념"뿐 아니라 "일본적 실내장식의 도화, 섭취"며 "식생활의 일본적 개량"까지를 주장한다. "일본정신이 곧 진리"요, "조선인은 그 민족감정과 전통의 발전적 해소를 단행"하고 "아주 피와 살과 뼈가 일본인이 되어 버려야" 하기 때문에, "금후의 조선의 민족운동은 황민화운동"으로 집약되어야 한다고 단언하였다.

반면에 백철은 황민문학·시국문학론의 언저리에서 요령부득한 글만 쓰고 있었다. 정인섭은 서양문학의 몰락과 황민문학의 말하자면 변증법적 필연성 같은 것을 말했고, 김팔봉은 민족문학·계급문학의 청산과 그에 대신할 황민문학의 수립을 주장하였다. 또 김종한은 황민문학의 건설을 인간의 생명력과 진실 위에 두어야 한다고 말했으나, 대체로 보아서 이들 네 사람은 필자가 보는 한 박영희·이광수·최재서만큼 이론에 뚜렷한 특성은 없었다.

이들 역시 문협과 문보의 핵심인물—따라서 '이론에 뚜렷한 특성은 없었다'는 말이 활동의 소극성을 뜻하는 것은 아니다. 김종한은『국민문학』지의 편집실무자, 김팔봉은 사보연맹, 백철은『매일신보』학예부장 및 총력연맹 참사, 정인섭은 황도학회 등에 관여하면서 각기 요충의 일각들을 담당하였다.

다음은 황민이론에 입각한 작품활동 중 먼저 소설—이광수·정인택(鄭人澤)·장혁주(張赫宙. 野口 稔)·이석훈(李石薰. 牧 洋)·이무영(李無影)의 활동이 두드러졌다. 그 중 이광수의 황민소설은 「가가와교장」(加川校長)「원술(元述)의 출정(出征)」 같은 '고꾸고' 작품과 연재가 중단된 「40년」(일문) 「봄의 노래」 「그들의 사랑」 같은 장편. 이 중 「그들의 사랑」에서 이광수는 주인공 마끼하라(牧原

〔李〕原求)에게 다음과 같이 말하게 하였다. 광주학생사건을 "조선청년 전체에게 불행을 준" "어리석은 군중심리"라고 이광수의 훼절의 깊이를 짐작하게 하는 말인데, 그의 황민소설은 일본정신이라는 목적의식이 앞선 탓인지 예술성은 극히 떨어지는 작품들이었다.

반면에 정인택은 비록 황민소설이지만 예술성 자체는 비교적 무난한 편이었다. 이 점에서 특히 성공한 것이 애국반 이야기인「청량리계외」(淸涼里界隈)라는 '고꾸고' 단편이다. 이기적인 아내가 애국반 활동을 통해 시국과 이른바 '도나리구미(隣組)정신—즉 인보협력 정신에 눈을 뜨는 과정을 그린 것인데, 이것인즉 곧 개인주의·자유주의의 방기와 거국일치 총후봉공이라는 그 무렵의 대명제의 표상이 되는 소재이다. 이러한 공리와 선전성을 그는 청량리 부근 빈민소년들의 천진한 분위기와 썩 잘 융합시켜서 소설 자체로는 무리가 없는 예술적인 작품으로 형상화시켜 내고 있었다.

이 작품 외 10편이 수록된 같은 제목의 일문창작집과, 전기소설『다께야마대위』(武山大尉 : 일문 단행본)로, 정인택은 1945년 3월 제3회 '고꾸고'문예총독상을 수령했다. 그『다께야마대위』는 남방전선 파칸빌비행장 공격중 전사한 선산 출신 본명 최명하(崔鳴夏) 중위——사후 대위——의 전기소설이다. 같은 소재로 된「붕익」(鵬翼) 외에「해변」,「행복」등 수편이 있으니 분량면에서도 정인택은 수위급에 속하는 작가이다.

이와는 반대로 이석훈은 작품량은 많았으나 소설로서는 설익은 것을 쓰고 있었다. '고꾸고' 소설집만도『고요한 폭풍』(靜かな嵐)과『봉도물어』(蓬島物語) 2권인데 이 속에 단편 13, 중편 1, 희곡 2편이 실려 있다. 이 밖에「징병(徵兵)·국어(國語)·일본정신(日本精神)」(일문) 외 몇 편의 평론이 있고, 군용견을 헌납하는「애견가(愛犬家)의 수기」등 단편이 있다. 단편「고요한 폭풍」은 일종의 자전소설로써 이석훈의 분신인 주인공 박태민의 문협강연을 반발하던 현지 인사들이 이윽고 반성을 해온다는 줄거리이다. 이 작품이 수록된 같은 제목의 창작집으로 이석훈은 1943년 3월 '고꾸고'문예연맹상을 수령하였다.

이 무렵의 수상 작가로는 이무영이 있는데 그는『청와의 집』(靑瓦の家)『정열의 서』(情熱の書) 2권의 '고꾸고' 작품을 썼고, 전자의 장편으로 1943년 3월 제4회 조선예술상문학상을 수령하였다. 이 상은 기꾸찌(菊池寬)의 자금 제공으로 아꾸다가와(介川)상 위원회가 심사해서 동경 모던일본사가 시상한 것이다. 그는 전기 2권의 '고꾸고' 작품 외에 한글로 된 장편「향가」를『매일신보』에 연재하였다.

 이들 중 하나인「모」(母)는「제1과 제1장」등 8편의 일문소설과 함께『정열의 서』에 수록된 단편이다. 이 단편은 남편이 죽은 후 3천 평 모래산을 과수원으로 개간한 (吳)과부가 지원병 되기를 원하던 아들이 죽자 국가의 식량증산 방침에 순응해서 피땀 흘린 과목을 뽑고 보리를 심는다는 줄거리이다.

 김종한이 평론「문화의 1년」(文化の一年)에서 말하되 "이무영도 용어라는 점에서 각골부심하는 흔적이 보이는 것 같았다"고 했지만 이무영의 일본문 황민소설은 제대로의 일어가 아닌, 직역·조선식 일어, 이무영식 창작일어 투성이였다는 지적이 특기할 만하다. 혼을 내주겠다는 소리가 화장터에서 뼈를 추린다는 뜻으로 둔갑하고, 닭의 4촌이란 별명을 닭의 네치로, 또 계집 하나쯤은 여장부 하나인지 여자 한 마리인지 모를 이무영식 창작일어로 둔갑한다. 이런 알량한 일어 실력으로 소설까지 써야 했으니 얼마나 '각골부심'했을는지 딴은 동정 불금할 노릇이었다.

 장혁주는「조선의 지식층에 호소함」이라는 과격한 황민논설로 문단에서도 센세이션을 일으켰던 사람이다. 일본『개조』(改造)지를 통해서 데뷔했으며, 일본문학보국회의 회원으로, 산하 또는 방계단체인 황도조선연구위원회며 광산문학간담회 등의 멤버로, 내선일체 총력운동에 앞장을 섰다. 1952년에 일본에 귀화했는데, 1940년대의 황민소설로『이와모도지원병』(岩本志願兵)과『행복한 백성』(幸福の民) 등 2권의 일어 작품집을 남겼다. 그 중의 한 편『새로운 출발』(新しい出發)은 조선청년이 황민으로서 새출발을 하는 것을 그린 것이다. 시마무라(島村)와 사와다(澤田) 두 조선청년이 황민으로서의 '혼의 단련'을 마친 후 하나는 지원병, 하나는 군수공원으로 새출발을 한다는 내용이다.

 다음은 시국과 황민을 소재로 시를 쓴 사람들이다. 김용제(金龍濟·金村龍濟)·주요한(松村紘一)·김종한·이광수가 두드러졌고, 김동환·김팔봉이 버금가는 작가였다. 그 중 김용제는 동양지광사의 사업부장으로 월간『동양지광』(東洋之光)을 편집했으며, 시뿐 아니라 몇 편의 황민평론과 황민소설도 썼다.

 황민시로는 1943년 3월 제1회 '고꾸고' 문예총독상을 받은『아세아시집』(亞細亞詩集 : 일문)을 필두로『서사시 어동정』(敍事詩御東征 : 일문) 및『보도시첩』(報道詩帖 : 일문) 세 권이 있다.『아세아시집』은 대동아공영권의 예찬,『서사시 어동정』은 일본의 건국신화를 소재로 한 일본정신의 예찬,『보도시첩』은 주로 총후의 국민생활이 소재이다. 다음은 그 중의 한 편「애국일」의 한 대목이다.

동천(東天) 산릉에서 솟아오르는 빛을 받으며
게양탑에 게양되는 붉은 일장(日章)을 우러러 보면
희망의 상징이 내 손아귀에 땀처럼 쥐어지면서
나라를 사랑하는 피 대지와 육신에 불타오르다.

주요한은 문인협회·문인보국회·임전보국단·언론보국회·대의당(大義黨)·대화동맹의 간부로 활동했고 만주국예문가회의에 특파사절로 참가하였다. 또한 미영타도 대강연회 등의 연사로 필승을 외쳤고,「미영의 동아침략」「최저생활의 실천」등 수편의 평론으로 황민화와 신도실천을 역설하였다.

천황폐하께 한가지 바치옵는
정성이련만 총을 잡는 어깨는
보람이 차는 것을.

일본 와까(和歌)의 시 형식을 밟은「펴하에게」(大君に)라는 시이다. 이 작품이 수록된 황민시집『손에 손을』(手に手を)은「우리들 황국신민」「소집되는 아들들」「승리의 보(譜)」「송가」(頌歌)의 4상으로 19편의 일문시가 수록되어 있다. 1944년 4월 제5회 조선예술상문학상 수상시집인데, 다음은 그 중「송가」의 한 연이다.

사람들은 선구자를 조롱하고 욕보이고 증오하지만
다음 세대는 그 앞에 무릎을 꿇고 절하리로다
밤이여, 어찌 승천하는 아침해를 누를 수 있겠는가
산의 적설이 어찌 봄의 명령을 거스르겠는가.

황민화의 대세가 필연적임을 말한 이 시를 볼 때, 주요한은 혹시 내선일체의 "선구자"라는 긍지라도 가졌던 것이 아닐까 하는 의심까지 든다. 씌어진 내용도 극렬하거니와, 시·평론·수필·단상·강연 등 이광수 다음으로 많은 양을 남긴 사람이다.

김종한은『국민문학』지를 편집하면서「조선시단의 진로」등 5, 6편의 황민론을 썼다. 황민시로는 시집『어버이의 노래』(にらねの歌)와 번역시집『설백집』

(雪白集)을 남겼다. 이 시인은 황민시가 일반적으로 예술성이 빈곤한 선동이기 쉬웠다는 통례를 깨고, 시로서의 품격도 갖춘 것을 썼다는 특성을 갖는다. 비록 황민시지만 「원정」(園丁)이나 「초망」(草茅) 같은 시는 기교나 예술성에서는 흠을 찾기 어려운 작품들이다.

다음은 이른바 총후풍경(징병과 증산전선에서 감투하는 총후의 국민생활)을 읊은 시 「초망」 중 1절이다.

　"자식 복이 많으셔서요"
　하고 안내하던 구장이 웃었다
　"내년엔 셋째놈도 적령이래요"
　포플라가 한 그루 마당귀에서
　황홀한 듯이 몸을 흔들고 있는
　휑하니 비어진 유가족의 집
　"분명 밭에 갔을 거예요"

김동환·김팔봉은 단체활동이 승했다. 몇 편의 황민평론이 있고, 또 황민시도 썼지만, 이들의 황민시는 시로서의 품격은 엉망이었다. 특히 지원병을 권유한 김동환의 「권군취천명」(勸君就天命), 학병을 권유한 김팔봉의 「가라! 군기 아래로 어버이를 대신해서」 같은 것이 그렇다고 할까?

　이인석(李仁錫) 군은 우리에게 뵈어 주지 않았는가
　그도 병 되어 생사를 나라에 바치지 않았던들
　지금쯤은 충청도 두메의 이름없는 농군이 되어
　베옷에 조밥에 한평생 묻혀 지내었겠지
　웬걸 지사 군수가 그 무덤에 절하겠나
　웬걸 폐백과 훈장이 그 젯상에 내렸겠나.

김동환의 「권군취천명」 중 한 대목이다. '이인석 군'은 지원병 출신 전사자. 지게 목발 두들기는 것보다는 지원병으로 죽는 것이 낫다는 설인데, 이쯤되면 이건 권유가 아니라 숫제 모욕이다. 이런 시는 내용을 떠나서 단순한 시로 읽어도 좋게는 읽히지 않는 작품들이다.

이 밖에도 김동인(東 文仁)·김소운(鐵 甚平)·김안서·노천명·모윤숙·서정주(達城靜雄)·이효석·정비석·조연현(德田演鉉)·조용만·채만식·최남선·최정희가 몇 편씩의 황민문학을 썼다. 카프 출신 또는 월북작가들 중에서도 내선일체 신도실천을 외치지 않은 사람은 거의 없었다. 유진오는 논문「동양과 서양」, 단편「남곡선생」(南谷先生)과「신경」(新京) 정도로 쓴 양은 극히 적었지만, 문화 총력진영에서의 단체적 경력이 다채로왔다. 문인협회·문인보국회의 간부, 총력연맹 문화부 문화위원으로 결전소설 공모를 심사하였고, 대동아문학자대회 대표로 두 번씩이나 참가하였다(대표 2회 역임자는 유진오·이광수·쓰다 셋뿐이다).

이들이 조직한 어용단체로 조선문인협회(1939. 10. 29 결성)와, 그 후신인 조선문인보국회(1943. 4. 17 결성)가 있었다. 두 단체 합해서 일곱 차례나 임원개선이 있었기 때문에 지면관계상 명단을 밝히지 못한다. 다만, 이 장에서 언급된 문인 중에서 요절한 이효석과 신인이었던 서정주·조연현, 국외 거주 등으로 황민문단에 인연이 희박했던 김소운·장혁주·최남선만이 그 두 단체에서 감투를 쓰지 않았다.

조선문인협회의 애당초의 발기인은 김동환·김문집·박영희·유진오·이광수·이태준·최재서 7명이다. 이들 단체의 활동은 시국강연회, 전쟁문학의 밤, 결전문예좌담회, 만주 개척촌(국책이민 부락) 시찰, 해군건학단 파견 기타 황민문학 건설과 총력운동, 신도실천의 모든 부문에 걸쳐서 전개되고 있었다.

이 밖에 문단의 중요행사로 1942년 이후 매년 1회씩 3회에 걸쳐서 개최된 대동아문학자대회가 있었다. 대동아의 문예부흥을 목표로 내걸었던 일본의 전시 문화공세의 한 종류였다. 대회에는 불령(佛領) 인도지나·태국·필리핀·버마·자바 등 남방 위성국가도 참가시킬 예정이었으나, 제공·제해권을 상실하고 있던 관계로 남방 각국이 불참한 채 일본·만주·조선·대만·중국(화친파)의 문학자 대표들로서 대회가 진행되었다.

대동아문학자대회의 개최지 및 조선측 대표 명단은 다음과 같다.

　제1회 : 도쿄—박영희 유진오 이광수 가라시마(辛島 驍) 쓰다(津田剛)
　제2회 : 도쿄—김용제 이석훈(불참석) 유진오 유치진 최재서 쓰다
　제3회 : 남경(南京)—김팔봉 이광수
　제4회 : 신경에서 개최될 예정이었으나 패전으로 소집되지 않았다.

학병을 이렇게 몰아냈다

일제는 병력 충원을 위해서 전후 4차에 걸친 조치를 조선에 대해서 실시하였다. 첫째는 1938년 2월 23일 공포, 4월 3일 시행인 육군특별지원병제, 둘째는 1943년 5월 11일의 내각결정에 의해서 10월 1일 훈련소에 입소한 해군특별지원병제, 셋째는 1943년 10월 1일 공포, 1944년 1월 20일 입영인 학도병 징모, 넷째는 1942년 5월 8일의 각의에 의해서 1944년 4월 1일에 징병검사가 실시된 징병제도의 시행이었다.

이러한 제도가 실시될 때마다 소위 친일파들은 일시동인의 성려(聖慮)요 홍대무변(鴻大無邊)하옵신 성은이라 하여 감격하면서 그 권유에 광분하였다. 지원병제의 공포가 보도된 1938년 2월 23일자 조간에, 윤덕영·최린 기타는 담화문을 발표하여 그것을 환영하면서 "이로써 반도민중들도 전적으로 일본국민이 되는 것이니 한층 더 각오를 새롭게 해야 한다"고 말하였다.

이렇게 시작된 권유 행각은 조선군 보도부 정훈소좌의 담화문(1938. 3. 10), 최린 등 명사가 참석한 「지원병제도를 앞둔 좌담회」(1938. 5) 등의 개최에 의해서 궤도에 오르기 시작하였다. 이광수는 가요 「지원병장행가」를 작사했고(1939. 12), 주요한은 시 「첫 피」로써 지원병 출신 이인석 상등병의 죽음을 예찬하였다. 김동환·이성환은 1941년 10월 7일 중앙중학교 강당에서 지원병보급혈전 대강연회를 열고 '궐기하라! 나서라'를 외쳤다. 정동(精動)연맹·문인협회 기타가 파견하는 지원병훈련소 견학단이 꼬리를 물고, 장혁주는 「이와모도지원병」(巖本志願兵), 최정희는 「야국초」(野菊抄) 같은 단편을 써서 이 제도의 보급을 선전하였다.

이러한 행각은 징병·학도병·해군지원병의 제도가 잇달아 실시되던 1943년 무렵에 한결 극성스럽게 전개되었다. 그 가열했던 상황을 학도병관계를 가지고 전하면 다음과 같다

학병 모집이 발표된 1943년 10월 14일자 조간에 김성수 외 세 교장(일인)의 담화가 소개되었다. 20일에는 연전교장 가라시마(辛島驍)가 전교생에게 궐기를 훈시했고, 25일에는 총독(小磯國昭) 임석으로 전선대학 전문학교장회의가 열렸다. 30일에는 대학·전문학도 임전결의대회가 경성운동장에서 개최되었다.

이튿날(31일) 조간에는 종로경방단장 조병상의 아들 나쓰야마(夏山正義)가 제1착으로 지원했다고 보도되었다. 학교별 행사로 봉고제며 궐기대회가 꼬리를

물고 열리는 속에서, 11월 4일에는 학무국장 임석으로 대학전문학교장회의가 있었다. 이날 중추원 참의들도 별도로 반도학도 출진타합회를 열었는데, 이 석상에서 학무국장 오오노(大野謙一)는 지원하지 않는 전원에게 징용영장을 발부하겠다는 강경한 방침을 시사하였다.

같은 날, 화신 6층 회의실에서는 민규식·박관수(朴寬洙. 琴川 寬)·박흥식·송진우·여운홍·유억겸·윤치호·이광수·조병상·주요한·한상용이 주동한 학도병 종로익찬위원회가 각 정회(町會) 총대(總代) 40여 명과 조선군 관계자——나카이(中井)병무부장 기타——의 참석으로 개최되었다. 이들은 호별방문, 권유문 발송, 지역별 간담회와 학교강연회의 개최 등을 결의하고, 이 결의에 의해서 5일 이후 9일까지 진명학교 교정 등 10개소에서 학병권유 부형간담회를 열었다. 다음은 이때의 연사 명단이다.

박관수 송문화(宋文華) 니이모도(新本一浩 : 본명불상) 양재창(梁在昶) 이광수 조병상 주요한 히라야마(平山輔英 : 본명불상) 가이또(海東李明 : 본명불상)

5일에는 성대 출진학도장행회가 성대 법문학부 강당에서 열렸다. 이날 저녁 부민관 대강당에서는 『매일신보』·『경성일보』 공동주최, 총독부·조선군·총력연맹 공동후원인 학병제실시 학도사기앙양대회가 전문·대학생 2천여 명을 동원해서 베풀어졌다. 국민의례·조선군측 등 내빈축사·전쟁 기록영화 상영이 있은 후 오오야(大家虎之助. 총련여성부장)·김윤정(金玩禎. 대일본부인회본부 이사)·이성근(『매일신보』 사장)·장덕수(보전 교수)가 격려 권유강연을 했고 학생연사 10여 명이 출진의 감격을 연설하였다.

이튿날인 6일, 문부성과 군당국에서 전보승락서(즉 지원을 승락한다는 전보)를 먼저 보내고 지원서는 나중에 발송해도 무방하다고 발표하자 윤치호는 "내 아들이거든 속히 지원하라는 전보를 발송하자"고 부형들에게 격려 담화를 발표하였다.

이날, 중추원에서는 신석린, 윤치호, 한규복, 한상용 기타 고문 6명과 참의 18명이 모여서 제2차의 타합회를 가졌다. 총독부 사정국장 아라까이(新具 肇)가 학병제의 중대한 의의를 설명하자 참의들은 솔선 협력을 결의한 후 다음과 같이 독려 강연반을 결성하였다.

충북 : 가네하라(金原邦光 : 본명불상) 장직상
충남 : 안종철 이원보
전북 : 방태영(方台榮) 한상용
전남 : 주영환(朱榮煥. 本城秀通) 현준호
경북 : 김시권 원덕상
경남 : 박두영 박중양
황해 : 민규식 이승우
평북 : 김사연 정교원
평남 : 윤치호 이기찬
함북 : 장우식 장헌식 한규복
함남 : 고원훈 방의석
강원 : 박흥식 박희도

같은 날 연전동창회가 주최한 학도 임전궐기 강연회(연전 강당)에서는 조병상과 군보도부 가와사키(川崎) 중좌가 강연하였다. 인천에서는 이 날 학병 인천익찬회를 결성, 발회식을 거행하면서 회장 김윤복(金允福. 松本 淸), 부회장 가네모리(金森 信 : 본명불상), 가네나가(金永泰勳 : 본명불상), 원인상(元仁常. 元村常一)을 선출하였다. 전선종교단체협의회도 이 날 학병독려에 공헌할 조선종교전시보국회를 결성하고 다음 11명을 각 파의 대표위원으로 선출하였다.

감리교 : 갈홍기 스모까와(李河東旭 : 본명불상)
구세군 : 마쓰바라(松原正義 : 黃鍾律) 사까모도(坂本雷次 : 일인)
불 교 : 가가와(香川法龍 : 본명불상)
장로교 : 니이모리(新森一雄 : 본명불상) 채필근(蔡弼近 : 佐川弼近)
천도교 : 이종린 정광조(鄭廣朝)
천주교 : 오까모도(岡本鐵治 : 일인?) 가네미쓰(金光翰洙 : 본명불상)

이튿날인 11월 7일, 강창희·김민식·김사연·김태준(金泰準)·박흥식·방태영·예종석(芮〔草內〕宗錫)·윤치호·이성근·이원보·정교원·조병상·한상용·함석태(咸錫泰)와 정총대 도합 90여 명이 YMCA에서 학병제 경성익찬위원회를 조직하였다. 이들은 서울을 6개 지구로 나누어 각 구 익찬위원회를 조직할 것과, 그 통합기구로 경성익찬위원회 본부를 설치할 것, 권유활동방침으로는 호별방문·강연회·간담회·전단 배포 등을 결의하였다. 이 결의에 의해서 이들은 호별방문 등을 실천하는 한편, 9일에는 동경제대를 비롯한 재일 37개 대학·전문학교 학생들에게 독려전보를 발송하였다.

이상에서 독자는 학도병 독려가 연일 주야 없이 수십의 단체와 개인에 의해서 강행된 흔적을 볼 것이다. 그런 발광적인 권유행각 중 두드러진 몇을 추리면 다음과 같다.

1943년 1월 7일, 조선호텔에서 강영택(姜鈴澤)·고원훈·김광근(金光根)·김명학(金明學)·김양하(金良瑕)·김연수·송진우·이광수·이성근·이충영(李忠榮)·조임재(趙王載)·최남선이 일본권세대(勸說隊)의 파견절차를 협의하였다. 이에 의해서 제1반 김연수·이광수, 제2반 이성근·최남선이 동 12일부터 릿꾜(立敎)대학·와세다대학을 비롯한 일본내 각 대학에서 강연하였다. 기타 인원의 도일상황은 확실하지 않다.

8일에는 명륜전문의 교내결의대회가 열려서 안인식(安寅植) 교수가 격려사를 하였다. 이날 부민관에서는 총력조선·경기도·경성부 3연맹 주최로 출진학도 장행의 밤이 열렸고, 고원훈·김성수·손정규(대일본부인회조선본부 역원)가 격려사를 하였다.

이튿날인 11월 9일 부민관에서는 군인선배의 학병격려 대강연회가 이응준 대좌와 김석원 중좌의 강연으로 개최되었다. 윤치호는 12일 평양 백선행(白善行)기념관에서 강연하였고, 박춘금·신흥우·이종린(천도교 중진)이 18일 부민관에서 학병격려 대연설회를 열었다.

지방 순강은 조선종교 전시보국회가 16·17일에 전선 도청 소재지를 순강하였다. 대구·부산에 가네까와(金河東華)·히바라(檜原正義), 전주·광주에 다까야마(高山仁植)·가네꼬(金子鎭大), 함흥·청진에 갈홍기·서광익(徐光翼), 평양·신의주에 이돈화(李敦化)·니이모리(新森一雄), 춘천에 채필근·야마쓰(八松亨重), 해주에 이종린(李鍾麟)·스모까와(李河東旭), 청주·대전에 가네미쓰(金光東平)·김수철(金洙喆) 이상 7개반 14명의 구성이다(이상 창씨자는 본명불상). 조선교화단체연합회에서도 전선 39개 도시에 부인계몽 독려반을 파견했는데(15일 출발) 연사 및 행선지는 다음과 같다.

이숙종 : 인천 개성 수원

황신덕 : 청주 충주 영동
송금선 : 대전 천안 공주
스모다(李田〔金?〕沉楨) : 전주 순창 고창
하찌오(八王貴子 : 본명불상) : 광주 순천(順天) 보성
히라야스(平康安岐子 : 본명불상) : 대구 경주 김천
오오야마(大山盛子 : 본명불상) : 부산 진주 통영
배상명 : 해주 사리원 안악
박인덕 : 평양 진남포 순천(順天)
김활란 : 신의주 정주 선천
손정규 : 춘천 강릉 원주
모윤숙 : 함흥 원산 북청
허하백 : 청진 길주 회령

이런 발광적인 분위기 속에서 학병이 총알받이로 끌려나갔다. 그 무렵 1943년 11월 한 달 동안『매일신보』에는 무려 12편이나 되는 학병관계 사설이 실렸다. 또한 11월 5일부터 16일에 걸쳐서 동 지상에서 김팔봉·김동환·임학수·김용제·모윤숙·서정주의 순으로 학도병 격려시가 발표되었다. 학병 지원 마감일은 동년 11월 20일이다. 11월 16일부터 22일에는 날마다 학병 독려사설이었고, 17일에는 유진오의 「병역은 힘이다」, 18일에는 주요한의 「나서라! 지상명령이다」라는 글이 윤치호·장덕수의 독려의 담화문과 함께『매일신보』의 거의 1면 전부를 장식하였다.

일제의 국회의원과 대의당

1944년 12월 25일자 신문에 「외지동포에 대한 처우개선」의 내용이 발표되었다. 이에 의해서 1945년 3월 25일에 귀족원·중의원의 법령 일부가 개정되고, 조선인은 7명의 칙선 귀족원 의원과 23명의 중의원 의원을 일본 국회에 보낼 수 있게 되었다. 귀족원 7명 칙선의원은 1945년 4월 3일에 김명준·박상준·박중양·송종헌·윤치호·이기용·한상용이 선임되었다. 중의원의 23명은 의회가 만기되면 선거에 의해서 선출될 예정이었다.

이 처우개선 내용이 발표된 25일자 지면에 박성준 기타가 「처우개선과 우리의 각오」라는 표제로 신도실천을 맹세하는 담화를 실었다. 이어서 1945년 1월 17일 부민관에서는 처우감사 총궐기 전선대회가 개최되었다. 이른바 홍대무변 하옵신 성은에 감사하면서, 식순은 손영목의 인사, 이광수가 자작시 「내 모든 것을 드림」을 낭독하고, 결의문과 감사전보문을 채택하였다. 이 날 채택된 감사결의문은 다음과 같다.

저반 정부는 조선 재주민(在住民)에 대하여 정치처우에 관한 중요사항을 조사 심의하기 위하여 내각 안에 조사회를 설치하는 동시 조선동포에 대한 처우개선의 실시방책에 의하여 각의 결정을 보기에 이른 것은 실로 홍대(鴻大)한 만세일계의 지속인 역대 위정자가 일시동인의 성지를 봉대하여 통리에 정진하여 온 결과로서 아등은 감분흥기 진실로 천황귀일의 대의에 관철하여 대화(大和)일치 1억 1심의 유대를 더욱 견실히 하여 황풍의 철저적 침투를 기도하고 전의를 앙양하여 전력을 증강하고 일로 추적(醜敵)격멸에 매진하여 천양무궁의 황운을 부익하여 황국의 만일에 대상(對償)할 맹서를 기함.

이어서 대회를 처우감사 사절단의 일본파견을 결의하고 김명준·윤치호·이성근을 그 사절로 선발하였다. 대회를 마친 이들은 조선신궁에 봉고제를 한 후 일행을 대표한 윤치호가 총독과 군사령관을 방문하여 감사를 표하였다. 처우감사 사절단은 1945년 1월 31일 서울 출발, 일본의 관계요로에 감사의 인사를 하고 2월 21일 귀국하였다.

이때까지, 일제 36년에 일본국회의원이었던 자는 귀족원의 윤덕영, 중의원의 박춘금을 알 뿐이다. 이진호도 귀족원 의원을 했다고 하나 확실한 사정은 모르고, 윤덕영은 1942년 12월 20일 칙선 귀족원 의원이 되었다. 박춘금은 1937년도의 제20회 중의원 의원 총선에서 7천9백15로 당선(도쿄 제4구), 이선홍(李善洪)은 9천009표로 2위 낙선하였다(오사카 제4구). 신태악(辛泰嶽)이 1942년 4월의 중의원 총선에 출마했으나(오사카 제4구) 선거법 위반사건으로 문제가 일어났고, 관서(關西)에서 출마했다는 강경옥(康慶玉)에 관한 자세한 사정은 알지 못한다.

이 박춘금이 조직한 단체에 대화동맹과 대의당이 있었다. 대화동맹은 필승체제 확립과 내선일체의 촉진을 목표로 하는 동지적 결맹체로서, 첫째 황도공민 자질의 연성 향상, 둘째 징병·근로·모략방지에 중점을 둔 결전체제의 강화, 셋째 내선동포의 정신적 단결촉진, 넷째 중산·공출책의 완수 등을 운동요목으로 하고 있었다. 1945년 2월 11일에 결성했는데 간부 명단은 다음과 같다.

　위원장 : 윤치호
　이사 : 강병순(姜柄順) 박춘금 손영목 이광수 이성근 조병상 진학문(秦學文) 외 일인 6명
　심의원 : 고원훈 김동진 김동환 김사연 김성진(金晟鎭) 김신석(金信錫) 노성석(盧聖錫) 박흥식 설의식 이승우 이원보 이충영(李忠榮) 이해용 장직상 정연기 하야시까와(林川[趙?]東植) 주요한 최정묵 최준집 외 일인 9명

대의당은 1945년 6월 24일 부민관에서 결성식을 거행했다. 이 당에 관해서 『민족정기의 심판』은 "표면에서 비교적 평화적으로 사회정책 부면을 담당"한 대화동맹의 자매당으로, "이면에서 항일반전 조선민중 30만 명을 학살코자 직접적 행동을 취한 폭력 살인단체"였다고 기술했으나, 필자로서 진부는 확인하지 못했다. 어쨌든 대의당은 해방 50일 전에 박춘금에 의해서 다음과 같은 강령으로 조직되었다.

　①오등은 먼저 공구수성(恐懼修省) 자기로 하여금 대의의 덕기(德器)가 될 것을 기함.
　②오등은 널리 동지를 구하여 대의에 순할 굳은 단결을 지을 것을 기함.
　③오등은 황도본의에 기하여 국민사상을 통일하여 써 전력증강 및 국토방위의 임에 당할 것을 기함.
　④오등은 지도자가 아니고 국가에 대해서는 1병졸, 동포에 대해서는 1충복이 될 것을 기함.
　⑤오등은 모든 비결전적 사상에 대하여서는 단연 이를 파쇄하여 필승태세의 완벽을 기함.

대의당은 1945년 7월 24일 부민관에서 아세아민족 분격대회를 개최하였다. 이성근의 개회사, 이어서 좌장(座長) 와다나베(渡邊豐日子 : 조선중요물자영단

이사장·일인)를 선출한 후 일만화(日滿華) 대표 5명과 박춘금의 강연, 다음은 제2부 순서로 남녀청년분격 웅변대회가 열릴 예정이었다.

그때, 개회 3시간이 경과한 오후 9시경, 폭탄 2개의 연달은 폭발로 대회장은 일순 수라장이 되고 말았다. 대의당원 1명이 현장에서 즉사했지만, 범인(?)은 헌병 경찰이 총출동을 했어도 오리무중이었다.

3주일 후 해방이 되면서 알려진 이름은 강윤국(康潤國)·류만수(柳萬秀)·조문기(趙文紀) 3인이었다. 항일 반세기 최후의 의거였던바, 이는 비단 박춘금 일당뿐 아니라 그 이전의 모든 친일행위에 대해서도 똑같이 가해진 철퇴였다는 점에서 통쾌감을 금치 못하게 한다.

대의당은 일황이 항복방송을 하던 그 순간까지 존속하였다. 다음은 그 당의 간부 명단이다.

　　당수 : 박춘금
　　위원 : 고원훈 김동진 김동환 김민식 김사연 김신석 박흥식 손영목 신태악 이광수 이성근 이승우 이원보 이재갑(李在甲) 정연기 조병상 주요한 주?성

조선언론보국회

연합군이 이오 섬(硫黃島)에까지 진격하자 일본은 본토결전을 생각하기 시작했다. 최후의 1인까지 죽창으로 싸우기 위해서, 조선에서는 국민의용대가 결성(1945. 7. 8)되고, 의용병역법이 실시(1945. 6. 23)되었다. 국민의용대는 12~65세의 모든 남자와 12~45세의 모든 여자로써 조직하며, 연합군의 본토 상륙에 대비한 발악적인 육탄전투·방위조직이었다.

　전투대는 적의 상륙 또는 공정부대의 강하(降下)에 있어서 일반 군대와 협력하고, 혹은 독력으로써 향토 직역을 지키고, 또 유격전을 하여 일반군대의 작전을 용이케 한다. 그런데 전투대가 직접 전투를 하는 경우는 공격정신을 발휘하여 육탄을 감행하더라도 적을 격멸할 기개를 가져야 한다.

이상이 전민중을 대대·중대·소대·분대 안에 포섭했던 국민의용대의 전투대교

령 중 한 조문이다. 이러한 본토결전 작전준비에 호응해서, 조선언론보국회는 1945년 6월 15일 언론총진격 대강연회를 열었다. 이성환·최린과 일인 2명이 「국민의용대에 대하여」 등의 연제로 강연했으며, 박남규(朴南圭)·박인덕·이정섭·이창수(李昌洙)·최백순(崔白洵)·쓰루야마(鶴山[金?]斗憲) 외 일인 12명이 시내 18개 극장의 막간을 이용해서 강연하였다. 이어서 언론보국회는 1945년 7월 4일 『경성일보』, 『매일신보』 공동주최로 본토결전부민대회를 열었다. 최린의 개회사, 최재서의 낭독으로 "우리 본토에는 황군과 꼭 한몸이 되고 있는 1억의 국민의용대가 있다. …… 아등은 맹서코 적을 만리의 외에 격양하여 승리의 환성이 울릴 때까지 우리들의 진군은 멈추지 않을 것이다"라는 선언문을 채택하고 연설·황민시 낭독 등의 식순을 진행시켰다.

언론보국회는 또 1945년 7월 20일부터 전선 40개 중요도시에 언론인 25명을 파견해서 「본토결전과 국민의용대 대강연회」를 열게 하였다. 「미영의 야망과 동아의 운명」「본토결전과 국민의용대의 사명」 기타 연제로 강연한 인사는 김팔봉·박남규·옥선진(玉璿珍)·이성환·이창수·인정식(印貞植)·정인익(鄭寅翼)·차재정(車載貞)·최백순·최재서·쓰루야마(鶴山[金?]斗憲)·현영섭(玄永燮)과 일인 12명이다.

이렇게 본토결전을 외친 언론보국회는 1945년 6월 8일 탄생하였다. 강령은 첫째 조국(肇國)의 대정신을 현양하고 성전 완수에 매진함, 둘째 내선일체의 이상을 구현하고 대동아건설에 정진함, 셋째 언론의 총력을 결집하고 사상전에 감투함이다. 다음은 언론보국회의 역원 명단이다.

    회장 : 최린
    사무국장 : 정인익
    상무이사 : 이성환 최재서와 일인 5명
    이상 : 김팔봉 김활란 박인덕 신태악 류광렬(柳光烈) 최백윤(崔白潤) 쓰루야마(鶴山[金?]斗憲)와 일인 2명
    고문 : 윤치호 이성근 외 일인 7명
    참여 : 이종욱(李鍾郁) 김동진 박희도 신흥우(申興雨) 안인식 이영준(李榮俊) 주요한 함상훈 외 일인 11명
    평의원 : 박남규 호시노(星野相河[?]) 송금선 옥선진 유진오 이원영 이윤종(李允鍾) 이정섭 이창수 이충영 차재정 외 일인 3명

명예회원 : 송진우 안재홍 여운형 유억겸 이광수 이승우 이종린 장덕수 최남선 홍명희(洪命憙) 외 일인 16명

개인적 친일 및 낙수

이상에서 언급하지 못한 개인행위를 큰 것만 추려서 기록하겠다.

고한승(高漢承) : 창씨명은 다까야마(高山 淸)이다. 일본대학 출신이며 개성 경방단 부단장·개성부회 의원·중추원 참의를 했고 송도항공기주식회사를 설립해서 취체역 사장에 취임했다.

김갑순 : 창씨명은 가나이(金井甲淳)이다. 공주 태생이며 한말에 감영(監營) 이속(史屬)·중추원 의관(義官)·충남 봉세관(捧稅官)을 거쳐서 1902년 부여군수로 퇴관했다. 이후 개간·매립·수리사업과 자동차운수업, 유성온천주식회사 취체역, 중추원 참의를 수차 중임함. 역대총독열전각을 건립하고 역대총독의 사진을 안치했다.

박남규(朴南圭) : 창씨명은 오오도모(大朝實臣)이며, 의사 출신이다. 총독 우가끼(宇垣一成)의 가당(家黨)격인 친일 기두로 전해지는 사람. 내선일체실천사 사장으로 월간『내선일체』(內鮮一體 : 일문)를 발간하였다.

박흥식 : 창씨는 하지 않았다. 실업계의 거두로 일제 말엽에 조선비행기주식회사를 설립, 대표로 취임하였다.

방의석 : 북청 출신. 함남 운수업계의 제1인자. 함흥택시·공흥(共興) 자동차 등을 경영하였다. 함남도회 부의장·참의 등 역임. 함흥에 북선교통회사를 설립하고 교통보국에 힘썼다.

배정자(裵貞子) : 이또(伊藤博文)의 수양딸인데 태평양전쟁 무렵에는 여자정신대 100여 명을 모집해서 남방 최전선으로 보냈다고 한다.

손영목(孫永穆) : 밀양 출신. 경남 서기로 출발. 지사·참의를 두루 섭렵하고 만주척식공사 이사, 총력연맹 이사 겸 징병후원사업부장, 국민동원총진회 이사 등을 한 거물.

신용욱 : 창씨명은 마하라(眞原勝平)이다. 고창 출신이며 일본 동아비행 전문을 마친 1등비행사. 조선항공회사를 설립, 사장에 취임했으며 전쟁중 약 1년간 해군 수송업무에 종사하였다. 조선항공공업회사를 설립하고 항공기 수리작업도

하였다.

이병길 : 이완용의 차남 이항구(李恒九 : 상속자)의 큰아들, 즉 이완용의 직계 장손이다. 후작으로 조선귀족회 이사·중추원 칙임참의 등 역임.

이석규 : 창씨명은 다이또(大東碩圭). 일진회장 이용구(李容九)의 장남이다. 시천교를 대동일진회로 개편하였다. 1939년 11월 11일 박문사에서 흑룡회와 함께「일한합병공로자 감사위령제」라는 것을 지냈다.

이날의 참석자는 이화사(李華師 : 李容九 처)·이석규·이현규(李顯圭 : 이용구 아들)·윤덕영·이광수·정광조(鄭廣朝)·최린·한상용을 비롯 1백여 명. 이들은 김옥균·박영효·송병준·이완용·이용구와 가쓰라(桂 太郞)·이또(伊藤博文)·데라우찌(寺內正毅)를 소위 '일한합병 공로자'로 감사 추모하면서 위령제를 지내는 어처구니없는 망발을 범했다.

이성환 : 창씨명은 야스오끼(安興晟煥)이다. 학무국장 시오하라(鹽原時三郎 : 1937. 7~1941. 3)의 측근자로 사설 참모격이었다고 한다. 총력진영의 온갖 요직을 섭렵했고 국민동지회 간부·국민동원총진회 이사장 등을 하였다.

이영개 : 대일본흥아회 조선지부 고문. 이 단체는 육군대장 마쓰이(松井)가 1945년 7월 17일에 조직했으며, 부지부장 김을한(金乙漢), 고문에 이성근·이영개(李英介)·한상용 등이다. 이영개는 금강항공주식회사 대표이자 고한승(高漢承)의 송도항공기 회사에도 관계하였다.

다음, 언급하지 못한 단체명을 열거하겠다(괄호 안은 책임자 또는 간부).

경성연합청년단·경성음악협회·경성흥행협회·국민동원총진회(李晟煥)·국민동지회(李聖根)·국민연극연구소(咸大勳)·국민정신문화연구소(李泳根)·국민항공단·국민협회(金明濬·全富一)·국민훈련후원회(孫弘遠)·극단 고협(高協 : 沈影)·극단 국민좌(朴源喆)·극예술협회(柳致眞)·극단 노동좌(老童座)·극단 성군(星群 : 徐一星)·극단 아랑(阿娘 : 黃徹)·극단 연극호·극단 예원좌(藝苑座 : 金肇星)·극단 청춘좌(崔象德)·극단 태양·극단 호화선(豪華船)·극단 황금좌(成光顯)·극단 흥아(興亞)·기계화국방협회본부·내선문화학회·내선일체(월간 : 朴南圭)·대동민우회(車載貞)·대동아미술협회·대일본국민교육회 조선지회(支會 : 成一鋪)·대일본무용연맹(趙澤元)·대화세계(大和世界 : 월간)·대화숙(大和塾)·대화(大和)악단·덕화여숙(德化女塾 : 朴仁德)·동민회(同民會)·동진(同進)협회·동학(東學)연합회·만주연예협회·경성출장소(李創用. 廣山創用)

・매신(每新)교화선전차대・매일신보사 이동극단(移動劇團)・반도가극단・방송출판협회・배영(排英)국민동지회・백악회(白岳會)・사상국방협회・선만(鮮滿)개척민협의회・소도회(昭道會)・시중회(時中會：崔麟)・신불출만담보국단(申不出)・악극단 라미라(羅美羅)・악극단 만타(萬쏬)・악극단 신향(新響：孫收人)・애국부인회 조선본부・예능(藝能)문화연맹・일독(日獨)문화협회(姜世馨)・일본기독교청년회 조선연합회・조선교육회・조선국방항공단・조선연합회・조선국방화학협회・조선국방협회・조선담우회(談友會)・조선문화영화주식회사・조선미술가협회・조선미술보국회・조선방공(防共)협회・조선보국회・조선보육(保育)연맹(獨孤璇・任永信・車士百)・조선사진보국회・조선사진협회・조선상공신문사・조선서도(書道)보국회・조선신문사・조선신문회・조선악극단・조선연극문화협회(金寬洙. 岸本寬)・조선영화계발(啓發)협회・조선영화주식회사・조선영화협회・조선예능(藝能)봉사대・조선이주(移住)협회・조선인보도(保導)위원회・조선춘추회・조선출판협회・조선학생애국연맹・종교단체연합회・종교보국회・정학회(正學會：玄永燮)・조선연합청년단・청년동진회(同進會)・태양(월간：徐椿)・태평양연예대・한구(漢口)조선인회・현대극장(柳致眞)・협화회(協化會)・홍보정신대(弘報挺身隊)・황도선양회・황도조선연구위원회(張赫宙)・황도학회(辛鳳祚. 辛島純)・황도회(李英介)・흥아(興亞)동맹조선문제간남회.

우리를 분노하게 하는 것

서론에서 필자는 친일파도 희생자라고 말하였다. 군대와 결탁한 총독부의 무한대한 권력 밑에서, 황도조선을 외치지 않는다는 것은 사실상 불가능에 가까운 일이었다. 살기 위해서라는 말을 어느 누가 한 귀로 흘리겠는가? 이리하여 민족 앞에 죄인이 되어 버린 소위 친일파들은 일제 통치의 참담한 제물일 수도 있는 것이다.

그러나 개중에는 살기 위해서 어쩔 수 없었다는 변명이 통할 수 없는 경우도 있었다. 조선어 전폐를 주장한 자가 있었는데, 그것도 총독이 시켜서 한 일인가? 이완용 추도회도 아닌 '일한합병 공로자 감사위령제'를 안 지내면 고등계 형사가 잡아갔는가? 창씨만 해도 그렇다. 일제가 극성이야 떨었지만, 최씨가 평범하게 '가야마(佳山)상'이 되었다고 해서 배급통장을 빼앗기지는 않았다. 그런데 팔굉일우를 따서 마쓰무라 고오이찌(松村紘一)가 되는가 하면, 후지산(富士山)과 정한론자(征韓論者) 사이고(西鄕隆盛)의 이름을 따서 후지야마 다까모리(富士山隆盛. 崔志煥)로 창씨개명한 경시 출신인 참의 나으리도 있었다. 선거법 위반까지 해가면서 도회·부회 혹은 중의원에 출마한 사람도 있었는데, 그 선거법위반도 일제가 탄압해서 한 일인가?

　황민화를 위한 탄압은 남녀노소와 유명 무명의 구별이 없이 누구나가 똑같이 당하던 악몽이었다. 그런데 한 예로 변호사 신태익(申泰益)은 1939년 5월 28일 함흥공회당에서 베풀어진 천국경제조사기관연합회 시찰단 일행 40명의 환영회 석상에서 내선일체 및 시국을 비방하는 불온한 언동을 하였기 때문에 동년 7월 3일 변호사회의 제명결정으로 변호사 자격을 상실하였다. 이와 반대되는 케이스가 같은 변호사인 이O적(李O迪)인데, 그는 1937년 4월 이후 신의주 사상범 보호관찰심사회 위원을 3차나 중임했던 사람이다. 동족에 대해서 보호관찰에 붙이는 여부를 심사하면서, 정작 이O적 자신은 소위 비상시국을 외면했던지, 도박죄 50원 벌금의 확정판결 끝에 1942년 1월 19일 변호사 정직 1년, 물론 보호관찰심사위원의 감투도 떨어져 버렸다.

　이 상반된 두 케이스에서 우리는 한국인으로서의 혼의 깊이의 차이를 읽는 것이다. 만절(晩節)을 보고 초심(初心)을 안다는 말이 있지만, 탄압에 의한 훼절은 기실 최초부터 절개가 없었다는 사실을 말해 주는 것이 아닐까? 이 변절자들은 더러는 이른바 과잉충성으로 '고꾸고' 상용령에 대해서 조선어 사용의 전폐를 말한다. 확인된 바는 아니지만, 황국신민의 서사도 '가미다나'도 실은 한국인의 착상이었다는 얘기가 있다.

　이들 중 해방 후에 근신하는 자도 있었다. 가령 김대우(金大羽)의 경우 『황국신민』의 서사가 재가되던 1937년 10월 2일 현재 학무국 사회교육과장이었다. 때문에 항간에서는 "서사를 김대우가 만들었다"는 말도 있었다. 전북·경북지사까지 한 김대우는 해방 후 관계(官系)에 발을 끊었다. 노령탓이겠지만, 한편으로는 과거를 뉘우치고 나서기를 거절했다 한다.

　반면에, 대동아문학자대회에 출석했던 아무개 씨가 해방 후 일본과의 국제회담에도 출석한 적이 있었다. 그들이 다른 어느 나라와 회담한대도 전비(前非)로써 논란하고 싶지는 않지만, 일본과의 회담만은 문제가 달라진다. 그네들의 친일시대의 상전·동료들이 일본측 대표로 참가했을 때 실질적으로 대등한 회담에 지장은 없을까? 그보다도 서론에서 말했듯이, 총련 참사였던 B씨는 일본에 체질적인 권력의 아부자라는 욕을 먹고 돌아왔다. 소위 구보따(久保田) 망언 같은 종류는 두말 할 필요도 없이 저네들의 턱없는 우월감·상전의식의 죄이지만, 깨끗하지 못했던 사람을 일본에 대표로 보내곤 했던 우리의 풍토에도 문제의 일단은 있었던 것이다.

그런가 하면 일제 때의 황민·일어작품이 우리말로 수정 개작되어서 신장개업을 할 경우도 있었다. 조선예술상 수상인『정열의 서』에 실렸던「제1과 제1장」,『신시대』지에「산의 휴식」(山の憩ひ)이란 표제로 발표되었던「제신제」(諸神祭) 및 홍콩이 함락될 때 일본인 잔류민들의 이야기가「13일의 금요일」이란 영화의 줄거리로 둔갑해 버린 같은 작가의「한월」(寒月 : 국민문학 1942. 2), 1942년도의 국민극 경연대회에서 작품상을 받은「대추나무」, 1943년 4월호『국민문학지』에 일어로 실렸던「맹진사댁 경사」(孟進士邸の慶事) 등이다. 이런 작품을 신장개업하다니 언어도단, 국민을 우롱함이 이에서 또 더하겠는가? 하물며 어느 작품은 TV방영까지 수차하였으니 이거야말로 방송국의 비상식이 아닐 수 없다.

이보다 더한 것으로, 일제하의 친일행위를 독립운동으로 날조 강변한 인물이 있었다. 독립투사 밀고를 애국행위라고 말한 반민특위 시절의 이(李)아무개, 또 근래에는 친일 동아연맹을 지하독립단체라고 날조 강변한 김(金)아무개 등 ……. 하기야 일제의 서교(西橋)·망원정(望遠町) 총대가 반민특위 부위원장으로 변신을 감행하던 그 무렵이다. 이리하여 친일은 과거의 한낱 '현상'으로 은멸, 아니 지금도 군데군데 그 망령들의 웃음소리가 들리고 있는 것이다.

이들에게서는 과거의 친일을 참회하는 단 한 장의 성명서도 없었다. 해방 30년에 헤아릴 수 없었던 것이 체제가 바뀔 때마다 쏟아져 나왔던 구체제 정당의 탈당성명서인데……. 어쩔 수 없었던 상처라고 이해는 한다. 하지만 이대로 역사적인 비판마저 결여되는 한 후세에 대해서 민족정기를 증명할 길이 없다는, 이 또한 우리에게 주어진 어쩔 수 없는 숙제가 되는 것이다.

해방 이후의 친일파

제2의 매국, 반민법 폐기 •
제1공화국과 친일세력 •
애국자로 둔갑한 친일파 군상들 •
친일파와 그 자손들의 현주소 •

제2의 매국, 반민법 폐기
── 해방 직후의 친일파 처단 공방

해방 직후 민족사의 당면 과제

해방 후 한민족이 당면한 문제는 일제통치하에서 말살된 민족기능의 회복이었다. 이것은 정치적으로 자주정부의 수립이며, 경제적으로는 민족경제의 안정이며, 이념적으로는 민족정기의 회복이었다. 여기에서 친일파·민족반역자의 처단문제는 해방 후 정부의 수립이나 경제적 당면문제 못지않은 비중을 가지면서 이 민족의 숙제로 등장하였다.

그렇지만 친일파·민족반역자의 처단문제는 처음부터 앞길에 태산준령이 중첩하는 형국이었다.

우선 그 하나가 이른바 친일파·민족반역자의 개념 문제다. 일제하에서 한민족은 거의 전원이 창씨(創氏)를 했고, 신사참배를 했고, 공출·헌금 같은 전쟁협력행위를 하였다. 때문에 '부일협력'(附日協力)이라는 말은 가장 넓은 개념규정을 할 때 일제하의 전체 민중을 옭아 넣는 그물이 될 수도 있다. 이는 반민족행위처벌법(이하 반민법)을 반대한 『대한일보』(大韓日報)가 반민법을 '망민법'(網民法)이라 매도한 근거이기도 하지만 그 처단문제는 이와 같이 개념규정 자체부터가 간단히 될 수 있는 성격이 아니었다. 처단의 범위를 일정한 직급 이상이나 악질행위로 축소한다면 그 표준을 어디에 두며, 판별을 어떻게 하느냐가 문제였다. 월급봉투를 위해서 직무에 임한 지사·군수가 있는가 하면, 공로(?)와 승진을 위해서 독립운동자를 박해한 말단 순사도 없지 않았다. 이런 천태만상을 어떻게 일도양단(一刀兩斷)하듯이 확연히 재결하는가? 이것이 그 처단문제가 안고 있는 또 다른 본질적 난관이었다.

거기에 누가 누구를 처단하며 재판하느냐도 문제였다. 넓은 의미에서는 일제 하의 전체 민중이 '부일협력자'였다.

그런데다 당시 미군정(美軍政)이 그 문제에 대해서는 지극히 소극적이었다. 1945년 9월 6일 미 제24군의 진주에 앞서 선견군사(先遣軍使)로 입한(入韓)한 '해리스' 준장은 이튿날인 7일 정무총감 엔도(遠藤柳作)와의 회담에서 "현행 관청에서 집무중인 관리 및 관청의 건물설비를 계속해서 사용하겠다"고 했다. "조선은 여전히 총독과 정무총감의 총괄 밑에 두고, 미군 사령관은 그 행정의 관리·감독을 했으면 한다"는 것이었다. 한민족의 진의의 소재에 대한 이 같은 무지는 미군정에 의한 전직 총독부 관리의 대량 재기용으로 나타났다. '행정을 담당할 인재의 부족'을 이유로 그 계층을 극력 두둔함으로써 친일파·민족반역자의 처단에 결정적인 난관의 하나를 보태고 있었던 것이다.

하지만 이 같은 어려움에도 불구하고 친일파·민족반역자의 처단은 이 민족이 기필코 달성해야만 했던 역사적인 기본과제였다. 이 문제를 완수하지 못하는 이상 신생 대한민국은 역사상 당위를 천명할 수 없었고, 민족의 정기에 부응할 수 없었다. 이리하여 친일파·민족반역자의 처단은 해방정국에서 커다란 고민거리로 등장하였다. 당위와 현실의 괴리, 또 그로 인한 허다한 쟁점을 중심으로 백가쟁명(百家爭鳴)하면서 해방정국의 혼란을 더욱 부채질했던 것이다.

친일파·민족반역자의 처단은 좌우(左右)에서 기본적 태세부터가 현격하게 달랐다. 좌파 기관지 『해방일보』(1945. 11. 24.)는 "연합국에 전범에 대한 처벌을 심각하게 요구해야 한다. ······민족반역자는 처벌해야 한다. ······조국을 팔아온 대지주들의 재산은 몰수해야 한다"고 하면서 친일파·민족반역자의 처단을 전범 처벌과 동일한 비중으로 생각하였다.

우리는 좌파의 그 같은 강경태도가 프롤레타리아혁명 완수의 수단의 하나로까지 이용되려 한 저의를 읽을 수 있다.

반면에 우파는 그 처단문제에 대해서 비교적 온건한 견해를 보였다. 안재홍(安在鴻)은 "일률로 친일파로 규정할 바 아니요, 모든 기술자·사무원 기타 전문가와 또는 새로운 결심으로 조국운동에 정신(挺身) 분투하는 인물은 대체로 친일파의 누명이 세척될 것이요, 오직 악질의 반역자는 공명 엄정한 태도에서 분별하여 되도록 최소한에 국감(局減)해야 한다"고 하였다(『민세 안재홍 선집』). 이것은 시민적 민주주의의 입장에서 민족대동단결을 도모하면서 처단을 합현실적(合現實的)인 것으로 하자는 입장이었다.

절정이룬 백가쟁명 중상의 도구로 타락

좌우의 이같은 견해차에서 우리는 그 처단문제가 좌우의 기본적 정략정책과 어느새 예각적으로 결합해 버렸음을 읽을 수 있다. 좌파·우파의 이와 같은 단층은 1947년 7월, 입법의원에 의한 부일협력법의 제정을 전후하면서 더욱 현격하게 벌어져 갔다. 1947년 4월 20일자 『민중신문』(民衆新聞)은 "부일 최대 협력의 역사적 기록을 남긴 것은 ML 최고간부 안광천(安光泉) 이하 역대 공산당원들"이라 하면서 "해방 후 친일파 모모(某某)를 최고수령으로 하여 악질 친일분자 대다수 집단체로 건준(建準)·인공(人共)·인민당(人民黨)·공산당(共產黨)이 정치생명·정치자금을 위해서 친일파 문제를 들먹인다"고 비난하였다.

이 "친일파 모모를 최고수령"이란 대목에는 한가닥의 꼬투리가 없지 않았다. 건국준비위원회(이하 건준) 위원장 여운형(呂運亨)은 1934년 3월 3일 결성된 조선대아세아협회(朝鮮大亞細亞協會)에 상담역으로 참가했으며, 1939년 4월 9일자 『국민신보』에 일어 논설 「현대정년을 격려함」을 썼고, 친일조선 언론보국회(朝鮮言論報國會)의 명예회원을 지냈다.

하지만 이것으로써 여운형을 친일파라 할 수 있을까? 건준에 참가한 양재하(梁在廈)·이용설(李容卨)·정구충(鄭求忠)·최익한(崔益翰)에게서도 비슷한 행적이 발견되지만, 결코 '악질'로 평가될 정도들은 아니었던 것이다.

이것은 우파에 있어서도 마찬가지였다.

『민중신문』은 말하되 "공산당의 간계에 넘어가서 민족진영에까지 동족상잔의 큰 화근이 될 친일파 숙청 운운하는 정당·정객이 대다수"라 했으나, 입법의원이 반드시 '공산당의 간계에 넘어가서' 부일협력법안을 의결한 것은 아니었다.

여기서 우리는 친일파·민족반역자의 처단문제가 본래의 취지인 민족정기의 창달을 떠나서, 정략의 방편으로, 정쟁의 수단으로, 모략·중상의 도구로 타락하기 시작한 흔적을 읽을 수 있다. 이것은 그 처단문제가 안고 있는 허다한 본질적인 난점과 결합하면서 그 처단을 더욱더 곤란·혼미한 것으로 만들어 가고 있었다. 반민법의 실현으로 서리를 맞게 될 진짜 '악질 친일파'들이 그 같은 추세에 편승하면서 그 혼미를 더욱 부채질하였다. 만주에서 항일무장세력을 토벌한 이종형(李鍾榮)은 "망민법(網民法)을 철폐하라"고 하면서 '부일협력법안'에 다음과 같이 반론을 폈다.

> 이것은 망민법입니다.……그냥 두다가는 백만 내지 2백만~3백만 명의 많은 사람들이 이 망민법에 다 걸려……가장 능률적, 가장 명석한 인재들을 제외하고 누가 미증유의 건국대업을 성취할 것입니까?……법이 없을 때의 행동을 지금 새로이 법을 만들어 소급하여 처단하려는 불합리한 이 법을 민주주의적 현실에서 그냥 묵과할 수는 없는 것입니다(1947년 5월 5일 부일협력법안 검토대회시 강연).

반민법 제정의 우여곡절

이 같은 혼미의 와중에서 제헌국회는 1948년 8월 17일 반민법 초안을 의사일정에 상정하였다. 해방 후 3년을 끌어 온 이 문제의 결말을 지음으로써 정기를 천명해야겠다는 배수진이었다.

그렇지만 백가쟁명은 절정으로 치닫는 느낌조차 없지 않았다. 8월 1~4일자 『경향신문』에서 '나절로'는 「이(李)대통령에 역이(逆耳)의 일언(一言)」이란 표제로 친일파 민족반역자의 처단을 강력히 촉구했다. 그는 "해방은…… 일제의 질곡에서 신음하던 선량인민들을 위한 해방"이어야 한다고 전제한 후 "민족의 공적되는 친일도당은 시방 정계의 이 구퉁이 저 구퉁이에 숨어 우국지사니 혁명가니 하는 허울 좋은 위장을 하고 있는 지도자연 오만방자 출석들대고 있는" 현실을 통박하면서, "이것의 쾌도할단적(快刀割斷的) 처결이 없이는" 신정부도 "미군정의 재판이라는 오해를 영석(永釋)시킬 수 없다"고 하였다.

반면에 『대한일보』는 8월 17일자 사설 「은위병행」(恩威並行)을 통해서 반민법을 정면으로 반대하고 나섰다. 이 사설은 "친일파 문제는 그 시대 우리 민족의 공동으로 진 책임성"이라 하면서 친일의 개인적 책임을 부정하였다. 또한 "악질이라는 자가 보호 또는 합병조약에 책임을 진 매국적(賣國賊) 이외에는 거개(擧皆) 직업적으로 종사한 자들"뿐이란 말로써 일체의 친일행위를 변호하였다. 법은 "기강을 세움에 그쳐야" 하니, "입의(立義)때 이상 광범위로 많은 희생을 낼" 반민법은 "민심을 소란케 하는 악영향"뿐이라는 것이다.

이 같은 대립된 여론 속에서 제헌국회의 초안심의가 시작되었다. 먼저 이성득(李聖得) 의원이 반민법의 시기상조론을 피력했으나 본회의는 이 의견을 일축하였다(17일). 뒤미처 8월 19일 제43차 본회의에는 김인식(金仁湜) 외 9명의 의원 발의로 긴급동의안이 제기되었다. 정부의 고관으로 "부일협력자를 기용함은 신국가 건설의 정신을 몰각(沒覺)한 일"이니, "정부내에 침입하여 있는 친일분자"부터 숙청하자는 것이었다.

반민법의 심의에 앞서 '정부내의 친일파' 문제가 커다란 쟁점으로 부각되었던 것이다. 이에 대한 주요 의견을 요약하면 대략 다음과 같다.

이남규(李南圭) 의원—"정신은 찬성하나 방법이 나쁘다. 반민법을 제정한 후 이것을 적용하자."
김광준(金光俊) 의원—"현저한 악질행위만을 처벌할 특별법을 만들자."
이주형(李周衡) 의원—"숙청은 당연하다. 구체적인 조문(條文)을 만들어 정부에 제시하자."
조국현(曺國鉉) 의원—"친일파를 기용한 정부는 국민의 정부라고 볼 수 없다. 친일파가 아니더라도 일제 때 관리는 당분간 배제해야 한다."

본회의는 일부 신중론을 누른 절대다수로 '정부내의 친일파'를 조사할 특별위원회를 구성했던 것이다.

이에 대해서 대통령 이승만(李承晩)은 즉각 반발적인 태도를 보였다. "그자들(議員)이 너무 설쳐 대니 정부는 정부대로 대책을 세우라"고 지시한 이승만은 며칠 후 신익희(申翼熙)를 불러 정부측 조사위원으로 법제처장 유진오(兪鎭午)를 천거하겠다고 통고했다.

이것은 이 문제를 발설한 김인식(金仁湜) 의원 등을 크게 자극했다. "정부가 자숙은커녕 국회를 얕보는 처사"라고 반발했다.

이 같은 와중에서 반민법의 심의가 계속될 동안 27일의 본회의장에 2층 방청석으로부터 괴(怪) 삐라 한뭉치가 뿌려졌다.

"국회에서 친일파를 엄단하라고 주장하는 자는 공산당이다!" 애국청년을 자처한 범인 2명은 즉각 체포됐으나 멀지 않아 석방됨으로써 또 한번 물의의 대상이 되었다.

일제 검사 출신 사표, 법무장관이 만류도

한편 정부내 친일파로 쟁론중이던 23일, 사법부에서는 김달호(金達鎬)·엄상섭(嚴詳燮)·이병용(李炳鎔)·이호(李澔)·김녕재(金寧在) 등의 일제 검사 출신 8명이 '민족의 양심에 따라' 자진 사표를 제출했다. 이에 대해서 법무장관 이인(李仁)은 '시기가 시기인 만큼 그 영향이 클 것으로 보아' 사표 철회를 권고하였다.

또한 군정경찰 안의 구(舊) 일제경찰에 대해서도 단호 배격의 소리가 높았는데 내무장관 윤치영(尹致暎)은 경찰권 인수에 즈음한 담화발표로 '당분간의 인사이동'을 부정함으로써 그들을 두둔하는 듯한 인상을 보였다.

이 같은 혼미 속에서 1948년 9월 7일 반민법은 제59차 국회 본회의를 통과하였다. 재석 1백41명 중 가(可) 1백3표, 부(否) 6표의 압도적 절대다수로였다. 의원들 중에서는 "일반 형법에서도 살인한 자는 최고 사형까지로 되어 있는데 애국·독립지사들을 살상한 민족반역자를 처벌하는 데 무기 또는 5년 이상의 징역은 너무 가볍다"고 하면서 엄단을 주장한 사람도 없지 않았다.

하지만 의회 밖에서도 반민법 제정의 가·불가를 쟁점으로 여전히 백가쟁명이 계속되었다. 대표적인 몇 논지를 요약하면 다음과 같다.

　　대통령 이승만—"이런 문제로 민심을 이산시킬 때가 아니오…… 백방으로 손해만 될 뿐이니…… 먼저 정권을 회복하여 정부의 위신이 내외에 확립되도록 가장 힘쓸 일이다"(9월 3일 담화).

　　부통령 이시영(李始榮)—"거족적으로 용납 못할 습작(襲爵) 등 친일파가 있을 것은 사실이니 응당 처단하여야 한다"(8월 31일 담화).

　　한민당 김준연(金俊淵)—"인재가 부족하니 너무 과도한 배제는 건국을 위해 신중히 고려해야 한다"(8월 20일 담화).

　　『대동신문』(大東新聞) 사설—"과거는 친일파 부동(附同)으로 망하였고 현재는 친일파 배격으로 망하련다."

　　『대한일보』 사설—"처단 운운하는 자일수록 동포를 괴롭혔다. 국회의원이 양심이 바늘끝만치라도 있다면 망민법을 제정할 수 있는가?"(요지 : 9월 3일)

압도적 다수로 통과된 반민법 전문 32조는 정부에 이송되어 1948년 9월 22일 대통령의 서명으로 공포되었다. 하지만 이승만은 그 법률이 마땅치 않았다. 23일자 담화에서 이승만은 이 법 제2조 수작자(受爵者)의 유산몰수가 중세의 연좌율(連坐律) 같아서 비민주적이라고 비난했다. 그는 종래의 시기상조론을 또 한번 되풀이하면서 '용서받을 만한 경우'를 잘 분간하라고 하였다. 윤치영 내무도 정부내 반민자(反民者)의 자퇴(自退)문제에 응답하면서 "내가 지적할 수는 없다"고 소극적 태도를 보였다.

이럴 때 엉뚱한 형태로 폭풍이 밀어닥쳤다.『대한일보』운영자 이종형이 대회장으로서 반공구국총궐기 국민대회를 열었던 것이다. 이종형은 만주에서 독립투사를 토벌했다는 죄목으로 훗날 반민특위에 의해서 검거된 인물이다.

9월 23일 서울운동장에서 개최된 이 궐기대회는 반공과 반민법에 관한 2원칙 7조항을 결의했다. 그 제1원칙은, "현재 대한민국을 지지 보위하는 자는 애국자로 규정하고, 따라서 8·15 이전 행동에 구애하지 말고 포섭할 것"이었다.

이것은 반민법의 부정이었다. 이 같은 원칙 밑에서 이 국민대회는「대통령에게 보내는 글월」을 채택했다. 그「글월」은 "진정한 민족반역의 현행범"인 "공산매국노의 처단을 전혀 도외시"한 채 "극단 광범위에 소급 적용하여 동포이간과 동족상잔할 화근을 남길" 반민법이 제정된 바 "각하께서는 이 법의 실시를 보류하는 시책을 조속히 강구"하라고 하였다.

25일자『동아일보』는 이것을 "부일배(附日輩)의 최후발악"이라고 비평하였다. 대회측 대표자가 동아일보사를 방문하고 그 '날조기사'를 따지고 들 때 국회에서는 의원들과 윤치영 내무가 설전(舌戰)하고 있었다. 의원들은 반민법을 모독하는 결의가 국회의 신성성을 침범하는 것임에도 불구하고 이런 대회에 정부고관이 출석한 이유가 무엇이냐고 따지고 윤내무는 경찰의 시민동원, 기타 대회의 망동에 대해서 치안책임을 지라고 요구하였다.

반민특위의 활동과 방해 책동

반민법에 관해서 정부와 국회는 처음부터 손발이 맞지 않았다. 이 같은 관계는 반민특위의 활동이 본격화하자 그 합헌성 등의 쟁점으로 또 하나의 격돌을 낳았다.

즉 반민법 제2, 3장이 규정한 특별조사위원회·특별재판부·특별검찰부 등의 기구는 그 해 12월 23일까지 구성을 마쳤다. 이들은 일제하의 각종 문서를 토대로 약 7천 명의 친일 죄상을 파악한 후 다음 해 1월부터 검거활동을 시작했다.

8일의 박흥식(朴興植)을 개시로 하여 10일 이종형, 13일 방의석(方義錫)·최린(崔麟)·김태석(金泰錫), 14일에는 친일 변호사 이승우(李升雨)와 남작 이풍한(李豊漢)이 검거되었다.

1월 6일자 이승만의 방송담화가 이때 격돌의 도화선이 되었다. 그것은 반민법이 "질(質)이 심상한 법안이 아닌만큼 그 죄를 범하게 된 근본적 배경과 역사적 사실을 냉철하게 참고"하며 공정하게 "범죄자의 수량을 극히 감축"하도록 힘쓰라는 요지였다.

특위 부위원장 김상돈(金相敦)은 즉각 기자회견을 통해서 "누구를 막론하고 특위의 처사에 간섭 못 하며 간섭할 필요도 없다"고 하였다. 이들은 검거활동에 더욱 박차를 가하면서 1월 25일 일경(日警) 출신자로 수도청 수사과장이었던 노덕술(盧德述)을 체포했다.

이것은 반민 처벌보다 멸공(滅共)·치안을 중시하는 이박사로서 충격적이었다. 이튿날인 26일 이승만은 특위 위원장 김상덕(金尙德) 이하를 불러 노덕술의 석방을 종용했다. 하지만 노덕술은 이른바 수도청 고문치사 사건으로 수배를 받아 왔으며 그의 체포를 계기로 또 다른 음모사건이 폭로되기 시작하던 중이었다. 즉 일경 출신 경찰간부 수명이 항일 테러리스트 백민태(白民泰)를 시켜 특위 요원의 암살을 음모한 사건이다. 노덕술이 체포된 후 백민태는 29일 검찰에 자수하여 그 음모를 폭로해 버렸던 것이다.

김상덕은 범법자의 석방 요구는 법률위반이라고 반박하면서 노의 석방을 거절했다.

이승만은 2월 2일 특위의 활동에 제동을 거는 두번째 담화를 발표했다. 특위가 반민자(反民者)를 조사만 해서 사법부에 넘기지 않고 "입법부와 행정부와 사법부의 일을 다 혼잡해서 행한다면 이것은 3권분립을 주장하는 헌법과 위반"된다는 것이었다.

이튿날 김상돈은 기자회견을 통해서 반박했다. 헌법상 대통령에게는 "입법이나 사법에 간섭할 하등의 법적 근거를 발견할 수 없으며 반민법이 헌법에 의해서만 특별법인 이상 그 법에 의한 특위활동에 위헌요소는 있을 수 없다"고 하였다.

　이 같은 위헌논쟁 및 반목을 더욱 격화시키는 사태가 발생했다. 2월 10일 공보처는 특위가 요청했던 행정부내의 반민자 조사를 중지한다고 발표했던 것이다.

　특위는 즉시 성명을 통해 "친일파는 공복될 자격이 없다. 대통령이 정부내의 반민자에게 그대로 있으라고 했는가? 반민법 운영에 의혹을 살 공보처장의 담화는 유감이다."

　이승만은 2월 12일 긴급 기자회견으로 공보처장의 발표는 사무착오로서 지시가 와전된 결과라고 해명하였다.

　하지만 특위는 납득하지 않았다. 이들은 행정부의 수차의 간섭을 뿌리뽑기 위해서 12일의 국회에 대책의 수립을 요구했다. 국회는 대통령의 그 같은 방해적 처사를 괴이한 일이라 비난하면서 대통령을 출석시켜서 따져야 한다고 흥분하였다. 이것은 총리의 출석으로 일보 후퇴했지만 특위의 활동을 쟁점으로 한 대립은 이를 계기로 더욱 극단으로 벌어져 갔다.

　2월 15일 이승만은 이른바 「2·15 특별담화」를 발표하였다. 요지는 특위가 "사람을 잡아다가 구금·고문"함은 위법이며 반민법은 "치안에 대한 관련성" 문제가 심각하니 "개정안을 제출"하겠다는 것이었다. 이로써 친일파 처단에 관한 쟁점은 '특위활동의 합헌성문제'로부터 '반민법 자체의 시비'로 초점이 옮겨지고 말았다.

　이 특별담화는 특위뿐 아니라 사회적으로 커다란 충격이었다. 2월 16일자 『조선일보』는 '반민자 처단에 암운저미(暗雲低迷)'란 표제로 이 특별담화를 보도했다. "동족의 피로 사복을 채워가며 강도 왜적에 충성을 다하던 친일 매족배를 처단"키 위한 특위의 "연속적 검거행동은······국민의 가슴 속에 연일 청심제를 제공하여 왔으나 그래도 오히려 부족한 감이 없지 않은 이때"를 전문(前文)으로 하고 있었다.

　특위는 즉각 위원장 김상덕, 검찰관 노일환(盧鎰煥), 조사관 서상열(徐相烈) 등이 담화, 이구동성으로 고문사실을 부인했다. 16일 대법원장 김병로(金炳魯)는 "반민법은 특별법"이며 특위의 활동은 정당한 것이라고 성명했다. 특위 조사부장 이병홍(李炳洪)은 반민법을 "민족적 성전(聖典)"이라 전제하면서 그 개정 발언은 "경악과 충동을 불금(不禁)"이라 하였다.

　17일의 국회도 이 문제로 벌집을 쑤신 듯이 되었다. 소장파들이 "독재적이다", "반역자 옹호다" 소리칠 때마다 "옳소" 소리가 난무했다. 이날 의회는 재석 1백19명 중 60 대 11로 담화 취소요청을 결의했다. 특위는 치안에 영향이 크다고 했는데 "우리나라 치안은 반민자가 담당해야만 된다는 말이냐"며 공식 반박문을 발표하였다.

그러나 이승만은 18일의 기자회견에서 거듭 개정을 주장하면서 그 이유를 특위의 월권행위라고 설명했다. 이렇게 해서 제출된 정부측 개정안의 골자는 특위를 대통령이 임명하며 특위 검찰부를 대검찰청에 부치(附置)하고 반민법 제5조의 고등관 3등급·훈 5등 이상과 헌병·고등경찰 전력자에 대한 공민권 제한 규정을 악질행위자로 축소한 것 등이다. 즉 대통령이 직접 특위를 관장함으로써 일경 출신자, 기타 행정부내의 해당자 처단을 견제하겠다는 의도였다. 이 개정안은 24일 제39차 본회의에서 59 대 80으로 폐기됐다.

반민특위 습격사건과 와해과정

반민법을 견제하려던 층은 이승만이 정점인 행정부와 반공극우파를 가장한 친일세력 경찰내의 일경 출신 간부들이 대종이었다. 이들은 수차의 특위 공격에 실패하자 시경 사찰과장 최운하(崔雲霞)를 중심으로 특위요원의 신상을 캐기 시작했다.

이렇게 해서 특위 부위원장 김상돈의 문제가 새로운 쟁점으로 닥쳐 왔다. 그가 일제 말 서교(西橋)·망원정(望遠亭) 총대(總代 : 동장)였던 것을 알아 낸 경찰은 즉각 이를 대통령에게 보고했다. 이것은 특위와의 싸움에서 번번이 진 이승만에게 안성맞춤의 무기였다. 3월 14일 신익희(의장)와 김상덕(위원장)을 부른 이승만은 김상돈의 친일을 통고하면서 특위는 공평하라고 몰아붙였다.

이리하여 3월 19일 국회에는 이승만계 박준(朴峻) 의원의 폭로로 김상돈 부위원장 해임안이 발의되었다.

그렇잖아도 국회내 반민자의 유무로 논란이 끊이지 않던 차에 김상돈의 친일성은 특위나 국회에 더없이 충격적인 것이었다. 회의장이 소연한 속에서 김상돈은 신상발언을 통해 부락민의 투표선출로 총대를 맡았지만 일본인과의 합법적 투쟁을 한 애국자라고 해명했다.

이 해명은 필자가 볼 때 불투명한 것이다. 일제하의 정총대(町總代)는 정회

역원(﹅會役員) 전형위원이 선출한 후 '부윤(府尹)의 승인'으로 확정되었기 때문에 친일성의 평가에서는 예외일 수 없었다. 하지만 그것은 반민법이 규정한 제1~5조의 어느 죄목에도 저촉되지 않았다. 친일은 친일이되 반민법이 문제삼을 정도는 아닌 극히 경미한 친일이었던 것이다.

정준(鄭濬) 의원은 반대토론에서 반민법 처벌의 목적은 일제하 모든 행위의 조사가 아니라면서 죄질을 따져야 한다고 했다. 해임동의는 2차 투표결과 부결됐다.

이리하여 특위와 반대세력과의 갈등은 마침내 실력대결이 되고 말았다. 6월 2일 의사당 앞에서는 국민계몽협회 간부 손빈(孫彬) 이하 6백여 명이 반민특위의 해산을 외치면서 데모를 벌였다. 데모는 6월 3일 특위사무실 앞에서도 계속됐지만 의뢰한 진압경찰은 출동하지 않았다. 반민특위 특경대(特警隊)가 공포를 쏘면서 진압에 나서자 그제서야 중부서(中部署) 병력이 와서 해산을 거들었다. 반민특위 특경대는 데모주동자 20여 명을 연행 조사하는 과정에서 시경(市警) 사찰과장 최운하 등의 배후선동 사실을 탐지해 냈다.

사태는 최운하와 조응선(趙應善 : 종로서 사찰주임)의 체포, 구속으로 번졌고 이것이 시경 산하 전체 사찰경찰을 자극했다. 이들은 특위 간부 쇄신, 특위 특경대 해산, 경찰관 신분보장 등을 요구하면서 일제히 사표를 제출하였다. 이런 속에서 소장파 경찰간부들은 최운하 등의 실력탈환을 결의하였다.

6월 6일 소위 반민특위 습격사건은 이렇게 해서 일어났다. 오전 7시 서장 윤기병(尹箕炳)이 지휘한 중부서 40여 명은 2대의 스리쿼터로 특위사무실 주변에 산개(散開)를 마쳤다. 멋도 모르고 출근하던 특위 직원들이 1명씩 붙잡혀 유치장에 처박혔다. 급보를 받고 달려오던 검찰총장 권승열(權承烈)까지 무장해제를 당해 버렸다. 이들은 상부지시를 핑계로 마구 분탕질한 끝에 무장해제된 특경대 24명 이하 총 35명을 연행했다. 민간인 2명까지 직원으로 오인되어 날벼락을 맞았고 이들 35명 중 폭행으로 22명이 중경상을 입었다.

국회가 벌집 쑤신 듯이 되고 의원들은 각료 총사직을 요구하면서 예산안의 심의 거부를 의결하였다. 답변에 나선 장경근(張暻根 : 내무차관)은 특경대가 정식 발령된 경찰이 아니며 "경찰권을 불법행사"했기 때문에 "상부 지시로 해산" 시켰다고 하였다. 풀려 난 특경대는 내무차관·치안국장·시경국장·중부서장 등 6명을 상해·공무방해로 고발했고 검찰 또한 특위 수뇌 4명을 불법수색으로 고소하였다.

특위 습격사건은 정국경색 → 내각책임제 개헌추진으로 발전한 끝에 이승만의 국회출석과 협조요청으로 정치적 타결점을 찾았다. 하지만 특위는 1949년 5월의 '국회프락치사건'으로 소장파 의원 다수가 검거되면서 지지세력이 크게 약화되었다. 엎친 데 덮쳐서 반민법 운영에 관한 특위내의 강·온 대립으로 일부 특위 재판관이 사직하였다. 외부의 모략이 괴롭고 "재판관과 검찰관의 의견대립 때문에 직무집행이 어렵다"는 것이 이들의 사퇴이유였다.

이 같은 사태를 해결하려 한 반민법 개정안은 1950년 6월 20일 이전 공소시효를 1949년 8월 31일로 단축시켰다. 이런 개정안의 국회통과(1949년 7월 6일)는 반민법의 사실상의 폐기나 다름없었다. 50일 남짓 남겨진 시효기간 안에서는 반민자의 조사·처단을 완수할 방도가 없었던 것이다. 위원장 김상덕 이하 전위원은 사표를 던졌고 새로 선출된 특위는 기껏 잔무처리 정도가 고작이었다.

짓밟힌 민족정기

해방 후 친일파의 처단을 어렵게 하는 조건들은 너무나도 많았다. 첫째가 식민통치의 심각한 상흔인데, 일제하에서의 친일의 범위는 상상 이상으로 넓었고, 또한 심층적이었다. 이것은 이른바 '망민법'의 논리를 낳은 근거이기도 하지만, 총독부 치하의 조선인은 거의 전원이 창씨개명을 했고, 신도실천(臣道實踐)과 전쟁협력을 강요당했다. 따라서 친일파의 처단은, 그 개념을 넓게 잡을 때, 친일파가 친일파를 처단하는 외에는 길이 없게 된다. 반민특위 부위원장인 김상돈 조차 일제하의 정총대였다는 사실이 그런 사정을 잘 설명해 준다.

둘째는 그들의 막강한 세력인데, 제1공화국 연인원 96명의 각료 중 34%에서 친일의 전력을 찾아 낸 군사가 있었다. 경찰은 총경의 70%, 경감의 40%, 경위의 15%가 일제경찰 출신이었다는 통계가 있었다. 이들 계층은 미군정의 친일파 처단 외면으로 거의 전원이 사회의 상층부에서 되살아난 채, 권력·금력을 무기로 막강한 영향력을 발휘하고 있었다. 이승만 정치세력을 바람막이로 한 이들을 단죄한다는 것은 결코 손쉬운 작업이 아니었던 것이다.

조사·검거부터가 용이하지 않았던 반민특위에는 이 때문에, 송사리만 손을 댄다는 비난이 쏟아져 들어왔다. 국회프락치사건으로 '빨갱이의 소굴'이라는 누명까지 쓰게 되자, 특위 내부에서도 직책을 회의하는 이들이 생겨났다.

이런 판에 반민특위 습격사건은 그들의 예봉을 꺾기에 충분했다. 5월 26일 특위 재판관 김장열, 홍순옥의 사표에 이어 7월 6일, 공소시효 단축의 반민법 개정안이 통과되자 특위는 위원장 김상덕 이하 전원이 사퇴하고 말았다.

이때의 반민법 개정은 1950년 6월 20일로 규정된 공소시효를 1949년 8월 31일까지로 단축시키는 내용이었다. 하지만 그것은 반민법의 사실상의 폐기나 다름없는 것이었다. 전면적·심층적이었던 친일행위의 조사에는 반민법 제정 후 22개월—즉 1950년 6월까지의 공소시효도 오히려 넉넉하지 못한 것이었다. 이것을 10개월이나 단축시킨 것은 친일행위를 조사하지 말라는 말이나 다름이 없는 것이었다.

1949년 7월 14일에 이인을 위원장을 하는 반민특위가 새로 구성되었으나, 이들에게 남겨진 공소기간은 49일밖에 없었다. 따라서 이들의 활동범위는 고작 잔무정리의 테두리에서 벗어날 수 없었다. 이리하여 반민특위는 친일파 처단이라는 민족적 소명을 용두사미로 한 채 1949년 9월 5일로 공식적인 활동을 정지하였다. 그 동안 특위는 영장 408건을 발부했고, 그 중 305명을 체포했으며, 221건을 기소해서 사형 1명 무기 1명 유기징역 10명의 판결을 받게 하였다. 이들은 1950년 봄까지 감형 등으로 풀려났으며, 유일한 사형언도자 김덕기도 6·25 직전에 석방되고 말았다.

이리하여 반민법의 사실상 폐기는 민족사에 일대 통한을 남겨 놓게 되었다. 먹고 살기 위해 체제에 순응한 송사리들은 따질 대상이 못 되겠지만, 그렇지 않은 계층들 중에는 허다한 동포를 살상한 살인마라 할 만한 자도 없지 않았다. 이들에 대한 단죄조차 무산됨으로써 이 땅의 민족정기는 빛을 잃었고, 가치관은 말살되고 말았다. 이리하여 반민법의 사실상 폐기는 땅덩어리를 팔아먹은 이완용의 매국을 웃도는 정신의 매국, 즉 제2의 매국으로까지 비판을 받고 있는 것이다.

제1공화국과 친일세력

머리말

부일협력자의 처단문제는 해방 후 우리 민족이 당면했던 가장 기본적인 과제였다. 국민을 위한 국민의 정부도 요는 민족정기의 수호 천명으로써 시종(始終)을 삼아야 하는 것이니, 기본적인 당위성에서 그것은 해방 후 정부의 수립보다 차라리 우선하는 비중이었다. 뿐만 아니라 통일정부의 기본인 자주성 문제, 또 민주주의의 수용·발전도 일제 잔재의 극복 청산을 전제로 해야만 실현될 수 있는 조항이었다.

이렇게 따지고 보면 해방 후 부일협력자의 처단이야말로 신생 조국의 출발을 다짐하는 전부였다고 할 수도 있었다. 그것은 신생 정부의 지도자를 선별하는 전제였고, 그 기본단위인 국민과의 화합을 이루는 근원이었다. 새로 탄생할 정부는 부일협력자에 대한 응분의 조치를 함으로써만 민족의 당위를 천명할 수 있었고, 신뢰를 획득할 수 있었다. 이 같은 문제를 등한히 한 이승만 정부의 출범은, 따라서 그 출발의 커다란 부분을 그르쳤던 것이라고 할 수도 있다.

해방 후 우리가 통일정부의 수립에 실패한 것도 요는 민족의 주체적 구심세력을 형성하면서 하나로 화합 단결하지 못했던 점에 탓이 있었다. 그런데 그것을 그렇게 만든 장본인이 바로 일제가 아닌가? 강화도조약 이래 70년에 걸쳤던 친일화 정책, 또 통치의 기본이었던 밀정정치는 이 땅의 구석구석에 불신을 만연시키면서 민족분열의 원천적인 힘으로 작용하였다. 그 독소를 척결하지 못하는 이상 민족화합은 공염불이요, 통일정부의 수립 또한 백일몽일 수밖에 없을 것이다.

그런데 우리는 그 기본적인 작업에 실패했다. 결과는 이후 10여 년, 4·19를 있게 하고야 만 민주주의의 오도였다. 반일을 표방한 이승만 정부의 명목이었음에도 불구하고 사회의 구석구석까지 좀먹어 들어간 일제잔재의 온존이었다. 그런데 보다 근원적인 차원에서 간과해 버릴 수 없는 문제점 하나가 남겨지고 말았다. 우리는 부일협력자의 처단에 실패함으로써 우리 민족의 자존을 스스로 짓밟아 버리고 만 것이었다.

어째서 그러한가? 지난날을 돌이켜볼 때 우리 민족은 구시대의 비리에 대해서 언제나 준엄한 입장이었다. 조선조 시절 그 많던 사화(士禍)에서 구시대에 대한 비판은 삼족(三族)을 멸할 정도로 가혹하였다. 이것은 나쁘게 말하면 정치보복이지만, 긍정적인 각도에서 새 시대에 임하는 결의의 천명으로 평가할 수도 있다. 두번 다시 구악을 되풀이할 수 없다는 그 결의의 천명은 근년의 부정축재 환수며 정정법(政淨法) 시행에 이르기까지, 새 시대의 기수들에 의해서 언제나 엄숙하게 선서되곤 하였다.

그런데 그 단 한 번의 예외가 부일협력자의 문제이었다. 우리 민족사에서 새 시대의 비판을 모면할 수 있었던 단 하나가 부일협력자들이었던 것이다. 노론(老論)에 대한 소론(少論)의 정치보복은, 자유당에 대한 민주당의 구악(舊惡) 비판은, 모두가 동족이라는 테두리 안에서의 일들이었다. 반면에 부일협력자들의 문제는 이민족인 침략자와의 결탁에 의해서 범해진, 외세를 개입시키고 있는 문제였던 것이다.

용서받을 수 있다면 동족의 테두리 안에서 발생한, 즉 노론에 대한 소론의 그것이 관용되어야 했을 것이다. 부일협력자들의 구악은 이민족과 결탁된 것이기 때문에 관용해서는 안 된다는 것이 당연한 귀결이다. 그런데 현실은 그 반대가 되고 말았다. 동족끼리의 정치보복은 단 한 번의 관용도 없이 준엄하게 집행되었는데, 이민족과의 결탁인 부일협력은 마침내 철저하게 새 시대의 비판에서 초연해 버리고 말았던 것이다.

민족사에 기록된 이 아이러니를 도대체 어떻게 한단 말인가. 우리는 그럼 집안싸움에나 철저할 뿐 외세 앞에서는 맥을 못 쓰는 덜된 국민이란 말인가? 그러니까 친일은 비판을 받아야 하는 것이다. 그토록 철저하게 짓밟혀 버린 민족의 자존을 회복하고, 자손만대에 민족정기의 살아 있었음을 증명하자면, 반민법의 시효가 지나가 버린 이 시점에서라도 역사적인 비판이나마 가하지 않을 수 없는 것이다.

해방 40년, 지금 일본은 경제대국이라는 새로운 자존과 함께 세계 속의 일본으로 부상하였다. 왕년의 일본이 군사적 절대국방권(絕對國防圈)으로 아시아를 진감(震憾)하던 것처럼, 현시의 일본은 경제적 절대국방권으로 아시아를 제압하려 하는 중이다. 그들의 경제대국이 군사대국으로 탈바꿈하는 것은 어쩌면 시간의 문제일지도 모른다. 이리하여 현대 일본은 아시아의 강력한 우방인 동시에 아시아의 새로운 위협으로 위구심을 주기에 이르고 말았다.

이러한 현실에서 민족의 자존과 정기를 지키는 것은 바로 보국안민의 기본으로 연결된다. 우리가 염원인 통일을 달성하지 못하고 있는 것도 따지고 보면 일제의 잔재인 민족분열을 극복하지 못하고 있는 때문이 아닌가? 주체적 구심점을 찾아 하나로 화합 단결하지 못하고 있는 때문이 아닌가? 그러므로 일제잔재의 청산은, 주체적 구심점의 탐구 확립은, 우리 민족이 당면한 오늘의 최대의 문제라고 할 수도 있다. 그럼에도 불구하고 그 기본인 부일협력자의 문제는 아직도 일반의 인식에서 미온적인 폐단조차 없지 않았다.

이런 미온적인 인식의 하나가 40년 전 일제시대의 일들은 이제 그만 덮어 두자는 대범(?)이다. 그럼, 일제시대를 대체 얼마나 규명했다고 "이제 그만 덮어 두자"인가? 해방 40년이 되도록 우리는 침략의 가장 기간(基幹)인 총독부·동척(東拓)·조선군(주한일본군)에 관해서조차 단 한 권의 연구서가 없는 실정이다. 연구된 것이 없는데 그만 덮어 두자는 것은 역사를 암장해 버리자는 말밖에 되지 않는다. 역사의 암장으로 초래될 것이 동일한 우(愚)의 되풀이 외에 다른 무엇이 있단 말인가.

다음, 부일협력의 비판이 국민들의 불신을 조장하며, 또 총화를 깨뜨리게 될 것이라는 일부의 노파심도 있는 것 같다. 그럼, 국민들의 불신은 대체 어디에서 싹이 텄는가? 해방 후 옥석(玉石)을 뒤섞은 지도자의 난립은 진정한 지도자까지 싸잡혀 불신당하는 사태를 빚어 냈다. 선열들을 밀어 내는 전천후(全天候) 군상을 보면서 국민들은 정의와 형평을 불신하였다. 이런 풍토에서 옥석을 구분하는 작업은 진정한 지도자에 대한, 정의와 형평에 대한 신뢰를 회복시키는 작업일지언정, 불신을 조장하는 것은 아닐 것이다. 또 총화는 총화할 수 있는 사람과 총화하는 것이 총화이다. 총화가 중하다 해서 이완용이든 간첩이든 덮어놓고 총화를 하자는 것은 아닐 것이다.

다음, 친일한 당사자 또는 그 후손의 입장을 생각하는 인정론도 없지는 않았던 것 같다. 하지만 독립운동자의 경우는 그 불행한 유산이 고스란히 후손에게 상속되었다. 가르치지도 물려 주지도 못했기 때문에 심지어 화전민으로 전락한 의병장의 아들·손자조차가 없지 않았던 것이다. 이런 판에 부일협력자 또는 그 자손만이 불행한 유산에서 보호받아야 하는가? 인정론을 편다면 먼저 독립운동자의 후손에 대해서 인정론을 펴야 옳을 것이다.

그렇지만 부일협력에 대한 인식에서는 유념해야 할 점도 없지는 않다. 그것은 부일행위가 반세기 전 일제시대의 일이며, 우리 모두에게 강요되었던 한 시대의 민족의 비극이라는 사실이다. 반세기 전 일제시대의 일이기 때문에 그것이 현재의 일로 비판되어서는 안 될 것이다. 또한 민족의 비극이었기 때문에 어느 개인의 추문으로 인식될 수도 없을 것이다.

이러한 관점에서 일제하의 비리와 잔재가 신생 대한민국에 어떻게 계승되었는가를 살펴보겠다. 또 그것이 계승된 이유는 무엇이며, 끼친 영향은 어떤 것인가? 올바른 역사 창조에 다소라도 보탬이 되게 하기 위해서이다.

제1공화국에서의 친일인맥

총리

정부수립 후 1960년 4월까지, 즉 이승만 정권 12년간의 각료는 국무총리 이하 1백15명이다. 이중 재임(再任) 또는 2부(部) 이상을 역임한 19명을 추리면, 그 실질 연인원은 96명이다.

이들 중 해외 독립운동자는 단 4명, 국내 민족투사 8명을 합해서 그 비율은 12.5퍼센트이다. 반면에 부일협력의 전력자는 31.3퍼센트인 무려 30명이나 된다. 직계 혈족――조부나 부친 또는 형제――에게 극히 현저한 친일행위가 있었던 경우인 3명까지 친일권에 포함시킨다면, 그 비율은 34.4퍼센트가 된다.[1] 이승만정권의 권력구조가 민족 정도(正道)에서 크게 일탈되어 있었음을 일목요연하게 보여 주는 수치이다.

---

1) 이 비율은 필자가 아는 범위 안이다. 정밀한 조사·연구에 의하면 더 증가할 가능성이 크다.

물론, 해외 망명세력이 정권을 담당했을 때 더 큰 혼란과 부조리가 초래되었을지 모른다는 가정도 전혀 배제할 수는 없을 것이다. 아닌게 아니라, 일본 육사 출신으로 구일본군 대좌였던 안병범(安秉範)은 인민군 치하의 서울 3개월을 자괴한 끝에 7월 29일 인왕산에서 할복 자살하였다. 반면에 광복군 소장(?)이었던 송호성(宋虎聲)은 굳이 서울에 잔류했다가 인민군 해방사단장으로 전신하였다.

하지만 이런 것은 어디까지나 국부적인 현상이다. 국부적인 현상으로 전체를 농단할 수도 없으려니와, 또 가정은 어디까지나 가정이다. 더 혼란한 정치를 가정할 수 있다면, 보다 완벽한 주옥 같은 정치도 물론 가정할 수 있을 것이다. 그러니까 광복세력을 밀어 낸 부일협력 계층의 대량 진출은 현실적인 명분에서부터 합당했다고는 할 수가 없다. 신정부의 출범을 이렇게 명분 없이 만듦으로써 우리는 후세에 민족정기와 호국충절을 유시(諭示)할 자격을 스스로 짓밟아 버리고 만 것이었다.

그럼, 이승만 정부의 각료들 가운데 누가 대일협력자였는가? 총리 5명[2] 중 1명이 망명객 출신인 반면에, 2명이 대일협력 전력자요, 또 1명이 친일권 출신이다. 이 '친일권 출신'은 본인에게는 해당사항이 없으나 직계 혈족 중 극히 현저한 친일행위자를 낸 가문의 출신을 의미한다.[3] 총리 이하 각 부에 걸쳐서 그 개략을 살펴보겠다.

서임된 순서에 따라서 제2대 장면(張勉)부터 기술하겠다. 일제하에서의 주업은 1931년 이후 해방 직전까지 서울 동성(東星)중학 교장이었다. 1938년 2월 9일, 경성(京城)연합청년단장 마에다(前田昇), YMCA 대표 윤치호(尹致昊) 등 약 10명의 협의로 조선지원병제도 실시 축하회가 결성되었다. 이때 발기인이 73명인데, 장면과 조종국(趙鍾國)이 천주교측 발기인으로 참가했다. 이 축하회는 신궁봉고제(神宮奉告祭), 대축하연, 기(旗)행렬, 경축탑(慶祝塔) 설치 등의 축하행사를 주관하였다.

그 해 10월 20일, 장면은 국민정신총동원 조선연맹 산하의 비상시 국민생활개선위원회 제1부 위원 44명 중 1인으로 선임되었다. 이 위원회는 총독부의 강력한 방침으로 제1부 의식주, 제2부 의례·사회풍조, 제3부 부인생활에 관해서

---

2) 서리는 제외했다. 이하 각부 장관의 경우도 같다.
3) 단, 이 글에서는 본인의 친일행위만 거론했으며, 직계 혈족의 것은 문제삼지 않았다.

내핍·근로 기타 전시생활개선운동을 주관했던 기관이다. 이 일환으로 동 조선연맹은 같은 해 11월 1일부터 43명으로 된 비상시 생활개선 순회강연반을 전선 13도에 파견했다. 장면·고에즈까(肥塚正太)·유형기(柳瀅基)·조동식(趙東植) 4명이 동 강원도 방면 순강반(巡講班)이었다.

그 후, 1939년 5월 중순, 명치정(명동)천주교회는 동 교회 이사 아 라리보 주교 및 장면 등의 지도로 국민정신총동원 조선연맹에 가입하였다. 이 형태를 13도에 확대시키기 위해서 이들은 같은 해 5월 14일 명치정 교회당에서 지방교회 대표 60여 명을 포함한 교도 1천여 명의 참석으로 국민정신총동원 천주교 경성(京城)교구연맹을 결성하였다. 그 역원은 이사장 아 라리보 주교, 이사 노기남(盧基南)·구로까와(黑川米尾) 등 5명, 간사는 장면·이와다니(巖谷二郞)를 합쳐서 7명이었다.

제4대 백두진(白斗鎭)은 1934년 동경상대를 졸업하고 조선은행에 들어갔다. 이것은 식민지의 중앙은행으로, 총재·부총재는 일본정부에서 임명하며, 일반 은행업무 외에 발권(發券)사무를 취급하였다. 그 연혁은 1878년 상륙한 제일은행(부산지점)으로부터 시작되는바, 이것은 청일전쟁 중 임시중앙금고파출소 역할을 담당한 금융침략의 첨병이었다. 제일은행의 업무를 흡수하면서 1909년 한국은행으로 설립되었는데, 1911년 3월 '조선은행법'이 공표되면서 이름이 바뀌었다. 이후 조선뿐 아니라 만주 봉천·대련(大連)·장춘(長春), 중국 북경·천진·상해·서주(徐州) 기타 각처에까지 지점을 설치하면서 북침경제전선의 제일선에 섰던 중추적인 일제 기관이었다.

행정부

내무부 이승만 정권하에서 19명의 장관을 배출시켰다. 이 중 7명이 부일협력층, 1명이 친일권 출신으로, 합쳐서 42.1퍼센트이다. 이하 개별적으로 살펴보겠다.

제11대 백한성(白漢成)은 경성법전 출신이다. 총독부재판소 서기 겸 통역생을 거쳐 1933년 10월 평양지방법원 판사에 임명되었다. 이후 청진·광주·대전지방법원(또는 그 지청)에 근무하면서 8·15에 이르렀다.

제12대 김형근(金亨根)은 와세다(早稻田)대 법학부 출신으로 1939년 고문 사법과에 합격했다. 1942년 3월 경성지방법원 판사로 발령된 후 8·15까지 대구지방법원(판사) 등에서 복무했다.

제13대 이익흥(李益興)은 규슈(九州)제대 법과 출신이다. 일제하에서 평북 박천(博川) 경찰서장을 하였다(연대 불확실).
제14대 장경근(張暻根)은 동경제대 법학부 출신으로 1935년 고문 사법과에 합격했다. 1937년 12월 판사로 임명된 후 경성지방법원과 경성 복심법원 판사 (1941. 3~)로 복무하였다.
제15대 이근직(李根直)은 일본 홍릉(紅陵)대학 법과 출신이다. 일제하에서 원주(原州) 군수를 한 것으로 알려져 있다(연대 불확실).
제17대 김일환(金一煥)은 1937년 9월 만군(滿軍)경리학교를 졸업했다. 해방 전에는 만주에서 만군 주계(主計) 대위로 있었다.
제19대 홍진기(洪璡基)는 성대(城大) 법과 출신으로 고문 사법과에 합격했다. 해방 전 경력은 1943년 전주지방법원 판사이다.
재무부 9대까지 배출했지만 중임자 1명으로 실질 연인원은 8명이다. 그 중 4명이 부일협력층으로, 그 비율은 50퍼센트에 이른다.
제3대 백두진은 총리의 항에서 기술하였다.
제4대 박희현(朴熙賢)은 신의주고보 출신으로 1940년 총독부 내무부 지방과장이었다.
제7대 인태식(印泰植)은 동북(東北)제대 법문학부 출신이다. 1938년 8월 강원도 홍천(洪川) 세무서장에 피임되었다.
제9대 송인상(宋仁相)은 경성고등상업 졸업이다. 1935년 이래 조선 식산은행에서 복무하였다. 이것은 1906년 설립인 농공(農工)은행을 합병함으로써 1918년 10월에 창립되었다. 식민지 식산·산업금융에 특수사명을 부담했던 조선 유일의 장기 금융기관이었으며, 1939년부터는 생산확충 15개 품목인 광업·철강업·조선업(造船業) 기타에 대한 기업금융으로 전시산업 육성에 중추적 역할을 담당한 기관이다.
법무부 제9대까지 배출되었다. 그 중 8명이 전문 법조인이며, 변호사 출신을 제외하고 5명이 총독부재판소 출신이다. 이하 개별적으로 경력을 살펴본다.
제3대 이우익(李愚益)은 경성법전 출신이다. 재판소 통역생 겸 서기를 거쳐 1914년 1월 부산지방법원 밀양지청 판사로 임명되었다. 이후 함흥지방법원, 대구복심법원 기타에서 1927년 무렵까지 판사 또는 검사로 복무했다.
제5대 조진만(趙鎭滿)은 경성법전 1923년 졸업이다. 부산지방법원에서 판임관(判任官) 견습을 하면서 1925년 고문 사법과에 합격했다. 1927년 해주지방법원 판사로 출발한 후 대구지방법원 부장판사, 대구복심법원 판사 등을 거쳐서 1943년 3월 퇴직, 변호사를 하였다.

제7대 조용순(趙容淳)은 경성전수학교 졸업이다. 재판소 통역생 겸 서기를 거쳐서 1925년 판사임용시험에 합격했다. 해주·평양·광주 등의 지방법원 판사를 거쳐서 1940년 8월에 퇴직했다.

제8대 이호(李澔)는 동경제대 법과 졸업, 1939년 고문 사법과에 합격했다. 1942년 3월 경성지방법원 검사, 1943년 12월 광주지방법원 순천(順天)지청 검사를 하였다.

제9대는 홍진기로, 내무부의 항에서 기술한 바 있다.

국방부 제7대까지 배출하였다. 이 중 군사 경력자는 3명으로, 1명은 광복군 중장을 한 초대 이범석(李範奭)이요, 나머지 2명이 구일본군 출신이다.

제4대 신태영(申泰英)은 구한국 육군유년학교를 거쳐서 동 무관학교로 진학하였다. 이곳 재학생을 추려서 일본 육군중앙유년학교에 편입시키게 된 당시의 제도에 따라 신태영은 1909년 동 유년학교에 유학한다. 거기서 일본육사로 진학한 후, 1914년 제26기생으로 졸업했다. 종전 당시는 일육군 중좌였다.

제7대 김정렬(金貞烈)은 1937년 일본 육군예과사관학교에 입학했다. 1940년 항공사관학교 전투기과를 졸업했으며, 일본육사 제54기생이다. 1941년 항공중위로 진급하였다. 태평양전쟁 초기에 필리핀 침공전에 출격한 김정렬은 수마트라 섬의 기지에서 최신식 비연전대장(飛燕戰隊長)으로 팔렘방과 자바 상공의 항공전에 참가했다. 항공대위로 아께노(明野)비행학교 갑종(甲種)학생 교관이 되어 부임하던 도중 프놈펜에서 해방을 맞았다.

문교부 제6대까지 배출되었다. 일제하의 사립 전문학교 교수 출신이 대부분인데, 제4대 이선근(李瑄根)이 친일색을 노출했다. 만주제국 협화회(協和會) 전국연합협의회 협의원을 수년 중임했던 것이다.

이 만주제국협화회(이하 협화회)는 관동군의 지도 개입으로 1932년 7월 25일 만주국 국무원 회의식에서 발회식을 올린 전만주의 전인종적 조직이었다. 그 기능은 오족협화(五族協和)·왕도락토(王道樂土)라는 이른바 만주국 건국정신의 정치적 발현을 담당하는 만주국 정부의 '정신적 모체'로서, 건국정신의 사상적·교화적·정치적 실천을 담당하는 것이다. 이리하여 "만주제국협화회는 유일 영구, 거국일치의 실천조직체로서 정부와 표리일체가 되어 1. 건국정신을 현양(顯揚)하고, 1. 민족협화를 실현하고, 1. 국민생활을 향상하고, 1. 선덕달정(宣德

達情)을 철저하고, 1. 국민동원을 완성하여, 이로써 건국이상의 실현 및 도의세계의 창건을 기한다"는 것을 강령으로 하고 있었다.

이와 같은 기능·강령을 현실화하기 위해, 협화회는 국무원→성(省)→현(縣) 또는 기(旗)·시(市)→가(街) 또는 촌(村)으로 된 정부공서(公署)와 대응하는 두 계통의 기관을 갖고 있었다. 즉, 하나는 집행기관인데, 중앙→성→현·기·시→분회로 된 본부위원회와 대응해서 중앙사무국→지방사무국→판사처(辨事處)를 두고 있었다. 또 하나는 결의기관인데 전국연합협의회→지방연합협의회(성)→현·기·시연합협의회→분회로 나뉘어 있었다

1934년 이래 매년 1회씩 개최된 전국연합협의회는 정부공서(政府公署)에 대응시킬 때 국회급 수준이 되는 것이었다. 만주 전역에서 참가한 1백70명 내외의 '협의원'으로써 구성되는데, 그 출신은 각 지방조직의 정·부분회장이 54퍼센트, 상무원(商務員) 및 역원[4]이 36퍼센트, 일반 회원이 10퍼센트이다.[5] 여기에 상정된 안건은 협의원의 토의를 거쳐서 정부 기타 관계기관의 처리위원회로 회부된 후 정책자료로 반영 또는 시행되었다. 아래는 빈강성(濱江省) 협의원으로 출석한 이선근의 1941년도 전국연합협의회 회의발언 중 일부이다.

    연일 각하 및 각위(各位)의 간곡한 설명을 배청(拜聽)하여, 농촌에서 온 본 협의원으로서는 농촌의 협화회원 제군과 함께 더욱더 책임과 사명이 중대함을 느끼는 바입니다. 농촌문제의 본론으로 들어가……출하(出荷)장려와 관련해서 정부 당국이 누누이 성명하는 내용은 선돈(先錢)제도입니다. 우리들 농촌 협의원, 혹은 또 농촌 협화회원으로서는 이 선돈제도에 의해 하루라도 빨리 농촌에 돈이 돌게 된다는 것을 기쁘게 생각할는지도 모릅니다. 하지만 국민 일반이 책임지고 기쁘게 출하해야 한다, 국민운동을 통해서 해야 한다, 이런 판에 선돈제도가 아니면 국민이 출하를 안 한다, 이렇게 된다면 금후 우리나라 농촌문제에서 실로 중대문제라고 생각하는 바입니다. ……농촌의 곡물을 출하하는 정도쯤 협화회원인 우리가 한덩어리가 되어 책임지고 해도 될 것이 아닌가. 협화회로서 부끄러워 안 할 수 없는 일이라고 생각하

---

4) 협화회의 역원은 고문, 참여, 분회장, 부분회장, 상무원, 평의원, 서기, 회원으로 되어 있다.

5) 이 비율은 1935년에서부터 1943년까지의 평균치이다. '강덕(康德) 10년도 전국연합협의회 협의원명부'에 의해 작성함.

는 바입니다. 선돈제도에 대해서는 금후로는 솔직히 농산물 가격인상을 하시고 선돈계약은 가급적 다른 제도로 바꿔주시도록 희망하는 바입니다.

……끝으로 증산(增産)이건 수하(蒐荷)건 우리 농촌협화회원은 농민을 지도하면서 제일선에서 정신(挺身)하지 않으면 안 됩니다. 정부 대관을 수하 촉진 때문에 전국 각지를 일부러 순회하게 하는 것, 우리들 협화회원의 수치예요. 농촌의 협화회원 동지가 일체가 되어 그 정도는 책임을 지고 하자는 것을 여러분께 말씀 드리고 제 설명을 끝내겠습니다.[6]

농수산부 15대 중 4명을 가릴 수 있다. 비율은 26.7퍼센트이다.

제5대 임문항(任文恒)은 동경제대 법학부를 나오고 1934년 고문 행정과에 합격했다. 군수→식산국 사무관→교통국 서기관으로 태평양전쟁 무렵에는 주로 광업행정에 종사했다. 조선총독부 산금(産金)협의회 간사(1942. 8), 동 광업출원(出願)처분위원회 간사(1944. 9), 동 광공국(鑛工局) 근무 서기관(1944. 12), 동 강재선산(鋼材鮮産) 자급화대책위원회 간사(1945. 1), 동 전시산업본부원(1945. 5), 동 기계류생산추진위원회 간사(1945. 6)와 강원도 광공부장(1945. 8) 등이다. 다음은 광업 증산과 보국을 논한 임문항의 논설 중 일절이다

백(白)의 유효한 시설·제도가 있어도 이것만으로 능사(能事)가 다했다고 생각한다면 효과는 오르지 않는다. 요는 이것을 이용하고 운영하는 사람의 마음가짐이 일체를 해결하는 열쇠이다. 관과 민을 불문하고 적어도 광업에 직역(職域)을 받드는 자로서 차제의 마음가짐은, 비근한 말로 말하면 광산을 진심으로 사랑한다는 것이다. ……광산을 사랑하는 것은 증산에의 첩경이다. 그것이 이윽고는 우리의 직역에서의 도의심의 배양이 되고, 국체본의(國體本義)의 체득, 즉 애국심으로 귀결하는 것이라 믿는 바이다.[7]

제12대 정낙훈(鄭樂勳)은 공주농고 출신이다. 충남도속(道屬)→당진군 산업주사를 거쳐서 1938년 이후 보령·연기·서산 군수를 하였다.

제13대 정운갑(鄭雲甲)은 1938년 성대 법문학부 졸업, 같은 해에 충남 군속

---

6) 제6일(1941. 10. 15) 발언, 『강덕(康德) 8년도 전국연합협의회 기록』, 225~235쪽.
7) 임문항, 「동·연·아연의 개발 증산」, 『신시대』, 1943. 3.

(郡屬)이 되었다. 1943년 고문 행정과 합격, 이후 해방까지의 관력(官歷)에 대해서는 확실하게 아는 바 없다.

위의 3명 외에 제15대 이근직은 내무부에서 기술하였다.

상공부 제10대까지에서 5명이 부일협력층이요, 1명이 친일권에 속한다. 합해서 60퍼센트의 비율이다.

그 중 제5대 이재형(李載瀅)은 일본 중앙대학 법학부 졸업이다. 1938년 이래 금융조합 이사 등을 역임했다. 일제하에서 금융조합의 설립은 제령(制令) 제22호 금융조합령 제13조에 의해서 총독의 허가사항이다. 그 이사(부이사도 같다)는 금융조합령 제31조에 의해서 총독이 이를 임면(任免)하였다.

제6대 안동혁(安東赫)은 규슈제대 응용화학과를 졸업했다. 1936년 10월 총독부중앙시험소 기수 겸 본부(本部) 기수에서 동 기사로 승진했으며, 식산국 근무이다.

제10대 구용서(具鎔書)는 1925년 동경상대 졸업, 같은 해에 조선은행 도쿄지점에 들어갔다. 이 밖에 제7대 박희현은 재무부, 제9대 김일환은 내무부에서 기술하였다.

부흥부 제4대까지에서 2명을 가릴 수 있다. 그 중 제3대 송인상은 재무부에서 기술하였다. 제4대 신현확(申鉉碻)은 성대 법과 졸업. 1943년 고문 행정과에 합격하고 일본정부의 상공성(공무관보)과 군수성(軍需省)에서 복무하였다.

사회부 제5대까지 배출되었다. 그 중 제2대 이윤영(李允榮)에게서 일제말의 협력상이 발견된다.

즉, 기독·장로·감리교에서 신사참배 문제와 관련된 시국운동(時局運動)이 표면화한 것은 1938년부터였다. 각처 지방교회 단위의 친일전향에 이어서, 1938년 5월 8일 부민관(府民舘) 대강당에서는 서울 거주 일·선인 교도의 일치단결을 표방하는 경성기독교연합회가 결성되었다. 뒤미처 7월 7일에는 전선 각처의 기독교연합회를 지부로 하는 상위 중앙조직인 조선기독교연합회가 결성되었다. 1938년 9월 10~15일에는 신사참배의 실행과 황민운동에의 참가를 결의한 제27차 장로교총회가 개최되었다.

이와 같은 움직임의 일환으로, 1938년 10월 5~7일에 걸쳐 서울 감리교신학교 강당에서는 감리교의 내선일체·황민화체제 달성을 목적하는 제3회 조선기독교감리회총회가 개최되었다. 이를 위해 총회 제2일 회의(6일)는 조선감리교와 일본메소지스트교회의 합동문제를 상정한 후, 그 심의를 총회가 선출한 위원단에 일임하기로 하였다. 위원단은 이윤영(李允榮)·김광호(金光鎬)·김영섭(金永燮)·김준옥(金俊玉)·김활란(金活蘭)·박선제(朴璇齊)·서위렴(徐煒廉)·신공숙(申公淑)·윤치호(尹致昊)·전의균(田義均)·최활란(崔活蘭)의 11명이다.

이리하여 1939년 10월 17일, 도쿄 아오야마(靑山)학원에서는 양측 교단의 합동을 논의하는 '내선(內鮮)감리교 특별위원회'가 양측 전권위원 각 7명씩의 참석으로 개최되었다. 이때 조선감리교측 전권위원으로 참석한 7명은 이윤영·김영섭(金永燮)·신흥우(申興雨)·양주삼(梁柱三)·유형기(柳瀅基)·정춘수(鄭春洙)와 평신도 대표 윤치호였다. 이들은 18~19일로 계속된 회의에서 양측 교단이 내선일체·황도선양을 위해 합동은 하되, 언어 기타 여건관계상 조속한 후일로 합동을 유보할 것 등을 결의하였다. 즉 감리교회의 내선일체적 재출발이었는데, 이때 의결된 사항은 대략 다음과 같다.

1. 양측 교단 감독은 직권상 상대방 교회의 회원권을 갖는다.
2. 양측 교단의 감독 및 특히 지명된 1명이 서로 상대방 교회 총무원이사회의 명예회원이 된다.
3. 외국에의 대표 파견 및 대(對)정부 절충은 양측 교회가 협의하여 실행하되 주로 일본메소지스트교회가 그 임무를 담당한다.
4. 외국 선교의 상호 협력.
5. 정보 교환과 전도 원조.
6. 대표자의 상호 교환방문.
7. 합동 문제를 위한 14명의 연합위원회는 계속 존속하며 상호 협력한다.

위의 결의사항 중 제3항은 조선감리교단의 자주권 상실과 완전 종속화를 의미한다. 이리하여 조선감리교단은 일본메소지스트교단의 사실상의 일부로서 황민화 신앙보국의 길로 나서게 되는 것이었다.

체신부 제8대까지인데 제7대와 제8대에서 해당사항이 발견된다.

제7대는 이응준(李應俊)이다. 구한국 무관학교생으로 일본 육군유년학교에 편입해 1914년에 일본육사를 졸업했다. 그는 용산 보병 제79연대 소속 중좌로 서울에 있을 때 시국운동에 관계하였다. 1936년 11월 8일 대동민우회(大東民友會) 주최로 서울 시천교당에서 열린 사상국방 강연회에 다까오(高尾甚造, 경성부 학무과장)·주련(朱鍊, 대동민우회 이사)·차재정(車載貞, 위와 같음)과 함께 연사로 참가한 것이다. 또한 1937년 1월 13일에, 총독부 사회교육과는 조선호텔에 유지 다수를 불러모은 후, 황민화운동의 전단계로서 수행된 사회교화 진흥운동을 위한 방송교화선전강좌의 강사진을 위촉했다. 제1부 심전(心田)개발 강좌, 제2부 부인강좌, 제3부 상식강좌로 편성된 강사진은 도합 27명이었으며, 이응준은 제3부 강사로 참가하였다.

그 무렵 1937년 2월부터 일제는 공습에 대비한 방공(防空)·방화·구호활동을 목적으로 방호단(防護團)을 결성하게 하였다. 서울의 경우는 본부단장 아래 부내(府內) 전역을 동구·중구·용산구·영등포구로 4분하여 구(區)방호단을 결성하며, 특수편성으로 공작반과 수상(水上)방호단을 두는 편성이었다. 본부와 구방호단 산하의 분단(分團)에는 현역인 지도장교가 배속되어 방공·방화훈련과 구호훈련 등을 지도하였다. 이응준은 중구방호단 제2분단의 지도장교였다. 그 후 화북(華北)전선에 동원된 이응준은 이따금 종군기(1938. 3. 5)나 시국담화(1939. 3. 19) 등을 발표하였다. 또 1943년 11월 9일 부민관에서는 조선 출신의 군인 선배로서 김석원(金錫源) 중좌와 함께 학병출진격려 강연회를 가졌다. 이청천(李靑天)과 일본육사 동기생으로, 종전 당시는 대좌였다.

제8대 곽의영(郭義榮)은 경성법전 출신이다. 충북 광공국(鑛工局) 상무(商務)과장과 괴산·청원(淸原) 군수 등을 하였다.

친일파 소생의 이유

이상에서 필자는 이승만 정부 12년간의 내각의 친일인맥을 살펴보았다. 그럼, 이승만 정부는 어째서 이들 34.4퍼센트에 달하는 대일협력층을 용납했는가. 여러 가지 원인이 있었겠지만, 가장 근원적인 것으로 두 가지를 지적할 수 있지 않을까 한다.

그 하나는 민족주체세력이 구심점을 찾아서 통합될 수 있을 만큼 성장하지 못하고 있었다는 점이다. 이것은 두 측면에서 지적될 수 있는데, 그 첫째는 민중의 정치적 식견의 문제이다. 일제하에서 한민족은 일체의 정치활동이 봉쇄되었고, 따라서 자신의 의사를 민주적으로 통합실현하는 훈련도 받은 바가 없었다. 반면에 부일협력층은 일제하에서의 직업적 관료 또는 전시 총력운동 등을 통해서, 정치적 내지는 조직훈련을 이수(履修)하고 있었던 계층들이었다. 조직화될 수 있었던 이 계층은 일제하에서의 대일협력 행위를 통해서 부(富)와 지식과 권세까지도 독점하고 있던 계층들이다. 조직 없고 재력 없는 민중세력이 이들에게 구축당한다는 것은 필연이었다고도 할 수가 있다.

그 둘째는 임정 등 자주독립 세력이 민족적 구심력으로 부상할 수 없었다는 점이다. 일제하의 독립운동은 그 혁혁한 전과와 신화에도 불구하고 치명적인 결함 하나를 극복 못한 상태로서 진행되고 있었다. 즉, 그것은 독립운동이 통합된 하나로서가 아니라 분산된 다수로서 전개되어 왔다는 사실이다. 일제하의 독립운동이 이렇게 분열·분파 작용을 초극할 수 없었던 것은 조선인 밀정을 이용해서 독립군을 잡던, 즉 일제의 친일파 양성→민족분열정책에 그 가장 큰 탓이 있었다 할 것이다.

하지만 탓이야 어디에 있었건간에 결과적 손실은 실로 이만저만이 아니었다. 1942년 4월 중국정부는 미국무성에 대해서 '지체없이' 한국임시정부를 승인하도록 공식 요청한 적이 있었다. 그런데 미국은 ①조선인 조직간의 통일성 결여, ②임정의 범국민적 대표성과 지지도(支持度)에 대한 회의 및 불신을 이유로 들어 임정의 승인을 거절하였다. 거절할 뿐만 아니라 중국정부에 대해서까지 절대로 임정을 승인 말도록 완강하게 반대하고 나섰다.

이리하여 우리의 독립운동은 1894년 동학항전 이래 50년의 줄기찬 대일항전에도 불구하고 국제법상의 승인을 얻지 못하고 말았다. 이 승인 유무의 차이는 현저한 것이, 승인이 있을 때 그것은 국제법상의 권리의 주체이지만, 승인이 없는 한은 통치체제, 즉 일본 국내법 테두리 안에서의 반란으로, 국제적 간섭의 대상에서 제척(除斥)된다. 뿐만 아니라 임정이 국제적 승인만 얻었던들 망명정부로서의 요식(要式)을 갖춘 대일 선전포고로써 우리는 천승국의 일원도 될 수 있었다. 그런데 승인을 결여했기 때문에 우리의 독립운동은 국제적으로 하등의 발언권을 얻지 못했고 한반도는 일본 영토의 일부로서 연합국의 점령대상이 되고 말았던 것이다.

이리하여 임정은 개인 자격으로 입국(入國)하고 말았다. 이들이 망명정부로서 입국만 했던들 민족세력의 구심점으로서 통일정부로까지도 성장했을지 모른다. 개인 자격으로 귀국한 임정 요인들은 일제하의 사상적 우민화정책의 결과로 돈 없고 조직 없는 민중세력에게서조차 절연된 상태에 놓여 있었다. 지난날의 부일협력층이 이 간격에 편승——이 아니라 차라리 이간——하면서 그들의 표(票)와 재력을 신변의 안전과 교환해 버린 것은 필연이라 할 수도 있을 것이다.

다음, 부일협력층이 되살아난 이유의 또 하나로써 미국측의 한국 실정에 대한 무지를 들 수 있을 것이다. 1945년 8월 30일, 연합군 총사령관은 일본 대본영에 대해서 "미육군 제24군이 9월 7일 경성지구를 점령"[8]하겠다고 통보하였다. 이 '점령'은 한민족으로서는 사실 억울한 것이었고, 또한 민족의 민주의사일 수도 없었다. 한반도는 한민족의 한반도일 뿐 일본의 영토는 아니요, 일제의 불법 통치권조차가 8월 15일로서 이미 종지부를 찍은 것이었다. 그런데도 남북이 연합국에 의해 각각 점령되고 말았다는 것이야말로 이후의 민족 비극의 출발점이 아닐 수 없는 것이다. 이리하여 미 제24군의 진주(9월 8일)에 앞서 사령관 하지 중장은 9월 2일 서울에 포고문을 공중 살포했다. "(한국) 민중에 대한 포고 및 제(諸) 명령은 현존하는 제 관청을 통해서 공포될 것이다"[9]가 위 포고문 중의 1절이었다.

이리하여 9월 6일, 미 제24군 선견군사(先遣軍使)인 해리스 준장 이하 31명이 조선호텔에 짐을 풀었다. 이튿날(7일) 오전 10시부터 구총독부 정무총감 응접실에서는 미군측 해리스 준장과 아고 대령, 일본측 엔도(遠藤柳作, 최후의 정무총감), 미즈다(水田直昌, 최후의 재무국장) 기타와의 사이에서 약 1시간의 요담이 있었다. 다음은 그 회담에서의 문답 일부이다.

해리스 : 남한에서의 행정을 행함에 있어서는, 현행 관청에 집무중인 관리 및 관청의 건물 설비를 계속해서 사용했으면 한다. 가능하겠는가?
엔도 : 귀관의 의향은 조선에 군정을 시행하겠다는 뜻인가?
해리스 : 군정 시행이라고 명확히는 말하지 않았다. 조선은 여전히 총독과 정무총감의 총괄 밑에 두고, 미군사령관은 그 행정의 관리 감독을 했으면 하는 의향이다.
엔도 : 이 건은 중요사항이니 귀관의 의사를 서면으로 기술해 주기 바란다.
해리스 : 이 건은 미군사령관의 결정권에 속하는바, 본관은 미리 대체적인 내의(內意)를 표명하여 귀관들의 준비에 자(資)하고자 할 뿐이다.
야마나(山明酒喜男, 총독비서) : 행정의 관리 감독이란, 실제에 있어 각개의 안건에 대해 각각 미군사령관의 결재를 필요로 하는 것인가? 또는 미군사령

---

8) 森田芳夫, 『朝鮮終戰の記錄』 267쪽.
9) 위의 책, 269쪽.

관은 행정의 대강(大綱)을 지시하고 그 취지를 실행하는 총독의 재량에 위탁하는 것인가?

해리스 : 미군사령관은 행정의 대강을 총독에게 지령하고, 구체적 안건에 대해서는 총독에게 결재권을 부여하는 것인 줄로 생각한다.[10]

이렇게 되면 이건 영 아무 것도 아니다. 부일협력자는 고사하고, 총독 이하 일제 관리들까지 고스란히 살아남는다는 이야기가 된다. 한민족의 진의의 소재를 모르는 미군의 이런 무지는 미군정에 의한 부일협력자의 대량의 재기용으로 나타났다. 입법의원이 제정한 '부일협력자처단법'을 끝내 묵살함으로써 그들이 되살아나는 결정적 토대를 제공하고 말았던 것이다.

이렇게 해서 되살아난 부일협력자들은 이 땅의 국민의사를 최소한 세 번 배신하였다. 즉, 하나는 국회가 제정한 반민법의 사실상의 폐기이다. 둘은 부일협력자 비율 30퍼센트이던 6·25내각[11]이 국민을 내버린 채 자기들만 도망쳐 버렸던 일이다. 셋은 3·15부정선거로 국민주권을 짓밟은 일이다. 혁명재판에 계류되었던 50명[12] 중 부일협력자가 점하는 비율은 필자가 알 수 있는 범위 안에서 23명, 46퍼센트였다.

제헌국회

1948년 8월의 초대 내각(처는 제외)에는 부일협력자가 없었다. 12명의 장관 중 망명투사·민족파 인사가 50퍼센트였으며, 기타는 관계 방면의 명망있는 권위자들이었다. 그러했던 것이 이승만정권 전기간을 통산할 때 부일협력자가 차지하는 비율이 34.4퍼센트로 증가했다. 이것은 신생 정부가 출발 당시가 아닌 출범 이후에, 다름 아닌 부일협력층 바로 그네들에 의해서 망가지기 시작했다는 것을 의미한다.

마찬가지로, 입법부 역시 제헌국회에 부일협력층이 가장 적게 참여했다. 제2

---

10) 위의 책, 272~273쪽.
11) 장·차관 합해서이다. 필자가 아는 범위 내임.
12) 학민사에서 펴낸 4월혁명자료집 『혁명재판』에 의함.

대 국회 이후에 그들의 점하는 비율이 증가일로를 더듬었던 것이다. 필자가 알 수 있는 범위에서 이승만 정권하 제4대까지의 구체적인 수효를 밝히면 아래와 같다.

	정원	보결·재선	합	부일협력층	비율
제헌국회 (1948)	200(명)	9(명)	209(명)	10(명)	4.8(%)
제2대 (1950)	210	8	218	20	9.2
제3대 (1954)	203	5	208	20	9.6
제4대 (1958)	233	6	239	26	10.5

그럼, 구체적으로 누가 어떻게 부일협력을 했는가? 제헌국회에서부터 더듬어 보기로 하겠다.

김동원(金東元) 서울 용산구 출신이다. 중일전쟁 직후인 1937년 7월 31일, 평양 백선행(白善行)기념관에서 김동원 등 유지 20여 명의 참석으로 평양애국단체 시국간화회(懇話會)가 발기되었다. 이 조직은 평양부민에 대한 시국계몽과 국방사상 고취를 목적으로 하였다. 그 실행방법은 시국강연회의 주최와 호별방문을 통한 애국지성(至誠) 발휘의 권유 기타이다. 이를 위한 실행위원 60명이 선출된바, 김동원은 그 일원으로 참가하였다.

1939년 7월 12일, 천진조계(天津租界) 안에서 발생한 항일(抗日)테러범 인도(引渡)문제를 둘러싸고 영일(英日)간에 외교분쟁이 일어났을 때, 서울서는 재경 6개 신문사의 발기로 배영동지회(排英同志會)가 결성되었다. 이들은 같은 해 7월 22일 조선신궁 앞 광장에서 전조선배영대회를 개최하면서, 전선 지방단위의 배영동지회를 결성하게 하는 한편, 8월 5일 조선호텔에서 그 상위 중앙조직인 전조선배영동지회연맹을 결성하였다. 이 같은 움직임의 일환으로 평양에서는 8월 2일 평양부청에서 조·일인 각 4명으로 된 평양배영동지회 결성타합회를 개최하고 회장 이기찬(李基燦) 이하 역원단과 이사진을 전형 결정하였다.

김동원은 이때 8명 중 1인으로 앞의 타합회에 참가하였다.

1940년 12월 25일 부민관에서는 황도학회(皇道學會)가 결성되었다. 회장은 신봉조(辛鳳祚), 회원들의 황도 학습과 일반에의 황도사상 보급 실천을 목적했던 단체인데, 김동원은 발기인 46명 안에 들어 있었다.

1941년 10월 22일, 부민관에서는 최린(崔麟)을 단장으로 하는 조선 임전보국단(臨戰報國團)이 결성되었다. 전시하 국민생활의 쇄신과 근로고취, 전시협력, 국방사상 보급 등을 목적했는데 김동원은 평의원으로 참가하였다.

그 후 1943년 11월 9일, 평양 지원병훈련소 후원회 사무실에서는 친일 변호사 이기찬을 좌장(座長)으로 하는 학병독려 유지간담회가 개최되었다. 이 자리에서 11일부터의 호별방문 독려가 결의되고, 13개반 27명의 독려반이 편성되었는데, 김동원은 지용은(池鎔殷)과 함께 제2반에 소속되었다.

김상돈(金相敦) 서울 마포구 출신이다. 1938년 8월 31일 경성부로부터 서교(西橋)·망원(望遠)·합정정(合井町) 정회(町會)역원전형준비위원에 위촉되었다. 또 그는 1936년 8월 8일 서교·망원정 정회총대(町會總代)에 선임되었다.

일제하의 정회는 부(府)행정의 하부 보좌기관으로, 국민정신총동원정(町)연맹 산하의 애국반과 가정방호(防護)조합까지 관리 통솔하였다. 각 정회는 산하 구(區)와 반(班)의 세포단체를 통솔하면서 국책수행 및 전시협력의 제일선에서 활동했던 것이다. 그 총대 및 평의원 등의 역원은 부 내 3백55명으로 된 전기 전형준비위원회가 각 정회당 20명 이내의 정회역원 전형위원을 선임한 후, 이들이 총대 이하의 역원을 선출하여, 경성부윤(府尹)의 승인을 얻었다. 부윤의 승인이 역원으로 확정되는 요건이었기 때문에 그 선임과정은 친일성의 평가에서 예외일 수가 없었다.

김상돈에 관해서 필자는 전저(前著)에서 "1935년 12월 해주(海州)경찰서 신축자금 3천 원을 기부하고 일제의 표창을 받은" 바 있었다고 기술[13]했다. 그러나 이 대목은 동명이인 해주읍 동영정(東榮町) 71번지 김상돈(金相敦)의 행위인 것으로 필자에 의해서 판명되었다.[14] 제헌의원 김상돈은 황해도 재령군 북률면(北栗面) 원적으로 해주와도 해주경찰서와도 관련이 없다. 본인 및 독자 제

---

13) 졸저,『일제침략과 친일파』(청사출판사, 1962), 122쪽.
14) 해주읍 김상돈은 해주경찰서 신축자금 3천 원 외에도 1936년 12월 해주 공회당 신축비 3만 원, 1940년 9월 해주제미회(海州濟美會)에 사법보호비 2천 원을 기부한 사실이 있다.

현에게 심심한 사과로써 그 대목을 정정한다.

백관수(白寬洙) 전북 고창(高敞) 을구 출신이다. 2·8독립선언을 주동했으나 일제말에는 친일 황민화 진영에 섰다. 그는 1937년 7월 30일 결성된 경성군사후원연맹에 창립위원으로 참가하였다. 이것은 같은 해 7월 24일 결성된 조선군사후원연맹의 산하 지역단체이며, "황군의 후원이 되어……군인으로서 후고(後顧)의 우려 없이 본분을 다하게"(강령) 하는 것으로 목적을 삼았다. 황군 원호사상 보급, 장병·상이군인과 가족원호, 출전·귀환 장병에 대한 위문·영송·접대와 모금운동 등을 벌였다.

이후 1938년 2월 9일, 경성부회의원 공실(控室, 대기실)에서의 토의로, 조선지원병제도축하회가 결성되었다. 이때 그는 동아일보 사장 자격으로 발기인에 참가한다. 이 단체의 성격 및 활동은 장면(張勉)의 항에서 서술하였다.

같은 해 2월 12일, 조선호텔에서는, 경무국장(警務局長) 미하시(三橋孝一郞), 총독부 도서과장 후루까와(古川兼秀) 기타 요인의 임석으로 조선춘추회가 결성되었다. 이것은 전선 25개 일간신문사의 국책협력을 목표로 하였던 단체이다. "국운을 무궁토록 번영케 할 방도는 단지 국민 정신력의 일치 결속에 있다. ……오등(吾等)은……일치 결속 자강자계(自彊自戒)하여 민론(民論)의 지도 민의의 창달에 담당할 것을 기하고……적극적 진취의 국시(國是) 추진에 협력할 것을 맹서한다"가 이 단체 창립선언문 중 1절이다. 백관수는 간사(10명)의 1인으로 참가하였다.

같은 해 7월 1일, 부민관에서는 국민정신총동원 경성연맹 창립총회가 개최되었다. 이것은 국민정신총동원 조선연맹 산하의 지역단체이며, 종으로 각 단체 직장, 횡으로 2천3백만 개인을 총망라하여 전시협력·황도실천의 제일선에 세우려던 조직이다. 백관수는 같은 해 6월 22일 개최된 동 조선연맹 발기인 총회에 발기인으로, 또한 동 경성연맹에 상담역으로 참가하였다.

같은 해 8월 15일, 전시하 방공(防共)·방첩 완수와 황도정신 선양을 위한 조선방공(防共)협회가 조직되었다. "공산주의 사상 및 운동의 박멸방위(防衛)를 도모함과 동시, 아울러 일본정신의 앙양을 도모"[15]할 목적으로, 주의자 선도, 방공사상 보급, 방공상 필요한 사항의 조사 연구 등 관련사업을 진행한 단체이다. 그 총재는 정무총감, 회장은 경무국장이었으며, 도연합지부→군지부→지역·단

---

15) 조선방공협회규약(朝鮮防共協會規約) 제2조.

체·학교의 방공단(防共團) 또는 방공부 같은 산하조직을 전선에 걸쳐 두고 있었다. 조선방공협회 경기도연합지부는 같은 해 9월 16일 결성되었는데, 백관수는 민간측 평의원 55명 중 1인으로 참가하였다.

서순영(徐淳泳) 경남 통영(統營) 을구 출신이다. 일본 고문 사법과에 합격하고 판사로 복무했다.

유준상(柳俊相) 전북 완주(完州) 갑구 출신이다. 학교평의원(學校評議員)과 면장 등을 하였다. 학교평의원은 제령 제14호 '조선학교비령(費令)'에 의한 직책으로, 각 읍·면 1명을 조선인 읍회의원·면협의회원이 선거하며, 학교평의원회를 구성함으로써 보통학교 학교비의 징수·관리·처분 등에 관해서 군수 또는 도사(島司)의 자문에 응하였다.

이재학(李在鶴) 강원도 홍천(洪川) 출신이다. 충북도속→충북 사회과장을 거쳐서 1944년 11월 단양(丹陽) 군수가 되었다.

이종린(李鍾麟) 충남 서산(瑞山) 갑구 출신이다. 천도교 구파 원로로 민족운동에 종사했으나 일제말에는 친일노선을 걸었다. 즉, 1937년 8월 6일, 학무국 사회교육과는 중일전쟁 발발에 따른 시국계몽을 위해서 8개반 22명으로 된 전선 순회 시국강연반을 조직했다. 이종린은 제7반으로 8월 6~17일에 걸쳐 전남북 일대를 순강(巡講)하였다.

그 해 9월 6일 출발한 제2차 학무국 파견 시국강연반은 13개반 59명으로 편성되었다. 이종린은 고일청(高一淸)·김명준(金明濬)·이희적(李熙迪)·탁창하(卓昌河)와 함께 평북순강반으로 참가하였다.

이후 1938년 10월 20일, 국민정신총동원조선연맹 안에 비상시 국민생활개선위원회가 설치되었다. 이 위원회의 성격은 장면의 항에서 기술했는데, 이종린은 제2부(의례·사회풍조) 위원으로 참가하였다.

이 국민정신총동원연맹은 1940년 10월 16일 국민총력조선연맹으로 재출발했다. 이것은 그 해 8월 고노에(近衛文麿) 내각이 국책으로 천명한 이른바 동아신질서건설 방침 및 그 구체화 방책인 소위 신체제운동과 관련해서, 그 실행기관으로 탄생한 일본의 대정익찬회(大政翼贊會)에 대응하는 조직이었다. 조선은 정치적 권리 능력은 없고 국민적 협력만 요구되는 처지였기 때문에 '대정익찬회 조선지부'가 아니라 '국민총력조선연맹'으로 했던 것인데, 총동원연맹의 기구를 더욱 확충 강화한 조직 형태였다. 여기에 이종린은 평의원으로 참가하였다.

1941년 8월 25일, 부민관에서는 삼천리사(三千里社) 사장 김동환(金東煥)의 발기 창도로 임전대책협의회가 소집되었다. 물자·노무 공출의 철저화, 국민 최저생활의 실천 등 전시봉공(戰時奉公)의 의용화(義勇化)를 목적했던 이 단체는 같은 해 9월 4일 부민관에서 임전대책연설회를 열었고, 동 7일 채권가두유격대를 편성하여 부내 요소에서 1원짜리 꼬마채권(국채)을 팔았다. 이종린은 이때 임전대책협의회 위원으로 참가했으며, 임전대책연설회 연사로「30년 전의 회고」를 연설했고, 채권가두유격대 황금정반(黃金町班, 을지로반)의 일원으로 을지로 초입 일본생명보험회사 앞에서 행인에게 채권을 판매하였다.

그 후 임전대책협의회는 비슷한 목적으로 소집(1941. 8. 24)된 윤치호 계열의 흥아보국단(興亞報國團) 준비위원회와 통합하여 조선임전보국단을 결성하였다 (1941. 10. 22). 이것은 사설(私設) 전시협력단체 중 제1급으로 강력했던 것의 하나인데 아래가 그 강령이다.

1. 아등(我等)은 황국신민으로서 황도정신을 선양하고 사상통일을 기한다.
1. 아등은 국가 우선의 정신에 기(基)해서 국채의 소화, 저축의 여행, 물자의 공출, 생산의 확충에 매진하기를 기한다(외 3개 항목 생략).

이종린은 이 단체의 상무이사 18명 중의 한 사람이었다.

1943년 11월 6일, 전선종교단체협의회는 학병독려를 위해서 조선종교단체 전시보국회를 결성했다. 이들은 불교 1명, 천도교·구세군·감리교·장로교·천주교 각 2명인 11명의 대표위원을 선출했는데, 이종린은 정광조(鄭廣朝)와 함께 천도교측 대표위원이 되었다. 이 보국회는 11월 16·17일에 걸쳐 7개반 14명으로 된 독려연설반을 전선 도청소재지에 파견했는데, 이종린은 해주를 담당하였다. 그는 또한 매일신보사 주최의 학병격려대연설회(1943. 11. 7, 부민관)에서「부형과 학생들에게 고함」을 강연하였다.

이 밖에 종로 갑구의 이윤영(李允榮), 경기도 시흥의 이재형, 종로 을구의 장면은 행정부에서 이미 언급하였다.

제헌국회에 관해서 특기할 것은 반민법의 제정 및 개정──이 아니라 사실상 폐기──이 모두 이 국회에서 이루어졌다는 점이다. 그런데 이 법 제정 당시의 국회 부의장 김동원과 반민특위 부위원장을 한 김상돈 의원, 반민특위 습격사건 당시의 내무차관 장경근(張暻根)이 모두 부일협력의 전력을 갖고 있었다. 이들이 반민법의 제정·집행·폐기와 관련해서 대표적 위치를 점했다는 것이야말로 반일 민족주체세력이 확립되기 전단계에서의 혼란상의 단적인 표현이라 할 수 있겠다.

제2대 국회

제2대 국회에는 필자가 아는 범위에서 대일협력자가 9.2퍼센트인 20명이다. 제헌국회의 4.8퍼센트에 비해서 2배의 증가인데, 반민법 폐기의 영향이 컸을 것으로 짐작된다. 아래에서 개별적인 상황을 살펴보겠다.

곽의영(郭義榮) 충북 청원(淸原) 을구 출신이다. 1943년 괴산 군수와 청원 군수를 거쳤다.

김명수(金命洙) 경남 합천(陜川) 을구 출신이다. 1936년 이래 17년간 금융조합장을 하였다. 일제하의 금융조합장은 제령 제22호 금융조합령 제31조 제3항에 의한 도지사의 인가를 얻음으로써만 조합원의 선임에 효력이 발생하였다.

김의준(金意俊) 경기도 여주(驪州) 출신이다. 일본 고문 사법과에 합격한 후 법조계 생활을 하였다.

남송학(南松鶴) 용산 을구 출신이다. 1930년에 조선철도기수를 하였다.

박순천(朴順天) 종로 갑구 출신이다. 1940년 12월 15일 결성된 황도학회(皇道學會)에 발기인으로 참가하였다. 황도정신의 체득과 보급을 목적했던 이 단체는 1941년 1월 14일 이후 매일 2시간 주 4일 개강으로 대화숙(大和塾)에서 황도강습회를 개최하는 등의 활동실적을 남겼다.

같은 해 7월호 『춘추』(春秋)에 박순천은 시국논문 「조선의 남편과 아버지에 소(訴)함」을 발표하였다. 또 그는 1941년 12월 27일 부민관에서 열린 조선임전보국단 주최 결전(決戰)부인대회에 연사로 출석했다. 지도층 여류인사 8명이 강연한 이 연설회에서 박순천의 강연 제목은 「국방가정」이다. 또한 그는 1942년 1월 5일 조직된 조선임전보국단 부인대(隊)에 지도위원으로 참가하였다.

박승하(朴勝夏) 강원도 춘성(春城)구 출신이다. 총독부 농림국 촉탁으로 있었다.

서범석(徐範錫) 옹진(甕津) 갑구에서 당선한 후 서울 성북구로 선거구를 옮겼다.

그는 봉천(奉天) 일본육군특무기관의 산하 부속기관으로 설립된 흥아협회(興亞協會)에서 사무장을 하였다. 1936년 4월 창설된 이 기관은 재만(在滿) 조선인 사상선도—즉 조선인 반제(反帝)·독립 계층의 사상교란 파괴를 목적으로 했으며, 이를 위해서 다음과 같은 사업을 실행하였다.

① 재만 조선인의 사상선도
② 재만 조선인의 지위 및 생활향상을 위한 조사·연구·지도·알선·조정.
③ 만주국내 타민족과의 협화 간친.[16)]

본부를 봉천에, 지부를 만주국내 각처에 두었던 이 기관의 역원은 회장·부회장·감사 각 1명과 이사 약간 명, 사무장 1명, 사무원 약간 명이다. 그 중 이사는 일제의 침략기관 중 수개처에서 1명씩 당연직으로 선출하도록 규정했는데, 그 선출기관 및 담당업무는 아래와 같다.

특무기관 : 전반업무 총괄.
총영사관 : 정치·외교 관계 분야.
제1독립수비대사령부 : 경비·군사 관계.
일군헌병대 : 치안·사상관계.
조선총독부 : 정치·경제, 특히 일선만(日鮮滿) 융화와 조선사정 소개.
만주제국협화회 : 교육·종교·문화, 건국정신의 철저, 선덕달정(宣德達情)의 공작.
조선거류민회 : 거류민회 주관사항.
동아권업(勸業)주식회사 : 이민·산업.
동양척식 : 이민·산업.
조선은행 : 경제·재정·금융관계.[17)]

흥아협회는 "역원의 추천을 얻은 자로써 회원으로 하"[18)]였으며, 봉천특무기관·봉천일본총영사관·동척·조선은행·동아권업 등의 기부금으로 경비를 조달하고 있었다.

---

16) 흥아협회회규(興亞協會會規) 제4조.
17) 흥아협회회규 중 이사(理事)에 관한 세칙(細則) 1 참조.
18) 흥아협회회규 제5조.

만주에서의 이와 같은 사상공작기관은 1934년 9월 5일 조직된 간도협조회(間島協助會)와, 조직일자 미상인 동남지구 특별공작후원회, 기타 민생단(民生團, 조직일자 미상) 등 다수가 있었다. 그 중 동남지구 특별공작후원회는 본부를 신경(新京)에 두었던 선무(宣撫)·투항공작기관인데 본부 역원은 아래와 같다.

고문 : 이범익(李範益)·최남선(崔南善)·유홍순(劉鴻恂).
총무 : 박석윤(朴錫胤)·윤상필(尹相弼)·김응두(金應斗).
상무위원 : 서범석·최창현(崔昌鉉)·박준병(朴準秉)·이성재(李性在)·김동호(金東昊)·김교형(金矯衡)·김중삼(金仲三)·가네꼬(金子昌三郞, 본명 불상).

다음은 동남지구 특별공작후원회 본부가 1940년 겨울 동만(東滿) 산악지대의 항일게릴라 부대에게 살포한 투항권유문 중 일절이다.

황량한 산야를 정처없이 배회하며 풍찬노숙하는 제군! 밀림의 원시경에서 현대문화의 광명을 보지 못하고 불행한 맹신(盲信) 때문에 귀중한 생명을 초개같이 도(賭)하고 있는 가엾은 제군! 제군의 저주된 운명을 깨끗이 청산하여야 될 최후의 날이 왔다! 생하느냐! 사하느냐? 1백50만 백의동포의 총의를 합하여 구성된 본 위원회는 금동에 전개될 경군(警軍)의 최종적인 대섬멸전의 준엄한 현실 앞에 직면한 제군들에게 마지막으로 반성 귀순할 길을 열어주기 위하여 이에 궐기한 것이다.(중략)
오호!! 밀림에 방황하는 제군! 이 권고문을 보고 즉시 최후의 단안을 내려 갱생의 길로 뛰어나오라! …… 그리하여 군등(君等)의 무용과 의기를 신동아 건설의 성업(聖業)으로 전환 봉사하라! 때는 늦지 않다! …… 제군을 평화로운 생활로 인도할 본 위원회의 만반 준비가 제군을 기다리고 있는 것이다.

신용욱(愼鏞項) 전북 고창(高敞) 갑구 출신이다. 일본 동아비행전문을 졸업한 1등비행사이다. 배영동지회 이사, 조선임전보국단 평의원을 했고, 채권가두유격대 본정(本町)대원으로 1941년 9월 17일 시노자끼(篠崎) 상점 앞에 출동했다. 비행사인 그는 조선항공사업회사를 설립, 그 사장으로 2차대전 중 약 1년간 해군 수송업무에 종사했으며, 조선항공공업사를 설립하여 항공기 수리작업도 하였다.

한편 그는 1935년 9월, 이른바 시정(始政) 25주년 기념행사의 일부로 실행된 신경(新京)·남경(南京) 방문 동아친선(親善)비행을 수행하였다. 1940년 3월 30일 남경에 친일 괴뢰 왕정위(汪精衛) 정권이 수립되었을 때도 경축친선비행을 실행하였다. 3월 25일 여의도(汝矣島)를 출발, 봉천→금주(錦州)→산해관(山海關)→북경→제남(濟南)→서주→남경→상해 코스로 비행한 이 경축친선비행에서 신용욱은 각처 기착지의 일군 사령부 등을 방문하면서 위문금 또는 요인메시지 등을 전달했다. 이 비행은 출력 285의 계림호(鷄林號)를 신용욱이 직접 조종하면서, 기관사 고준식(高準植)의 동승으로 이루어졌다.

안용대(安龍大) 경북 경주(慶州) 갑구 출신이다. 1941년 고문 행정과에 합격하고 조선총독부속→창원(昌原)·함안(咸安) 군수 등을 하였다.

엄상섭(嚴詳燮) 전남 광양(光陽) 출신이다. 고문 사법과에 합격하고 1939년 9월 광주지방법원 검사대리, 1941년 1월 동 예비검사, 동년 3월 동 검사를 거쳐 1942년 3월 함흥지방법원 검사를 하였다.

또한 그는 1942년 3월부터 임기 3년인 조선총독부 예방구금위원회 예비위원 (함흥관내)을 두 번 중임했다. 이것은 제령 제8호「조선사상범 예방구금령」[19]의 시행을 위한 것으로, 칙령 제167호「조선총독부 예방구금위원회 관제(官制)」에 의해 설치된 것이었다. 일제의 사상규제는 사상범 중 집행유예·불기소·집행종료·가출옥자 등에 대한 소위 보호관찰을 1차적인 수단으로 하였다. 즉, 재범을 방지하기 위해서 보호관찰심사회의 결의로 사상범보호관찰소 등에 수용 위탁하여 사상과 행동을 감시하는 제도였다.

이것으로써 목적을 달성할 수 없을 때, 또 치안유지법상의 형집행 종료자로 재범의 우려가 있는 자에 대해서는 2차적인 대책으로서 예방구금령이 적용되었다. 이것이 규정한 예방구금은 예방구금위원회의 의견을 구한 후 검사가 재판소에 대해 청구하며, 합의부의 결정으로 2년간 조선총독부 예방구금소[20]에 수용함으로써 실시했다. 예방구금위원회는 각 지방법원 검사국에 설치되며, 총독이 임명하는 직원, 즉 회장 1명, 위원 6명, 예비위원 4명으로 조직된다. 이들 위

---

19) 1941년 2월 12일 공포, 같은 해 3월 10일 시행.

20) '조선총독부 보호교도소'란 명칭으로, 1941년 3월 10일 서울에 개설되었다.

원은 5인 이상 출석과 그 과반수의 의결로 예방구금의 청구, 그 기간의 갱신, 그 해제 및 집행의 면제 등에 관하여 의견을 구신했다. 예비위원은 위원 유고 시에 대리로 위원회에 참석하여 의결권을 행사했다.

윤길중(尹吉重) 강원도 원주(原州) 출신이다. 1939년 고문 행정과에 합격했다. 조선총독부속을 거쳐서 1941년 3월 강진(康津) 군수, 1943년 10월 무안(務安) 군수, 1945년 2월 학무국 사무관을 하였다.

윤성순(尹城淳) 경기도 포천(抱川) 출신이다. 1938년 5월 8일 결성된 경성기독교연합회에 평의원으로 참가했으며, 북선흑연(黑鉛) 광업소장도 하였다. 아래는 기독교 내선일체·황민화체제의 최초의 출발인 경성기독교연합회(조·일인 합동)의 발회식이 채택한 선언문이다.

현하 아국 시국의 중대성에 감하여 국시를 체(體)하며 국민정신의 진작을 도(圖)함은 가장 긴급사임을 인(認)하고 자(玆)에 일층 전도에 정진하여 황국신민으로서 보국의 성(誠)을 치(致)하기를 기함.

이석기(李錫基) 충남 부여(扶餘) 갑구 출신이다. 1939년 고문 행정과에 합격하고 아산(牙山) 군수를 하였다(1941).

이용설(李容卨) 인천(仁川) 갑구 출신이다. 임전대책협의회 평의원, 채권가두유격대 남대문대원, 조선임전보국단 평의원 등을 하였다.

이종린(李鍾麟) 충남 서산 갑구 2선의원인데 제헌국회에서 언급했다.

이종욱(李鍾郁) 강원도 평창(平昌) 출신이다. 오대산 월정사(月精寺) 주지로 그의 친일행적이 실은 특이한 것이었다.

그는 한성정부[21]가 수립될 때 13도 대표로 참가했다. 대동단(大同團)사건과 김상옥(金相玉)사건 관련자로 갑종 요시찰인이던 그는 3·1운동 후 한때 상해 임정에도 관계했다. 이런 이종욱이 총독부와 접촉을 시작한 것은 폐사의 위기에 처한 월정사 사채(寺債)정리 업무를 맡으면서였다. 홍보룡(洪甫龍)주지 시대의 포교당 건축비 채무가 은행빚 11만 원으로 늘어나자 월정사는 이종욱을 주지로 선임함으로써 해결책을 강구하려 하였다. 하지만 이종욱은 요시찰인이

---

21) 한성정부는 1919년 4월 23일 13도 대표 25명이 서울에 참집하여 조직한 임시정부이다. 집정관총재는 이승만으로 했는데 추후 상해 임정에 통합되었다.

라 주지 인가를 받을 수 없었고, 그래서 사채정리 총무위원을 맡았다. 총독부는 이종욱을 회유하기 위해서 동척의 특별대부로 월정사를 폐사의 위기에서 소생하게 했던 것이다.

이 과정에서 총독부 출입이 시작된 이종욱은 뒤미처 그들로부터 월정사 주지 취임의 인가를 받았다. 그리고 그는 1937년 2월 26~27일 총독부 제1회의실에서 개최된 삼십일본산주지회(三十一本山住持會)에 참석하였다. 이때의 회합은 총독 미나미(南次郞)가 불교를 국민정신작흥 운동의 제일선에 동원하기 위해서 소집했던 것인데, 본산 주지 31명과 조선불교중앙교무원의 이사 2명이 참석하였다. 이들은 당국의 희망인 총본산(總本山)을 설립하기 위해서 3월 2일 중앙교무원에서 회합한 후, 그 설립을 위한 상임위원으로 이종욱·임석진(林錫珍, 송광사)·차상명(車相明, 범어사)을 선출하였다.

같은 해 8월 6일, 부민관 대강당에서는 삼십일본산주지회를 대표한 이종욱의 사회로 불교시국대강연회가 개최되었다. 8월 5일 개운사에서의 황군 무운장구 기원법요(祈願法要)의 후속행사인 이 강연회는 중앙교무원 주최이며, 권상로(權相老, 佛專교수)와 김태흡(金泰洽, 佛專강사)이 연사였다. 뒤미처 8월 27일, 이종욱은 월정사 소속 말사(末寺)주지·포교사회의를 소집하고 시국인식에 관한 아래 각항의 실천을 지시하였다.

1. 물심(物心)으로의 보국의 정성.
2. 매일 아침 예불(禮佛)시 황군 무운장구 기원.
3. 황군 사기의 고무 격려.
4. 전병(戰病)사상 군인, 유가족 위문.
5. 국방헌금·위문금 갹출의 예산화.

이날 이종욱은 즉석에서 수집한 7백66원 85전을 군사후원연맹에 헌금하였다. 또한 같은 해 10월 5일에는 월정사 주지 이종욱 이하 승려 일동이 갹출한 3백66원 95전을 국방헌금하였다. 한편 월정사에서는 1937년 9월 15~19일에 걸쳐서 강원도 당국이 주재하는 중견청년강습회가 베풀어졌다. 1938년 7월에는 일본·조선 두 불교의 권위자를 강사로 하는 승려수양강습회가 월정사를 회장(會場)으로 해서 개최되었다.

같은 해 3월 11~13일까지 중앙불전(中央佛專)에서는 ① 사법(寺法) 통일과

종헌(宗憲) 기초(起草)문제, ② 총본산 신축비 문제, ③ 시국하 불교활동, ④ 일본불교와의 연락문제 등을 토의하기 위한 삼십일본산주지회의가 개최되었다. 이들은 회의 첫날에 의장 이종욱을 선출한 후 황군 무운장구의 기원을 위해 조선신궁에 참배하였다. 이 회의는 불교 당면의 문제들을 수행할 위원으로 이종욱 등 13명을 선임한 후, ① 총본산 건립에 관한 건, ② 선(禪)·교(敎) 양종(兩宗) 총본산 사법(寺法) 94조의 제정과, ③ 북지(北支) 황군위문에 관한 건 등을 의결하였다.

그 후, 1940년 6월 17일, 조선불교총본산 건설사무소에서는 이종욱 외 5명의 출석으로 '창씨개명 여행(勵行)에 관한 협의회'가 개최되었다. 이들은 일반 신도까지 기한내에 전원 창씨 완료시킨다는 원칙에 합의한 후, 그 실행에 편의를 제공키 위해 중앙포교소 등 6개소에 무료 창씨상담소를 설립하도록 결의하였다. 이리하여 히로다 쇼이꾸(廣田鍾郁)가 된 이종욱은 1941년 1월 29일 국민총력조선연맹 문화부 문화위원, 같은 해 9월 7일 채권가두유격대 종로 4정목(丁目, 街)대원과 1945년 6월 8일 결성된 조선언론보국회의 등에 참여한다. 1943년 8월 1일자로 조선에 징병제가 실시되자 이종욱은 그 날짜 『매일신보』에 다음과 같은 경축담화를 발표하였다.

……이제 우리 반도는 징병제 실시로 황민 최고의 책무(責務)를 봉답(奉答) 완수할 기회를 얻게 되었다. 이 어찌 반도청년 당사자인 청장년들만의 영예이리오. 반도의 노약(老若)은 물론 제불보살(諸佛菩薩)과 반도산하가 다 함께 기꺼워하고 동시에 감읍(感泣)하여 마지않는 일이다.(하략)

그런데 이종욱의 이러한 적극 친일이 실은 독립운동을 은폐하려는 위장이었다고 한다. 해방 후 밝혀진 바인데, 이종욱은 적극 친일을 하는 한편 임정과 계속 연락을 가지면서 군자금을 밀송하곤 했다고 한다. 태평양전쟁이 막바지에 이른 1944년 3월에 이종욱은 강태동(姜泰東)·김현국(金鉉國)·유석현(劉錫鉉)·이응진(李應辰) 등과 함께 항일 무력봉기를 계획하였다. 강석주(姜昔珠)의 『불교 근세 100년』 제65화(話)에서 그 자세한 내용을 옮기면 다음과 같다.

그때 일본군의 후방을 교란하기 위해서 '게릴라'활동을 전개하기로 하고 자금조달의 책임을 스님(이종욱-필자주)이 맡고 유석현(劉錫鉉) 씨는 무기구입의 책임을 맡았었다. 그리고 1945년 9월 18일을 거사일로 잡았다. 이 일자는 이범석(李範奭) 장군이 이끄는 광복군이 본토에 상륙하기로 한 시기와 일치한다. 계획을 세운 스님(이종욱)은 곧 월정사와 묘향사(妙香寺) 석왕사(釋王寺) 등을 돌면서 자금을 조달하는 한편, 김재호(金載浩)·김시현(金始顯)·김찬(金燦) 등 동지들을 중국 국민정부와 우리 광복군에 밀파하여 무기 반입을 교섭하도록 하였다.

이 계획은 일본이 예상보다 빨리 항복함으로써 실천에 옮겨지지 않았으나 우리 독립운동사에 남을 큰 모의(謀議)였다. 이러한 사실은 광복 후 임정요인이 돌아옴으로써 밝혀졌지만, 나는 일찍이 선학원(禪學院)에 발을 들여 놓은 어린 시절부터 임정에 몸을 담아온 유석현 씨에게서 들었다.

임정요인 유석현 씨는 아직 건재중이시다. 이종욱이 독립운동의 수단으로 친일을 했다는 것은 그야말로 민족적 비극이 아닐 수 없다.

이종형(李鍾瑩) 강원도 정선(旌善) 출신이다. 반민법을 극렬하게 반대한 한 사람인데 반민특위의 기소장에서 그 행적을 살펴보겠다.

1. 피고인 이종형은 일찍이 일본 와세다 대학 정경과를 졸업하고 기미운동 사건으로 징역 19년을 받고 복역중 감형되어 9년 만에 출감된 자로서, 그 후 1930년 여름에 만주에 건너가서……길림감군(吉林監軍) 장작림(張作霖)과 동 참모장 희흡(熙洽)과 결탁하고 소위 초공군(巢共軍)사령부를 조직한 후……약 5개월간에 달하여 돈화(敦化)·동만(東滿) 일대를 배회하면서 한인 공산당원을 토벌한다는 구실 밑에 길림성 돈화현(敦化縣) 왕도하(王道河) 등 부락에 살고 있는 애국지사 50여 명을 체포하여 그중 17명을 교살 또는 투옥시켰고,

2. 피고인은……한만(韓滿) 민간충돌사건(만보산사건)이 폭발되자 당시 조선일보가 장춘(長春) 지국장이요 애국지사인 김이삼(金利三)이 전기 충돌사건에 대해 그 사실을 같은 신문사에 보도 기재한 바 피고인은 김이삼을 일본영사관 주구로서 만보산사건이 없음에도 불구하고 대서특필하여 허위보도 한 것은 우리 한인에 대하여 큰 영향이 미치게 한 것이라고 단정하고 연후 김이삼의 죄는 응당 죽어야 된다고 하여 즉시……체포 감금하였다가 약 5~6시간 후 석방한다는 형식으로 일시 길림시 우마황 연동호여관에 귀환시

킨 후 부하를 시켜 동 여관에서 김이삼을 총살시켰다(하략).

반민특위 기소장에 의하면 이종형은 그 밖에도 "독립운동가 남자현(南慈賢)을 밀고하여 옥사케" 했고, "독립운동가 승진(承震)을 길림 강남공원에서 암살"했으며, "북경지방에 있던 장명원(張明遠)·권태석(權泰錫)·김만룡(金萬龍)·김선기(金善基)·이상훈(李相薰)·박시목(朴時穆) 등 애국지사를 밀고하여 투옥"시켰다고 한다.

이채오(李采五) 경남 통영(統營) 을구 출신이다. 통영수산학교를 마치고 1935년부터 함북도청 기수를 하였다.

임흥순(任興淳) 서울 성동(城東) 을구 출신이다. 보성고보를 졸업했으며, 서울 동구(東區)의 유지로 방호단(防護團) 기타에 관계하였다.

즉, 법률 제47조 '방공법'(防空法)이 공포된 1937년 4월 5일 전후로부터 총독부는 준전시하에서의 방공체제 확립에 열을 쏟기 시작했다. 방공과의 신설 계획 및 파출소·주재소를 주체로 한 방공사상 계몽, 방호단의 결성과, 같은 해 11월 17일자 '조선방공위원회령'(칙령 제662호)에 의한 방공위원회의 설치 등이 그 중요한 내용이다.

그 하나인 방호단의 결성은 1937년 2월 중순부터 시작되었다. 2월 14일, 경성 중구 방호단 결성준비위원회가 부민관에서 개최된 후, 21일 경성부청에서는 유지와 정총대(町總代) 등 60여 명의 참석으로 경성동구방호단 결성준비위원회가 소집되었다. 이것들은 같은 해 4월 3일 결성된 경성방호단의 산하 조직으로, 등화관제·방공훈련·공습시의 피해 복구 등을 임무로 하는 것이었다. 그 편성은 서울 2백59정(町)을 동·중·용산·영등포구로 4분한 후 예하에 11개 분단(分團)을 두며, 기타 3개 공작반과 6개 반의 수상(水上)방호단을 특설한 것이다. 이때 임흥순은 21일 동구의 준비위원회에서 동구방호단 제1분단 부분단장에 선임된 후, 1938년 무렵 동 제1분단장으로 승진하였다.

같은 해 3월 중순, 매일신보사는 대아시아주의 사상 보급책의 일환으로 북지·만주국 시찰단을 모집하였다. 선착순 25명 한도인 이 시찰단은 단장 김한규(金漢奎) 인솔로 4월 6일 서울 출발, 봉천→천진→북경→장가구(張家口)의 여정을 마친 후 4월 22일에 귀경했다. 임흥순도 단원 25명 중 하나로 참가했는데, 이들의 여행 목적에는 황군위문도 포함되어 있었다.

같은 해 8월 31일, 임흥순은 경성부윤으로부터 신당정(新堂町) 제3구 정회(町

會)역원전형준비위원에 위촉되었다. 이것은 1938년 8월 1일자 경성부 고시(告示) 제126호인 개정 '경성부 정회(町會)규정'에 의한 것으로, 총대 이하의 정회 역원을 선출할 20명 이내의 정회역원전형위원을 선임하는 소임이다. 그 총원은 3백55명이며, 신당정 제3구는 3명으로 임홍순·미즈노(水野軍次)·아오끼(靑木大三郞)였다. 전형준비위원→전형위원이 선출한 정회총대 등의 역원은 부윤의 인가를 얻음으로써 선임의 효과가 발생하였다. 이어 9월 6일, 임홍순은 동구 방호단 제1분단장으로 유기(놋그릇) 6백86점을 모아 경성부에 헌납했다. 또한 12월 11일에는 경성원예학교에서의 동구방호단 제1분단 제2지구단 결성식에 참석하여 동 분단장 자격으로 고사(告辭)를 하였다.

1939년 5월 21일 임홍순은 경성부회의원에 당선되었다. 그 직후인 6월 5일, 그는 선거법위반으로 경성지방법원 검사국에 구속 송치되었으며, 8월 2일 징역 6개월 벌금 30원을 구형받았다. 8월 16일 벌금 2백 원의 확정판결로 임홍순은 부회의원의 직을 상실했으며, 함께 기소된 선거운동원 8명은 1심에서 1명이 50원, 2심에서 4명이 20~1백 원의 벌금형을 받았다.

이후 활동이 뜸하던 임홍순은 1941년 8월 28일 임전대책협의회 상무위원이 되었으며, 9월 7일에는 동 협의회가 조직한 채권가두유격대 본정(本町)대원으로 국채 소화운동을 벌였다. 그해 10월 22일, 그는 부민관 대강당에서 결성된 조선임전보국단에 평의원으로 참가했다. 1943년에 학병제도가 시행되자 그는 동년 11월 10일 결성된 학도병 성동익찬(城東翼贊)위원회 위원장으로 호별방문 독려 끝에 관내──성동구──의 전원을 출진시켰다.

최병주(崔炳柱) 전북 부안 출신이다. 성대 법문학부를 마치고 고문 사법과에 합격했다. 판사를 하다가 1939년 8월 퇴직, 평양에서 변호사를 개업했다.

제3대 국회

제3대 의원은 보결선거 당선자 5명을 합쳐서 2백8명이었다. 그 구성은 자유당 1백21명, 무소속 66명, 민국당 11명, 기타 10명이다. 그 중 아래 20명에게 부일 협력의 전력이 있다.

강세형(姜世馨) 전북 익산 을구 출신 무소속이다. 독일 베를린대학을 마치고 귀국한 후 도쿄 고지마찌구(麴町區) 나가다쪼(永田町) 소재 일독(日獨)문화협회의 주사로 있었다. 1939년 7월 독일 청소년성 대신에게서 일독문화교류에 진력한 공로로 감사장이 수여되었다.

곽의영(郭義榮) 청원 을구 출신 자유당인데 제2대 국회에서 언급했다.

김달호(金達鎬) 경북 상주 갑구 출신 무소속이다. 고문 사법과에 합격하고 1937년 11월 광주지방법원 예비판사, 1938년 3월 동 판사, 1940년 8월 청진지방법원 판사로 근무했다.

김상돈(金相敦) 마포 갑구 출신 민국당 의원이다. 제헌국회에서 기술하였다

김선태(金善太) 전남 완도(莞島) 출신 무소속이다. 고문 사법과에 합격하고 1942년 3월 전주지방법원, 1943년 3월 대전지방법원 청주지청에서 판사를 하였다.

김의택(金義澤) 전남 함평(咸平) 출신으로 무소속이다. 보통문관시험에 합격하고 1937년 3월 제18회 경부 및 경부보시험에 합격하였다. 1940년 전남경찰부 위생과에 근무했다는데 직위는 확실치 않다.

박용익(朴容益) 강릉 을구 출신 무소속 의원이다. 성대 법학부를 마치고 봉화(奉化) 군수(1939)·예천(醴泉) 군수(1942)를 하였다.

신용욱(愼鏞頊) 고창 을구 출신 자유당 의원이다. 2대 국회에서 기술하였다.

윤성순(尹城淳) 경기도 포천(抱川) 출신 자유당 의원. 2대 국회에서 기술했다.

윤형남(尹亨南) 전남 순천(順天) 출신 무소속이다. 1940년 고문 행정과 합격. 칠곡(漆谷)·상주(尙州) 군수를 했다.

이재학(李在鶴) 강원도 홍천 출신 자유당 의원이다. 제헌국회에서 말했다.

이태용(李泰鎔) 충북 제천 출신 자유당 의원이다. 총독부속(屬)으로 있었고 1934년 고문 행정과에 합격했다. 양구(楊口) 군수(1937. 11), 평강(平康) 군수(1939. 3)와 농림국 수산과 사무관(1943. 9)을 하였다.

인태식(印泰植) 충남 당진 출신 자유당 의원이다. 행정부 재무부장관 항목에서 기술하였다.

임우영(林祐永) 강원도 춘성(春城) 출신 국민회 의원이다. 동척(東拓) 출장소장을 했는데 그 세목(細目)은 미상이다.

임흥순(任興淳) 서울 성동 갑구 출신 무소속 의원이다. 2대 국회에서 말했다.

장경근(張曠根) 경기도 부천(富川) 출신 자유당 의원. 1935년 고문 사법과에 합격했다. 1937년 12월 경성지방법원 판사, 1941년 3월 경성복심법원 판사를 했다.

조재천(曺在千) 경북 달성구(達城區) 출신 민주당 의원이다. 1940년에 조선변호사시험과 고문 사법과에 합격하고 1943년에 판사가 되었다.

한동석(韓東錫) 경기도 고양 출신 자유당 의원이다. 1934년 고문 행정과에 합격했다. 1937년 7월 함남경찰부 경무과장(고등과 겸무) 경시, 1940년 2월 동 보안과장(고등과 겸무), 1940년 7월 총독부 기획부(식산국 겸무) 사무관, 1943년 12월 전주(全州) 전매국장, 1945년 5월 황해도 참여관 겸 농산부장과 조선식량영단(營團) 황해도지부 감리관(監理官)을 맡았다.

한희석(韓熙錫) 천안 출신 자유당 의원이다. 1937년 고문 행정과에 합격했다. 총독부속을 거쳐 1940년 7월 창녕(昌寧) 군수, 1942년 7월 동래(東萊) 군수, 1943년 9월 도이사관(道理事官)으로 전남 내무부 지방과장 겸 국민총력과장을 하였다.

현석호(玄錫虎) 경북 예천 출신 자유당 의원이다. 1933년 고문 행정과에 합격했다. 전라남도 경부(警部)를 거쳐서 1936년 11월 화순(和順) 군수가 되었다. 1938년 6월 도(道)이사관으로 승진, 황해도 산업과장이 되고 9월부터 농촌진흥과장을 겸무했다. 1944년 7월에는 흥아원(興亞院) 사무관 겸 총독부 사무관으로 승진하고 총독부관방(官房) 외무부 근무로 흥아원 화북(華北) 연락부에 재근(在勤)하였다.

제4대 국회

제4대 국회는 재선거 6명을 합해서 2백39명의 의원이 배출되었다. 정당별로는 자유당 1백32명, 민주당 79명, 통일당 1명과 무소속 27명이었다. 이들 중에 부일협력의 전력이 있는 사람은 필자가 아는 범위에서 25명이다. 이 '필자가 아는 범위'에는 확실하게 고증되지 않는 사람은 배제하고 있다.

강종무(姜琮武) 경남 김해(金海) 갑구 출신 자유당이다. 총독부 도(道) 기사를 거쳐서 1940년 3월 강원도 산업부의, 1941년 2월 경상북도 산업부의 토지개량과장을 하였다. 또 그는 1940년 4월 강원도정보위원회 간사에 피명(被命)되었다. 이것은 1937년 7월 22일 훈령 제51호 「조선중앙정보위원회 규정」에 의해 설치된 조선중앙정보위원회의 산하 지방기구이다. 조선중앙정보위원회는 정무총감을 위원장으로 하여 정보 및 계발(啓發) 선전에 관한 중요사항을 조사 심의하였다.

계광순(桂珖淳) 춘천(春川) 출신 민주당이다. 1931년 4월 강원도군속(郡屬)으로 춘천군에 근무했다. 회양군(淮陽郡)에 재직중이던 1932년 10월 고문 행정과 합격, 같은 해 12월에 강원도 경부가 된 후 1934년 7월 평강 군수, 1936년 4월 파주 군수를 하였다. 같은 해 5월 경찰계로 돌아가 함남경찰부 보안과장 경시(警視)로 1937년까지 복무했다. 1937년 7월에 그는 척무성(拓務省) 사무관에 임명되었다. 1938년 11월에는 다시 총독부 사무관으로 식산국(殖産局) 산금과(産金課)에 근무했으며, 학무국 사회교육과장(1940. 9)을 거쳐서 1942년 10월 강원도 참여관 겸 산업부장으로 승진했다. 1944년 6월 전임(專任) 도사무관으로 평북 내무부장을 한 후, 동년 11월 경남 광공(鑛工)부장을 잠시 맡았다.

이 동안에 계광순은 총독부 안에 설치된 각종의 위원회에 관여하였다. 그 중요한 몇 가지로는 학무국 사회교육과장 시절에 겸직했던 선전(鮮展) 평의원과 조선미술심사위원회 간사, 총독부중견청년수련소 및 총독부교학연수소(敎學研修所) 강사와 명륜(明倫)학원 학감, 기타 총독부저축장려위원회와 조선중앙정보위원회 간사 등이다. 강원도 참여관 시절에는 강원도농회장과 금융조합연합회 강원도지부 감리관(監理官), 지원병훈련소 생도(生徒) 추천자전형위원회, 또 정보위원회·주택위원회·물가위원회 강원도 위원과 징병제실시준비위원회 간사 기타를 겸직하였다.

곽의영(郭義榮) 충북 청원 을구 출신 자유당 의원이다. 3대 국회의원에서 기술하였다.

김상돈(金相敦) 마포구 출신 민주당 의원. 제헌국회에서 언급하였다.

김선태(金善太) 전남 완도 출신 민주당 의원이다. 제3대 국회에서 말했다.

김원태(金元泰) 충북 괴산 출신 자유당 의원. 1941년 고문 행정과에 합격했다. 함북 농상부 상무과장을 하였다.

김장섭(金長涉) 경북 영일 을구 출신 자유당 의원이다. 1940년 고문 사법과 합격, 1941년 6월 대구지방법원 검사 대리, 1943년 3월 신의주지방법원 판사, 1945년 6월 광주(光州)지방법원 검사로 있었다.

박충모(朴忠模) 강원도 원주 출신 민주당 의원이다. 1937년 7월 강원도회 의원에 당선되었다(민선).

서범석(徐範錫) 서울 성북구 출신 민주당 의원이다. 제2대 국회에서 말했다.

안용대(安龍大) 경주 출신 무소속 의원이다. 제2대 국회에서 언급하였다.

윤성순(尹城淳) 포천 출신 자유당 의원이다. 제2대 국회에서 기술하였다.

윤형남(尹亨南) 전남 순천 출신 민주당 의원. 제3대 국회에서 말했다.

이민우(李敏祐) 충남 아산 출신 자유당 의원이다. 1940년 경기도 철강(鐵鋼) 통제조합 상무이사를 하였다.

이익흥(李益興) 경기도 연천 출신 자유당 의원이다. 행정부 내무장관 항목에서 언급하였다.

이재학(李在鶴) 강원도 홍천 출신 자유당 의원이다. 제헌국회에서 말했다.

이종준(李鍾駿) 경북 월성 을구 출신 자유당 의원이다. 총독부 문서과에 근무하였다.

인태식(印泰植) 충남 당진 갑구 출신 자유당 의원이다. 재무부장관 항목에서 말했다.

임문석(林文碩) 대구 병구 출신 민주당 의원이다. 1930년 평북 내무부 지방과를 거쳐 동 산업과에 근무했다. 1933년 10월 고문 사법·행정 양과에 합격하고, 평북도지사관방 근무가 되었다. 1938년 운산(雲山) 군수 등을 거쳐서 1937년 7월 도이사관으로 황해도 내무부 산업과장, 1938년 6월 전북 내무부 지방과장, 1940년 11월에는 전북지사관방 국민총력과 근무가 되었다. 1941년 1월에는 세무관리로 전출해서 광주(光州) 세무감독국 간세부장이 되었다. 1943년 10월 충남 참여관 겸 광공부장으로 승진, 1944년 11월에 전임(專任) 도사무관으로 전라남도 재무부장을 하였다.

임문석 역시 총독부의 각종 위원회에 관여했는데 지원병훈련소생도 전형시험위원회위원, 지원병훈련소생도 추천자전형위원회 간사, 조선철도 간선(幹線) 긴급증강위원회 부산지방 연락부 간사 등이다.

장경근(張暻根) 경기도 부천 출신 자유당 의원이다. 제3대 국회에서 기술하였다.

정낙훈(鄭樂勳) 대전 출신 자유당 의원이다. 충남도속으로 1936년 8월 당진군 산업주사. 1938년 9월 군수로 승진하였다. 1938년 12월부터 보령(保寧), 1941년 3월 이후 연기(燕岐), 1942년 3월 이래 서산(瑞山)에서 군수로 복무하였다.

정운갑(鄭雲甲) 충북 진천 출신 자유당 의원이다. 1938년 충남군속이 된 후 1943년 고문 행정과에 합격하였다.

조재천(曺在千) 대구 정구 출신 민주당 의원이다. 제3대 국회에서 말했다.

주요한(朱耀翰) 지금까지 필자는 보편적으로 사용되는 친일 또는 친일파라는 말 대신 '부일협력'이란 용어를 사용해 왔다. 일제하 한때의 대일협력이 반드시 일본이 좋아서는 아닐 것이요, 또 그것으로써 그 사람의 의식 자체를 '친일'로 규정하기 싫어서였다. 하지만 이 항 주요한의 경우는 '부일협력'이란 용어가 부적합한 것일지도 모른다. 뼛속까지 황민화했다고 의심받을 정도의 부일협력은 부일협력이 아니라 친일이다. 주요한의 친일은 그의 창씨명 마쓰무라 고이찌(松村紘一)를 마쓰무라 고이찌(松村狂一)로 바꿔도 손색이 없을 만큼 극렬했고, 또 광범위하였다.

제4대 국회에서 그는 서울 중구(中區) 갑구 민주당 의원으로 당선되었다. 일제하에서는 1933년 이래 화신(和信)산업에서 취체역 기타를 한 것이 주업이다. 그는 1938년 12월 24일 수양동우회(修養同友會)를 대표해서 종로서에 국방헌금 4천 원을 기탁하면서 친일노선에 섰다. 1939년 10월 29일 결성된 조선문인협회에서 주요한은 조선인측 간사 6명 중 하나로 선출되었다.

이 단체는 이른바 '국민문학'이라고 한 황민화 일어문단의 건설과 내선일체의 구현을 위해서, 재선(在鮮) 일인 문학자와 조선문단의 통합으로 조직된 단체였다. 주요한은 1939년 11월 8일 명치제과(明治製菓) 2층에서 회장 이광수(李光洙) 이하 간사진 김동환(金東煥)·박영희(朴英熙)·유진오(兪鎭午)·이기영(李箕永)·정인섭(鄭寅燮) 외 일인 6명과 회합한 후, 위문대(慰問袋) 수집 헌납과 시국하 '문예의 밤' 개최의 건을 견의했다. 이 결의에 의해서, 1939년 11월 27일 제20사단 사령부에는 문인들이 갹출한 위문대 1백여 점이 헌납되었다. 또한 12월 21일 부민관에서는 황민문학(소위 국민문학)과 전쟁문학을 중심으로 '문예의 밤'이 개최되었다.

이러한 친일행적은 1941년으로 들면서 더욱 광적으로 가열되기 시작했다. 1940년 12월 25일 결성된 황도학회(皇道學會)에 발기인으로 참가한 후, 주요한은 임전대책협의회(1941. 8. 25 조직) 역원 전형위원과 조선임전보국단(1941. 10. 22 결성) 사업부원을 담당하였다. 임전대책협의회에서 그는 그 상설기관화를 동의하면서(결성대회), 동 협의회 편성인 채권가두유격대에 서대문대원으로 참가하였다(1941. 9. 7). 조선임전보국단에서는 동 단체 주최인 미영타도 대강연회[22]에 연사로 참가한바, 아래는 그 연설 「루즈벨트여 답하라」의 일부이다.

정의 인도의 가면을 쓰고 착취와 음모를 일삼는 세계의 방화범, 세계 제일

---

22) 1941년 12월 14일 부민관(府民舘)에서 개최됨.

의 위선군자(君子) 아메리카합중국 대통령 루즈벨트군. 연미복을 입은 신사, 기실은 약탈 강도를 일삼는 해적 괴수 대영제국 총리대신 처칠군. 위대한 어릿광대 두 군을 앞에 놓고 10억 아세아 대중의 이름 아래서 질문하노라.

루즈벨트여, 그대는 입을 열면 반드시 정의와 인도를 주장하지마는 파리강화조약 서문에 인종차별 철폐문안을……삭제한 것은 어느 나라며……아프리카 대륙에서 노예 사냥을 하기를 마치 야수 사냥하듯 한 것은 어느 나라 사람인가. ……그러나 그대들의 악운은 이미 다 되었다. ……동아 정복의 야망을 달하려는 그대들의 음모도 오늘날 우리나라의 파사검(破邪劍)이 일섬(一閃)하는 곳에 산산이 부서지고 말았다. 황군은 와신상담(臥薪嘗膽) 실력을 단련하기 이에 30년, ……어제는 하와이 진주만에서 미함(米艦)을 격침하기 4척, 대파하기 4척……미함과 영함을 폭침한 것은 결코 화약의 힘만이 아니다. 그것은 멸신보국(滅身報國)의 황국정신이요, 충용한 황군의 육탄의 힘이다. 10억의 동양인은 한덩어리가 되어 앵글로색슨의 야망을 응징코자 하는 것이다. 1억 동포는 열철(熱鐵)의 일환(一丸)이다. 더우기 반도의 2천4백만은 혼연일체가 되어 대동아성전의 용사 되기를 맹서하고 있다.[23]

이 무렵을 전후하면서 주요한은 「임전(臨戰)조선」(『신시대』, 1941. 9), 「미영의 동아침략」(『신시대』, 1942. 2) 같은 시국논설로 미영타도와 신도실천(臣道實踐)을 역설하기 시작했다. "동아의 성전이 조선에 구하는 것은 땀과 피와 살과 생명"이니, "오직 우리는 부르실 때에 바칠 뿐" "이것이 우리의 의무요 감사요 자랑이요 물려줄 것"(이상 「임전조선」)이라는 것이었다. 그리고 그는 1943년 4월 17일 결성된 조선문인보국회에 시부(詩部) 회장으로 또 1944년 6월 18일부터는 평의원으로 참가했다. 황민문학 건설의 제일선에서 일어시집 『손에 손을』(『手に手を』, 1943. 7)을 간행했는데, 황민화와 전쟁 예찬, 신도실천의 희열을 읊은 19편의 시(일문)가 수록되어 있다.

그의 이 같은 행적은 1945년 여름까지 계속되었다. 1944년 8월 17일 부민관의 적국항복문인대강연회에서 「아세아로 돌아가라」를 강연한 그는 1945년 6월 8일 결성된 대의당(大義黨)에 위원으로 참가하였다. 이것은 거물 친일파 박춘금(朴春琴)이 조직한 단체로, 1945년 7월 24일 부민관에서 아세아민족분격대회

---

23) 『신시대』, 1942년 1월호.

를 일·선·만·중국·안남 등 5개 민족대표 참가로 개최했다.
  주요한이 발표한 친일 논설은 「징병령 실시와 조선청년」(『신시대』, 1942. 6), 「다섯 가지 사명」(『신시대』, 1943. 6) 등 10여 편이다. 학병을 독려한 「나서라! 지상명령이다」(『매일신보』, 1943. 11. 18)의 일부를 아래에 소개한다.

> 이 시대에 있어서 일본 없이는 아세아가 없을 것이요, 아세아 없이는 조선도 없을 것이다. 이것을 생각하고 저것을 헤아릴 때에 동아성전은 반드시 우리들의 손으로 싸워 끝내지 않으면 안 될 것이다. 사(死)보다 더 강한 것은 오직 대의(大義)요 오직 국가요 오직 양심이요 오직 동포애가 있을 뿐이다. 제군을 강요한 자가 있다면 그것은 다른 자가 아니었을 것이요 오직 제군의 애국심이었을 것이요 동포애이었을 것이다.(하략)

진형하(陳馨夏) 대전 을구 출신 민주당 의원이다. 고문 사법과에 합격한 후 1941년 10월 대전지방법원 판사가 되었다.
황숙현(黃淑鉉) 전남 광양 출신 자유당 의원이다. 만주국 고시 기술과에 합격하고 만주국 기좌(技佐)로 있었다.

사법부

 이승만 정부에서는 2명의 대법원장과 17명의 대법관이 배출되었다. 이 분야는 전문적인 지식 경험이 요구되는 관계였는지 거의 대부분이 일제하 판·검사 출신이었다. 필자가 알 수 있는 범위에서 그 비율은 13명으로 68.4퍼센트이다. 이하 개별적으로 살펴보겠다.
 먼저 대법원장인데, 1~2대 김병로(金炳魯)는 변호사로서 일제하의 민족운동 관계 사건의 변론을 도맡다시피 하였다. 광주학생의거사건, 6·10만세사건, 원산총파업사건과 단천(端川)노조사건에 대한 무료변론이 그 두드러진 업적이다. 사법부 역시 출발은 민족계로써 했던 것이다.
 반면에 제3대 대법원장 조용순(趙容淳)은 1924년 현재 경성지방법원 개성지청 서기 겸 통역생이었다. 1925년 판·검사 임용시험에 합격한 후 해주·평양·광주지방법원 판사를 했다(법무부장관 항목 참조).
 대법관으로는 17명 중 12명이 일제의 판·검사 출신이었다.

고재호(高在鎬) 성대 법과를 마치고 1939년 변호사시험과 고문 사법과에 합격했다. 1941년 10월 대구지방법원 판사로 있었다.

김갑수(金甲洙) 성대 법문학부 출신으로 1935년 고문 사법과에 합격했다. 1936년 9월 대구지방법원 검사대리, 1937년 12월 대구지방법원 판사, 1938년 5월 평양지방법원 판사를 거쳐서 1941년 8월 평양복심법원 판사 겸 동 지방법원 판사이었다.

김동현(金東炫) 경성전수학교를 졸업한 그는 1924년 현재 대구지방법원 검사를 하고 있었다. 변호사로 전출한 시기는 확실치 않으나 1945년 6월 13일 국방보안법 및 치안유지법 제29조에 의한 총독 지정(指定) 변호사로 지정되었다. 이것은 법률 제49호「국방보안법」[24]의 신설 및 법률 제54호「치안유지법」[25]의 개정 시행과 관련해서 신설된 제도이다. 종래에 변호인은 변호사 중에서 선임되며,[26] 인원수 기타에 대해서도 특별한 제한은 없었다. 그런데 새로 입법된 국방보안법 및 개정 치안유지법의 위반자는 사법대신 또는 조선총독이 미리 지정 공시(公示)한 변호사 중에서만, 피고 1인당 2명을 한도로 선임할 수 있게 하였다.[27] 이리하여 총독은 1941년 7월 30일 제1차로 68명을 지정 고시하였다. 김동현은 추후 보결로 지정된 7명 중의 한 사람이다.

김두일(金斗一) 일본대학 법과를 졸업했다. 1932년부터 청진·함흥·광주·해주 지방법원 판사를 하고 1943년 3월에 퇴직, 평양변호사회 변호사를 했다.

김세완(金世玩) 경성전수학교를 마친 그는 1924년 현재 해주지방법원 서흥(瑞興)지청 서기 겸 통역생으로 있었다. 1925년 판·검사 임용고시에 합격, 이후 1938년 10월 경성지방법원 인천지청 판사를 퇴직할 때까지 계속 판사로 복무했다. 1938년 11월 변호사를 개업하였다.

김익진(金翼鎭) 경성전수학교를 마치고 1920년 판사시험에 합격했다. 1927년

---

24) 1941년 3월 6일 공포.
25) 1941년 3월 8일 공포.
26) 형사소송법 제40조. 조문은 "변호인은 변호사 중에서 이를 선임해야 한다. 재판소 또는 예심판사의 허가를 얻었을 시는 변호사가 아닌 자를 변호인으로 선임할 수 있다."
27) 국방보안법·치안유지법 각 제29조. 조문은 "변호인은 사법대신이 미리 지정한 변호사 중에서 이를 선임해야 한다. 단 형사소송법 제40조 제2항의 규정의 적용을 방해하지 않는다"와, 같은 법 각 제30조 "변호인의 수는 피고인 1인에 대하여 2명을 초과할 수 없음." 조선에서는 조선총독이 지정권을 행사했다.

평양에서 변호사 개업을 할 때까지 평양·함흥 지방법원과 평양복심법원 등에서 판사를 했다.

백한성(白漢成) 행정부 내무부장관 항목에서 말했다.

양대경(梁大卿) 메이지(明治)대 법과 출신. 1919년 현재 대구복심법원 판사였다. 1937년 4월 청진사상범보호관찰심사회 예비위원에 위촉되었는데, 이것은 1936년 12월 12일 공포된 제령 제16호 조선사상범보호관찰령의 시행에 관계된 직책으로, 서울·평양·함흥·청진·신의주·광주·대구에 설치된 사상범보호관찰소에 부설된 것이었다. 보호관찰은 사상범 중 집행유예·불기소·집행종료·가출옥자의 재범을 막기 위해서 보호관찰소 기타 사원(寺院) 등에 수용하여 사상 및 행동을 감시하는 것이다. 검사 기타 관계관의 통보에 의해서 보호관찰심사회 위원이 보호관찰에 부치는 여부를 심사 결의하였다. 예비위원은 위원 유고시 그 직무를 대리하는 소임이었다.

이우식(李愚軾) 경성법학전문을 졸업하고 1926년 고문 사법과에 합격했다. 1929년 전주 지방법원 판사. 1931년 변호사로 전출했다.

한격만(韓格晩) 경성법학전문 졸업. 1926년 고문 사법과에 합격했다. 함남도회의원과 함흥부회의원을 했고, 1941년 7월 30일 국방보안법·치안유지법 제29조에 의한 총독 지정 변호사에 위촉되었다.

한상범(韓相範) 학력·경력 미상이다. 1924년 현재 전주지방법원 남원(南原)지청 서기 겸 통역생으로 있었다.

허진(許瑨) 경성법학전수학교를 졸업. 1921년 판사임용시험에 합격했으며, 대구지방법원 기타에서 복무하였다.

좌파의 친일인맥

반만항일전선의 형성

이상에서 필자는 제1공화국에서의 친일 인맥을 3부(府)에 걸쳐서 살펴보았다. 그럼 자유진영에 대립한 좌파에서는 친일에 관해서 어떠했는가? 개괄적으로 말해서 친일 전향은 민족계보다 먼저 만주에서 좌파가 시작을 했고, 해방 직후 또한 대일자세에 있어서 다소의 헛점을 노출시켰다. 이같은 사정을 이해하려면 우선 만주에서의 반만항일전선의 형성과 그 붕괴과정부터 살펴볼 필요가 있다.

만주사변이 나자 동변진수사(東邊鎭守使) 우제산(于芷山)은 재빨리 일제에 영합하였다. 이에 불만을 품은 환인현(桓仁縣) 주둔군단장 당취오(唐聚五), 통화현(通化縣) 주둔군참모 손수암(孫秀岩)은 반만항일을 외치면서 동북민중자위군을 일으켰다. 양세봉(梁世奉)을 총사령으로 한 국민부 무장독립단은 여기에 특무대로 참가하였다.

한편, 전화에 시달린 동변도 일대의 농민들은 신빈현(新賓縣) 왕청문(汪淸門)에서 폭동을 일으키고 농민자위대를 조직했다. 만주국 군정부(軍政部, 국방부) 초대총장에 임명된 마점산(馬占山)은 치치하얼(齊齊哈爾)로 탈출하여 흑하(黑河)에서 반만항일을 선언하였다. 길림에서는 영장(營長) 왕덕림(王德林)이 동북항일구국군을 일으켰다.

만주 산야를 치달던 마적단 다수도 반만항일전선에 참가하였다. 노북풍(老北風)·고천(高天)·고조수(顧兆壽)·삼승(三勝)·구강호(九江好)·해림(海林)·점승(占勝) 기타 유명 무명한 대소 마적단들이 그들이다. 이들은 봉성현(鳳城縣) 공안국장 등철매(鄧鐵梅), 수암현장(岫巖縣長) 유경문(劉景文)이 거느린 정규군·경찰대·보위단(保衛團) 병력 기타와 합작하여 동북항일의용군을 일으켰다.

이청천(李靑天)의 무장독립군은 왕덕림의 동북항일구국군과 연합하여 사도하자(四道河子)며 대전자령(大甸子嶺) 등에서 청산리대첩 이상의 대전과를 올렸다(1933. 4~7). 한·만연합의 항일유격대 또는 적위대(赤衛隊) 같은 반제(反帝) 게릴라 세력은 1933년 9월 무렵 양정우(楊靖宇)의 동북인민혁명군에 참가하였다. 상해에서는 김구(金九)·신익희(申翼熙) 등이 중한호조(互助)연합회 등을 조직하고 반만항일전선을 후원했다. 중국공산당은 1933년 1월의 「항일합작선언」, 1935년 8월의 「항일구국선언」으로 국부군(國府軍)과의 항일합작을 제안하면서 반만항일전선의 대승적(大乘的) 연합을 주장하였다.

이리하여 만주의 반만항일세력은 무장인원만 해도 한때 30만 명 이상에 달하였다(만·중·조선인 총합). 이들이 분포한 지역은 첫째, 동변도 일대 당취오의 동북민중자위군만 해도 한때 2만 명 이상이 되었다. 대도회(大刀會)[28]의 세력도

---

28) 회당(會黨)의 하나로 1875년경 백련교(白蓮敎)로부터 분파하여 산동성 연주(兗州)에서 일어났다. 1897년 10월 천주교 침입에 반항하여 난을 일으키고 독일인 선교사 두 명을 살해했기 때문에 독일이 교주만을 점령함. 토비(土匪)에 대한 자위기관이기도 했던 대도회는 특유의 무술과 불사(不死)신앙을 가지며, 만주사변 이후에는 일본군에게도 꽤 저항하였다.

만만치 않았고, 조선인 공산게릴라들은 양정우의 동북인민혁명군에서 제1군 독립사(獨立師)를 편성하고 있었다.

둘째는, 요동반도 끝 수암현(岫巖縣)을 중심으로 한 '삼각지대'로, 등철매·유경문 계열인 동북민중자위군과 동북민중구국군이 크게 기세를 떨쳤다. 염생당(閻生堂)이 거느린 그 일대 마적부대만 수천 명 이상이었고, 혼강(渾江) 일대에 근거한 주사령(朱司令)의 마적부대 천의승군(天意勝軍)은 압록강을 넘어 평북 대길리(大吉里) 주재소를 습격하였다.

셋째는, 만철선(滿鐵線) 연변으로 그곳에서는 노북풍·압동양(壓東洋) 등의 수십의 마적단과 토비단이 맹위를 떨쳤다.

넷째는, 흑룡강성 일대로 마점산(馬占山)의 부대가 한때 하얼빈공략을 호언하면서 기세를 올렸다.

다섯째는, 간도성 일대이다. 이청천과 연합한 왕덕림의 동북항일구국군만 한때 이 일대에서 4천 명 이상이었다. 이 밖에 오의성(吳義成)의 동북항일의용군, 또 동북인민혁명군이 분포해 있었으나, 간도 일대는 대체적으로 보아 좌익세가 강한 편이었다. 소·만국경이 가까운데다 중국인 지주들의 봉건적 착취가 가혹했기 때문이다. 전체 인구 중 80퍼센트가 조선인이던 간도지역은 일제의 표현을 빌면 "노약 남녀와 직업 여하를 불문하고 거의 전부가 공산주의의 흐름에 들어 있지 않은 자는 없다고 해도 과언이 아닌 현상"이었다고 한다.

일제의 토벌작전

반만항일세력에 대한 일제의 토벌작전은 만주사변 이후부터 1932년에 걸쳐서 본격화되기 시작했다. 그 주역은 물론 일제의 관동군이요, 그 괴뢰인 만주군이었다. 여기에 만주국 경찰과 치안대·자위단이 보조병력으로 참가했다. 주야 구별 없이 강행된 토벌작전의 상황은 1932년에 유행한 「토비행」(土匪行)이라는 아래의 노래에서 당시의 분위기를 엿볼 수 있다.

어디까지 계속될 흙구렁인가
사흘 낮 이틀 밤을 양식도 없이
비는 내려 퍼붓는 머리의 철모(鐵帽).

이런 식으로 전개된 대표적인 토벌작전이 '동변도작전'이다. 이 작전이 추진되었던 지역은 당취오의 동북민중자위군과 이춘윤(李春潤)의 동북항일의용군이 이른바 '선비'(鮮匪)인 이청천 계열의 독립군 그리고 조선인 공산게릴라와 연합하여 맹위를 떨친 지역이다. 1932년 6월부터 1934년 11월에 걸쳐서 전후 네 차례로 전개된 동변도작전에는 일본군 혼성 제14여단과 봉천성 경비군(만군) 및 정안(靖安)유격대(만군)가 참가하였다. 이 작전으로 당취오는 부상했고, 이춘윤은 도주했으며, 왕전양(王殿陽)은 사망하였다.

다른 하나는 '삼각지대 토벌전'이다. 이것은 1932년 12월부터 1934년 5월까지 전후 네 차례에 걸쳐 전개되었다. 이 지역은 유경문(劉景文)과 등철매(鄧鐵梅)의 동북민중구국군이 크게 위세를 떨침으로써 만주국의 정령(政令)이 미치지 않던 곳이다. 일본군 제2·제8사단, 독립수비대와 만주국 봉천성 경비군의 협동작전으로 조경길(趙慶吉)을 비롯 수십 명의 두목급이 사살 체포되었다.

또 하나는 '대흥안령(大興安嶺)작전'이다. 이 작전은 보정(保定)군관학교 출신 여단장인 소병문(蘇炳文)이 1932년 9월 만주리(滿洲里)와 하이라얼(海拉爾) 일대에서 동북민중구국군을 일으켜, 일본군 특무기관장 이하 수백 명의 일본인을 감금하고 일제 국경경비대를 무장해제하면서, 때마침 불시착한 일본군 연락기의 탑승자를 살해하는 이른바 '호른바이르사건'(1932. 9. 27)을 일으킨 데 대한 대응이었다. 동변도작전에 바빴던 일본군은 11월에야 작전을 개시하고 제14사단을 투입했다. 12월 6일 만주리 점령으로 소병문군은 소련 영내로 도주하였다.

이 밖에 1931년 11월부터 시작된 마점산군에 대한 '북만소탕작전', 1932년 9~11월에 걸친 등문(鄧文)·천조응(天照應)에 대한 흑룡강성 토벌작전, 1932년 12월~1933년 1월에 걸친 이두(李杜)·왕덕림(王德林)에 대한 '동부국경 소탕작전' 등에서도 사단병력 이상이 투입되었다.

이와 같은 토벌작전과 병행하여 일제는 전체 만주주민에 대한 전투·첩보요원화 작업을 강행했다. 1932년 10월, 이찌까와(市川盆平) 중좌를 단장으로 한 제1차 무장 농업이민단 4백92명이 차무스(佳木斯) 부근 영풍진(永豊鎭)에 입식(入植)한 것을 시작으로, 일제의 대만(對滿) 정책이민의 근본적인 특징은 만주의 치안확보 및 대소 둔간(屯墾)병력 배치라는 견지에서의 무장 영농이민이었다. 이것은 1938년 이래 만몽개척 청소년의용군에 의해서 본격적으로 광범위한 지역에 걸쳐 수행되었다. 동만국경 일대의 전략 요충지에 입식된 이들은 완전한 무장이민으로, 영농에 종사하는 한편 유사시에는 토벌 제일선에 서곤 하였다.

한편 일제는 이른바 '비민(匪民)분리공작'의 일환으로 오지 주민을 강제철거해서 '집단부락'으로 재편성하였다. 주로 간도 일대에서 선농(鮮農)을 상대로 강행된 것인데, 집단부락은 대략 1백 호가 표준이었으며, 예외로 2백 호에 달하는 경우도 있었다. 여기에서는 부락장·부(副)부락장의 통솔 아래 부락민으로 무장자위단을 구성했으며, 부락의 둘레에는 높이 8척 두께 3척의 방벽과 사격탑을 두어 자위시설로 삼았다. 토벌작전에서 군경의 기지가 될 뿐 아니라, 집단부락 자체가 반만항일세력에 대한 최전방 전투초소 역할을 했다.

이러한 시설과 병행해서 강행된 것이 1933년 이래의 보갑법(保甲法)의 시행이었다. 이것은 만주 전역의 주민을 10호 단위인 패(牌)로 조직화한 후, 이것을 촌(村) 단위인 갑(甲)과, 1개 경찰서 관내의 갑으로 조직된 보(保) 아래 통솔시키는 제도였다. 이들 보·갑·패는 경찰서장의 지휘감독 아래 보장·갑장·패장에 의해서 통솔되며, 관내에서 발생한 치안사범에 대해 연대책임을 졌다. 당연한 결과로 패원(牌員)에게는 첩보·밀고의 의무가 강제되면서, 만주의 전체 주민이 관동군의 사실상의 첩보요원처럼 되고 말았다.

그뿐 아니라 만주의 전부락에는 무장 전투조직인 '보갑자위단'의 조직이 강제되었다. 1935년 말 흑하성(黑河省)의 경우를 보면 관내 3천8백42호 중 자위단원 수는 78퍼센트인 2천9백98명이다.[29] 즉, 장정이 없는 22퍼센트의 가호에서만 자위단을 내지 않았다는 얘기인 것이다. 이들 자위단은 부락의 자체 방위는 물론 일·만군의 보조병력으로서 크고 작은 여러 토벌작전에 동원되었다. 1936년 상반기 안동성(安東省)의 경우 토벌에 참가한 관동군 연인원은 1만 9천2백78명이었음에 비해 자위단 참가자는 1만 9천1백42명이었다.[30]

친일 간도협조회

만주 전역 주민의 전투·정보요원화는 항일무장세력의 토대를 흔들기에 충분하였다. 민중적 기반에서 유리된 게릴라들은 일·만군의 가혹한 토벌에 쫓기다 못해 투항, 귀순자를 속출시켰다.

이들 투항자를 일제는 선무기관으로 조직화해서 특무공작의 제일선에 재투

---

29) 졸저, 『일제침략과 친일파』의 표 '보갑자위단 상황표' (379쪽) 참조
30) 위의 책, '토벌작전 상황표' (380쪽) 참조.

입했다. 이러한 단체 중 유수했던 하나가 간도협조회였는데, 우선 그 창립선언문을 살펴보자.

현하 동아에서의 제 외국의 정책은 극도로 첨예화하여 직접 아세아 민족에게 일대 위협이 되는 감을 강하게 하는 바 있다. 동아민족은 능히 일치협동하여 공동의 이익과 행복을 수호하지 않을 수 없는 때가 되었음을 마땅히 인식해야 한다. 선구 일본을 맹주로 하여 동아 제 민족의 대동단결을 이루고, 그 영원한 번영의 기초를 군혀, 빛나는 동양의 건설에 매진하고자 하는 바이다. 이럼으로써 우리는 제 민족의 협화 아래 편협한 민족관계를 양기(揚棄)하고, 외래적 비현실적인 공산주의를 격멸하여, 동아민족의 건실한 발전에 그 부과해야 할 임무를 완수하고자 하는 바이다.

1934년 9월 5일, 헌병중좌 가또(加藤)의 활약으로 탄생한 간도협조회는 간도 일대의 공산계 투항자로써 조직된 특무공작 단체로서, 다음을 강령으로 하고 있었다.

1. 편협한 민족관념을 양기하고 아세아민족의 대동단결을 기한다.
1. 철과 같이 굳은 조직으로 외래적 공산주의의 박멸을 기한다.

이리하여 간도협조회는 간도에 살고 있는 조선인의 사상적 교정, 즉 공산주의 사상의 청산 교육과, 공산게릴라의 유인 체포, 귀순 투항한 공산분자의 직업 보도와 사상통제 등을 그 사업으로 했던 것이다.

이 같은 사업을 위해서 간도협조회는 다음과 같은 기구를 두고 있었다.

본부 : 연길(延吉) (이하 지명은 소재지).
지부 : 명월구(明月溝)·왕청(汪淸).
구회(區會) : 팔도구(八道溝)·조양천(朝陽川)·동불사(銅佛寺)·노두구(老頭溝)·이도구(二道溝)·삼도구(三道溝)·대황구(大荒溝)·대두천(大肚川)·이수구(李樹溝)·양수천자(涼水泉子).
총반(總班) : 구회 관내 각처.
반(班) : 총반 아래 수개.

회원 : 1935년 12월 현재 7천1백97명.

강령이 규정하는 바 조직원의 임무는 아래와 같다.

　1. 회원은 반내 또는 촌내에서 발생한 상황을 반장에게 보고한다.
　2. 반장은 일반 회원 및 부근 민중의 사상적 경향과 일반 동태를 감시하여 1주 1회 총반장에게 보고한다.
　3. 총반장은 1주 1회로 관내의 정황을 구회장(區會長)에게 보고한다.
　4. 구회장은 관내 이색(異色)세포의 재이식을 감시하고 구내의 일반 정황을 지부장에게 보고한다.
　5. 지부장은 현(縣)내 민중의 사상동향 및 일반 정황을 본부회장에게 보고한다.
　6. 본부는 매월 2회씩 각 지부·구회를 순시하고 회원 통제상황을 지시 검열한다.

이리하여 간도협조회는 창립 11개월째인 1935년 7월말까지 다음과 같은 활동실적을 올렸다.

　공산계 지부·소조(小組) 등의 조직 적발 : 연길현 1백38, 왕청현 39, 화룡현(和龍縣) 13, 합계 1백90개소.
　공산게릴라 유인·체포 : 1천9백98명.
　비적 유인·체포 : 12명.
　귀순 : 1천8백99명.

이러한 활동은 특무대·헌병대·일본영사관·협화회 같은 기관과 제휴하여 수행되었다. 이들은 투항자들의 직업알선을 위한 노동안내소며 직영 공장, 협조회농장 등을 경영하였다. 투항자로 조선시찰단을 조직한 후, 시찰에서 돌아오면 강연회를 열게 하였다. 다음은 1935년 11월 25일 용정촌에서 출발한 조선시찰단에 참가하고 온 투항자 김원식(金元植)의 보고강연의 일부이다.

　나는 거금 17년 전에 조선을 떠나 만주로 와서 조선독립을 운운하는 사람들과 함께 방황할 때, 나날이 전해지는 조선의 실정과 소식은 실로 비참한 것이었다. 조선의 총독정치는 조선인을 압박하고, 일본의 재벌들은 조선인을 착취하고, 조선인의 교육은 일본인과 차별이 심해서, 2천만 대중인 조선은 정치에 죽고 경제에 죽고 문화에 죽는다는 아우성이 내 귀를 충동질하고 있었다.

나는 윌슨이 주창한 민족자결이란 주장에 공명해서 독립도 희망해 보았고, 혈전성공(血戰成功)이란 이론에서 군사독립도 찬성해보았다. 대중운동이 필요하다고 인정했을 때 당 조직에도 참가해 보았다. 하지만 내가 희망하던 것은 어느 하나도 성공할 가능성은 없고, 동아의 대세는 급전직하로 변해서, 나는 이상한 공상으로 갈 바를 모르게 되고 말았다. ……일한이 합병해서 동양평화를 유지하기로 되었는데, 이것은 역사적 과정이 아닐까 하고 생각한다. 하늘은 스스로 돕는 자를 돕는다는 숙명론자의 말처럼 나는 과연 간도일본총영사관에서 재생의 길을 얻게 되었다. ……내가 보고 온 현재의 조선은 정치·경제·문화는 더욱 더 왕성할 뿐 아니라, 과거 내 귀에 전해지던 '죽음의 조선'은 전혀 소문과는 반대이며 갱생의 조선이라고 외치고 싶다. ……이 같은 갱생의 조선을 시찰하고 돌아온 나는 이제 하나의 여념(餘念)만을 갖고 있습니다. 5족공영(五族共榮)의 깃발 아래 살고 있는 조선인이 어떤 방법으로 갱생의 영광을 얻을 것인가……바로 그 생각뿐입니다.

만주사변 이후의 대륙에서는 이와 같은 선무(宣撫)·치안공작 단체가 실로 부지기수로 창출되고 있었다. 성장(省長)·경비사령관 등이 고문인 치안유지회, 성(省)과 현(縣)에 특설된 치안공작반, 특무대·협화회에서 조직한 특별공작반, 친일분자가 주동한 민생단(民生團)·자숙회(自肅會) 같은 어용단체와 국경지방에 설치된 방공(防共)공작계, 이종형(李鍾榮)이 관계한 무장 초공군(剿共軍)사령부, 일·만군의 토벌작전을 측면지원한 동남지구특별공작후원회 등이다. 이리하여 1932년도 1회 출몰 평균 1백72.2명이던 무장세력이 1934~36년에는 1회 출몰 24.4명으로 격감한다.[31] 1940년대로 들어서면서는 민족·공산계를 가릴 것 없이 만주에서의 조선인 무력항쟁이 괴멸상태에 직면해 버리고 마는 것이다.

1935년 9월 30일, 간도협조회는 중국공산당 동만특위(東滿特委) 책임자 진흥

---

31) 위의 책, 320~321쪽 참조.

장(陳洪章)까지를 유인 체포했다. 이 같은 활동을 한 간도협조회의 회장은 함남 단천군(端川郡) 단천면 원적으로 적로군 장교 경력을 갖는 김동한(金東漢)이다. 공산운동에서 투항한 김동한은 1934년 이래 간도협조회장·관동군 촉탁·만주제국협화회 중앙본부 촉탁·동 동변도(東邊道)특별공작부 동부장(東部長) 등을 겸직하면서 투항·선무공작의 제일선에서 활동했다. 김동한은 1937년 12월 7일, 의란현(依蘭縣) 반재하(半載河) 부근에 진을 친 동북항일연군(聯軍) 독립사(師) 정당주임 김정국(金正國)을 회유하기 위해서 일현호(日縣湖) 부근에 출동중 동북항일연군 1백 명의 포위 공격을 받고 사망하였다. 1940년 2월 훈 6등 욱일장(旭日章)을 받고 야스꾸니진자(靖國神社)에 합사되었다.

선내(鮮內) 좌파의 친일전향

3·15(1928)와 4·16사건(1929)의 두 차례에 걸친 대량검거로 일본공산당은 괴멸되다시피 하였다. 이런 판에 재만 공산진영의 동요는 조선 안의 좌파세력을 공황상태로 몰아넣었다. 머리와 꼬리가 잘린 격이 된 조선의 좌파세력에서는 투항하는 무리가 속출하였다.

그 한 사람이 김용제(金龍濟)이다. 중학시절 고학을 위해 도일한 그는 1930년 근무처인 다끼가와(瀧川)목장의 파업을 지도하고 29일간 구류되었다. 이후 그는 일본프롤레타리아작가동맹원으로 전후 4차의 옥중생활을 경험했다. 1932년 6월의 4년형에 이어서 마지막 제4차 피검은 1936년 10월 조선예술좌사건으로 인해서였다.

1년 옥중생활 끝에 추방되다시피 해서 귀국한 김용제는 과거의 사상을 벗어버렸다. 내선일체·황민화의 제일선에서 1급 친일시인으로 변신한 김용제는 친일 동양지광사의 사업부장으로 어용적 문화운동의 기수가 되었다. 그는 1939년에 집필을 시작한 『아세아시집』과 1943년 5월 간행된 『서사시 어동정(御東征)』, 1944년 6월 간행된 『보도시첩』(報道時帖)등 황민화·일어시집만도 세 권이나 펴낸다. 다음은 그의 사상적 실의 영락의 모습을 잘 표현해주고 있는 『아세아시집』의 「서시」중 일부이다.

　　나의 제1시집은
　　불행한 『대륙시집』이었다.

그것은 슬픈 사상 속에서
햇빛을 보지 못한 채
추억의 도쿄(東京)에서 죽어갔다.
나는 10여 년의 문학생활의
모든 공죄(功罪)를 아낌 없이
그 낡은 시대의 운명과 함께
저 아라까와(荒川)의 물결에 흘려 보냈다.
나는 이제
그 죽은 자식의 나이는 세지 않기로 했다(하략).

『동양지광』 편집부장을 한 김한경(金漢卿)은 재일본조선노동총동맹의 핵심분자로 2차 공산당사건에서 검거망을 피했다. 제4차 조선공산당의 중앙간부로 조직부장이었으며, 1927년 4월 창립된 조공(朝共) 일본총국 책임자였다.

1938년 7월 김한경은 시국대응 전선사상보국연맹의 결성준비위원에 선임되었다. 이로부터 그는 동 사상보국연맹의 중심인물로 본부 간사를 맡았다. 또한 그는 1939년 6월 창립된 국민문화연구소의 전무감사에 취임했다. 이것은 내선일체 완성, 일본정신 선양, 멸사봉공(滅私奉公)·팔굉일우(八紘一宇)의 국민문화운동 촉진을 위해 월간 『국민문화』며 『일본정신총서』 등을 발간하던 사설기관으로서, 소장 구을회(具乙會), 전무 감사 김한경, 감사 구기회(具基會)·김용제·윤동명(尹東鳴)·한상건(韓相健)이었다.

차재정(車載貞)은 1924년 무렵부터 사회운동에 관계한 사람이다. 조선청년총동맹 중앙집행위원, 신간회(新幹會) 회원, 사회주의단체 중앙협의회 창립준비위원 등을 경력한 차재정은 1929년 3월 고려공산청년회를 재건하고 중앙책임서기가 되었다. 광주학생의거사건 당시 그는 비밀결사 조선학생전위(前衛)동맹을 통해서 소요의 전국적 확대를 획책하다 체포된다. 이 사건으로 그는 1931년 4월 징역 2년에 선고되었다.

이러한 활동 끝에 친일 전향한 차재정은 1936년 가을 대동민우회(大東民友會)를 창립하였다. 이사장 안준(安俊) 이하의 중심인물──이사 주련(朱鍊)·동 차재정──이 모두 좌익의 전향자이던 대동민우회는 창립위원회의 명의로 일장기 말소사건에 대한 비난성명을 발표했다. 이후 그는 여러 친일단체의 시국강연회에서 아래와 같은 식의 친일·반공연설을 하였다.

과거에 소련은 조선의 적화를 계획했고, 조선 안에도 이에 호응하는 분자가 다소는 있었지만, 그 전부가 실패로 돌아가고 말았다. 이러는 동안 아세아의 정세도 조선의 입장도 일변해서, 역사는 새로운 단계에 도달하고 만 것이다. 오늘날 조선은 완전히 일본의 일부이며, 신(新)일본의 지도원리 또한 전적으로 조선의 지도원리인 것이다. 조선민족은 일본과 함께 새로운 아세아주의의 실현에 참가하는 외에는 팽창하는 인구를 소화하고 생활을 지탱해갈 방법이 없다. 공산주의운동은 조선에서는 불모의 땅을 파헤치는 것과 다름이 없다. 이것은 냉엄한 사실이며, 역사가 마침내 거기까지 진전해온 것이다. 우리는 오랜 동안의 공산주의운동의 결과, 체험적으로 그것을 배우고 만 것이다.[32]

차재정이 연사로 참가한 시국강연회의 몇을 참고로 예시한다.

학무국 주최 : 1937년 7월 20일 경성여고보.
학무국 주최 : 1937년 8월 6일부터 22명의 연사가 13도 유세.
학무국 주최 : 1937년 9월 6일부터 59명이 13도 유세.
대동민우회 주최 : 1937년 9월 7~8일 YMCA 강당. 이때 차재정의 연제는 「시국의 발전과 오인(吾人)의 각오」.
정동(精動)연맹 비상시 생활개선 순강반(巡講班) : 1938년 11월 4일부터 43명이 13도 유세.
방공(防共)협회 주최 : 1939년 2월 13일 YMCA. 그의 연제는 「코민테른을 말살하자」.

인정식(印貞植)은 제3차 조공사건 당시 일본총국 조직의 중심인물로 활동했다. 1928년 2월의 검거로 박낙종(朴洛鍾)·최익한(崔益翰)이 체포될 때 인정식은 도피했다. 1928년 3월 제4차 조선공산당이 일본총국을 조직할 때 인정식은 동 위원 및 고려공산청년회 일본총국 책임비서로 참가했다. 1929년 4월, 그는 제1차 검거로 와해된 일본총국을 재건하고 그 책임자로 선임되었다.

이후 친일 전향한 인정식은 가마다(鎌田澤一郎)가 소장인 대륙경제연구소에서 경제적인 내선일체를 연구하였다. 다음은 그가 지은 『조선 농촌 재편성의

---

32) 녹기연맹, 『今日の朝鮮問題講座』, 25~26쪽.

연구』[33](일본문)의 서문 중 일부이다.

> 전시하 조선 농업에 맡겨진 최대의 과제는 무엇보다도 농산물의 증산, 특히 미곡의 적극적 증산이다.……특히 이번 전시하에서는 내지(內地)에의 공급미가 수량을 증대하게 됐을 뿐더러……만주·북지에서의 군수미(軍需米)로서……조선미에 대한 기대가 해마다 증대해가고 있는 것이다.
> 이리하여 산미(產米)를 급속히 증식한다는 것은 실로 현시국하의 조선 농업에 부과된 지상명령적 요청이 되어 버렸다. 여하한 곤란과 역조건을 돌파해서라도 이 국가적 요청은 기필코 조선 1천7백만의 농민의 손으로 훌륭하게 완수되지 않으면 안 되는 것이다.

김두정(金斗禎)은 조선공산당재건투쟁협의회의 중심인물이었다. 1931년 8월, 김소익(金少翼)·고경흠(高景欽)·김치정(金致程)을 중심으로 한 당재건운동이 발각 체포될 때 김치정은 재빨리 도피하였다. 이후 김치정은 1932년 3월 김두정·문용하(文鏞夏) 등과 더불어 노동계급사를 창립한 후 이 조직을 조선공산당재건투쟁협의회로 발전시켰다. 이때 김두정은 문용하와 함께 조선에 잠입해서 경남북·원산 등 각처의 하부조직 결성을 지도하였다.

이 조직은 1933년 2월에 괴멸하였다. 관계자 45명이 검거되고, 15명이 송치되어서, 그중 9명이 기소된 것이다. 이리하여 김두정은 1938년 7월 전선사상보국연맹이 결성될 때 옥중에서 축하 메시지를 보냈다. 옥중 저서『방공(防共)전선 승리의 필연성』을 간행한 그는 출옥한 후 사상보국연맹 간사로 황도 제일선에 서는 것이다.

고명자(高明子)는 제1차 조선공산당 이래의 전통적 거물 김단야(金丹冶)의 처로서 1929년의 후계당(後繼黨)사건과 1933년의 당재건사건에 연좌하였다. 친일 동양지광사의 부인기자에 고명자(高明子)가 있었는데 모스크바 공산대학 출신 기타 경력에 부합되는 곳이 있다. 동일한 인물이 아닌가 짐작된다. 동양지광사의 강영석(姜永錫)은 제4차 조공의 광주(光州)지구 프락치로서 광주학생의거사건의 전국적 소요화를 획책했다. 이 역시 친일전향해서『동양지광』(1939. 7~11)에 장편 논문「황도조선」을 발표하였다.

---

33) 1943년 1월 인문사(人文社) 발행.

이리하여 선내 공산세력은 1939~41년까지 존재한 경성(京城)콤그룹을 마지막으로 사실상 괴멸하다시피 하고 말았다. "민족진영의 많은 인사가 자치론자로 탈바꿈할 때 공산진영의 지도층에서도 역시 좌절과 전향으로 변절해"서, "이영(李英)·정백(鄭栢)·최익한·이승엽(李承燁) 등이 광산브로커나 술장사, 혹은 전향 성명을 발표하고 일제에 의지하며 살았다"[34)]고 한다. 전향을 거부한 계층은 옥중에 있었고, "박헌영은 피신하여 광주의 벽돌공장으로 숨어버렸다."[35)] 이런 판에 조직재건이나 저항이란 상상의 권내에조차 들 수 없는 형편이 된 것이다.

1939년 7월말 현재 전선의 사상보국연맹원은 2천7백65명[36)]으로 그 대부분이 좌익전향자들이었다. 또한 1939년 9월말 현재 조선방공(防共)협회의 조직상황은 최하부조직인 방공단(防共團)이 3천1백개, 단원 19만 1천9백77명이었다.[37)] 1939년 10월 8일, 좌익 전향자들은 사상보국연맹 제1회 통상대회를 개최하고 「반(反)코민테른 결의문」을 채택했다. 다음은 그 전문이다.

인류사에 있어서 코민테른의 파괴적 죄악은 신인(神人) 공히 용서 못하는 바이다. 우리는 이에 소련의 세계정책기관이자 인류평화 파괴의 총본영인 코민테른에 대해서 감연히 선전(宣戰)하고, 동아의 천지로부터 적색세력을 구축삼제(驅逐芟除)함에 의해서 흥아적(興亞的) 대사명을 다하고, 그 세계동란을 유발하는 세계적화 음모를 철저히 분쇄함에 의해서, 인류를 적색 제국주의의 침식으로부터 구제 방위하고, 이로써 황국의 팔굉일우의 대이상 실현에 매진할 것을 기한다.

우리는 반도의 사상국방전선의 견진(堅陳)에 서서 우(右)를 결의함.

해방 후 좌파의 친일인맥

해방 후 친일 잔재는 좌익에서도 극복 청산되지 않았다. 황도 진영에 이름을 올렸던 많은 사람들이 해방 직후의 남한에서의 좌익 지도자로, 혹은 북한에서

---

34) 조동걸, 「8·15 직전의 독립운동과 그 시련」, 『해방전후사의 인식』(한길사, 1979), 259쪽.
35) 한창수, 『한국공산주의운동사』, 98쪽.
36) 녹기연맹, 앞의 책, 43쪽.
37) 총독부 경무국 보안과 편, 『朝鮮に於ける防共運動』, 17쪽.

의 권력층으로 다시 모습을 드러내었던 것이다.

이와 같은 현상은 우선 여운형의 건국준비위원회에서부터 발견되는 사실이다. 1945년 8월 22일, 건준은 민족계 안재홍(安在鴻)을 부위원장으로 하는 제1차 부서개편 33명의 명단을 확정했다. 이중 5명이 황도(皇道) 진영에 이름을 올렸던 사람이라, 그 비율은 15퍼센트이다. 이후 9월 3일, 건준은 안재홍 일파가 탈퇴한 후 완전히 좌파로써만 제2차 부서 개편을 단행하였다. 이때는 29명 중 4명이 황도 진영에 관여했던 사람들이라, 그 비율은 13.8퍼센트이다.

이러한 현상은 1945년 9월 6일 경기여고 강당에서 조직된 조선인민공화국에서도 마찬가지였다. 주석·부주석·국무총리와 각부 장관 격인 부장 및 서기장을 합친 20명 중 부일협력의 전력이 있는 사람이 3명으로, 그 비율은 15퍼센트이다. 범위를 문화계로 확대하면, 좌파가 주동한 1946년 2월 8~9일 결성된 조선문학가동맹은 위원장·부위원장·서기장·위원 합계 22명 중에 13명이 부일협력 전력자로서, 그 비율은 59.1퍼센트에 달했다.

북한에 공산정권이 수립되면서 그 멤버 중 상당수가 그쪽의 권력층으로 부상하였다. 이하 건준·인공·문학가동맹과 기타 약간을 통해서 좌파 중 황도 진영에 섰던 사례들을 살펴보겠다.

건국준비위원회

여운형(呂運亨) 1932년 7월의 가출옥 후 한때 친일단체에 관계하였다. 그가 관계한 친일단체는 조선대(大)아세아협회와 조선언론보국회 기타이다.

이중 조선대아세아협회는 1934년 3월 3일 서울에 사무소를 두고 발회식을 올렸다. 이 단체는 "아세아의 대세와 시국의 진상을 구명하며, 황국 대일본과 아세아 제국과의 친선을 도모하고, 전아세아 제국의 자주적 평화를 확보하고, 공존공영(共存共榮)의 실을 거(擧)하여 그 복지를 증진"[38]한다는 목적 아래 다음과 같은 사업을 실행하였다.

    1. 아세아를 중심으로 하는 국제정세 및 아세아 제국의 국정(國情)의 연구와 그 보급.
    2. 황도정신의 고취, 기타 아세아 제국의 친선 단결을 위한 적절한 사업[39]

---

38) 조선대아세아협회 규약 제2조

창립년도의 구체적인 사업으로는 3월 6일 장곡천정(長谷川町, 소공동) 공회당에서의 가네꼬(金子定一) 대좌의 강연회, 6월 9일 조선호텔에서의 '아세아를 말하는 좌담회'의 개최와, '조선대아세아협회 팜플렛'의 발간 등이었다.

이 단체의 역원은 회장 가또(加藤敬三郎) 이하 상담역 약간명과 간사 10명 이내였다. 상담역은 1934년 현재 조선인 15명 일인 30명인데 회장의 추천으로 결정되며, 회의 중요사항을 심의하였다. 몽양은 여기에 상담역으로 관계하였다. 조선인 상담역 15명은 방응모(方應謨)·송진우(宋鎭禹)·여운형 3명을 제외한 12명이 최고의 친일거두들인데 참고로 이름을 밝혀둔다.

상담역 15명 : 고희준(高羲駿)·김명준(金明濬)·민대식(閔大植)·박영철(朴榮喆)·박영효(朴泳孝)·박춘금(朴春琴)·신석린(申錫麟)·예종석(芮宗錫)·원덕상(元悳常)·윤치호(尹致昊)·조성근(趙性根)·한상용(韓相龍)의 12명과 방응모·송진우·여운형.

이후 몽양은 1935년 10월 3~4일 경복궁 근정전에서 개최된 조선교화(敎化)단체연합회 발회식에 내빈 자격으로 참석하였다. "조선에 있어서의 교화사업의 진흥 보급을 도모함으로써 목적으로"[40] 삼았던 이 단체는 유도진흥회(儒道振興會)·향약(鄕約)·부인회·수양단(修養團)·보덕회(報德會)·교풍회(矯風會) 등 각파 종교단체를 총망라한 조직으로서, 정무총감과 학무국장을 정·부회장으로 하였다. 1923년 11월 10일, 이른바「국민정신 작흥(作興)에 관한 조서」가 발표되자 일본에서는 그 조서의 취지를 구체화하기 위해서 1924년 1월 15일 도쿄 36개 교화단체의 가맹으로 교화단체연합회를 결성한 후, 이것을 전국 조직인 중앙교화단체연합회로 발전시켰다. 그 조선판인 조선교화단체연합회는 국민정신 작흥, 경신숭조(敬神崇祖) 관념의 고취, 인보상조(隣保相助)에 의한 공존공영정신의 함양 등을 달성하기 위한 전선적 교화망의 완성인 것이다. 이러한 사회교화운동은 우가끼(宇垣一成)의 심전(心田)개발운동과 표리일체가 됨으로써 1920년대의 일선융화론을 내선일체·황민화운동으로 몰고가는 가교 역할을 하

---

39) 위의 규약 제5조.
40) 조선교화단체연합회 회칙 제1조.

던 것이었다.

이후 몽양은 1939년 4월 9일자 『국민신보』(매일신보사 발행)에 일어논설 「현대청년을 격려함」을 썼다. 1945년 6월 8일 결성된 조선언론보국회에는 명예회원으로 참가하였다. 이 동안 1940~42년 무렵 몽양은 도쿄를 출입하면서 특무장교 다나까(田中隆吉), 우익 지도자 오까와(大川周明), 정계 요인 고노에(近衛文麿) 등과 접촉을 가졌다. 대중(對中) 화평공작 등에 협력하도록 종용을 받았으나 몽양이 요구에 움직인 흔적은 발견되지 않는다. 이후 몽양은 1943년 제2차 피검에서 가출옥한 후 지하단체 건국동맹을 지도하였다.

몽양의 경우는 약간의 친일단체에 가입 혹은 출석했다고 해서 곧바로 친일변절로 연결되는 것은 물론 아니다. 상당한 이유와 동기가 있었겠지만, 어쨌든 가입한 것은 가입한 것이다. 이것을 1919년 11월 적도(敵都) 도쿄에 초빙되었을 때 보여준 비타협 선명노선의 얼마간의 변질로 해석한다면 필자의 억측일까? 이것은 1945년 8월 15일 정무총감 엔도(遠藤柳作)와의 회담에서 다시 한번 대두될 수 있는 문제이다. 비타협 선명노선을 일관하는 한, 즉 일제의 통치권 자체를 불법인 것으로 부정하는 한 정권이든 치안이든 이양·인수가 거론될 여지는 없다. 몽양이 엔도의 치안협력 제안을 수락한 것은 결과적으로 일제 통치권의 합법·정당성을 승인하는 것이라, 천려(千慮)의 일실(一失)이 아니었는가 생각할 수도 있을 것 같다.

양재하(梁在廈) 건준 1차 개편부서(8월 22일)에서 건설부, 2차 개편부서(9월 3일)에서 선전부 위원으로 참가했다. 일제하에서는 조선임전보국단 평의원에 참가했으며, 「국민학교와 의무교육」(『춘추』, 1941. 3), 「조선인과 바다」(『춘추』, 1943. 6) 같은 친일 논설을 썼다.

이용설(李容卨) 건준 1차 개편에 후생부 위원으로 참가했다. 임전대책협의회 위원, 동 협의회 주최인 채권가두유격대 남대문대원, 조선임전보국단 평의원 등으로 참가한 사실이 있다.

정구충(鄭求忠) 건준 2차 개편 당시 후생부에 참가했다. 1937년 7월 24일 조선군사후원연맹이 발족할 때 한성의사회(대표 정구충)도 여기에 가맹하였다. 조선임전보국단 평의원이던 정구충은 「학병이여 잘 싸워라」(『매일신보』, 1943. 11. 25), 「역사적 조류를 타라」(『춘추』, 1943. 12) 같은 학병권유 논설을 썼다.

최익한(崔益翰) 친일 『춘추』지에 발표된 친일·시국논설이 있다. 「조선의 후생정책 고찰」(1941. 12), 「한재와 그 대책의 사편(史片)」(1942. 9), 「충의의 도(道)」

(1943. 10) 등이다. 건준에서는 1, 2차 부서 개편에서 모두 조사부에 참가하였다.

조선인민공화국

1945년 9월 4일 박헌영·여운형·정백·허헌(許憲)이 회동 협의한 후 9월 6일 경기여고 강당에서의 전국인민대표자대회(약 3백 명 참가)에서 창설된 것이다. 좌파가 일방적으로 조직 선포했던 것인데 그 진용은 다음과 같다.

주　　　석	이승만	부 주 석	여운형
국무총리	허　헌	내무부장	김　구
외무부장	김규식	재무부장	조만식
군사부장	김원봉	경제부장	하필원
농림부장	강기덕	보건부장	이만규
교통부장	홍남표	보안부장	최용달
사법부장	김병로	문교부장	김성수
선전부장	이관술	체신부장	신익희
노동부장	이주상	기획부장	정　백
서 기 장	이강국	법제국장	최익한

이상에서 좌파인 여운형·최익한(전술했음)과 민족계인 김성수(金性洙)가 한 때 황도 진영에 이름을 올렸다.

김성수 1937년 8월 6~17일에 걸쳐서 학무국 사회교육과는 중일전쟁 발발에 따른 시국계몽을 위해 9개 반 23명으로 된 시국순회강연반을 서울과 13도에 파견했다. 이 행사의 일환으로 방송강사 7명을 별도 위촉했던바, 김성수는 그 7명 중 1인이었다. 이후 9월 6일부터인 학무국 주최 제2차 시국순회강연대 13반 59명 중 김성수는 강원도반 6명의 1인으로 참가하였다. 이때 그가 유세한 지방은 춘천·홍천·인제·양구·화천·김화·철원 등 각군이다.

이후 1938년 10월 20일, 국민정신총동원조선연맹은 연맹 산하에 비상시 국민생활 개선위원회를 두기로 하고 관민 97명을 그 위원으로 위촉하였다. 이때 김성수는 제2부 위원——의례·사회풍조 담당——에 위촉되었다. 그는 또 1939년 4월 17일 동 연맹이 기구를 강화할 때 이사의 1인으로 선임되었다. 국민정신총동원연맹이 국민총력조선연맹으로 재발족하자(1940. 10. 16) 인촌은 여기에 이사로 참가했다.

조선문학가동맹

1945년 8월 16일 임화(林和)는 옛 카프계와 동반작가를 주축으로 하는 조선문학건설본부를 발족시켰다. 이 단체가 성립되면서 쟁점으로 부상한 것이 친일문학자의 배제 문제였다. 한효(韓曉) 같은 비평가는 임화의 왕년의 친일행위를 들어 공격하면서 조선문학건설본부를 소(小)부르조아지라고 매도하였다. 이러한 분위기에서 탄생한 또 하나의 좌파 문학단체가 이기영(李箕永) 일파의 조선프롤레타리아문학동맹인데, 1945년 9월 17일에 창립되었다.

하지만, 왕년의 친일행위가 쟁점으로 부상되기는 했지만, 공격자나 피공격자나 결국은 50보 1백 보밖에 되지 않았다. 왕년의 친일행위 탓으로 임화가 공격을 받았지만, 공격한 한효라 해서 결코 깨끗하지는 못했던 것이다. 또한 임화의 조선문학건설본부에 반발해서 조선프롤레타리아문학동맹을 분립시킨 이기영에게서도 친일의 전력이 발견된다. 이 두 단체는 같은 해 12월 13일 통합을 합의한 후, 1946년 2월 8, 9일 범좌적(汎左的) '조선문학가동맹'을 발족시켰다. 아래는 이때의 진용이다.

　　중앙집행위원장 : 홍명희(洪命憙)
　　부위원장 : 이기영·이태준·한설야.
　　서기장 : 권환(權煥).
　　위원 : 이원조·임화·김태준(金台俊)·김남천·안회남·한효·김기림(金起林)·윤기정(尹基鼎)·정지용·이병기(李秉岐)·김오성·안함광·박세영·조벽암(趙碧岩)·김광섭(金珖燮)·홍구(洪九)·이동규.

위의 22명 중 59.1퍼센트인 13명이 부일협력의 전력자들이다. 친일 문학을 최대의 쟁점으로 하면서 선명성을 다툰 이네들 좌파 문인의 상당수가 친일문학에 오염되어 있었다는 사실은 아이러니라고 하지 않을 수 없다. 아래에 그 개별적인 상황의 일부를 약술하기로 한다.

김남천(金南天) 조선문인보국회 소설·희곡부회(部會) 평의원으로 참가했고, 『국민문학』(1942. 3)에 단편 「등불」을 발표했다. 『조광』에 발표한 「원리와 시무(時務)의 말」(1940. 9), 「전환기와 작가」(1941. 1) 같은 평론도 황도문학을 논한 것이다.

김오성(金午星) 조선문인보국회 평론·수필부회 평의원으로 참가했다. 그는 『매일신보』(1939. 11. 19)에 발표한 평론「문화창조와 교양」에서 그 시대를 아래와 같이 정의하겠다.

> 우리는 지금 세계사의 일대 전환을 체험하고 있다. 우리 현실에서 '동아의 신질서'가 요구되는가 하면 서구에서는 '구주(歐洲)의 신질서'가 요구되고 있다. 이러한 요구가 어떠한 성과를 가져오겠는가는 오직 역사의 증명을 기다려서만 알 일이나, 어쨌든 그것이 세계사의 한 전환을 가져올 것만은 사실이다. 이러한 세계적 전환을 문화의 측면에서 보면 우리는 금일을 저 문예부흥기에 비할 수 있을 것이다.

이것은 동양문화의 황도 중심의 재편성을 '아세아의 문예부흥'이라고 말한 일제의 문화침략론의 아류인 것이다. 그의「문학정신의 전환」(『매일신보』, 1943. 7. 2~10) 같은 평론이 모두 황도문학 건설을 논한 것들이다.

박세영(朴世永) 『매일신보』(1942. 2. 20)에 수필「오오, 고마운 황군이여」를 썼다.

안함광(安含光) 조선문인보국회 평론·수필부회 평의원으로 참가했다.「국민문학의 성격」(『매일신보』, 1942. 7. 21~),「국민문학의 문제」(『매일신보』, 1943. 8. 24~) 같은 평론으로 국민문학을 논했다. 이 '국민문학'은 바꿔 말하면 '황민문학'으로서, 일본정신에 입각한, 일본정신을 선양하는 문학을 말한다.

안회남(安懷南) 황도학회 발기인으로 참가했고 규슈(九州) 군수공장에 징용을 가 있었다.「세계사의 신무대」(『매일신보』, 1942. 1. 8),「징병제 실시 만세」(『매일신보』, 1943. 8. 7) 같은 수필과「흙의 개가(凱歌)」(『매일신보』, 1943. 11. 15~),「풍속」(『조광』, 1943. 12) 같은 창작을 남겼다.

이기영(李箕永) 조선문인협회 간사와 조선문인보국회 소설·희곡부회 상담역을 하였다. 『매일신보』(1943. 9. 23)에 증산(增産)문학「광산촌」(단편)을 발표했다.

이동규(李東珪) 일문 희곡「낙화도」(落花圖) 전3막을『동양지광』(1941. 12~)에 발표했다. 1943년 5월 29일~6월 4일간의 제1차 보도(報道)연습──조선군사령부 주최──에 참가하고 와서 쓴「보도연습행」(『동양지광』, 1943. 7),「조선군 보도반원의 수기」(『국민문학』, 1943. 7), 「보도연습 유감」(『신시대』, 1943. 7) 같은 글도 있다.

이원조(李源朝) 조선문인보국회 평론·수필부회 평의원으로 참가했다. 「문학의 영원성과 시사성」(『인문평론』, 1940. 8) 같은 평론에서 약간의 시국색이 발견된다.

이태준(李泰俊) 1939년 4월의 황군위문작가단 파송(派送)에서 산파역할을 하였다. 이것은 학예사(學藝社)의 임화, 문장사(文章社) 이태준, 인문사(人文社) 최재서(崔載瑞)의 3인이 주동하여 부내 출판업자 및 문단의 비용 갹출로 김동인(金東仁)·박영희(朴英熙)·임학수(林學洙) 세 명을 화북지방 황군 위문사로서 파송했던 행사이다. 이후 이태준은 조선문인협회 간사, 조선문인보국회 소설·희곡부회 상담역 등으로 비교적 활발한 활동을 벌였다.

친일계열의 글은 별로 많지 않다. 조선문인협회 파견으로 목포조선(木浦造船)을 시찰하고 와서 쓴 증산전선 시찰기「목포조선 현지기행」(『신시대』, 1944, 6)이 있다. 특기할 것은 이무영(李無影)과의 공저로 발행된『대동아전기(戰記)』이다. 이무영이 육군편, 이태준이 해군편을 맡아서 집필했으며, 1943년 1월 저작 겸 발행인 최재서로 인문사가 발행하였다. 이것은 징병제 실시를 앞둔 시국인식과 결전태세 확립을 위해서 집필된 일본 육해군의 전투 실기(實記)이다.

임화(林和) 이태준·최재서와 함께 황군위문작가단을 파견할 때 주동역할을 수행했다. 조선문인협회 창립 발기인의 한 사람이며, 조선문인보국회의 평론·수필부회 평의원이었다.

친일계열의 글로는『국민신보』에 발표한「내지 문단인에의 공개장」(1939. 4. 30), 「낙엽일기」(1939. 12. 10) 같은 일본문 수필 종류와, 『신시대』(1942. 12)에 발표한「연극경연대회의 인상」같은 것을 들 수 있다. 1942년 9월 18일~11월 25일에 걸쳐서 부민관에서는 조선연극문화협회 주최로 국민극 경연대회가 개최되었다. 5개 연극단체가 황민연극인 이른바 '국민극'을 경연했는데, 고협(高協)의「빙화」(氷化), 성군(星群)의「산돼지」, 아랑(阿娘)의「행복의 계시」, 청춘좌의「산풍」(山風), 현대극장의「대추나무」등이다. 여기서 단체상은 고협과 아랑이, 작품상은 유치진(柳致眞) 창작인「대추나무」가 차지했다.「연극경연대회의 인상」은 이같은 행사를 '국민극적'인 각도에서 비평한 극평이다.

정지용(鄭芝溶) 조선문인협회 발기인, 조선문인보국회 시부회 평의원이었고, 『국민문학』(1942. 2)에 친일시「이토」(異土)를 썼다.

낳아 자란 곳 어디거나
묻힐 데를 밀어 나가자(제1연)

　민족협화의 대동아공영권에서는 "낳아 자란 곳", 즉 일·선·만의 민족구별은 문제가 되지 않는다. 백인(白人) 제국주의와 싸워서 죽을, 즉 "묻힐 데"는 한 곳으로 공통되어 있고, 그곳으로의 진격만이 지상의 과제로 주어져 있다. 이같은 대의 앞에서 민족주의나 민족독립, 즉 "따로 지닌 고향"은 편협한 것이요, "미신"이다. 이러한 생각이 「이토」의 제2연에서 다음과 같이 표현된다.

꿈에서처럼 그립다 하랴
따로 지닌 고향이 미신이리.

　이 시에서 정지용은 "충성과 피"를 말하면서 "피었다 꽃처럼 지고 보면 물에도 무덤은 선다"고 노래하였다. 이 구절 "물에도 무덤은 선다"는 싯귀는 일제의 「우미 유까바」(바다로 가면)의 "바다로 가면 물에 씻기는 시체로 되리라…… 폐하의 곁에서 미련 없이 죽으리"를 연상케 하는 구절이다.
　한설야(韓雪野) 조선문인보국회 등에 관계는 하지 않았으나 일어로 '국민문학'을 썼다. 『국민신보』에 발표된 중편 「대륙」(1939. 6. 4~9. 24)과 『국민문학』에 발표된 「혈」(血, 1942. 1)·「영」(影, 1942. 12) 같은 단편이 그것이다.
　한효(韓曉) 『매일신보』에 「문학의 재건」(1942. 1. 21~26), 「작가의식의 부활」(1942. 8. 16~27) 같은 황민평론을 썼다.
　북의 정권이 수립되면서 이들은 한설야를 비롯한 다수가 그쪽에서의 권력층으로 부상하였다. 황군·상이군인 위문공연을 하면서 수익금을 국방헌금한 무용가 최승희(崔承喜), 징병영화 「젊은 자대」[41]며 애국영화 「조선해협」[42]을 주연한 문예봉(文藝峰) 등이 그 대표적인 사람들이다.

---

41) 원명은 「若き姿」. 조선군사령부·총독부 후원으로 조선영화제작화사가 제작함. 시나리오 八田尙之, 촬영 三浦光雄, 출연 丸山定夫(東寶)·黃澈·永田靖(大映)·文藝峰·金玲·三谷幸子(東寶). 1943년 12월 개봉.
42) 조선영화제작회사 작품. 시나리오 佃順, 감독 朴基采, 촬영 瀨戶明, 출연 南承民·金一海·獨銀麒·徐月影·李錦龍·文藝峰·金信哉·金素英·卜惠淑·金玲·椿澄技(東寶). 1943년 7월 개봉.

맺음말

이제 이 글을 마무리하면서 필자는 몇 사람들의 특징적인 인간 드라마를 생각해본다. 그 하나가 해방 후 군정청 ××청장에 올랐던 C씨의 에피소드이다.

일제하에서 C씨에게는 본인의 친일행위는 별로 없었다. 그러나 그 부친은 한말의 관찰사 출신으로 경북에서 갑부로 이름이 높았다. 1915년, 광복단 단장 박상진(朴尙鎭)이 군자금을 청하러 갔을 때 C씨의 부친은 형사에게 밀고해서 매복을 하게 하였다.[43] 격분한 박상진이 현장에서 그를 사살해버린 사건 1막이 있었다.

C씨의 부친에게는 아들 3형제가 있었다. 장남은 구한국 관료 출신으로 일제하에서 경북 모 은행장이었다. 차남은 중추원참의를 수차 중임했으며, 대구부의(府議)·경북도의(道議)·대구상의(商議) 회두(會頭)·총력연맹 평의원·대화동맹(大和同盟) 심의원 기타를 한 사람이다. 이러한 계보로 볼 때 3남인 C씨는 본인의 친일행위는 없었지만, 그 가문이 친일계층에 속했던 것만은 부인하기 어려운 일일 것이다.

해방 후 C씨가 군정청 ××청장에 기용됐을 때 몇 사람이 국일관에서 C씨를 만나 말했다.

"이제 군정의 ××권을 가지셨으니 독립운동자에게도 잘해야 안 되겠습니까?"

이에 대한 C씨의 답변은 냉정했다.

"나는 그들을 동정할 수 없어! 내 아버지가 독립운동자에게 죽었는데 어떻게 동정하겠느냐 말이오."[44]

이와 대조되는 이야기는 부일협력층이 상전으로 떠받들었던 일인에게서 고르기로 하겠다. 태평양전쟁 때 반전파(反戰派)였던 요시다(吉田茂)가 전후의 수상으로 지명되던 날 한 비서가 그 앞에 엎드리면서 말했다.

"각하! 잘못했습니다. 죽여주십시오!"

"왜 그러나?"

---

43) 「잃어버린 36년」 제29회, 『중앙일보』. 복면한 박상진에게 네 정체를 안다고 말했기 때문에 살해되었다는 또 하나의 설도 있다.

44) 위의 글, 『중앙일보』(劉錫鉉의 증언).

"예! 사실은 저는 헌병대에서 침투시킨 첩자였습니다. 전쟁중 각하의 일거일동을 모조리 헌병대에 보고하여 왔습니다."

요시다는 껄껄 웃으면서 말했다.

"좋아 좋아! 나는 나라를 위해서 반전(反戰)을 했고, 자네도 나라를 위해서 첩자를 했어. 애국을 했는데 무슨 죄가 되는가? 일어나 근무나 하게."

공과 사를 구별할 줄 알았던 요시다가 그 후의 일본 정계를 어떤 길로 끌고 갔는가는 장황하게 설명할 겨를이 없다. 반면에 C씨는 일제의 순사 출신으로 군정하 ××청의 중심을 채웠다. 이들 일경 출신은 일제하 고등계의 요시찰인 명부를 그대로 갖다 놓고 사용했다고 한다.[5]

독립운동자를 동정할 수 없는 정치가 민족 1백 년에 남길 수 있는 것이 무엇일까? 애국선열을 푸대접하던 정치가 무슨 낯으로 애국을 요구할 것이며, 살신위충(殺身爲忠)을 말할 것이며, 멸사봉공(滅私奉公)을 유시할 것인가? 이리하여 세월이 갈수록 뿌리가 굵어진 제1공화국의 부일세력은 3·15부정선거를 범했고, 4·19혁명을 부일세력 비율 60퍼센트인 제2공화국[46]으로 연결시켰다. 5·16이 나자 이들은 애국이건 정권이건 내팽개친 채 수녀원으로 도망쳐버리는 추태를 연출하고 말았던 것이다.

이 같은 현상과 대조적인 것이 한말 김홍집(金弘集)의 인간 드라마이다. 아다시피 김홍집은 1880년 제2차 수신사 이래의 친일 거두로, 갑오개혁 등의 친일·개화정책을 주도하였다. 아관파천(俄館播遷)으로 친러파 정권이 서자 친일·개화내각의 총리이던 그는 역괴(逆魁)로 체포령이 내렸다. 흥분한 군중들이 몽둥이로 그의 집을 습격하는 수라장이 벌어지고 만 것이다.

이때 일본군이 그를 구출하기 위해 달려갔다. 김홍집은 비통하게 소리쳐 말하되,

"한국의 총리로서 동족에게 죽는 것은 천명(天命)이다. 남의 나라 군인에게 구차하게 구원을 받을 생각은 없소!"

김홍집은 마침내 사살되었고, 시체는 개 끌리듯 종로까지 끌려가서 온갖 수모와 참혹을 당하고 말았다.

---

45) 위의 글, 『중앙일보』.
46) 장면정권 1년의 장관은 35명. 그중 60퍼센트인 20명에게서 부일협력의 전력이 발견된다.

이 처절한 인간 드라마에서 우리는 김홍집의 친일·개화 정책이 누구를 위한 것이었는가를 웅변으로 설명받을 수 있는 것이다. 그럼, 제2공화국의 60퍼센트의 부일협력자 기용은 누구를 위한 것이었는가? 아무리 군사혁명이지만 혁명군이 아관파천 당시의 폭민들처럼이야 할 리 없을 것이다. 그럼에도 불구하고 '남의 나라 수녀'에게 구원을 청한 제2공화국의 총리에게서는 그 대의와 명분을 설명받을 아무 조건이 없을 것이다.

이 실정(失政)이 실은 친일행위 이상의 문제점이다. 친일은 한 시대의 민족의 비극이었고, 또 반세기 전 일제하에서의 일이었다. 때문에 우리는 왕년의 친일을 이유로 해서 현재의 어느 개인을 비난하지 않는다. "그런 사람이 장관을 해?" 한다면 이것은 명백히 말하는 사람의 잘못이다. 왕년의 부일협력층은 그들의 전비를 씻기 위해서라도 신생 조국에서 더 많은 일을 해야만 하는 사람들이다. 전비를 씻기 위해서 일을 하겠다는데 옹졸하게 반대할 국민은 없을 이다.

그러니까 문제는 전비를 씻었는가로 압축되고 만다. 씻었다면 지지를 받을 것이요, 씻지 못한 채 실정을 거듭했다면 치욕을 가중하는 결과밖에 안 될 것이다. 이것은 실정한 독립투사가 지지를 잃고, 선정한 독립투사가 더욱 경모를 받는 현실에 비해서 추호도 다를 바 없는 일이다. 국민의 현실적 지지 앞에서 왕년의 부일협력층은 독립운동자와 동일한 저울대 위에 서 있는 것이라고 할 수도 있다.

그럼, 왕년의 부일협력층은 그들의 전비를 씻었는가? 만대에 살신위충을 수범할 만큼 민족정기를 회복했는가? 친일은 어제의 문제이지만 민족의 정기는 오늘의, 또 내일의 문제이다. 부일협력은 과거의 행위보다 오늘의 행위가 문제되어야 하며, 어제의 친일파보다 오늘의 친일파가 문제되어야 하는 것이다.

애국자로 둔갑한 친일파 군상들

이용구가 애국자라니……

이석규(李碩奎)는 일진회장 이용구(李容九)의 유일한 혈육이다. 아버지 이용구가 일본 스마(須磨)에서 죽던 1912년에 3세였는데, 생모에게서 떼어져서 나고야(名古屋)의 절에 위탁되었다.

주지 내외를 부모로 알고 자란 이석규는 중학 3년 때 생모를 만나 자신의 뿌리를 알게 되었다. 그는 일본에서 크면서 대성(大成)중학과 리쿄(立敎)대학을 다니다가 니쇼학사(二松學舍) 전문학교를 졸업한다. 조선으로 나온 것이 1937년 무렵인데, 당국의 정략적 책동의 결과가 아닌가 의심되지만 확증할 만한 것은 없다.

조선으로 나온 이석규는 시천교(侍天敎)를 대동일진회(大同一進會)로 개편함으로써 아버지의 '일한합방' 노선을 계승하였다. 시국하 종교단체는 필요 없으니 정치단체화해서 내선일체에 이바지하겠다는 취지였는데, 1938년 10월의 대동일진회 창립준비위원회에서 이석규는 위원장 대리를 맡는다. 조태원(趙泰元) 일파가 이에 반발, 시천교 본부사무소를 차림으로써, 이 교단은 대동일진회와 시천교 양파로 분열되고 말았다.

이렇게 해서 창립된 대동일진회는 왕년의 일진회의 '일한합방의 정신'을 내선일체로 구체화시키기 위해서 각종 친일활동을 벌였다. 이들은 창씨 상담실을 설치 운영했고, 강연회·좌담회로 황민의식과 대동아주의를 선전하였다. 다이또(大東碩奎)로 창씨개명한 이석규는 논설「전쟁과 신앙력」(『매일신보』1941년 9

월 10~11일)에서 "팔굉일우(八紘一宇)의 진리가 결코 공상이나 개념이 아니고 인류가 필연적으로 도달할 궁극의 진리인 것을 확인해야 한다"고 말한다. 1939년 11월 11일에 이석규 등은 흑룡회(黑龍會)와 함께 서울 박문사(博文寺)에서 '일한합병 공로자 감사위령제'까지 지냈다.

이석규는 해방 후 다이또 구니오(大東國男)이라는 이름으로 일본에 살았다. 그는 "아버지의 시체에 채찍을 가하고 돌을 던지는 위선성(僞善性)"에 분격하면서, 이용구 재평가의 작업을 벌이기 시작했다. "전전(戰前)의 황국사관, 전후(戰後)의 단순한 진보사관(유물사관), 망국의 한탄에서 오는 감정론적 사관 등에 의한 이용구의 비판이 아닌, '있는 그대로의 진실을 있는 그대로 밝힌다'는 공평 냉정한 시점"에서의 이용구에 대한 재평가 작업인 것이다. 이렇게 해서 얻어진 이용구의 이미지를 요약할 때 대략 다음과 같은 것이었다.

> 이용구는……일본을 신뢰하고, 일본에 협력하고, 동양의 평화와 번영에 전 생애를 건 끝에, 그 일본에 배반을 당해서 비분과 실의 속에……스마에서 객사한 한국의 지사(志士)이다.

즉, 이용구는 일본의 주구(走狗)로서 나라를 팔겠다고 나선 매국노가 아니라는 것이었다. 이용구가 희망한 것은 한일양국의 대등한 '합방', 즉 일종의 연방제였는데, 가쓰라(桂太郎) 등이 최종 단계에서 예속관계인 '병합'으로 위조해 버렸다는 것이었다. 속인 것은 가쓰라이며, 따라서 죄인은 가쓰라이다. 이용구 자신은 일본과의 협력으로 국정을 개혁함으로써 동양의 평화와 민생의 향상을 도모하려 한 우국단심의 지사라는 것이었다.

합방으로 노예상태 물리친다(?)

이러한 견해를 한층 발전시켜서 니시오(西尾陽太郎)는 다음과 같이 주장하였다.

> 보호조약은 당시의 한국민에게 '무군(無君)·무국(無國)·노예화'의 사실로 받아들여졌다. ……이러한 상황에 대한 판단은 두 가지가 가능하다. 하나는 그 보호조약을 곧바로 노예화(식민지화)의 사실로 보고 이에 대한 철저한 저

항운동이며, 다른 하나는 그 보호조약을 전제로 해서, 장래의 제국주의 일본에 의한 한국의 완전한 병합·병탄을 예견하고, 그 시한 안에서의, 장래의 노예화 회피를 위한 일한합체(日韓合體) 운동이다. 필자로서는 전자의 측면에서 발생한 것이 항일 의병운동이요, 후자의 측면에서 발생한 것이 이용구의 합방운동이라고 생각하고 싶다.

이쯤되면 이용구는 항일의병과 같은 차원에 놓인 애국자가 된다. 을사5조약으로 인한 노예상태를 폭력적 저항운동으로 벗으려던 것이 의병항쟁이요, 비폭력적 조약 개정(합방)으로 물리치려던 것이 이용구의 운동이었기 때문에 양자는 마찬가지로 조선인의 자유를 위해서 진력한 우국애족의 지사가 되는 것이다.

그럼, 니시오와 이석규의 말대로 이용구는 과연 애국자였는가? 이용구가 소망했던 것이 개혁이든 매국이었든 간에, 또 자유든 노예화였든간에, 분명한 사실은 그것을 혼자 힘으로 달성하려 한 것이 아니었다는 것이다. 일본을 신뢰하고 일본과 협력해서, 제 나라의 매국이든 개혁이든을 실현하려 한 것은 사실이었다. 이런 점에서 그는 항일의병과는 함께 거론할 대상 자체가 되지 않는다. 항일의병은 제 힘으로 자유를 찾으려 했으나, 이용구는 일본에 의지해서 그것(?)을 누리려 했던 것이다.

남에게 의지해서 얻는 자유는 예속이요, 노예로서의 행복일 뿐이다. 때문에 이용구는 오직 친일파요, 사대주의자요, 외세영합의 주구일 뿐, 니시오나 이석규의 말대로 '지사'가 아니었다. 이런 이용구를 우국애족의 지사요 애국자로 평가하다니 될 말인가? 친일 대동일진회의 이석규. 부자 2대에 걸쳐서 친일에 앞장을 섰던 이석규가 그러한 재평가(?) 작업의 중심인데야 그 철면피와 후안무치에 분한 마음을 참을 길 없다.

송병준, 1억 엔에 나라를 홍정

이용구와 죽이 맞아 돌아간 매국 거두가 송병준(宋秉畯)이다. 1871년에 무과급제, 이후 수문장(守門將)과 훈련원 판관·사헌부 감찰 등을 하기까지 송병준은 민충정공(閔忠正公)의 은고에 힘입은 바가 컸다. 그런데 충정공이 순절하자 유족의 힘이 없음을 기화로, 그 댁 재산 7백여 섬지기를 뺏기 위해서 왜경과 함께 온갖 협박을 자행하였다. 또한 친구인 대실업가 김시현(金時鉉)이 죽어 재산관리를 맡게 되자 그 아내(白樂子)까지 '관리'한 끝에 재산횡령 혐의로 피소 당한 웃지 못할 사건의 주인공이기도 하였다.

  1876년 2월, 구로다(黑田淸陸)의 함대가 병자수호조약을 위해 강화섬에 왔을 때 송병준은 접견사(接見使) 수행원으로 나감으로써 친일의 단서가 풀리기 시작했다. 이리하여 거물급 군납업자 오오꾸라(大倉喜八郎)를 알게 된 그는 동업으로 부산에 상관(商館)을 개설하였다. 하지만 이때는 이른바 왜양일체론(倭羊一體論)으로 배일의 기세가 크게 일면서, 양물금단론(洋物禁斷論)이 전국을 석권하던 무렵이다. 송병준의 친일상관(親日商館)은 부산 주민들의 습격으로 박살이 났고, 이후에도 그는 친일 혐의로 10여 차례가 넘게 사경에 처하기도 하였다.

  임오군란 때 송병준은 폭민에게 집을 불살리고, 자신은 남대문 밖 농가의 쌀뒤주 속에 숨어서 목숨을 부지했다. 갑신정변 때도 그는 집과 세간 집물이 박살이 났다. 친일을 했기 때문에 당한 화인데, 이 화는 오히려 그의 친일을 심화시키는 계기가 되었다. 일본의 보호가 없는 한 돈도 생명도 지탱할 수 없다고 생각한 송병준은 드디어 일본의 보호 없이는 삶을 생각할 수 없는 그런 사람이 되고 말았다.

  그는 일본 총리대신 가쓰라를 만나서 1억 엔에 나라를 팔겠노라고 흥정을 걸었다. 또한 헤이그 밀사사건이 나자 고종을 핍박해서 말하되, 주한일본군 사령관 하세가와(長谷川好道 : 대장)에게 면박(面縛)의 예(禮)를 올리라고 하였다. 이 면박의 예라는 것은 죄인임을 자처하는 자가 스스로 뒷짐결박을 하고 무릎걸음으로 상전 앞에 기어 나가 죄를 청하는 격식이다. 일국의 임금을 핍박하여 외국의 한낱 대장에게 면박의 예를 올리라니, 이 무슨 역적의 언동인가? 조선의 역적은 일제에게는 충신이라, 병합 이후에 송병준은 자작에서 백작으로 승급하였다.

송병준의 사위·외손자

이 송병준의 사위가 총독부 경무총감부 경무관(警務官)을 한 구연수(具然壽)이다. 1866년 경남 창원 출생, 동경제대(東京帝大) 광산과 출신인 그는 1892년에 귀국해서 농상공부 공무국 주사와 광산국 기사가 되었다. 을미사변 때 그는 민비의 시체에 석유를 뿌려 소각하는 작업을 감독했고, 그 끝에 우범선(禹範善)·이두황(李斗璜)·황철(黃鐵)과 함께 부산으로 달아나서 도일 망명하였다.

5만 원의 현상금이 걸린 구연수는 야마구찌현(山口縣) 하기(萩)에서 10여 년을 숨어 살았다. 함께 망명한 우범선은 일본에서 자객에게 암살되는데, 훈련대 대대장으로 민비 시해를 방조했던 사람이며, 육종(育種)학자 우장춘의 부친이다. 구연수는 통감부 시절에 귀국해서 부경무사(副警務使)를 한 후, 총독부 경무관이 되었다. 이 경무관은 경시(警視 : 총경)보다 한 급 위인 경찰 최고의 직급인데, 조선인으로 경무관을 한 사람은 필자가 알기로는 구연수 단 한 명이다.

부경무사를 할 때 구연수는 전국 경찰에 내명(內命)을 내려서 이주회의 유가족을 찾게 하였다. 이주회는 민비 시해의 조선측 책임자로서 사형을 당했던 사람인데, 유골은 산중에 묻혀 버려졌고, 그 유족도 온 데 간 데가 없었다. 금강산 절에서 유자 이용구를 찾아낸 구연수는 그 뒤를 돌보면서, 서울의 일본절 서룡사(瑞龍寺) 안에 역신(逆臣) 이주회의 무덤을 마련해 주었다. 1919년에 경무국 사무관이 된 구연수는 중추원 칙임참의를 거쳐서 정 4위 훈 2등으로 1925년에 사망하였다.

이 구연수의 아들, 즉 송병준에게는 외손자가 되는 사람이 한은(韓銀) 총재를 한 구아무개이다. 외조부와 부친 2대로 물려진 친일 전통을 이어 받아서, 제3대 구아무개는 일계 경성(京城)중학교를 1백5명 중 조선인 단 2명으로 1918년에 졸업하였다. 그는 도쿄상대(東京商大)로 진학해서 1925년에 그 곳을 졸업한 후 조선은행 도쿄지점에 들어갔다. 이 조선은행은 식민지의 중앙은행으로서, 총재·부총재가 일본정부로부터 임명되는 등 북침(北侵) 경제전선의 제1선에 섰던 중추적인 일제의 침략기관이었다.

해방 전 조선은행 오사카(大阪)지점 서구(西區)출장소 지배인을 한 구아무개는 해방된 그 해 11월에 조선은행 부총재로, 또 1950년에 한국은행 총재로 승진한 후, 이승만 치하에서 마침내 상공부장관까지 역임한다. 송병준에서 구연수로 이어진 3대 친일가문에 해방과 더불어 욱일승천(旭日昇天)하는 여영(餘榮)의 꽃이 피어났던 것이다.

총리로 영달한 친일파

송병준의 외손자가 상공부장관을 했다고 흉이 되는가? 천만의 말씀이다. 자유당 12년의 정권에서 해외 망명객 출신인 장관이라곤 통틀어 4명밖에 없었다. 총 1백15명의 장관 중 2개 부처 이상을 역임한 19명을 추리면 실질 연인원이 96명인데, 이 중 34.4%인 무려 33명이 친일계 또는 친일권(親日圈)에 드는 사람이었다. 그렇다고 실망은 아직 좀 빠르다. 왜냐하면 자유당 12년의 국무총리의 50%가 친일계 또는 친일권에 드는 인사였으니까.

'친일권의 인사'란 필자가 창안한 말인데, 본인에게는 별로 친일행위가 없으나 조부·부친·형제 등 직계 혈족에게서 '극히 현저한' 친일행위가 발견되는 경우이다. 자유당 12년의 총리는 서리를 포함해서 연인원 8명인데, 이 중 2명이 망명객 출신이요, 1명이 친일권의 인사이며, 3명에게서 부일 협력의 전력이 발견된다.

지면관계상 장관은 일일이 말할 수 없고, 총리 가운데 부일협력의 전력이 발견되는 경우를 살펴보자. 제2대 장아무개의 일제하에서의 주업은 1931년 이후 해방 직전까지 서울 동성(東星)중학 교장이었다. 1938년 2월 9일 경성연합청년단장 마에다(前田昇), YMCA 대표 윤치호 등 약 10명의 협의로 조선지원병제도 실시 축하회가 결성되었다. 이때 그 발기인이 73명인데, 장아무개와 조종국(趙鍾國)이 천주교측 발기인으로 참가하였다. 이 축하회는 신궁봉고제(神宮奉告祭), 기(旗)행렬, 대축하연, 경축탑 설치 등의 축하행사를 주관하였다.

그 해 10월 20일, 장아무개는 국민정신총동원 조선연맹 산하의 비상시 국민생활개선위원회 제1부 위원 44명 중 1인으로 선임되었다. 이 위원회는 총독부의 강력한 방침으로 제1부 의식주, 제2부 의례(儀禮)사회풍조, 제3부 부인생활에 관해서 내핍·근로 기타 전시생활 개선운동을 주관했던 기관이다. 이 운동의 일환으로 이 연맹은 같은 해 11월 1일부터 43명으로 된 비상시 생활개선 순회강연반을 13도에 파견하였다. 장아무개·고에쯔까(肥塚正太)·유형기(柳瀅基)·조동식(趙東植)의 4명이 강원도 방면 순회강연반이었다.

그 후 1939년 5월 중순, 명치정(명동) 천주교회는 동 교회 이사 아라리보 주교 및 장아무개 등의 지도로 국민정신총동원 조선연맹에 가입하였다. 이 형태를 13도에 확대시키기 위해서 이들은 동년 5월 14일 명치정 교회당에서 지방교회 대표 60여 명을 포함한 교도 1천여 명의 참석으로 국민정신총동원 천주교 경성교구연맹을 결성하였다. 그 역원은 이사장 아라리보 주교, 이사 노기남(盧基南)·구로까와(黑川米尾) 등 5명, 간사는 장아무개·이와다니(岩谷二郞)를 합쳐서 7명이었다.

내선감리교 특별위원회

서리 이○영(李○榮)은 일제하에서 조선 감리교와 일본 메소지스트 교회의 합동을 주도한 사람 중의 하나였다. 1938년 10월 5~7일에 걸쳐 서울 감리교신학교 강당에서 열린 제3회 조선기독감리회 총회는 감리교의 내선일체·황민화 체제 달성을 위해서 조선 감리교와 일본 메소지스트 교회의 합동문제를 상정하였다. 그 심의는 총회가 선출한 위원단에 일임되었는데, 그 위원단이 이○영(李○榮)·김광호(金光鎬)·김영섭(金永燮)·김준옥(金俊玉)·김활란(金活蘭)·박선제(朴斯齊)·서위렴·신공숙(申公淑)·윤치호(尹致昊)·전의균(田義均)·최활란(崔活蘭)의 11명이었다.

그리하여 1939년 10월 17일, 동경 청산(靑山)학원에서는 양측 교단의 합동을 논의하는 '내선감리교 특별위원회'가 양측 전권위원 7명씩의 참석으로 개최되었다. 조선 감리교측의 전권위원은 이○영(李○榮)·김영섭(金永燮)·신흥우(申興雨)·양주삼(梁柱三)·유형기(柳瀅基)·윤치호(尹致昊)·정춘수(鄭春洙)의 7명이다. 18~19일로 계속된 회의에서 양측 전권위원은 내선일체·황도선양을 위해 조속한 시일내에 합동한다는 원칙을 결의한 후, 양측 14명 연합위원회의 존속 활동 기타 구체적인 방책을 협의, 결의한다. 그 제3항은 "외국에의 대표 파견 및 대(對)정부 절충은 양측 교회가 협의하여 실행하되 주로 일본 메소지스트 교회가 그 임무를 담당한다"이다. 이로써 조선 감리교는 자주권을 완전히 상실했으며, 일본 메소지스트 교회의 사실상의 일부로 예속되어 황민화 신앙보국의 길로 나서게 되는 것이다.

친일권 인사 장택상

제3대 장택상은 본인에게는 별로 친일행위가 없었다. 하지만 3형제 중 맏형인 길상(吉相)은 1914년에 물산공진회 평의원, 1926년에 경북도 농회 부회장, 1927년에 조선농회 통상의원, 1929년에 조선박람회 평의원 등으로 부일협력의 경력이 있다. 대구은행·경일은행(慶一銀行) 대표취체역이던 길상은 경북 어대전(御大典) 기념 뇌경관(賴慶舘) 건축비로 거금 1천 원을 헌납하고 1918년 4월 12일 총독부로부터 은배(銀杯)로써 표창을 받았다.

장택상의 바로 위인 직상(稷相)은 한말의 신녕(新寧)군수이다. 병합과 함께 총독부 신녕군수가 된 후 하양(河陽)·선산(善山) 군수를 거쳐서 1916년에 퇴관하며, 그 사이 1915년에 경북지방 토지조사위원회 임시위원을 맡은 바 있었다. 왜관(倭舘) 금융창고주식회사 대표취체역이던 직상은 1924년에 경북도 평의원, 1926년에 친일 대구상업회의소 회두(會頭)를 하고, 1930년에 중추원 참의에 임명된 후, 8·15까지 15년간 그 직을 6회 중임했다. 일제 말엽에는 국민총력조선연맹 평의원, 조선임전보국단 이사, 대화(大和)동맹 심의원 등으로 친일의 경력이 상당했던 사람이다.

이런 경우, 즉 본인에게는 별반 친일행위가 없으나 직계 혈족에게서 극히 현저한 친일행위가 발견되는 경우를 필자는 친일권에 드는 것으로 분류하였다. 일제하의 장택상은 형이 하는 경일은행에서 이사·감사 등을 맡고 있었다.

제4대 백○진(白○鎭)은 1934년에 도쿄상대(商大)를 졸업하고, 이 해부터 조선은행에서 복무하였다. 이것은 식민지의 중앙은행이며, 총독부·동척(東拓)·주한 일본군과 더불어 4대 침략기관의 하나로서, 일반은행업 외에 발권(發券) 사무——조선은행권 발행——까지 취급한 기관이다. 그 연혁은 1878년 상륙한 제일은행(부산지점)으로부터 시작되는데, 이것은 청일전쟁중 임시 중앙금고 파출소의 역할을 담당한 금융침략의 첨병이었다. 제일은행의 업무를 흡수하면서 1909년에 한국은행으로 설립되었는데, 1911년 3월 '조선은행법'이 공포되면서 조선은행으로 이름이 바뀌었다. 이후 조선뿐 아니라 만주 봉천·대련·장춘, 중국 북경·천진·상해·서주, 기타 각처에까지 지점을 설치하면서 대륙 경제침략전선의 제1선에 섰던 중추적인 일제기관이었다.

독립운동자로 둔갑한 친일파

 이승만 정권 12년의 총리 8명 중 2명이 망명객 출신이다. 반면에 친일계와 친일권이 점한 비율은 4명으로, 전체의 50%나 되었다. 이러니 친일의 전력자가 독립유공자로 포상을 받았다고 해서 무엇이 이상한가? 정기는 애당초부터 오도되었고, 그런 오도된 정기 밑에서는 친일자가 독립운동자로 둔갑한다 해도 사실 괴이한 일이 아닌 것이었다.

 강원도 삼척군 노곡(盧谷)면 출신 김○호(金○鎬)는 광복회에서의 항일경력으로 1977년에 대통령 표창을 받았다. 그런데 같은 강원도 삼척군 출신 김○호는 1920년 12월 20일에 민선 강원도 평의원이 되었다. 이 두 사람이 동명이인이기를 필자는 천지신명에게 빌고 싶다.

 함남 갑산(甲山)군 회린(會麟)면 출신 김○태(金○泰)도 광복단에서의 항일경력으로 1977년에 대통령 표창을 받았다. 그런데 1918년 2월 5일에 갑산군 참사(參事)를 의원면직한 김○태란 사람이 있다. 이 두 사람도 동명이인으로 밝혀져야 '대통령 표창'에 권위가 설 것 같다.

 경북 청도(淸道)군 매전(梅田)면 출신 이○희(李○喜)도 같은 경우이다. 이 분은 광복회에서의 항일경력으로 1968년에 대통령 표창과, 1977년에 건국표창을 받았다. 그런데 1917년 11월 30일에 경북 청도군 참사 및 1920년 12월 20일에 경북 도평의원(만선)에 임명된 후, 1924년 1월 25일에 경북 도평의원의 직을 잃은 이○희란 사람이 있다. 이 두 사람 역시 동명이인이기를 정기(正氣)의 이름으로 빌고 싶다.

 평남 강서(江西)군 강서(江西)면 출신 김○선(金○善)도 같은 경우이다. 이 사람은 참의부(參議府)에서의 항일경력으로 1969년에 대통령 표창 및 임정에서의 활동으로 1980년에 국민장을 받았다. 그런데 구한국 보병 참령(參領) 출신인 김○선은 총독부 치하에서 1913년 2월 4일 평남 개천(价川)군수, 1915년 5월 12일 평남 안주(安州) 군수에 피명(被命)된 후, 1919년 5월 22일에 총독부 군수를 의원면직하였다. 그 동안 김○선은 1915년 7월 22일부터 1917년 7월 10일까지 평남지방 토지조사위원회 임시위원을 맡아 보았다.

 총독부 군수를 의원면직한 1919년 5월 22일부터 약 10년간의 김○선의 행적이 묘연하다. 이 동안이 참의부와 임정에서 활동한 기간이겠는데, 1928년 11월 16일 김○선은 일제로부터 일황(日皇) 소화(昭和)의 즉위 축하인 대례기념장

(大禮記念章)을 수령하였다. 일황의 즉위 축하의 은전이 임정 요인들에게까지 내려졌던 것일까? 사이또(齋藤實) 문서 제739호는 유동열(柳東說)과 김○선을 투항시키기 위한 자금 청구서인데, 유동열은 불응했으나 김○선은 그 후 투항하였다. 이 문서 등을 예시하면서 강동진(姜東鎭)은 "독립운동자로서 투항했던 김○선에게도 사이또는 거액의 '하사금'을 주어 친일활동을 시켰다"고 기술하였다(『日帝의 한국침략정책사』, 196쪽).

독립운동하다 투항·변절한 김○식

독립운동을 하다가 변절한 사람으로 김○식(金○植)이 있다. 간도 일본총영사관에 포섭되어 조선시찰을 하고 돌아간 후 만주에서 '나의 과거를 추억하며 갱생의 조선을 시찰함'이라는 투항강연을 했는데, 다음은 그 강연 중 한 구절이다.

나는 지금으로부터 17년 전에 조선을 떠나 만주로 와서 조선 독립을 운운하는 사람들과 함께 방황할 때, 나날이 전해지는 조선의 실정과 소식은 실로 비참한 것이었습니다. 조선 총독정치는 조선인을 압박하고, 일본의 재벌들은 조선인을 착취하며, 조선인의 교육은 일선인(日鮮人)의 차별이 심해서, 2천만 대중인 조선은 정치에 죽고 경제에 죽고 문화에 죽는다는 아우성이 내 귀를 충동질하고 있었습니다. 나는 윌슨이 주장한 민족자결이라는 주장에 공명하여 독립도 희망해 보았고, 혈전성공(血戰成功)이란 이론에서 군사독립에도 찬성해 보았습니다. 대중운동이 필요하다고 인정될 때에는 농민운동에도 노력을 했고, 당파적 결합이 적절하다고 인정한 때에는 당조직에도 참가해 보았습니다. 그러나 내가 희망하는 바는 하나도 성공할 가능성이 없고, 동아(東亞)의 대세는 급전직하로 변해서, 나는 이상한 공상으로 방황하게 되고 말았습니다.

이렇게 해서 투항 변절한 김○식은 1935년 11월 25일부터 3주간 일정으로 간도 총영사관 조선과가 파견한 귀순자 조선시찰단에 참가하여 조선을 시찰하고 돌아간 후, 위에 말한 전향강연을 하였다. 그런데 강연에서 언급된 경력과 아주

흡사한 경로를 걸었던 사람이 경북 안동(安東)군 서후(西後)면 출신으로 1968년에 국민장을 받는 정의부(正義府)의 김ㅇ식(金ㅇ植)이다.

귀순강연을 한 김ㅇ식은 '지금(1935년)으로부터 17년 전', 즉 1919년에 만주로 가서 '군사독립'노선에 섰고 '농민운동에도 노력을 했고' '당조직에도 참가'하였다. 국민장의 김ㅇ식은 1919년 음력 9월의 영천(永川)·대구에서의 독립음모·군자금 모집사건에 관련했는데, 1920년 현재의 주소가 봉천성(奉天省) 유하현(柳河縣) 삼원보(三源堡)이다. 1924년 봄에는 만주에서 한족노동당을 조직했는데, 이것은 적색(赤色)국제농민동맹에 가맹하기 위해서 재만(在滿)농민동맹으로 개편된다. 1927년 4월에는 신안둔(新安屯)에서 열린 독립단회의에 정의부 위원으로 참가했고, 동년 12월에는 중국 동부(東部) 한인청년동맹의 중앙집행위원이 되었다.

귀순강연을 한 김ㅇ식과 국민장의 김ㅇ식과는 위에서 보듯이 그 경로가 상당한 부분에서 부합된다. 이것은 우연의 일치일 뿐, 그 두 사람이 동일인물이 아니기를 독자 제현과 함께 빌고 싶다.

관동군 사령부의 '이ㅇ천 공작'

만주에서 항일한 공로로 1963년에 대통령 표창을 받은 이ㅇ천(李ㅇ天)이란 사람이 있다. 그런데 이와 동일한 이름을 전직 관동군 정보부 참모 니시하라(西原征夫)가 저술한 『전기록(全記錄)하르빈 특무기관』에서 발견하였다. 즉, 다음과 같은 귀절이다.

소화11~12년(1936~37년) 무렵, 관동군 제2과 직할로서 실시된 것이 '이ㅇ천 공작'이라 부르는 것이다. 여기에는 상당한 공작비가 들었고, 현지 특무기관도 명령에 의해서 측면적으로 이것저것 협력적 공작을 실시했는데, 앞서 말한 경위 때문에 마침내 성공을 못 하고 말았다.

이어서 동서(同書)는 주(註)23으로 '이ㅇ천 공작'에 구체적인 설명을 가했다. 즉, 다음 같은 기술이다.

지난날 북만(北滿)에서의 조선인 민족운동의 지도자로서 전향한 이○천을 이용해서 훈춘을 기점으로 하는 재(在)소 조선인과의 교류에 의한 정보수집 및 만주내 조선인 독립운동자에 대한 회유공작 등을 실시한 것이 '이○천 공작'인데, 관동군 사령부가 주체가 되고 훈춘의 특무기관이 협력했던 것이다. 그러나 그 성과는 커다란 것은 아니었다.

이것을 보면 이○천도 독립유공자로서의 실격자임이 분명해진다. 하지만 '만주항일'로 대통령 표창을 받은 이○천과 '북만(北滿)에서 전향한 이○천'이 동일인이라는 보증은 없다. 또 설사 동일인일지라도 그 변절의 기록은 일제의 특무관계 문서의 일각에 숨어 있는 것이라, 독립유공자 공적심사위원들의 눈에 띄지 않을 수도 있는 것이다.

신상(信賞)을 했으면 필벌(必罰)은?

하지만 서○(徐○) 같은 경우에 이르러서는 아연하지 않을 수 없는 것이다. 평북 정주(定州)군 고현(高峴)면 출신인 서○은 2·8선언에 참가했던 것으로 1963년에 대통령 표창을 받았다. 그 공적사항은 사실이었지만, 반면에 중일전쟁 이래의 서○은 세상이 다 아는 친일파였다. 세상이 다 아는 친일파를 그럼 독립유공자 공적심사위원들만 몰랐단 말인가? 1963년도의 독립유공자 상훈심사위원 명단을 보니 놀라지 말라! 고○욱(高○旭)·신○호(申○鎬)·류광○(柳光○)·이○성(李○成) 등 4명의 친일 전력자가 섞여 있었다. 이들 중 조선 안에 있었던 3명만큼은 함께 친일한 서○의 행적을 모르지 않았을 터인데, 그럼 친일파인 것을 알면서도 독립유공자로 대통령 표창을 주었단 말인가?

교토제대(京都帝大) 경제학부 출신인 서○은 동아일보 경제부장과 조선일보 주필을 거쳐서 1940년 9월부터 1944년까지 총독부 기관지 『매일신보』 주필을 한 경제평론가이다. 그 사이 1940년 1월에 서○은 조선문화사를 창립하고, 일본문(文) 월간지 『태양』(太陽)을 발행함으로써 황도언론의 제1선에 섰다. 다음은 그 『태양』(太陽)의 창간사 중 한 구절이다.

우리 일본은 만세일계의 천황에 있어서는 태양의 덕을 그 덕으로 하고 계

애국자로 둔갑한 친일파 군상들 347

시다. 그의 태양의 빛이 육합(六合)을 모조리 비추이는 것과 같이 천황의 그 은택(恩澤)은 전세계를 비춤이 마땅하다. 이것을 환언하면 천황의 그 은택은 제국 영역내에 생을 받은 우리들 1억 신민만의 것은 아니다. 모든 인류에 균점시켜야만 마땅하다.

1937년 1월에 서×은 친일 방송선전협의회 강사가 되었다. 1939년 7월에는 경성배영(京城排英) 동지회 평의원이 된다. 1940년 10월에 국민총력조선연맹 참사가 되고, 1941년 5월부터는 동 연맹 출판부문 연락계를 맡는다. 오오까와(大川滋種)로 창씨를 한 서○은 조선임전보국단에서는 평의원을 했다. 그는 매일신보사 강연·영화반의 강사로 1940년 11월 18일부터 13도에서 '전시경제와 국민협력'을 순강했고, 1941년 9월 10일부터는 '중남지(中南支) 시찰 보고강연회'로 13도를 순강했다. 경제평론가요 우수한 논객이었던 서○은 「정치경제와 신체제」(『매일신보』 1940년 7월 23~28일), 기타 친일논설 다수를 집필했는데, 다음은 그 중의 하나이다.

반도 청년은 이러한 일본 정신을 체득하여 천황귀일(天皇歸一)의 대신념을 배양하고, 언제나 한 목숨을 폐하에게 바치겠다는 결의를 굳히며, 싸움에 임해서는 충성용무(忠誠勇武)한 군인이 되겠다는 각오를 하지 않으면 안 된다. 그리고 이를 위해서는 우선 생활환경의 내지화(內地化 : 일본화)가 거론되지 않으면 안된다(서○,「징병제 실시와 반도인의 감격」,『조선』 1942년 7월호).

이런 글을 쓴 서○이 독립유공자라니 아무래도 좀 석연치 않다. 그렇지만 서○은 2·8선언에 분명히, 그것도 주동적으로 참가하였다. 이 부분에 대한 신상(信賞)을 엄격히 해서 대통령 표창을 준 것이라면, 반대편 필벌(必罰)의 부분인 친일행위에 대한 처벌은 언제 있었는가를 심사위원들에게 묻고 싶다.

공훈심사위원이 된 친일파

친일파가 독립운동자로 둔갑했다고 흥분할 것이 아니다. 도대체가 근본을 따져 말하면 독립유공자 공적심사위원 속에 친일파가 끼였다는 그 사실부터가 이상한 일이다. 뿌리와 둥치가 이렇게 휘어 버렸으니 무슨 수로 나무가 곧기를 바라겠는가!

1962년도 문교부 독립운동 유공자 공적조사위원에 신○호(申○鎬)·이○도(李○燾)가 끼여 있었다. 신○호는 총독의 수사관(修史官)이요, 이○도는 조선사편수회 촉탁을 한 사람이다.

1963년도 내각사무처 독립유공자 상훈심의위원에는 고○욱(高○旭)·신○호(申○鎬)·류광○(柳光○)·이○성(李○成)이 들어 있었다. 고○욱은 경성배영(京城排英) 동지회 및 전조선 배영(排英)동지회연맹의 상무이사, 신○호(申○鎬)는 총독부 수사관, 유광○은 황도언론의 맹장이며, 이○성은 일제의 밀정설이 있는 사람이다.

1968년도 총무처 독립유공자 상훈심의위원에는 친일계가 6명이나 끼여 있었다. 그 중 고○욱·신○호·유광○·이○수는 앞에서 서술하였고, 새로운 2명 중 백○담(白○澹)은 친일『기독교신문』—1942년 4월 29일 창간—의 편집위원으로 기독교 황민화의 선도적 역할을 하였다. 또 한 명인 이○근(李○根)은 만주제국협화회 전국연합협의회에서 빈강성(濱江省) 협의원을 수차 중임한 사람이다.

1977년도 원호처 독립유공자 공적심사위원에는 앞에 언급된 유광○(柳光○)과, 또 한 사람 이○상이 끼여 있었다. 이 이○상은 조선어학회에서의 항일 경력으로 1977년에 건국포장을 받았다. 독립유공자요 또 독립유공자 공적심사위원이었던 이 이○상(李×相)은 친일『만선일보』(滿鮮日報)에 적을 두기도 했던 사람이다.

1980년도의 원호처 독립유공자 공적심사위원에는 앞에 말한 신○호(申○鎬)가 들어 있었다. 그리고 1982년부터는 이런 계층의 인사들이 공적심사위원의 자리에서 모습들을 감추었다. 하지만 석연치 않은 사람이 포상의 대상이 된 예는 1982년도에도 마찬가지였다.

중국에서 항일한 공로로 1982년에 건국포장을 받은 송○영(宋○英)은 1941년 11월 현재 친일 상해계림(上海鷄林)구락부 회원, 1942년 9월에 친일 상해계림회(上海鷄林會) 회원을 하면서, 친일 상해시보사(上海時報社)의 사원을 하기도 했던 사람이다.

'부끄러운 조상' 면할 날은?

그렇지만 독립유공자 공적심사위원에 친일계 인사가 끼였다고 해서 흥분하는 것은 역시 금물이다. 근본은 제1공화국의 총리 50%를 친일계로 앉혔다는 자체가 잘못이며, 반민법의 용두사미로 친일파를 단죄하지 못했다는 사실이 실책인 것이다. 민족사회의 근본이 이 정도로 빗나갔으니 전후좌우 구석구석이 설령 뒤죽박죽이 된다 해도 할 말은 없다. 애국자로 둔갑한 친일파, 그것은 그렇게 빗나간 근본에서 창출될 수밖에 없었던, 어쩌면 당연한 결과였는지도 모를 일이다.

하지만 그 덕분에 우리는 후손에게 민족정기와 애국을 가르칠 수 없는 고약한 조상이 되고 말았다. 일제에게 붙어서 신도실천(臣道實踐)을 외치고서도 '애국'인가? 이런 무리의 단죄를 무산시키고서도 민족정기요, 그런 무리를 총리·장관에 앉히고서도 사회정의인가? 친일파 중 일부는 심지어 독립운동자를 '심사'까지 하고 앉아 있었다. 선열들을 이 지경으로까지 욕보여 놓고서도 살신성인(殺身成仁)에 순국(殉國)을 교육할 수 있는 것인가?

이제야말로 우리는 환골탈태가 불가피하게 요구되는 단계이다. 살을 찢어 내는 아픔으로 그 모든 비리를 척결해 내지 못하는 한 우리는 유구한 민족사에서 구원받을 수 없는 존재가 된다. 친일은 한 시대의 민족의 비극이었고 불가항력이었다. 하지만 그 뒷처리에서 우리는 친일행위 그 자체보다 몇 배나 크고 엄청난 모순을 범해 놓고 말았다.

친일한 일제하의 행위가 문제가 아니라, 참회와 반성이 없었다는 해방 후의 현실이 문제였다. 이 문제에 대한 발본색원의 **광정(匡正)**이 없는 한 민족사회의 기강은 헛말이다. 민족사에서 우리는 부끄러운 조상임을 면할 날이 없게 되는 것이다.

친일파와 그 자손들의 현주소

대를 물린 친일가문들

대를 물려 가면서 일제에 충성을 바친 친일가문들이 있었다. 매국의 대가로 후작·남작을 받은 일제하의 귀족들이 우선 하나인데, 손자대까지 3대귀족이 아홉 집이요, 증손자대까지 4대귀족이 한 집이다. 조상들 덕분에 귀하신 몸이 된 그네들 귀족 제2·3세들은 1937년 8월 25일에 동요회(同耀會)를 조직하고, 일본 "황실의 번병(藩屛)으로서의 사명 달성에 용왕(勇往) 매진하자"는 성명서를 발표한다. 이 단체의 요(耀)는 '빛날 요'자라, 귀족으로서의 번쩍거림을 함께 하자는 뜻인 것이다.

이런 경우는 귀족으로서의 신분이 세습이 되었던 탓인 것인데, 기타 부자 2대에 걸친 친일관료 같은 경우도 손쉽게 몇을 추릴 수 있다. 우선 하나가 박재홍(朴在弘) → 박종만(朴鍾萬)인데, 아버지 박재홍은 1912년에 함남 홍원군 고원(雇員)으로 관리생활을 시작했다. 이후 1924년부터는 풍산(豊山)·신흥·영흥군수를 하고, 함남·경기 산업과장과 평남 참여관(參與官 : 부도지사)을 거쳐서, 1944년에 충북지사, 1945년 6월에 충남지사를 한 고급 친일관료이다.

그 아들 박종만은 원산중학을 거쳐서 1937년에 경성제대 법문학부를 졸업하고 고문 행정과에 합격했다. 1938년에 총독부 임정과(林政課) 부속(府屬)이 된 후 전남 영광·나주군수를 거쳐서 1945년 5월에 경남 도이사관(道理事官)이 된다. 1948년 10월부터 1950년 5월까지 제2대 문교차관을 한 박종만이 있는데, '역대3부 요인총감'에는 '약력미상'으로 되어 있으나, 혹시 동일인이 아닐까 한다.

반면에 손지현(孫之鉉)→손영목(孫永穆)의 부자는 아들이 아버지보다 비중이 컸던 경우이다. 구한국 밀양군수를 하다 총독부 밀양군수로 전신한 아버지 손지현은 창원·경산군수를 거쳐서 경남 도참사(道參事)와 도평의원을 했다. 아들 손영목은 병합 직후 경남도(道)서기로 출발해서 고성·동래·울산군수를 한 후, 강원·경남 참여관을 거쳐서 강원(1935~)·전북지사(1937~)를 한다. 1940년에 도지사를 그만둔 손영목은 만척(滿拓)이사로 만주에의 정책이민 파견을 주동하다 1945년 6월에 다시 강원지사가 되었다.

한편 송문화(宋文華)→송문헌(宋文憲)은 형제 친일관료로서 쟁쟁했던 경우이다. 형인 송문화는 한성사범학교 속성과를 마치고 판임관(判任官) 견습시험에 합격한 후(1915년), 총독부 도속(道屬), 강화·광주·양주·수원군수를 거쳐서 1941년에 평북 참여관, 1942년에 중추원 참의를 했다. 동생인 송문헌은 한성외국어학교를 졸업하고 판임관 견습시험에 합격한 후(1913년) 군서기, 청송·예천군수, 경북·경기도 산업과장과 강원·함남 참여관을 거쳐서 1942년에 황해지사, 동년 10월부터 충남지사를 한 사람이다.

이런 부류인 형제 친일파에는 선우순(鮮于錞)·선우갑(鮮于甲)의 밀정형제가 한몫 낀다. 평양 육로리(陸路里)에 살면서 일본조합(組合)기독교회 전도사를 한 형 선우순은 3·1운동이 나자 침략종교 일본조합기독교회의 조직을 이끌고 전선(全鮮)을 순회하면서 만세 반대운동을 벌였다. 일본수상 하라(原敬)를 만나서 조선독립 반대를 역설한 선우순은 친일 대동(大東)동지회를 이끌고 평남 지방의 독립사상 파괴에 열을 올렸다. 임정의 암살목표 제1호였던 선우순은 중추원 참의가 되자 독립단 안주(安州)지단장 홍이도(洪彛道)의 가출옥을 미끼로 금품을 사취하고 사기죄로 고소까지 당했다.

그 동생 선우갑은 2·8선언 때 대회장으로 일본경찰대가 들이닥치자 주동자를 1명씩 손으로 가리켜 체포하게 한 자이다. 기자라는 명목으로 도미해서 그 곳 독립운동을 내사했고, 상해 임시정부도 정탐했는데, 임정에 붙잡혔을 때의 이야기를 김구 선생이 다음같이 말하였다.

　고등정탐 선우갑을 잡았을 때에 그는 죽을 죄를 깨닫고 사형을 자원하기로 장공속죄(將功贖罪)할 서약을 받고 살려 주었더니 나흘 만에 도망하여 본국으로 돌아갔다(『백범일지』).

일본으로 달아난 이용구 아들

현헌(玄櫶)→현영섭(玄永燮)의 부자도 2대 친일파로서 쟁쟁했던 경우이다. 아들 현영섭은 조선어 전폐론자로서 유명했는데, 이 자의 조선어 박멸론부터 들어 보기로 하자.

조선어를 존속하도록 허용하는 한 조선인적인 사상경향도 존속한다. 우선 조선어를 폐지하도록 모든 노력을 기울이지 않으면 안 된다. ……조선어를 폐지하라. 일본어로 사물을 생각하도록 노력을 시키라. ……조선인은 조선어를 망각해야만 한다. 조선인이 일본어로 사물을 생각할 때야말로 조선인이 가장 행복해졌을 때이다. ……조선민족의 독립을 몽상하는 돈키호테 같은 족속들에게는 조선어가 필요할 것이다. 하지만 세계를 전체로서 볼 때 한낱 조선어의 문제가 대체 무엇인가. ……조선인이 정말로 일본인이 되려 한다면 우선 조선어부터 망각해 버려야만 하는 것이다. ……학교에서 조선어를 가르칠 필요는 추호도 없다. 조선인을 불행하게 하려면 조선어를 오래 존속시켜서 조선적인 저급한 문화를 주고, 그 이상의 발달을 저지하는 것이다(현영섭,「새로운 조선의 출발」).

경성제대 출신인 현영섭은 황두주의 사상단체 녹기(綠旗)연맹 이사와 녹기일본문화연구소원을 하면서 철저하고 전투적인 이론으로 내선일체와 황민화를 주창했다. 총독 미나미(南次郞)를 만나서 조선어 사용 전폐를 건의한 현영섭은 조선적인 것에 애착을 갖는 민족주의자들에게 "자살을 해주었으면 좋겠다"는 폭언을 퍼부으면서 말했다.

요는 소승적(小乘的)·조선적인 것의 지양과 청산이다. 조선어와 조선옷, 조선집, 형식적인 조상숭배, 조선역사 같은 것을 완전히 지양해 버리고, 다시금 정신적으로 일본인적 감정에 침잠해 버려야 하는 것이다(현영섭,「조선인 청년의 임무」).

이 자의 아버지 현헌은 경성고보와 경성여자고보의 교원을 하다 1921년에 학무국 시학관(視學官: 교육감)이 되었다. 총독부 편수관(編修官)을 겸직하면서 식민지 교육행정의 중추부에 관여한 현헌은 명륜학원 강사 등을 거쳐서 강원도 참여관이 되고, 퇴관 후 중추원 참의를 했다. 친일 동민회(同民會) 이사로 중일전쟁 이후 부자가 아울러 시국강연을 하고 다녔던 현헌은 1939년 1월에 사망한다. 그 아들 현영섭은 일본인들조차 "눈을 가리고 싶어진다"고 했을 정도의 극렬적인 친일을 하다, 광복이 되자 가족을 이끌고 일본으로 달아나 버렸다.

이용구(李容九) → 이석규(李碩奎)의 부자도 '조국 일본'으로 도망을 쳐 버린 경우이다. 1894년 가을에 충주에서 항일 동학군을 일으킨 이용구는 논산싸움에서 총상을 입고 군사를 해산한 후 도피행각을 하다 일본인 낭인패를 만나서 친일의 길로 빠져 들었다. 일본 군부의 사주로 경의선 군용철도 건설에 부역을 제공하면서 러일전쟁에 협력한 이용구는 송병준(宋秉畯)과 함께 매국 일진회를 이끌면서 병합운동을 벌였다. 1909년 12월 4일에 이용구는 일진회장 자격으로 「병합청원서」를 제출했는데, 그 내용은 아래와 같다.

　　우리 2천만 백성이 하늘 아래 무엇을 생각하며, 무엇을 근심하겠습니까. ……우리 대일본 천황폐하께옵서 지극하신 인덕(仁德)과 하늘 같은 넓으심으로 보위(寶位)를 무한(無限)에 세워, 일한합방을 창설하시고, 우리 군신(君臣)을 만세에 어여삐 여기시와, 황실과 신민이 송시일전(終始一大), 길이 신성 무궁한 은혜를 입도록 하여주심을, 황송히 머리 숙여 감히 소원하나이다.

병합이 되면 이용구는 일진회원을 이끌고 간도로 가서 집단농장을 할 작정이었다. 그런데 자금 제공을 약속한 일제는 병합을 하자마자 단돈 15만 원으로 일진회를 강제해산시켜 버렸다. 끈 떨어진 뒤웅박 신세가 된 이용구는 회원들의 불평을 감당 못해서 일본으로 달아났고, 1912년 5월에 스마(須磨)에서 사망한다. 임종의 자리에서 이용구는 함께 병합운동을 한 우찌다(內用良平)에게 "우리가 바보였어요. 속은 거예요" 하면서 눈물을 흘렸다고 한다.

이용구의 자손은 전처 권씨에게서 난 딸 봉자(鳳子)와, 사위 최원기(崔元基)가 있다. 후처 이씨에게서는 이석규가 났는데, 부친이 죽던 1912년에 이석규는 3세였다. 이 사람이 이용구의 유일한 남자 혈육인데, 그가 출생하기 전에 들였던 양자가 이현규(李顯奎)이다. 일본 와세다대학을 마친 이현규는 송병준이 죽은 후 시천교를 대표적으로 이끌었다.

이용구의 친생자 이석규는 아버지가 죽자 생모에게서 떼어져 나고야(名古屋)의 절에 위탁되었다. 주지 내외를 부모로 알고 자란 이석규는 중학 3년때 생모를 만나서 자신의 뿌리를 알게 된다. 일본에서 크면서 이송학사(二松學舍) 전문학교를 마친 이석규는 1937년에 조선으로 와서 시천교를 대동(大東)일진회로 개편한다. 한말 일진회의 일한합병의 정신을 잇는 내선일체·대동아주의의 정치단체로 만들었던 것이다.

그는 다이또(大東碩奎)로 창씨개명을 하고 대동일진회 산하의 창씨상담실을 설치하면서, 강연회·좌담회 등으로 황민의식을 고취하였다. 1939년 11월 11일에 이석규 등은 일제의 낭인단체 흑룡회(黑龍會)와 함께 서울 박문사(博文寺)에서 '일한합병 공로자 감사위령제'를 지낸다. 8·15 후에는 다이또 구니오(大東國男)란 이름으로 일본에 살면서 이용구 재평가운동을 벌였다. 이에 의하면 이용구는 매국노가 아니라, 을사5조약으로 인한 조선민족의 노예 상태를 합법적 외교수단——폭력수단은 항일의병——으로 극복하려 한, 애국·애족의 지사라는 것이었다.

은행장이 된 송병준의 외손

송병준은 이완용보다 한 등급 위를 가는 매국노였다. 이용구와 함께 일진회를 주도한 송병준은 일수상 가쓰라(桂太郎)를 만나서 1억 엔에 나라를 팔겠다고 흥정을 걸었다. 헤이그밀사 사건이 나자 뒷짐결박을 하고 일군 사령관 하세가와(長谷川好道) 앞에 나가서 죄를 빌라고 고종을 윽박질렀다. 병합 때는 일본측 요인과 함께 서울로 와서, 불응하면 내각을 뺏겠다는 무언의 위협으로, 이완용의 매국 결심을 촉구한다. 이완용이 다 지은 밥을 푼 것이라면, 송병준은 쌀을 씻어 앉혀서 불을 때고 밥을 지어 뜸을 들인 사람으로 비유할 수 있다.

그 끝에 송병준은 훈 1등 자작과 매국공채 10만 원——현 10억 원——을 받고, 1920년 12월에 다시 백작으로 승급했다. 병합 후에 그는 중추원 고문과 경성상업회의소 특별평의원, 경기도 참사(參事) 등을 한다. 3·1운동이 나자 송병준은 재빨리 도쿄로 달아나서 일본 정계 요인들과 함께 만세 수습책을 의논한다. 그는 1925년 2월 1일에 뇌일혈로 사망했는데, 매판실업가 한상룡(韓相龍)이 주최한 연회에서 누군가에게 독살된 것이라는 일설도 있다.

그의 백작은 아들 송종헌(宋鍾憲)이 물려받았다. 이 사람은 병합 후에 1913년까지 경기도 양지군 참사(陽智郡參事)를 했다. 이것은 군수의 자문기관으로서, 군내에 거주하는 조선인 유력자 2명으로 위촉된다. 송종헌은 1921년부터 1933년까지 중추원 참의를 하였다.

송병준의 딸은 창원(昌原) 출생인 구연수(具然壽)에게로 시집을 갔다. 1892년에 동경제대 광산과를 졸업한 구연수는 귀국해서 농상공부 공무국 주사와 광산국 이사 등을 한다. 일본인과 함께 을미사변에 가담한 구연수는 민비의 시체에 석유를 뿌려 소각하는 일을 감독하고 일본으로 망명했다. 목에 5만 원의 현상금을 건 채, 야마구치현(山口縣)에서 10여 년을 숨어 살았던 것이다.

통감부가 개설되면서 귀국한 구연수는 송병준의 천거로 구한국 부경무사(副警務使)가 되고, 통감부 경시(警視 : 총경)를 거쳐서, 총독부 경무관으로 경무총감부에서 근무했다. 이것은 경시보다 한 급 위인 경찰 최고의 직급인데, 조선인으로 경무관을 한 사람은 필자가 알기로는 구연수 1명이다. 그는 1919년에서 1923년까지 경무국 근무 칙임(勅任)사무관을 했는데, 이것은 경무국장과 거의 맞먹는 자리이다. 1923년에 중추원 칙임참의가 된 구연수는 정 4위 훈 2등으로 1925년 5월 6일에 사망했다.

그 무렵 조선에서는 최고의 명문교가 경성중학교인데, 조선인은 숫제 얼씬을 못 하는 곳이었다. 구연수의 아들 구용서(具鎔書)는 1918년의 졸업생 105명 중 조선인 단 2명으로 그 곳 경성중학교를 졸업했다. 동경상대로 진학한 그는 졸업 연도인 1925년에 조선은행 도쿄지점에 들어간다. 식민지의 중앙은행인 조선은행은 일반 은행업무 외에 발권(發券)사무까지 관장했는데, 총독부·동양척식·재선(在鮮)일본군에 버금가는 중추적인 침략기관이었다.

구용서는 8·15 직전에 조선은행 오사카(大板)지점 서구(西區)출장소 지배인을 하고 있었다. 일제하에서는 지점장도 못 되는 출장소장인데, 8·15가 되자 '광복'의 눈부신 빛이 이 가문으로 한꺼번에 쏟아져 들어왔다. 1945년 11월 10일에 조선은행 부총재 호시노(星野喜代治)가 미군정청에 의해 면직되면서, 출장소 지배인이던 구용서가 일약 부총재로 임명되었던 것이다. 1950년에 총재로 승진한 그는 그 해에 조선은행이 한국은행으로 개편되면서 대한민국 중앙은행의 초대 총재가 됐던 것이다.

송병준→구연수→구용서의 계보는 이렇게 해서 대한민국 은행·금융가의 최고 왕좌로 올라선 끝에, 1958~60년에 상공부장관을 맡고 말았다.

그럼 송병준→송종헌의 계보는 어떻게 되었을까? 이 계보를 이었는지는 분명치 않으나, 송병준의 양손(養孫)으로 일본에 사는 노다(野田眞弘)라는 사람이 있다. 송병준의 창씨성 노다(野田 : 平治郎)를 물려받은 것인데, 1977년 일본에서 '매국노'란 책을 출판했다. 양할아버지 송병준이 매국노가 되어야만 했던 사정을 밝힌 책인 것이다.

어느 참모총장의 뿌리

이하영(李夏榮)은 을사5조약에 찬성을 한 매국대신이다. 이 소위 보호조약에 의해서 조선은 외교권을 탈취당한 채, 병합으로 가는 관문을 활짝 열어젖혔다.

부산 출생으로 일어를 잘했던 이하영은 외무아문(外務衙門) 주사와 주미공사 서리 등을 거쳐서, 1904년에 외부대신이 되었다. 하야시(林權助) 공사의 요구로 내륙 하천의 항행권을 일본에 넘겼는데, 도로사정이 나쁘던 때의 내륙 하천은 상품 수송의 대동맥으로, 13도 경제의 생사를 좌우하던 곳이다.

병합 때 훈 1등 자작을 받은 이하영은 총독부 밑에서 중추원 고문을 1929년까지 19년이나 중임했다. 대륙고무공업회사(주)를 창립하고 대표취체역을 한 이하영은 종 3위 훈 1등으로 1929년 3월 1일에 사망했으며, 일제의 욱일동화대수장(旭日桐花大綬章)이 추서되었다.

이하영의 자작은 1890년생인 아들 이규원(李圭元)이 습작하였다. 한학을 한 후 후능(厚陵) 참봉과 구한국 시종(侍從)을 거쳐서 병합 후에는 1913년 3월까지 이왕직 장시계 찬시(掌侍係贊侍)를 한 사람이다. 대륙고무공업사장이던 이규원은 친일 조선귀족회 부회장과 조선산림회 이사를 하다 1945년 4월 24일에 사망하였다.

그 아들 이종찬(李鍾贊)은 이하영에게는 장손이 된다. 일본육사를 제49기생으로 1937년에 졸업했으며, 이 해에 중일전쟁이 나자 공병소위로 상해전선에 참가하였다. 이후 그는 선박공병으로 전과한 후, 남방전선 선박부대 참모로 활동하다, 공병소좌(일본군)로 8·15를 맞는다. 작위의 상속을 사퇴함으로써 화제가 되었는데, 부친이 사망한 1945년 4월 24일이면 일본의 패전쯤은 군부 안에서는 공개된 비밀이 아니었던가 한다.

이 계보는 대한민국에서 국군의 최고 권좌에 올라앉았다. 3대에 걸친 친일을 반성하면서 근신을 하던 이종찬은 1948년 말에 군의 간청을 뿌리치지 못해 대좌로 입대한 후, 국방부 제1국장과 수도경비사령관 등을 역임했다. 6·25가 나자 영등포에서 공산군을 막다가 제3사단장으로 동부전선에서 함흥까지 북진한다. 병기행정본부장으로 전출된 이종찬은 1951년 6월부터 익년 7월까지 육군참모 총장을 하다 이승만의 직선제 개헌을 반대하고 사임한다. 4·19 후에는 허정(許政) 과도내각의 국방부장관을 했으며, 육군중장으로 예편하였다.

대법원장, 그 자리마저

민병석(閔丙奭)은 병합 당시의 궁내부대신이라 대궐을 청와대에 비한다면 동 비서실장인 셈이다. 청와대 경호실장 격인 직위가 시종원경(侍從院卿)인데, 낙선재 윤비(尹妃)의 백부 윤덕영(尹德榮)이 맡고 있었다. 이 둘은 이완용과 통감 데라우치(寺内正毅)의 회유 및 사주에 의해서 궁중의 병합반대론을 무마 조정하고 1급 친일파로 지목받는 사람이 된다. 1910년의 병합은 정부 공작을 이완용이, 궁중 공작은 민병석·윤덕영이 했던 것인데, 민병석의 자손은 대한민국에서 사법부의 최고왕좌로 올라앉았다.

대법원장을 한 민복기(閔復基)가 그 사람인데, 1913년생이며, 민병석의 아들이다. 그는 1937년에 경성제대 법과를 졸업했고, 고문 사법과에 합격했다. 일제하에서는 1938년 3월에 사법관시보, 1940년 5월에 경성지방법원 판사가 되고, 1945년 6월에 경성복심법원 판사로 승진한다. 8·15 이후에는 1948년에 법무부 법무국장, 1955년에 대검찰총장, 1963년에 법무장관을 거쳐서, 1968년~78년에 제5·6대 대법원장을 역임하였다.

그 아버지 민병석은 1858년에 충남 회덕군(懷德郡)에서 출생했다. 1879년에 문과에 급제한 후 예문관 검열(藝文館檢閱)과 승지(承旨) 등을 거쳐서 평안도 관찰사를 하게 된다. 이때 그는 대원군 계열로 몰려서 평남 순천(順川)에 유배 중이던 우범선(禹範善)을 만난다. 인물됨이 촉망되어 장위영영관(壯衛營領官)으로 천거했는데, 그 우범선이 친일 훈련대 대대장으로 일본인과 함께 민비 시해사건에 가담한다.

민비 시해의 주동급 인물인 우범선이 민씨 척족세력의 중견에 의해서 요직에 천거되었으니 역사란 아이러니하다고 안 할 수 없다.

일본으로 망명한 우범선은 자객 고영근(高永根)에게 살해되고, 일본여자 사카이(坂井)와의 사이에서 난 아들은 동경제대를 졸업한 후 농학박사가 되었다. 1950년에 아버지의 나라로 돌아온 박사는 대한민국에서 원예시험장장 등을 역임하면서 한국의 농업 발전에 불멸의 공적을 남긴다. 육종학의 권위로 씨 없는 수박을 만들어낸 우장춘(禹長春)박사가 바로 사카이와의 사이에서 난 우범선의 아들이다.

민병석은 민비사건 다음해에 궁내부 특진관이 되고, 1898년에 농상공부 대신을 거쳐서, 군부대신 기타 요직을 두루 섭렵했다. 안중근이 이또(伊藤博文)를 살해했을 때 민병석은 궁내부 대신으로 정부측 조문사절이 되어 일본에 가서 이또의 국장에 참석한다. 병합 때 민병석은 앞에 말했듯이 궁내부 대신으로 궁중의 반대 여론을 무마 조정하고 훈 1등 자작과 매국공채 10만 엔을 받았다. 1912년에는 조문사절 이강공(李堈公)의 수행원으로 도일해서 일왕 메이지(明治)의 장례식에 참석하였다.

총독부 치하에서 민병석은 1911~19년까지 이왕직 장관을 하였다. 1917년 6월 15일에는 일왕 다이쇼(大正)가 임석하는 궁중 만찬회에 참석하고 무악(舞樂)을 관람한다. 1920년 4월 28일에는 민병석·송병준·윤덕영·이완용 4명이 일본 왕실에서 주는 금배(金杯) 각 1세트를 수령한다. 1925년 7월에 중추원 고문이 된 민병석은 14년 3개월 동안 그 직을 중임한 끝에, 1939년 10월에 중추원 부의장으로 승진하였다.

중일전쟁 이후에 친일 애국금차회(金釵會)의 발기인의 하나로 참가한 민병석은 한때 선전(鮮展) 심사위원, 조선사편수회 고문, 왕공족심의회 심의관과 조선귀족 세습재산 심의회원 등을 맡는다. 종 2위 훈 1등까지 올랐던 그는 1940년 8월 6일 도쿄 스카모(巢鴨)의 강락(康樂)병원에서 설암(舌癌)으로 사망하였다.

작위는 동년 11월 15일에 아들 민홍기(閔弘基)가 습작하였다. 종 4위 훈 5등으로 광업(廣業)주식회사 감사역을 하던 사람이며 민복기는 그의 동생이다.

어느 남작과 참의의 자손

윤웅렬(尹雄烈)은 1880년에 수신사 김홍집(金弘集)의 수행원으로 도일함으로써 일찍부터 친일 개화노선을 걸었다. 웅달산(雄達山)에 기도를 하고 낳았다 해서 윤웅렬인데, 15년 후에 동생이 출생하자 '영웅'으로 짝을 채워서 윤영렬(尹英烈)이라 이름지었다. 이 윤영렬이 치오(致旿)·치소(致昭)·치성(致晟)·치병(致昞)·치명(致明)·치영(致映)의 부친이며, 윤보선(尹潽善)의 조부이다. 윤웅렬은 치호(致昊)·치왕(致旺)·치창(致昌)의 부친이며, 자유당 때 농림장관을 한 윤영선(尹永善)의 조부가 된다.

1856년에 무과에 급제한 윤웅렬은 1881년에 왜식 별기군(別技軍)을 창설하고 좌부령관(左副領官)이 되었다. 이 해 5월 9일부터 훈련을 시작한 별기군은 일본국 공병소위 호리모도(掘本禮造)가 훈련한 친일 신식 군대이며, 민비 시해에 가담한 우범선이 참령관(參領官)으로 참가했다. 이들에 대한 우월한 처우는 구식 군졸들의 반감을 자극한 끝에, 1882년 7월의 임오군란으로 발전한다. 별기군 본영을 습격한 구식 군졸들은 교관 호리모도를 살해한 끝에, 불평민중들과 합세해서 서대문 밖 일본공사관으로 몰려갔다.

윤웅렬은 이때 군졸·폭민들의 습격계획을 일본공사관에 통보한 후 원산으로 달아났다. 일본절인 원산별원(元山別院) 마루 밑에 숨어 있는데 원산 주민들이 몰려왔다.

"역적이 여기 숨었다는데 내놓으시오!"

"그런 사람은 없어요! 있다고 해도 사비를 실천하는 불가(佛家)로서는 실겠다는 사람을 내줄 수 없어! 뒤지려거든 나부터 죽인 후에 뒤져 보시오!"

주민들이 물러가자 주지 이시까와(石川了因)는 윤웅렬을 끌어냈다. 거적으로 둘둘 말아서 짐짝처럼 포장한 후 일본배에 선적(?)을 하자마자 눈치를 챈 주민들이 몰려왔다.

"그 짐짝이 수상하니 헤쳐 봅시다!"

주지는 짐짝 아닌 윤웅렬의 허리께를 털썩 깔고 앉아서 호통을 쳤다.

"명색이 불제자로서 그렇게는 못한다니까! 이건 사람이 아니라 짐짝이야!"

덕분에 윤웅렬은 나가사키(長岐)로 망명을 했다. 갑신정변 무렵에는 귀국해서 개화당 내각의 형조판서가 됐으나, 3일천하 끝에 능주(綾州)로 귀양을 갔다. 청일전쟁으로 친일 김홍집 내각이 서자 풀려나서 경무사(警務使)가 되고, 군부대신을 맡는다. 병합 때 남작과 매국공채 2만 5천 엔을 받은 윤웅렬은 1911년 9월 22일에 사망하였다.

그의 남작은 장남 윤치호가 습작했으나, 1백5인사건의 확정판결로 1913년 10월 9일에 실작(失爵)이 된다. '조선귀족령' 제16조, 즉 징역·금고 이상의 확정판결로 인한 작위 상실인데, 총독 암살을 음모했다는 1백5인사건 자체가 일제의 조작이기 때문에, 충순(忠順)을 결여한 행위로 인한 작위의 박탈과는 구별된다.

이 사건으로 징역 10년을 선고받은 윤치호는 1915년 2월 13일에 특사로 출감하였다. 이때 그는『매일신보』기자와의 인터뷰에서 "일선 양민족의 동화에 힘써 볼 생각"이라는 뜻을 말한다. 이로부터 온건·합법노선에 선 한말의 독립협회장 윤치호는 3·1운동 직후인 3월 7일의 기자회견에서 당국의 논리를 중계한다. 조선은 민족자결권이 없고, 독립할 능력이 없으니, 만세투쟁은 헛일이며, 종순(從順)만이 살 길이라는 뜻이었다.

그는 1922~25년에 송도(松都)고보장, 1923년에 조선기독교 창문사(彰文社) 취체역을 했다. 1925년에는 태평양문제연구소를 창립하고 종교·경제·외교·이민 연구를 통한 민족역량 육성을 도모한다. 신우회(信友會)를 통해서 자치론에 접근할 기세를 보였던 윤치호는 1930년에 연농사(硯農社)를 설립하고 농촌진흥운동을 벌였다.

1920년대의 윤치호의 그러한 움직임은 민족개량·실력양성·자치를 내용으로 하는 이른바 문화운동의 테두리 안에서 전개된 것이었다. 이러한 문화운동은 사이또(齋藤實)와 그의 정치참모 아베(阿部充家)의 책략인 고차원의 정치모략에서 선동된 것이며, 민족운동의 탈을 씌운 예속적 타협운동이다. 당시 조선의 자산계층은 매판계열과 민족계열로 갈렸는데, 매판계열을 종속시킨 정치모략이 참정론(參政論)이며, 민족계열을 흡수하려던 모략이 문화운동이었다.

이러한 노선은 만주사변 이후로 들어서면서 친일로 변질되기 시작하였다. 윤치호는 1935년 10월 3일 결성된 조선교화단체연합회에 이사로 참가했는데, 이것은 일왕의 국민정신작흥조서(詔書)에 바탕을 둔 국민통합운동이며, 1920년대의 일선융화를 내선일체로 옮겨가는 교량이었다. 중일전쟁 이후에 윤치호는 국민정신총동원 조선연맹 이사와 동경성연맹 부이사장을 했고, 일본기청 조선연합회장 등으로 기독교 황민화의 중심역할을 수행한다. 1941년 5월에는 중추원 고문이 되고, 1945년 4월에는 칙선 귀족원의원에 선임되었다.

윤치오(尹致旿)는 윤영렬의 장남이라, 윤치호에게 4촌이며, 윤일선(尹日善)의 부친이 된다. 갑신정변 때 친일 개화파로 몰려 도일 망명한 윤치오는 경응(慶應)대학을 마친 후 한때 도쿄외국어학교에서 조선어 교사를 하였다. 13년 만에 귀국한 윤치오는 한말 학무국장과 일본유학생 감독을 한다. 병합 후에는 1915년 3월까지 4년 6개월간 중추원찬의(贊議)——훗날의 칙임찬의——를 했다.

그 동생 윤치소(尹致昭)는 일제하에서 실업가로 활동했다. 1911년 5월 현재 조선상업은행 감사역이던 윤치소는 동양서원(東洋書院)과 혁신점(革新店)을 경영하면서 분원자기(汾院磁器)주식회사 감사역을 맡았다. 그는 1924년 4월 27일부터 3년간 총독부 중추원 참의(주임대우)를 한다. 1937년 8월 14일에 쌀 1백 20가마 값 2천 원을 국방헌금한 윤치소는 동년 9월 9일 결성된 애국경기도호(號) 군용기헌납기성회 집행위원을 하였다.

그 동생 윤치성(尹致晟)——윤영렬의 3남——은 1899년에 일본육사를 졸업했다. 노백린(盧伯麟) 장군과 동기인데, 구한국 기병중장(?)이었다. 병합 후에는 실업계로 진출해서 분원자기 취체역과 경성조선인상업회의소 특별의원 등을 하다 요절하였다. 그 동생 윤치영(尹致暎)은 아메리칸 대학원을 졸업하고 한때 임시정부 구미의원으로 활동했다. 1936년에 중앙기청 부총무가 된 윤치영은 태평양전쟁 무렵에는 전향노선에 서서 임전대책협의회 채권가두유격대에 참가했다(1941. 9. 7). 이 해 12월 20일의 동양지광사 주최 미영타도 대좌담회에서는 연사로서 팔굉일우(八紘一宇)와 황민의 사명을 말한다. 동년 12월 1~2일의 『매일신보』 시사논설 「일미회담의 설명」에서는 동아공영권 건설에 미칠 동 회담의 영향을 말하였다.

이 가문은 다음 대가 선(善)지 항렬로 이어진다. 윤치오의 장남 윤일선이 미영타도 대강연회에 연사로 참가했다. 그 동생 윤명선(尹明善)은 괴뢰 만주국 총무청 사계처(司計處) 통계과장이었고, 막내동생 윤승선(尹昇善)은 관동군사령부 대위였다.

이 가문에서는 윤치소의 아들 윤보선이 제4대 대통령을 지냈다. 그 3촌 윤치영은 내무장관과 국회 부의장(1949~50년) 기타를 한다. 윤웅렬의 손자 윤영선은 1950년 1월에서 11월까지 농수산부장관을 하였다.

독립운동자를 냉대한 까닭

한말에 경북관찰사는 공정가격이 20만 냥이었다. 이 돈을 바치러 간 장승원(張承遠)은 수령을 거절하는 의정부 참찬 허위(許蔿)에게 말했다.

"개인으로는 안 받겠다 하시니 나라에 필요할 때는 말씀하십시오. 득달같이 바치러 오겠습니다."

경북관찰사를 하면서 장승원은 『매천야록』이 "탐학으로 누거만을 쌓았다"고 기록했을 정도로 가렴주구를 했다. 허위는 의병장을 하다 옥사하고, 그 뜻을 이은 부하들이 군자금을 얻으러 가자 장승원은 밀고할 기세를 보였다. 이리하여 그는 광복단원에게 살해되고 말았다.

그 아들 장길상(張吉相)은 뇌경관(賴慶館) 건축비로 쌀 70가마 값 1천 원을 헌금하고 1918년 4월 12일에 일제에게서 은배(銀杯)로 표창을 받았다. 대구은행장과 경일(慶一)은행장을 한 장길상은 1926년 6월에 어용 경북도농회 부회장, 1927년 4월에 조선농회 통상의원을 하였다.

그 동생 장직상(張稷相)은 병합 후 신녕(新寧)·하양(河陽)·선산군수를 하고 1916년에 퇴관했다. 왜관금융창고회사를 세워 사장이 된 그는 대구은행·경일은행 이사와 어용 대구상업회의소 회두를 한다. 1924년에 경북도평의원, 1930년에 중추원 참의가 된 장직상은 8·15까지 15년 3개월간 중추원 참의를 중임한다. 이 사람은 국민총력조선연맹 평의원·조선임전보국단 이사·대화(大和)동맹 심의원 기타로 거물급에 드는 사람이었다.

그 동생 장택상(張澤相)이 미군정 때 수도경찰청장에 임명되었다.
"각하께서 새 나라의 경찰권을 장악했으니 독립운동자에게도 잘해야 안 되겠습니까?"

국일관 연회에서 누가 장택상에게 말하자 그는 냉정하게 대답했다.
"나는 그들을 동정할 수 없어! 내 아버지가 독립운동자에게 살해되었는데 어떻게 그들에게 잘하겠느냔 말이오!"

그럼, 중형이 중추원 참의 15년으로 일제에게 대우를 받았으니까 일제에게는 잘할 수 있다는 말인가? 독립운동자에게 잘할 수 없고 일제에게나 잘할 수 있는 정치라면, 예속정치와 그것은 어떻게 구별되는가?

독립운동자에게 잘할 수 없었던 미군정하와 제1공화국의 정치는 이후의 대한민국사에 짙은 암영을 드리워 놓았다. 친일자손들의 현주소, 그것은 이 땅의 상층부의 구석구석이며, 그 그늘에 치여 독립운동자와 그 자손은 빛을 볼 여가가 없었다. 이런 엄청난 불합리를 우리는 후세에 무어라고 변명해야 할는지, 입이 열이라도 할 말이 없는 것이다.

책을 엮고 나서

일제의 식민지로부터 해방을 맞은 지 벌써 반세기가 다가오고 있다. 그러나 그 해방이 아직도 우리에게 진정한 의미의 해방으로 다가오고 있지 못한 까닭은 무엇인가. 그것은 선열들의 피어린 투쟁과 세계 진보적 민중들의 도움으로 국가의 주권을 다시 찾긴 하였으나, 민족은 외세에 의해 두 동강 나고 민족 내부의 계급갈등 또한 조금도 해결되지 않은 채 지금까지 존속되고 있기 때문일 것이다. 그 결과 우리의 현실은 현 세계가 안고 있는 모든 모순이 가장 집약적이며 첨예하게 노정되는 장이 되고 말았다. 결국 우리가 맞이했던 해방은 허구에 불과했지 우리가 진정으로 원했던 해방은 아니었다. 즉, 식민지로부터의 억압에서 벗어날 뿐만 아니라 이 사회의 모든 구성원이 서로 착취하지 않고 자유롭게 살 수 있는 그런 해방은 결코 아니었다.

그렇다면 그 원인은 어디에 있는가. 그 이유를 찾자면 전세계를 부의 축적 대상으로만 여기는 냉혹한 자본의 법칙 때문일 수도 있고 또는 세계를 약육강식의 장으로만 삼는 제국주의의 생리 때문일 수도 있다. 그러나 이에 선행하는 근본적인 이유는 해방을 맞이했던 우리들이 새로운 사회를 건설하려는 과정에서 첫 단추를 잘못 끼운 데서 찾아야 할 것이다. 잘못 끼워진 첫 단추란 수천 년 동안 자존을 지키며 살아왔던 제 민족을 일제에게 팔아먹고 나아가 한국인을 일본인으로 만들고자 광분했던 친일파, 즉 반민족 범죄자들을 올바로 처단하지 못한 것을 말한다.

친일파, 그들은 개인의 출세와 영달만을 위해 제국주의에 빌붙어 제 나라 민중들을 수탈하는 데 앞장 섰을 뿐만 아니라 민중들을 제국주의의 총알받이로까지 몰고 갔다. 그리고 그들은 조선민족은 열등하니 일제의 지배를 받을 수밖에 없다라든가, 실력이 없는 상태에서 독립을 추구한다는 것은 환상에 지나지 않는다라고 하여 일제의 식민지배를 정당화하고 조선민족의 반제의식을 파괴하는 데 광분하였던 민족반역자들이었다.

따라서 해방 후 이들을 척결하는 것은 다른 어떤 문제보다도 앞서 해결해야 할 일차적 과제로 제기되었으며, 역사적 측면에서 보더라도 중요한 의미를 갖는 것이었다. 그 의미란 첫째 친일파들을 척결함으로써 민족 내부에 다시는 외세에 빌붙어 민족을 배신하는 무리가 생기지 않도록 교훈을 주는 것이며, 둘째 민족을 배신한 대가로 얻었던 친일파들의 경제적·정치적 지배력을 제거함으로써 자주적 독립국가의 건설에 장애가 될 여지를 없앤다는 것이다.

그러나 우리의 현실은 정반대의 결과를 낳았다. 이 땅에 수립된 미군정과 그들을 등에 업은 이승만 정권은 자신들의 정치적 지배력을 확보하기 위해 반민족 범죄자들과 손을 잡음으로써 그들의 살길을 만들어 주었다. 상황은 여기에서 끝나지 않았다. 친일파들은 다시금 친미파로 둔갑, 그 이름만 달리하여 자신들이 과거에 누렸던 모든 권력을 되찾았으며 나아가 '반공'이라는 외피를 쓰고 오히려 민족민주세력들을 탄압함에 따라 우리의 현대사는 또 한 번의 굴절을 맞게 되었다. 즉, 독재와 부패, 탄압과 수탈, 사대와 분단 등 이 모든 현실의 모순들이 바로 여기에서 비롯된 것이다.

이러한 현실적 모순 외에도 친일세력의 재등장은 우리의 정신사에도 막대한 부정적 영향을 끼쳤다. 해방 후 친일파를 응징하지 못함에 따라 식민지 시대의 불건전한 가치체계가 청산되지 못한 채 온존하게 되었고, 여기에다 친일파들이 다시 모습만 바꿔 지배세력으로 등장함에 따라 건전한 가치관이 자리잡을 수 있는 구조마저 소멸되어 버렸다. 그 결과 기회주의·출세주의·이기주의·사대주의 등 온갖 부정적 가치관이 당연한 현상으로 받아들여지게 되고, 심지어는 민족을 위해 피흘린 선열들에 대해 동정은 해도 그 이상의 의미는 부여하지 못하는 정치적·윤리적 허무주의마저 우리들을 지배하게 되었다.

그렇다면 반민족 범죄자들이 우리 사회에 끼친 악영향이 이렇게까지 심각한데도 그에 대한 연구가 부진했던 것은 무엇 때문이었을까. 그 원인으로서 먼저, 해방 이후 한국사회를 지배해 왔던 인물들 대다수가 친일파였거나 아니면 그와 맥을 같이 하는 무리들이었다는 점을 들 수 있다. 따라서 그들은 자신의 권력을 이용하여 과거의 범죄 행위를 은폐·미화하는 한편, 진실한 접근 자체를 방해하였다. 그러나 그들로서는 이러한 행위가 당연한 것이었는지도 모른다. 왜냐하면 사대매국의 범죄가 밝혀진다는 것은 곧 그들의 정치적 지배력에 심각한 도덕적 타격을 주는 것이며 나아가 가뜩이나 약한 그들의 정통성마저 부정해 버리는 결과를 낳기 때문이다. 결국 우리의 근현대사에 대한 연구가 이렇게까지 부진하고 왜곡되어 버린 그 배경에는 반민족 범죄자들이 줄곧 우리사회를 지배해 왔다는 엄연한 사실이 있었음을 외면해서는 안 될 것이다.

이와 관련하여 또 하나 빼놓을 수 없는 중요한 요인이 있다. 즉 '민족'이니 '반일'이니 하는 개념들이 심하게 왜곡되어 있다는 점이다. 지금까지 이 말을 즐겨 썼던 자들은 대개가 독재정권의 지배를 합리화시켜 주는 이념 생산자들이었거나 또는 역사발전에 한 치의 도움도 주지 못하는 국수주의자들이었다. 그로 인해 이러한 개념들이 정치모리배들의 상용수단으로 타락해 버리거나 아니면 역사발전에 적극적인 기여를 못 하는 진부한 의미로 우리에게 다가옴에 따라 우리의 관심영역 밖으로 밀려나는 어처구니없는 결과를 빚고 말았다.

상황이 이러하다면, 친일파에 대한 연구의 의의는 단지 과거의 잘못되고 숨겨진 사실을 바로잡고 밝히는 데만 있는 것이 아니다. 과거의 잘못된 사실을 밝혀 내고 친일파들의 반민족 범죄행위를 민족 앞에 고발함으로써 잠자고 있던 우리의 역사에 대한 분노를 일깨우는 데 더 큰 의미가 있다. 역사에 대한 분노 그것은 곧 삶의 가치기준을 요구하는 것이다. 그리고 역사에 있어 옳고 그른 것을 밝혀 낸다는 것은 상실된 가치체계가 바로 섰을 때만 가능한 것이다.

그러나 앞서도 언급했듯이 우리의 현실은 민족의 이름으로 징치되어야 할 반민족 범죄자나 그 아류들이 사회 전반을 지배함으로써 이러한 가치관이 모호하거나 실종된 상태에 놓여 있다. 따라서 친일파 연구는 진실을 밝힌다는 목적 이외에 반민족 무리들과의 정치적·사상적 대립을 구축한다는 데 더 큰 현재적 의의가 있는 것이다.

임종국 선생께서 그토록 그리던 고향(문학)으로 돌아가지 못하고 평생을 바쳐 친일파 연구에 몰두하셨던 이유도 바로 여기에 있었을 것이다. 그 누구도 관심을 기울이지 않았던 때 선생은 홀로 이 일에 전념하면서 선구의 길을 걸으셨다. 모든 일이 그렇듯이 선구자란 외롭고 고통스러우며 배고픈 것이리라. 그러나 선생은 흔쾌히 이 길을 택하여 우리에게 다음과 같은 교훈을 남기셨다. "과거의 잘못된 역사에 대해 분노하라. 그리고 그러한 잘못된 역사에 대해 분노할 줄 모르는 현실에 대해 분노하라"고 그랬다. 분노가 없는 연구 그것은 단순한 지식의 습득에 그칠 것이며, 민족에 대한 사랑이 담겨 있지 않는 연구 또한 분식된 논리에 불과할 것이다.

　이제, 반민족문제연구소는 선생이 남기신 귀중한 이 교훈을 간직하면서, 선생께서 생전에 잡지나 신문 등에 투고하셨던 친일파에 대한 글 가운데 대표적인 것만 모아 정리하였다. 이러한 작업의 취지는 친일파 연구, 나아가 반민족 범죄자들에 대한 연구를 체계화하고 앞으로의 연구에 초석을 마련하고자 하는 데 있다. 아무쪼록 이 책이 반민족 행위 연구자들에게 조그마한 도움이 되기를 바랄 뿐이다.

　끝으로 바쁜 일정 속에서도 이 책이 나오도록 힘써 주신 돌베개 출판사 여러분과 본 연구소 연구원들에게 깊은 감사를 드린다.

1991년 2월 27일
반민족문제연구소장 김봉우